Kaufmännisches Rechnen

Johannes Hischer · Jürgen Tiedtke · Horst Warncke

Kaufmännisches Rechnen

Die wichtigsten Rechenarten Schritt
für Schritt mit integriertem Lösungsbuch

5., durchgesehene Auflage

Johannes Hischer
Hamburg, Deutschland

Jürgen Tiedtke
Hamburg, Deutschland

Horst Warncke
Hamburg, Deutschland

ISBN 978-3-658-23453-9   ISBN 978-3-658-23454-6   (eBook)
https://doi.org/10.1007/978-3-658-23454-6

Die Deutsche Nationalbibliothek verzeichnet diese Publikation in der Deutschen Nationalbibliografie; detaillierte bibliografische Daten sind im Internet über http://dnb.d-nb.de abrufbar.

Springer Gabler

Springer Gabler ist ein Imprint der eingetragenen Gesellschaft Springer Fachmedien Wiesbaden GmbH und ist ein Teil von Springer Nature
Die Anschrift der Gesellschaft ist: Abraham-Lincoln-Str. 46, 65189 Wiesbaden, Germany

Vorwort

Das neue Springer-Gabler-Lehrbuch „Kaufmännisches Rechnen" ist anders als die meisten übrigen Rechenbücher für die kaufmännische Ausbildung. Warum ist das so? Schon beim ersten Durchblättern wird deutlich, dass es sich äußerlich von vielen Lehrbüchern unterscheidet. Jede Seite verfügt nämlich über zwei Spalten. Sie sollen das Arbeiten mit dem Buch erleichtern. Aber der Reihe nach:

1. Jede Rechenart beginnt mit der Information, welche Aufgaben mit ihr erfüllt werden können.

2. Danach werden in der linken Spalte die Probleme dargestellt, die mit dem Rechenverfahren dieses Abschnittes gelöst werden sollen. Ihr gegenüber sind die Lösungen Schritt für Schritt erläutert. Die Ergebnisse sind extra herausgehoben, damit sie sich deutlich vom übrigen Text abheben.

3. Fast jedes Rechenverfahren ist durch zwei oder drei Problemstellungen gekennzeichnet, so dass die Lösungsschritte auch wirklich verstanden werden. Oft sind hierzu in der linken Spalte Hinweise gegeben, welche besondere Rechenmethode angewandt werden sollte. Das trifft insbesondere auch dann zu, wenn auf ein schon erläutertes Verfahren Bezug genommen wird.

4. Oft folgen den Problemen ein oder zwei Übungsaufgaben.

5. Jedes Rechenverfahren wird am Schluss des Kapitels bzw. Unterkapitels kritisch unter die Lupe genommen. Wo kann man es anwenden, und wie weit kann man mit ihm gehen? Welche Grenzen gibt es oder wie sind sie bestimmt?

6. Den Abschluss bilden Aufgaben, die jeweils dem gesamten Rechenverfahren zuzuordnen sind.

Ist das denn so neu, was dieses Rechenbuch ausmacht? Ja, denn es erklärt methodisch, so dass es sowohl in der Schule angewandt werden kann als auch für die Hausarbeit. Das heißt, dass sich Lernende bzw. Studierende die Rechenwege selbst aneignen können, wenn in der Schule keine Zeit hierfür vorhanden ist oder wenn die Kenntnis über ein Rechenverfahren vorausgesetzt wird.

Daneben gibt es weitere herausragende Besonderheiten:

– Probleme sind deutlich grau unterlegt.
– Formeln und Regeln sind ebenfalls grau herausgehoben und umrandet.
– Zusätzliche Informationen zu den Rechenverfahren und manchmal zu den Problemen unterbrechen den übrigen Text.
– Schließlich ist für jedes Rechenverfahren der Rechenweg noch einmal einspaltig herausgehoben.

Die Zweispaltigkeit einerseits, die Problem- und Lösungsorientierung andererseits sowie die Darstellungsweise können dazu beitragen, kaufmännisches Rechnen „mit leichter Hand" zu erlernen.

Nicht alles, was im Kaufmännischen rechenrelevant ist, wird im Rechenbuch dargestellt. Kein Kaufmann kommt eigentlich mit der Kontokorrentrechnung in Berührung. Das übernehmen die Banken vollständig. Niemand in der Geschäftswelt – außer Kreditinstitute – setzt sich mit der Wertpapierrechnung auseinander. Sie wird dort mit dem Computer gelöst.

Die wichtigsten Rechenarten aus dem kaufmännischen Leben sind hier dargestellt. Auch wenn vieles in den Schulen und Instituten mit dem Rechner bearbeitet wird, ist es erforderlich zu wissen, warum die Lösung von Problemen so und nicht anders gehandhabt werden sollte. Nur im rechnerischen Tun Schritt für Schritt kann man die Rechenverfahren verstehen. Hat man diese verstanden und verinnerlicht, ist es ein Leichtes, mit ihnen zu arbeiten.

Auch als Privatperson muss man des öfteren Rechenaufgaben lösen. Zum Beispiel, wenn der Haushalt plant, wie er sein Geld monatlich ausgeben darf, oder wenn die Reise ins Ausland bevorsteht und Devisen eingekauft werden müssen. Mit diesem Buch wird jeder viel mehr vom Wirtschaftsleben verstehen.

Wir wünschen denjenigen, die mit diesem Buch privat oder in den kaufmännischen Schulen arbeiten, viel Spaß und vor allen Dingen rechnerischen Erfolg. Wer die Dinge beherrscht und sich schnell Übersicht verschaffen kann, weil er weiß, wie man zu diesen oder jenen Ergebnissen gekommen ist, erwirbt Vorsprünge, die sich möglicherweise in barer Münze auszahlen werden.

Johannes T. Hischer
Jürgen R. Tiedtke
Hamburg, im August 2018   *Horst Warncke*

Inhaltsverzeichnis

I. Der Dreisatz

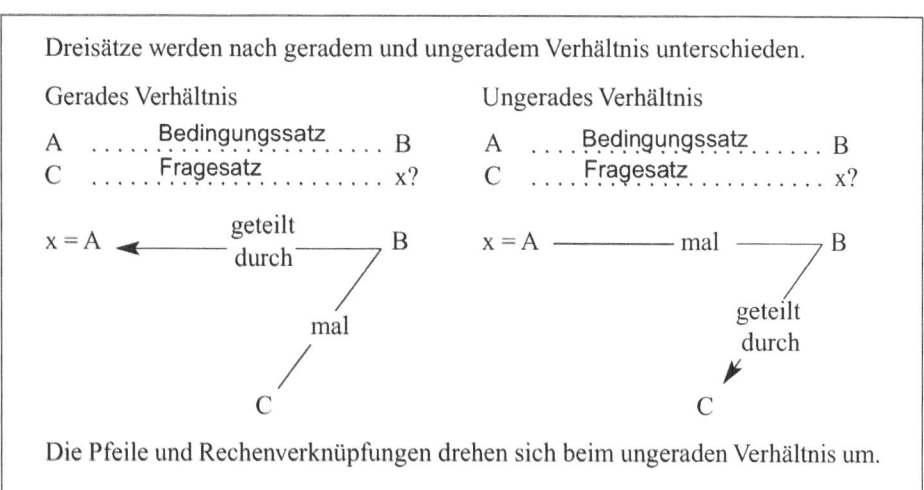

1. Die Aufgabe der Dreisatzrechnung

Die Dreisatzrechnung findet im kaufmännischen Leben vielfach Anwendung. In ihrer einfachsten Art sind drei Größen angegeben, eine vierte wird gesucht. Mit ihr wird gerechnet, wenn man unter anderem in ein anderes Land reisen und am Bankschalter Euros in die Währung dieses Landes umtauschen möchte oder wenn man Preisvergleiche bei seinem Händler anstellt und dabei eine gegebene Menge, 450 Gramm z. B., auf 100 Gramm umrechnet, weil der Preis für diese Menge in einem anderen Laden angegeben war.

Zuerst geht man von der Ausgangsbeziehung aus, die auch die Grundlage für die gesuchte Größe ist, z. B. 450 Gramm (A) kosten 5,20 € (B) *[Bedingungssatz]*. Danach führt man die Ausgangsgrößen auf eine Einheit der gesuchten Größe zurück (*Umrechnungssatz*), also: Ein Gramm kostet den 450sten Teil. Schließlich wird die ermittelte Einheit mit der dritten Größe in Beziehung gesetzt (*Fragesatz*), demnach kosten 100 Gramm (C) 100 mal so viel (gerades Verhältnis).

Das Verfahren ist immer dasselbe, jedoch gibt es unterschiedliche Verhältnisse, wie im Folgenden erklärt wird. Mit der Dreisatzrechnung lassen sich so viele Problem lösen, die sowohl im täglichen Leben als auch in den Unternehmen oder in den Verwaltungen auftreten, dass die Dreisatzrechnung von jedem Menschen beherrscht werden sollte.

© Springer Fachmedien Wiesbaden GmbH, ein Teil von Springer Nature 2018
J. Hischer et al., *Kaufmännisches Rechnen*,
https://doi.org/10.1007/978-3-658-23454-6_1

2. Der einfache Dreisatz

2.1 Das gerade Verhältnis

1. Beispiel

Das Problem

Eine Hausfrau verdiente sich mit einer Teilzeitarbeit nebenbei Geld. Sie erhielt am Wochenende nach getaner Arbeit und nach einer Wochenleistung von 8 Stunden 74,00 €. Ihr Arbeitgeber bat sie, in der kommenden Woche 10 1/2 Stunden zu arbeiten, weil eine Mitarbeiterin für mehrere Tage ausfallen wird. Wie hoch wird der Verdienst bei 10 1/2 Stunden sein?

Die Lösung

Wie gehen wir in der Dreisatzrechnung vor? Zuerst ist der Bedingungssatz zu bilden:

Bedingungssatz

Für 8 Stunden (A*) erhält die Hausfrau ein Entgelt von 74 €; verkürzte Schreibweise.

1. 8 Stdn. . . . .   74 €

Es folgt der Umrechnungssatz:

Umrechnungssatz

Für eine Stunde erhält die Hausfrau den 8. Teil des Entgelts oder verkürzte Schreibweise

2. 1 Std. . . . . $\dfrac{74\ €}{8}$
  (1 Std. = 9,25 €)

Es folgt der Fragesatz, der durch Multiplikation zur Lösung führt:

Fragesatz

Bei 10 1/2 Stunden Arbeitszeit (C*) ist ihr Entgelt wie hoch?

oder verkürzte Schreibweise

3. 10,5 Stdn. . . . .   **? (x) €**

Wie gelangen wir von hier zur Lösung?

Die endgültige Lösung kann auf zwei Weisen herbeigeführt werden. Sie sind unter a) und b) dargestellt.

Lösung a)

Zum Verständnis ist vom Umrechnungssatz auszugehen, auf den künftig verzichtet wird.

Wenn eine Stunde Arbeitszeit mit 9,25 € vergütet wird (74 : 8), dann beträgt das Entgelt bei 10,5 Stunden 10,5 mal so viel, also

$$10,5 \times 9,25 = 97,13 \text{ €}$$

Dieser Dreisatz wird als **Dreisatz mit geradem Verhältnis** angesehen, weil man folgende Aussage treffen kann:

Je mehr die Hausfrau arbeitet, **desto mehr** verdient sie.

Umkehrt könnte man auch sagen:

Je weniger die Hausfrau arbeitet, **desto weniger** Entgelt wird sie beziehen.

Beim geraden Dreisatz werden die Größen des Bedingungssatzes durch einander geteilt und mit der dritten Größe multipliziert. (Siehe Graphik Seite 1, linke Seite.)

Lösung b)

Wenn eine Stunde Arbeitszeit den 8. Teil des Entgelts erbringt, dann müssen 10,5 Stunden 10,5 mal so viel ergeben, also

$$1 \text{ Std.} \quad = \quad \frac{74}{8}$$

$$10,5 \text{ Std.} \quad = \quad \frac{74 \times 10,5}{8}$$

$$C \quad = \quad 97,13 \text{ €}$$

(Im Lösungsansatz b) wird auf die Ausrechnung für eine Einheit verzichtet, was zur Folge haben kann, dass Zahlen im Zähler und Nenner gekürzt werden können.)

Ergebnis

Die Hausfrau wird bei 10 1/2-stündiger Wochenarbeit einen Betrag von 97,13 € erhalten.

➡ **Zum Merken**

Von der Form her sieht ein Dreisatz so aus (formale Aufstellung):

Bedingungssatz: 8 Std. ...(A)........................(B)... 74 €
Fragesatz: 10,5 Std. ...(C)............................ ? (x) €

Bei der Aufstellung des typischen Dreisatzes – wie hier – wird der *Umrechnungssatz* ausgelassen und „nur" im Kopf gebildet.

$$x = \frac{C \times B}{A} \qquad x = \frac{10,5 \times 74}{8}$$

$$x = 97,13 \text{ €}$$

Informationen

Wenn es ein *gerades Verhältnis* in der Dreisatzrechnung gibt, dann muss es auch ein *ungerades* geben. Worin besteht der Unterschied?

Das ungerade Verhältnis lässt sich durch die Aussagen

je mehr, desto weniger
und
je weniger, desto mehr

begründen. Zum Beispiel: Je mehr Fensterputzer zur Glasreinigung einer Fassade eingesetzt werden, desto schneller werden sie ihre Arbeit beendet haben (oder desto weniger Zeit werden sie mit der Reinigung verbringen).

Gibt es neben diesen beiden Dreisatzformen eine weitere Art?

Ja, es sind die so genannten zusammengesetzten Dreisätze, die meist unterschiedliche Teildreisätze enthalten.

Welche Dreisatzform kommt am häufigsten vor?

Am häufigsten wird der Dreisatz mit geradem Verhältnis angewandt.

Kann man den Dreisatz auch „privat" einsetzen?

Ja, insbesondere wenn die Familie einkauft und dabei Produkte, deren Inhalte und Preise, vergleicht. So werden manche Flaschen mit einem Inhalt von 200 ml angeboten, andere mit 250 ml. Da sich die Preise unterscheiden, muss man auf eine Einheit zurückgehen (hier ml). Dasselbe gilt für Dosen.

Gibt es weitere Einsatzmöglichkeiten für den Dreisatz?

Ja, wenn man z. B. ins Ausland reist und wissen möchte, wie viel € für eine bestimmte Summe ausländischen Geldes bezahlt werden müssen (vgl. Währungsrechnung).

Die komplizierten Dreisätze werden *zusammengesetzte Dreisätze* genannt. Gibt es auch für die zuerst genannten Dreisätze einen eigenen Namen?

Das Ausgangsbeispiel stellt einen *einfachen Dreisatz* dar. Einfache Dreisätze sind immer durch vier Größen gekennzeichnet. Dabei ist immer der Bedingungssatz aus zwei Größen angegeben, außerdem eine Größe im Fragesatz.

Wie viele Größen sind in zusammengesetzten Dreisätzen angegeben?

Das kommt darauf an. Mal sind es 6 Größen, mal 8. Aber je mehr Größen in der Rechnung zu berücksichtigen sind, desto unübersichtlicher wird die Gesamtrechnung. Im Übrigen ist zu bedenken, dass die Größen in einem kausalen (logisch zu begründenden) Verhältnis stehen müssen.

2. Beispiel

Das Problem

„Ich fahre", sagte die Kundin zur Bankangestellten, „übermorgen nach Oslo. Ich möchte 2000 norwegische Kronen eintauschen.

„Nichts leichter als das", entgegnete die für Reisedevisen zuständige Sachbearbeiterin. „Zur Zeit bekommen Sie für einen Euro 8,3396 NKR, d.h. Norwegische Kronen

„Woher soll ich das wissen?"

„Sie können sich auf uns verlassen", antwortet ihr Gegenüber. „Aber damit Sie ganz sicher gehen, können Sie die Veröffentlichungen der Reisedevisenkurse in der Zeitung verfolgen. Hier sind sie." Die Bankangestellte legte eine Liste der Kurse vor.

(Zur Übung noch einmal alle drei Sätze – Bedingungssatz, Umrechnungssatz und Fragesatz bilden!)

Die Lösung

Wer ins Ausland reist, in dem nicht der Euro gilt, braucht eine „ausländische Währung". Für viele Länder der Erde hält jedes Kreditinstitut bzw. deren Filialen dieses vor.

Auch gibt es in großen Städten an den Flugplätzen und Bahnhöfen sowie in ihren Zentren so genannte „Wechselstuben", die sich ausschließlich damit beschäftigen, ausländisches Geld anzukaufen bzw. zu verkaufen.

Hat unsere Kundin bei ihrem Besuch nicht alle Kronen ausgegeben, so muss ihr auch die Möglichkeit eingeräumt werden, diese wieder in Euro einzutauschen.

Nun sind bei den Reisedevisen zwei Kurse angegeben. Tauscht die Kundin Euro (€) in eine ausländische Währung um, so muss sie den niedrigeren Euro-Kurs bezahlen (Brief-Kurs). Verkauft sie die zurückbehaltenen ausländischen Kronen, dann wird ihr der höhere Euro-Kurs angerechnet (Geld-Kurs). Zwischen beiden Kursen liegt der Gewinn des Kreditinstituts.

Bei diesem Geschäft handelt es sich demnach um den Verkauf von ausländischem Geld.

Wie lautet nun der Bedingungssatz?

Bedingungssatz

Für 1 € erhält die Kundin bei einem Kreditinstitut 8,3396 NKR .(Verkauf von NKR durch die Bank)

1. 1 € . . . . **8,3396 nkr**

Umrechnungssatz

Für 1 NKR müsste die Kundin den 8,3396tenTeil von einem Euro bezahlen.
100 nkr bekommen.

2. 1 NKR. . . . . $\dfrac{1}{8,3396}$

(1 NKR= 0,12 € *)

| Verkürzte Schreibweise |

| Verkürzte Schreibweise |

---
* gerundet

Fragesatz

Wie hoch ist der Betrag in NKR, den die Kundin für 2000 NKR bezahlen muss?

| Verkürzte Schreibweise |

3. 2000 NKR . . . .? (x) €

| Lösungsweg über Rückführung auf eine Einheit, die auch ermittelt wird |

Lösung a)

Wenn für 1 NKR 0,12 € bezahlt werden muss, dann wären es für 2000 NKR zweitausendmal so viel. Also:

$$€ = 0,12 \times 2000$$

$$€ = 240*$$

| Lösungsweg ohne Ermittlung der Einheit (größerer Bruchstrich) |

Lösung b)

Wenn die Kundin für 1 NKR den 8,3396ten Teil von einem Euro erhält, dann müssen 2000 NKR entsprechend mal soviel ergeben.

| Dreisatz mit geradem Verhältnis: je mehr € desto mehr nkr. |

$$€ = \frac{1 \times 2000}{8,3396}$$

| Der Währungs**umtausch zieht** immer den Dreisatz mit geradem Verhältnis nach sich. |

$$€ = 239,82*$$ (genaueres Ergebnis)

Ergebnis

Die Kundin wird für 2000 NKR einen Gegenwert von 239,82 € zahlen müssen.

| Wie sieht die formale Darstellung mit dem Bedingungs- und Fragesatz aus ohne Umrechnungssatz? |

8,3396 NKR . . . . 1 €
2000,00 NKR . . . .? (x) €

| je mehr Euro, desto mehr norwegische Kronen |

| Beim Dreisatz mit geradem Verhältnis über Kreuz multiplizieren und durch die 1. Zahl des Bedingungssatzes dividieren. |

$$x = \frac{1 \times 2000}{8,3396}$$

$$x = 239,82*$$

zusätzliche Informationen

Beziehen sich Devisen immer auf die Einheit 1 €?

Seit der Einführung des Euros werden alle Devisen auf die Einheit 1 € gerechnet angegeben.

---

* gerundet

Sollten deutsche Auslandsbesucher immer ihre Euro bei einer Bank bzw. bei einem Kreditinstitut im Inland eintauschen?

Generell kommt es darauf an. Da der Euro eine gute Währung (harte Währung) ist, und Länder mit einer schlechteren Währung (weiche Währung) gern harte Devisen haben wollen, wird der Umtauschkurs in diesen Ländern günstiger als bei uns sein. Auch sind Gebühren im Ausland oft billiger (Indien, Sri Lanka, Argentinien u. a.).

➡ **Zum Merken**

Dreisatz mit geradem Verhältnis

A ⬅ => B   **Bedingungssatz**

C / => ?(x)   **Fragesatz**

$$x = \frac{C \cdot B}{A}$$

Achtung!

Form beachten:
Gleiche Einheiten, z. B. Stunden, Euro, kg stehen untereinander.

Lösung:
Über Kreuz multiplizieren (C • B) und durch die bekannte Größe des Bedingungssatzes (A) dividieren.

Aufgaben

1. Sie wollen für ein Wochenende nach Israel, und damit Sie sonnabends dort noch etwas unternehmen können, wollen Sie 500 ILS (israelische Schekel) gegen Euro tauschen. (Kurs s. Tabelle)
   a) Welche Spalte wählen Sie bei der Umrechnung?
   b) Wie viele Euro müssen Sie für 500 ILS aufwenden?

Reisedevisen (Sortenkurse)	Auszug		
22.7.2015	Basis 1 €	Sie	Sie
Spakassenaushang		kaufen	verkaufen
Australien	AUS	1,3616	1,5479
Dänemark	DKR	7,0587	7,8254
Großbritannien	GBP	0,6537	0,0,7320
Israel	ILS	3,4803	4,8779
Kanada	CAD	1,3181	1,4865
Marokko	MAD	8,8567	13,6693
Norwegen	NOK	8,3396	9,6343
Polen	PLN	3,8148	4,4605
Russland	RUB	53,6500	75,2927
Schweden	SEK	8,7328	10,0004
Schweiz	CHF	0,9871	1,1007
Türkei	TRL	2,6498	3,1736
USA	USD	1,0210	1,1379

Investmentfonds (Auszug)		
Fondsname	Ausg.	Rückn.
Adifonds A	120,47	114,73
Aktien Europa A	104,15	99,19
Concentra AE	116,77	111,21
Europazins AE	57,55	55,87
Fl Rentenfd AE	94,85	91,64
CFlex Eur Ba AE	77,95	70,14
Flex Immo A	46,97	45,16
Fondak A	162,82	159,83
Global Eq Divident	119,41	113,72
Industria AE	117,57	111,97
Interglobal A	263,49	250,94
Kapital + AE	65,19	63,29
Mobil Fonds AE	53,12	52,08
Nebw. Deutschl. A	272,77	259,78

2. Sie möchten zu Weihnachten statt vieler verschiedener Geschenke Geld haben, um Investmentfondsanteile zu kaufen. Tatsächlich bekommen Sie insgesamt 450 €. Welche Spalte wählen Sie für Ihre Berechnungen?

2.2 Das ungerade Verhältnis

Das Problem

Ein Team von 4 Arbeitskräften baut eine Autokarosserie in 9 1/2 Stunden zusammen. Die normale Arbeitszeit beläuft sich auf 8 Stunden je Tag. Es wird überlegt, dem Team eine weitere Arbeitskraft zur Verfügung zu stellen, um die Überstunden abzubauen.

Die Lösung

Ausgangspunkt der Überlegungen ist, ob es sich um ein *gerades* oder *ungerades Verhältnis* des Dreisatzes handelt.

Wie kann das herausgefunden werden? Wie muss die Aussage (vergleichbar der des geraden Verhältnisses) lauten?

Je mehr Arbeitskräfte zur Verfügung stehen, **desto weniger** Arbeitszeit

wird der Karosseriezusammenbau benötigen.

Wie lautet der Bedingungssatz?

Bedingungssatz

| Verkürzte Schreibweise |

Vier Arbeitskräfte (A*) bauen eine Autokarosserie in 9 1/2 Stunden (B*) zusammen

1. 4 AK . . . . 9,5 Stdn.

Umrechnungssatz

| Bei ungeraden Dreisatzverhältnissen werden die Größen des Bedingungssatzes multipliziert. |

Eine Arbeitskraft würde eine Zeit benötigen, die 4-mal so lange dauert (als bei 4 Arbeitskräften – je weniger Arbeitskräfte, desto mehr Zeit).

| Verkürzte Schreibweise |

2. 1 AK . . . . 9,5 x 4
    (1 AK = 38 Stdn.)

Fragesatz

| Verkürzte Schreibweise |

Wie lange brauchen dagegen 5 Arbeitskräfte (C*)?

3. 5 AK . . . . ? (x) Stdn.

---

* Vgl. Graphik Seite 1 oben.

Lösungsweg über Rückführung auf eine Einheit, die auch ermittelt wird

Lösung a)

Wenn eine AK 38 Stdn. am Karosseriezusammenbau arbeitet, dann benötigen 5 AK den 5. Teil hiervon (weil sie schneller als 1 AK sind). Also:

$$\text{Stdn.} = \frac{38}{5}$$

$$\text{Stdn.} = 7,6$$

Lösungsweg ohne Ermittlung der Einheit (größerer Bruchstrich)

Lösung b)

Wenn eine AK 4 mal so lange arbeitet wie 4 AK, dann beanspruchen 5 AK weniger Zeit, um die Karosserie fertig zustellen.

$$\text{Stdn.} = \frac{9,5 \times 4}{5}$$

$$\text{Stdn.} = 7,6$$

Bei ungeraden Dreisatzverhältnissen ist außerdem durch die Zahl des Fragesatzes zu dividieren.

Zusammengefasste Darstellung des ungeraden Dreisatzes

5 Arbeitskräfte werden kürzer als 4 Arbeitskräfte für den Zusammenbau der Karosserie arbeiten, nämlich 7,6 statt 9,5 Stdn.

Wie sieht die formale Darstellung mit Bedingungs- und Fragesatz ohne Umrechnungssatz aus?

4 AK . (A) . . . . (B) . . . . 9,5 Stdn.
5 AK . (C) . . . . ? (x) Stdn.

Je mehr AK desto weniger Zeit

Dreisatz mit ungeradem Verhältnis waagerecht multiplizieren und durch Zahl des Fragesatzes dividieren.

$$x = \frac{A \cdot B}{C} \qquad x = \frac{4 \times 9,5}{5}$$

$$x = 7,6$$

Das Problem

Wie rechnet man die in einer Dezimalzahl nach dem Komma angegebene Arbeitsleistung in Minuten um? Die Frage lautet konkret: Wie viele Minuten arbeitet das Team über 7 Stunden hinaus?

Die Lösung

Wieder gelangen wir zur Dreisatzrechnung. Frage: Was für ein Verhältnis des Dreisatzes liegt vor?

Die im Ergebnis ermittelte Zahl vor dem Komma kann unberücksichtigt bleiben, also geht es um 0,6 Stunden. Daher kann man sagen

je weniger Stunden (0,6),
desto weniger Minuten.

Dreisatz mit geradem Verhältnis

Die formale Darstellung des Dreisatzes:

1,0 Std. . . . . 60 Min.
0,6 Std. . . . . ?(x) Min.

Dies ist die kürzeste Darstellungsform einfacher Dreisätze.

$$x = \frac{60 \times 0{,}60}{1}$$

$$x = 36 \text{ Minuten}$$

Ergebnis

Das Team mit 5 Arbeitskräften schafft den Karosseriezusammenbau in 7 Stunden und 36 Minuten.

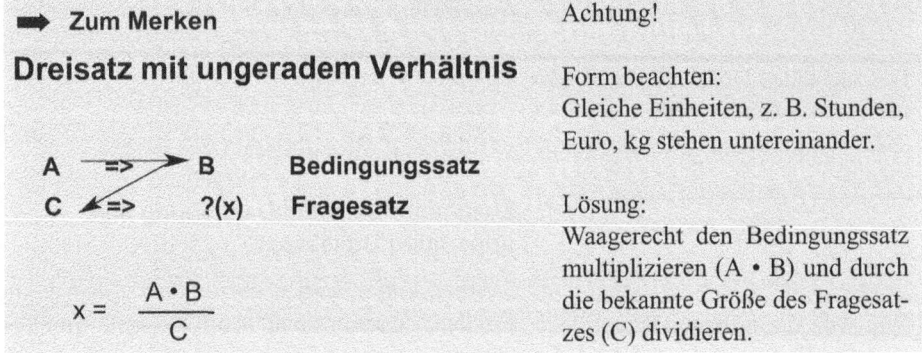

➡ **Zum Merken**

Dreisatz mit ungeradem Verhältnis

A => B   **Bedingungssatz**
C <= ?(x)   **Fragesatz**

$$x = \frac{A \cdot B}{C}$$

Achtung!

Form beachten:
Gleiche Einheiten, z. B. Stunden, Euro, kg stehen untereinander.

Lösung:
Waagerecht den Bedingungssatz multiplizieren (A • B) und durch die bekannte Größe des Fragesatzes (C) dividieren.

Informationen

Warum ist bei der Lösung der Aufgaben zum Schluss auf den Umrechnungssatz verzichtet worden?

Weil der Umrechnungssatz nur dazu da ist, die entsprechenden Größen auf eine Einheit zurückzuführen. Hat man die Notwendigkeit des Umrechnungssatzes verstanden, braucht man ihn nicht mehr extra aufzustellen.

Sollte man dennoch auf die Rückführung zu einer Einheit nicht verzichten?

Zum Verständnis ist dieser Weg durchaus angebracht, jedoch sollte man die Beziehung zu einer Einheit nur „im Kopf" vornehmen, um herauszufinden, ob es sich um ein gerades oder ungerades Verhältnis des Dreisatzes handelt.

Genügt es nicht, wenn man weiß, dass es zwei Dreisatzvarianten gibt?

Nein, denn die Zahlen werden unterschiedlich in Beziehung gesetzt. Mal wird über Kreuz multipliziert, mal waagerecht.

Wann sollte man die Regeln anwenden?

Die Regeln vereinfachen das Rechnen mit Dreisätzen, insbesondere bei zusammengesetzten Dreisätzen. Daher sollte man die Regeln kennen.

➡ **Zum Merken**

Der einfache Dreisatz

Der einfache Dreisatz tritt sowohl in geraden als auch in ungeraden Verhältnissen auf. In beiden Fällen sind dieselben Bezeichnungen untereinander zu schreiben. Die Frage (und die Bezeichnung) stehen am Ende des Dreisatzes.

Gerade ist das Verhältnis,
wenn man die Aussagen treffen kann:

> *„je mehr, desto mehr"*
> oder
> *„je weniger, desto weniger"*

ungerade dann, wenn man

> *„je mehr, desto weniger"*
> oder
> *„je weniger, desto mehr"*

sagen muss.

Zur Verkürzung der Rechenoperationen kann man sich auf die Darstellung von zwei Rechensätzen konzentrieren, auf den Bedingungs- und den Fragesatz.

– Bei **geraden Verhältnissen** wird über **Kreuz multipliziert** (C × B) und durch die 1. Zahl des Bedingungssatzes (A) dividiert.

– **Bei ungeraden Verhältnissen** werden die beiden Glieder des Bedingungssatzes miteinander multipliziert (A × B) und diese durch die Zahl des Fragesatzes (C) dividiert. (Der Rechenweg verläuft umgekehrt zum geraden Verhältnis)

(Zum Verständnis aber ist es immer sinnvoll, den Bedingungssatz (in Gedanken) auf eine Einheit [Umrechnungssatz] zurückzuführen.)

Aufgaben

Am schwarzen Brett der Firma war zu lesen:

Wenn Sie noch schneller arbeiten, werden unsere Kosten pro Stück fallen, weil Sie mehr herstellen. Zur Zeit produzieren wir in 60 Minuten 120 Stück. Pro Stück fallen Kosten von 10 € an, davon sind 6 € fix (feststehend wie z. B. Miete) und 4 € variabel
(beweglich, veränderlich, wie z. B. der Stromverbrauch). Bei mehr Produktion werden die Anteile der variablen Kosten gleich bleiben, aber die fixen Kostenanteile werden sinken. Vorgesehen ist eine Senkung der fixen Kosten von 6 € auf 5 €.

1. Erklären Sie mit eigenen Worten, was sie unter Kosten verstehen!

2. Wie viele Stücke muss das Unternehmen pro Stunde hervorbringen, damit diese Forderung erfüllt wird?

Zusammenfassung

Fall 1:	Fall 2:

Fall 1:
gerades Verhältnis

Ein Zaun soll gestrichen werden.
Für 10 m Zaun braucht man 6 Stunden.
Frage: Wie viele Stunden braucht
man für 20 m?

1. Schritt: Erstelle eine Tabelle.
Gleiche Werte stehen untereinander.

Meter Zaun	benötigte Stunden
10	6
20	x

2. Schritt: Denke nach und entscheide
Mehr Zaun ➜ **Mehr** Stunden

**proportionales Verhältnis
(gerader Dreisatz)**

Ein proportionales Verhältnis
errechnet sich immer nach diesem
Schema!

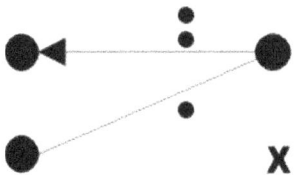

3. Schritt: Erstelle den Bruchstrich
nach dem Schema

$$x = \frac{20 \cdot 6}{10} = 12$$

Ergebnis: Für 20 m Zaun werden 12
Stunden benötigt.

Fall 2:
ungerades Verhältnis

Ein Zaun soll gestrichen werden.
2 Maler brauchen 6 Stunden.
Frage: Wie viele Stunden brauchen
4 Maler?

1. Schritt: Erstelle eine Tabelle.
Gleiche Werte stehen untereinander.

Anzahl Maler	benötigte Stunden
2	6
4	x

2. Schritt: Denke nach und entscheide
Mehr Maler ➜ **Weniger** Stunden

**antiproportionales Verhältnis
(umgekehrter Dreisatz)**

Ein antiproportionales Verhältnis
errechnet sich immer nach diesem
Schema!

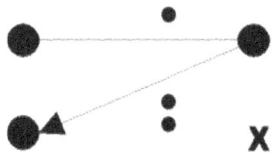

(umgekehrt zum geraden Dreisatz)

3. Schritt: Erstelle den Bruchstrich
nach dem Schema

$$x = \frac{2 \cdot 6}{4} = 3$$

Ergebnis:
4 Maler benötigen 3 Stunden.

Fall 3:
Zusammengesetzter Dreisatz (s. nächste Seite)

Ein Zaun soll gestrichen werden.
10 m Länge wurden von 4 Malern in 3 Stunden gestrichen.
Frage: Wie viele Stunden benötigen 6 Maler für 20 m Länge.

Die Stundenzahl hängt von zwei Größen ab: Länge des Zaunes und Anzahl der Maler.
Daraus lassen sich zwei Dreisätze bilden:

Meter Zaun	benötigte Stunden			Anzahl Maler	benötigte Stunden
10	3	1. Tabelle erstellen		4	3
20	x			6	x
		2. überlegen			
proportionales (gerades) Verhältnis		3. entscheiden		antiproportionales (ungerades) Verhältnis	
Gerader Dreisatz		4. Schema wählen		Ungerader Dreisatz	
$x = \dfrac{20 \cdot 3}{10} = 6$		5. Bruchstrich erstellen		$x = \dfrac{4 \cdot 3}{6} = 2$	

Die Bruchstriche können nun verknüpft werden. (Einmal 3 streichen.)

$$x = \frac{20 \cdot 4 \cdot 3}{10 \cdot 6} = 4$$

Das lässt sich weiter vereinfachen.

Meter Zaun	Anzahl Maler	benötigte Stunden
10	4	3
20	6	x
proportionales (gerades) Verhältnis	antiproportionales (ungerades) Verhältnis	

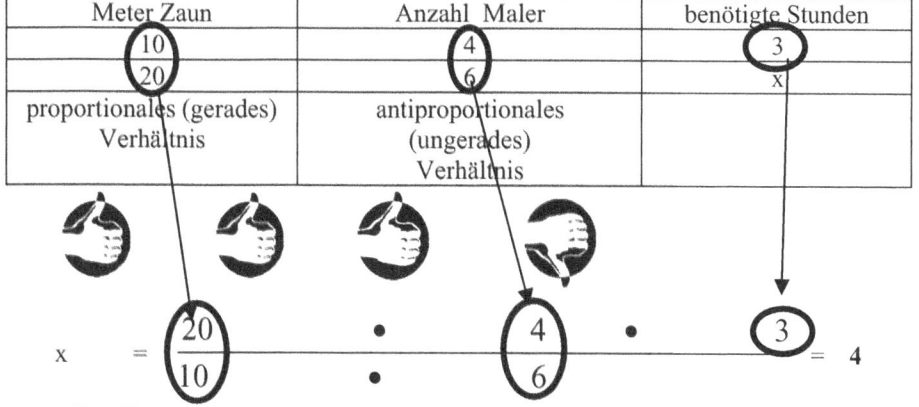

$$x = \frac{20}{10} \cdot \frac{4}{6} \cdot 3 = 4$$

Der Zaun von 20 m Länge wird von 5 Malern in 4 Stunden gestrichen.

3. Der zusammengesetzte Dreisatz

1. Beispiel

Das Problem

Ein Bauunternehmen bekam nach einem Angebot den Auftrag, in 10 Tagen einen Graben mit einer Breite von 150 cm, einer Höhe von 200 cm sowie einer Länge von 500 m für die Verlegung von Rohren auszuheben. Gleichzeitig sollte ein neues Angebot über einen Graben abgegeben werden, dessen Breite nur 120 cm, dessen Höhe 100 cm sowie dessen Länge 300 m betrug. Voraussetzung zur Erteilung des Auftrages sollte der günstigste Preis bei einer Fertigungszeit von 6 Tagen sein. Der erste Auftrag wurde pünktlich mit 20 Arbeitskräften erfüllt. Wie viele Arbeitskräfte müsste das Unternehmen unter sonst gleichen Bedingungen wie im Erstauftrag einsetzen, um den kleineren Graben nach 6 Tagen abzuliefern?

Die Lösung

Zusammengesetzte Dreisätze haben sehr viel mehr Glieder als einfache Dreisätze. Das erschwert ihre Lösung etwas.

Zunächst ist ratsam, die einzelnen Größen übersichtlich gegenüberzustellen. Dabei wird das Gefragte an das Ende des aufzustellenden Dreisatzes gesetzt werden. Das ist bereits bei der Darstellung der verkürzten einfachen Dreisätze geschehen.

Bezeichnung	1. Auftrag	2. Auftrag
Länge/m	500	300
Breite/m	1,5	1,2
Höhe/m	2,0	1,0
Zeit/Tg.	10,0	6,0
AK	**20,0**	**?**

Ausgangspunkt der Berechnung ist der Bedingungssatz (1. Auftrag). Wieder müssen dieselben Bezeichnungen des Fragesatzes genau untereinander geschrieben werden, so dass beide Sätze übersichtlich werden. Wie bisher gehört die Frage ans Ende.

Sie wird zum zentralen Bezugspunkt, weil von ihr der Lösungsweg ausgeht. Beim zusammengesetzten Dreisatz ist immer wieder auf eine Einheit zurückzugehen, auch wenn der vorher eingeführte Umrechnungssatz in derselben Form wie vorher nicht gebildet werden kann.

Wie gelangt man zum richtigen Lösungsansatz?

Bedingungs- und Fragesatz aus den Angaben aufstellen

1. Bedingungssatz
500 m L – 1,5 m B – 2,0 m H – 10 Tg. – 20 Arbeitskräfte

2. Fragesatz
300 m L – 1,2 m B – 1,0 m H – 6 Tg. – **?(x) Arbeitskräfte**

Lösungsschritte

Aus dem Bedingungs- und dem Fragesatz sind mehrere einfache Dreisätze zu bilden. Ausgangspunkt sind die Anfangs- und Endglieder (hier Meter Länge und Arbeitskräfte beider Sätze). Aus ihnen lässt sich der erste Dreisatz bilden:

1. Dreisatz

Verbal: Wenn 20 Arbeitskräfte 500 m Länge eines Grabens (in einer bestimmten Zeit) ausheben, dann braucht man für einen kürzeren Graben von 300 m Länge wie viele Arbeitskräfte?

500 m L . . . . 20 AK
300 m L . . . . ? (x) AK

Gerades Verhältnis,
je weniger, desto weniger:
über Kreuz multiplizieren

$$x = \frac{300 \times 20}{500}$$

2. Dreisatz

Nunmehr werden die ersten beiden untereinander stehenden Glieder durch die zweiten ausgetauscht, die Endglieder bleiben erhalten.

Verbal: Wenn 20 Arbeitskräfte 1,5 m Breite eines Grabens (in einer bestimmten Zeit) schaffen, dann braucht man in derselben Zeit für einen schmaleren Graben wie viele Arbeitskräfte?

1,5 m B . . . . 20 AK
1,2 m B . . . . ? (x) AK

Gerades Verhältnis

$$x = \frac{1,2 \times 20}{1,5}$$

3. Dreisatz

Hier ist wie beim 2. Dreisatz zu verfahren.

Verbal: Wenn 20 Arbeitskräfte einen Graben (in einer bestimmten Zeit) von 2 m Höhe ausheben können, dann braucht man bei einer geringeren Höhe von 1 m wie viele Arbeitskräfte?

2 m H . . . . 20 AK
1 m H . . . . ? (x) AK

Gerades Verhältnis

$$x = \frac{1{,}0 \times 20}{2{,}0}$$

4. Dreisatz

Verbal: Wenn 20 Arbeitskräfte für eine bestimmte Arbeit 10 Tage brauchen, dann müssen in 6 zur Verfügung stehenden Tagen wie viele Arbeitskräfte eingesetzt werden, um den Graben auszuheben?

$$\begin{aligned} 10 \text{ Tage} &\dots\dots\dots\dots\dots\dots 20 \text{ AK} \\ 6 \text{ Tage} &\dots\dots\dots\dots\dots\dots ? \text{ (x) AK} \end{aligned}$$

Ungerades Verhältnis, **je weniger, desto mehr;** waagerecht malnehmen

$$x = \frac{10 \times 20}{6}$$

Da es sich um eine Aufgabe handelt, können alle im Bruch darstellten Dreisätze auf einem Bruchstrich zusammengefügt werden, wobei die Anzahl der Arbeitskräfte, nämlich 20, nur einmal (wie in den beiden Sätzen dargestellt) vorkommen darf. Also

$$x = \frac{300 \times 1{,}2 \times 1{,}0 \times 10 \times 20}{500 \times 1{,}5 \times 2{,}0 \times 6}$$

$$x = \frac{3 \times 0{,}2 \times 1{,}0 \times 5 \times 20}{5 \times 1{,}5}$$

Zähler und Nenner kürzen

$$x = 2 \times 0{,}2 \times 1{,}0 \times 20$$

$$AK = 8$$

Ergebnis

Der kürzere und weniger breite Graben kann in 6 Tagen von nur 8 Arbeitskräften beendet werden.

➡ **Zum Merken** (s. Seite 13)

Der zusammengesetzte Dreisatz ist in mehrere Teildreisätze zu zerlegen, ohne die einzelnen gefragten Glieder auszurechnen. Die in den einfachen Dreisätzen ermittelten Bruchstriche werden auf einem Bruchstrich zusammengefasst, dabei wird das letzte Glied, das sich auf jedem Bruchstrich befindet, bis auf einmal gestrichen. Die Bruchstriche für die Dreisätze können entweder über die drei Sätze, den Bedingungs-, Umrechnungs- und Fragesatz (unter Zurückführung auf jeweils eine Einheit), oder nach der Regel für gerade und ungerade Dreisätze aufgestellt werden. Das Ergebnis ist in beiden Fällen dasselbe.

2. Beispiel
(Ein Bericht aus der Presse)

Das Problem

Winterhude: 70 Arbeiter, 24 LKW, zwei Großkräne, 100 Tonnen Teile in 10 Stunden

Mit einem in Hamburg bisher einmaligen Kraftakt tauschte die Hamburger Hochbahn am Wochenende die U-Bahn-Brücke über der Hudtwalcker- und Sierichstraße aus. Das 115 m lange Bauwerk musste korrosionsbedingt einer neuen Stahlkonstruktion weichen.

Die ganze Nacht war man mit der Beseitigung der alten Konstruktion beschäftigt. Und während sich die alte Brücke lautstark aus der gewohnten Winterhuder Umgebung verabschiedete, kündeten die ersten Vorbereitungen schon die Ankunft der neuen Überführung an. 70 Arbeiter brachten zwei Großkräne in Stellung. 24 LKW fuhren die Ausrüstung heran. In 10 Stunden war das Werk bei 100 t Teile geschafft.

Die guten Erfahrungen ließen sofort die Frage stellen, ob ähnlich auch in der Pasewalker Allee vorgegangen werden kann. Hierfür sollten 120 t Teile mit 80 Arbeitskräften und 28 LKW eingesetzt werden. Wie viele Stunden wird man für den Austausch brauchen?

Die Lösung

Die folgende Lösung eröffnet die Chance, komplizierte Dreisätze noch schneller und sicherer zu lösen.

Voraussetzung hierzu ist, sich genau an die Worte zu halten, die bei der Bewältigung der Aufgabe gewählt wurden.

Zunächst sind wieder Bedingungs- und Fragesatz untereinander zu schreiben.

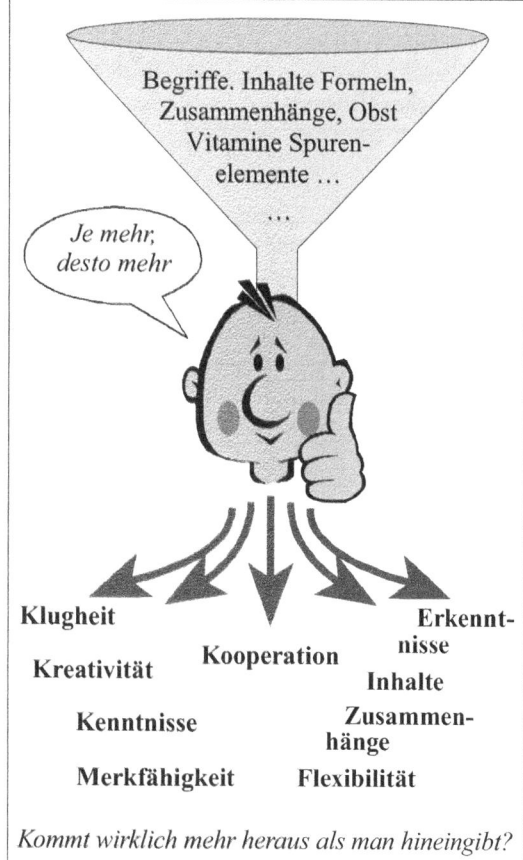

Kommt wirklich mehr heraus als man hineingibt?

1. Bedingungssatz
70 Arbeiter – 24 LKW – 100 t Teile – 10 Stdn.

2. Fragesatz
80 Arbeiter – 28 LKW – 120 t Teile – ? (x) Stdn.

Danach ist der 1. Dreisatz in Gedanken mit den Anfangs- und Endgliedern zu bilden und das Ergebnis auf einen größeren Bruchstrich zu schreiben.

Ungerades Verhältnis

Ausgangsdreisatz

$$x = \frac{10 \times 70}{80}$$

70 Arbeitnehmer leisten eine Arbeit in 10 Stunden. Ein Arbeitnehmer braucht 70 mal so lange, 80 Arbeitnehmer den 80. Teil. Das Verhältnis ist ungerade.

Sprachliches Hilfsmittel

Und das, wenn sie die Teile mit 24 LKW heranschaffen. Würde man die Teile mit einem LKW befördern, dann brauchte man weit mehr Zeit.

Ungerades Verhältnis: mit 24 des Bedingungssatzes multiplizieren und mit 28 aus dem Fragesatz dividieren

$$x = \frac{10 \times 70 \times 24}{80 \times 28}$$

Sprachliches Hilfsmittel

Und das, wenn sie 100 t Teile montieren. Würde man nur 1 t Teil montieren, dann wäre man schneller mit der Brückeninstallation fertig. Da aber 120 t Teile benötigt werden, wird man länger arbeiten. Also

Gerades Verhältnis: mit 120 des Fragesatzes multiplizieren und durch 100 des Bedingungssatzes dividieren

$$x = \frac{10 \times 70 \times 24 \times 120}{80 \times 28 \times 100}$$

$$x = \frac{1 \times 10 \times 24 \times 3}{2 \times 4 \times 10}$$

Kürzen

$$x = 1 \times 3 \times 3$$

$$x = 9 \text{ Stdn.}$$

✔ **Ergebnis**

Für die neue Brücke, die mit zusätzlichen Arbeitskräften und LKW installiert wird und bei der 120 Teile zu montieren sind, braucht man 9 Stunden.

Rechenweg

1. Zunächst sind der Bedingungs- und der Fragesatz zu formulieren und in Kurzform so aufzustellen, dass das gefragte Glied im Fragesatz am Ende steht. Dieselben Bezeichnungen im Bedingungs- und Fragesatz stehen untereinander.

2. Die Dreisätze können entweder über die Rückführung auf eine Einheit oder über die Unterscheidung nach geradem und ungeradem Verhältnis gelöst werden. Bei einfachen Dreisätzen steht die Größe (Bedingungssatz) über dem gefragten Glied immer auf dem Bruchstrich. Beim geraden Verhältnis wird über Kreuz multipliziert, beim ungeraden waagerecht multipliziert. Danach wird durch die dritte Größe dividiert.

3. In zusammengesetzten Dreisätzen sollte immer auf eine Einheit zurückgegangen werden. Dabei hat es sich als sinnvoll erwiesen, mehrere Teildreisätze aus dem Bedingungs- und Fragesatz abzuleiten. Das bei allen Dreisätzen wiederkehrende letzte Glied des Bedingungssatzes wird bis auf einmal gestrichen. Zur Verkürzung der Schreiboperationen kann mit einem sprachlichen Kniff – „und das, wenn" schnell die Lösung angepeilt werden.

4. Grenzen der Dreisatzrechnung

Die Dreisatzrechnung ist nur anzuwenden, wenn zwischen den Größen des Bedingungs- und des Fragesatzes ein sinnvoller Zusammenhang besteht, d. h., wenn sie voneinander abhängig sind. Diese Abhängigkeit muss als lineares Verhältnis auftreten. Daher ist zum Beispiel ein Zusammenhang zwischen den Geburten in einer Gemeinde und den Unfällen, die in dieser Gemeinde passieren, nicht aufzustellen, so dass es hierfür auch keinen Dreisatz geben kann. Ebenso wenig abhängig ist die Anzahl der guten Noten in einer Klassenarbeit einer Gymnasialklasse vom Alter der Eltern dieser Schülerinnen und Schüler. Dagegen besteht eine eindeutige Verbindung zwischen der volkswirtschaftlichen Leistung eines Landes und den Arbeitsstunden, die ein Volk hierfür aufwendet.

Aufgaben

1. „Zur Tapezierung Ihres Wohnzimmers werden 25 Rollen zu 0,75 m Breite gebraucht. Sollten Sie schmalere Rollen bevorzugen", so hieß es im Angebot des Malermeisters Eugen Kammer, „werden entsprechende Rollen in Rechnung gestellt. Die schmaleren Rollen sind im Verhältnis etwas teurer. Außerdem müssen Sie hierbei mit einem höheren Arbeitslohn rechnen, weil das Verkleben schmalerer Rollen längere Zeit dauern wird."

   Wie viele Rollen wird der Malermeister bei einer Breite der Rollen von 0,50 m benötigen?

2. Der telefonische Rückruf des Kunden, wie lange das Tapezieren und Streichen der Wände und der Decke dauern würde, veranlasste den Malermeister noch einmal zu einer schnellen Überschlagsrechnung: „Wenn wir die breiten Rollen nehmen, dann

werden wir 4 1/2 Stunden arbeiten. Bei den schmaleren wird es wohl 6 Stunden dauern. Die Differenz wird 45 € betragen." „Können Sie mir die schmaleren Rollen nicht zum selben Gesamtpreis wie die breiteren liefern? Wenn Sie gut arbeiten, bekommen Sie auch einen Anschlussauftrag." „Mal sehen", antwortete der Malermeister. „Die breiten Rollen kosten 5 € je Rolle."

a) Wie hoch ist der Arbeitslohn bei Verwendung der schmalen Rollen?

b) Wie teuer wird eine schmale Rolle unter Zugrundelegung des Rollenpreises für breite Rollen?

3. Der Apfelsafthersteller „Alma Popp" tauscht Äpfel fassweise in Saft um. Der Kunde kann sich entweder für Flaschen mit 0,75 l Inhalt oder für solche mit 4/5 l Inhalt entscheiden. Ein landwirtschaftlicher Betrieb sollte für seine abgelieferte Obstmenge 96 Flaschen zu 0,75 l erhalten, jedoch wünschte er eine Abfüllung in 0,8-Liter-Flaschen.

Wie viele Flaschen wurden ihm danach ausgeliefert?

4. Die Leitung einer Zementfabrik stellte einen Finanzplan für das kommende Jahr auf. Darin waren auch die Brutto-Löhne und -Gehälter in Höhe von 20 Mio. € enthalten (Direktentgelt). Mit welchen Personalkosten muss das Unternehmen rechnen, wenn die vom Statistischen Bundesamt vorgelegten Lohnnebenkosten von 2012 noch Gültigkeit haben?

Zusammensetzung der Personalkosten		
	2004	**2012**
Entgelt für geleistete Arbeit (Bruttolöhne)	56,7 %	57,3 %
Lohnnebenkosten (Arbeitgeberanteil zu den Sozialversicherungen u. a.)	23,5 %	23,2 %
Sonderzahlungen, Sachleistungen, Aus- und Weiterbildung, Vermögensbildung, Vergütung für nicht gearbeitete Tage	18,0 %	19,5 %

5. Ein Kilo Costa-Rica-Kaffee wird zur Zeit mit 9 € gehandelt.

   Eine Kundin verlangt zunächst 1 Kilo und 125 Gramm. Als sie den Preis erfährt, bittet sie, ihr eine Mischung über 1,5 kg aus verschiedenen billigeren Sorten zusammenzustellen, ohne dass sie noch Geld drauflegen muss.

   Wie hoch ist der Preis für 1 kg der Mischung?

6. Die geleistete Arbeitszeit der Erwerbstätigen in ausgewählten Ländern im Jahre 2014 ist der Tabelle zu entnehmen. Zur Montage eines Gebäudekomplexes in Lübeck wurden insgesamt 7892 Arbeitsstunden in Anspruch genommen.

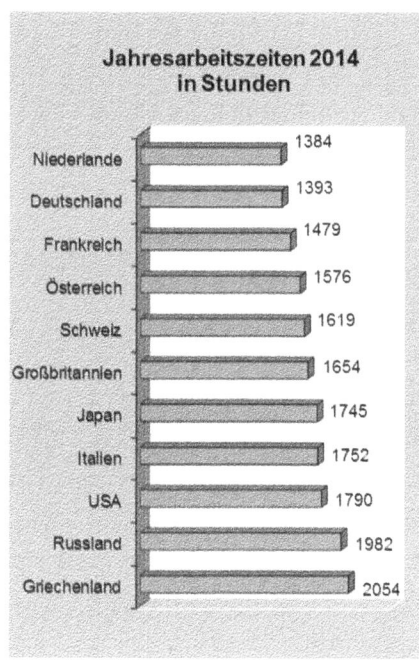

a) Wie viele Arbeitskräfte aus Deutschland wurden hierfür eingesetzt?

b) Gesetzt den Fall, man könnte Arbeitsgruppen aus Russland zu deren Arbeitsbedingungen einsetzen, wie viele Arbeitskräfte würden nur benötigt, um die Arbeit zur selben Zeit zu beenden?

c) Die Kosten je Arbeitsstunde im Jahre 2014 betrugen für Russland 5,10 €, für Deutschland 35,66 Euro. Wie hoch waren die Arbeitskosten in beiden Fällen?

7. In Deutschland arbeitet man durchschnittlich 5 Minuten, um 250 Gramm Markenbutter bei einem Preis von 1 € zu erwerben. Vergleichszahlen aus Sri Lanka besagen, dass dort für 1 Pfund Butter (500 g) 80 Minuten gearbeitet werden muss.

   Wie teuer wäre dann die Butter in Deutschland, wenn hier dieselben Verhältnisse herrschten?

8. Ein Bagger mit 40 PS räumte in 12 Arbeitstagen bei je 8 Stunden Arbeitszeit einen Müllberg von 2500 cbm fort. Wie viele Tage würde ein Bagger mit 72 PS für 8000 cbm brauchen, wenn dieser täglich nur 6 Stunden zur Verfügung steht?

II. Rechnen mit englischen Gewichten und Maßen

1. Die Aufgabe der Rechnung mit englischen Gewichten und Maßen

Fast jeder Mitbürger von uns kommt mit der englischen Sprache in Berührung. Und viele von diesen Mitbürgern reisen in Länder, in denen englisch gesprochen wird bzw. die zum englischen Commonwealth gehören. Oder sie besuchen England. Dann sehen sie auf den Landstraßen an Hinweistafeln Meilen statt Kilometer. In den Supermärkten und Kaufhäusern müssen sie sich mit Pounds oder Libs auseinander setzten, und das sind 453,6 Gramm, statt mit dem vertrauten deutschen Pfund (500 Gramm) umzugehen, und an der Kasse sind möglicherweise neunundneunzig Pence hinzublättern, und das ist noch nicht mal ein Pfund.

Ist all das etwas Besonderes? Die Antwort lautet ja, denn sowohl die englischen Maße als auch die Gewichte unterliegen nicht dem Zehnersystem, das bei uns die Berechnungen so leicht macht. Ein Kilogramm hat eben 1000 Gramm, ein Meter sind 100 Zentimeter. Noch vor Jahren mussten sich Großbritanniens Bürger mit einer Währung abgeben, deren Pfund 20 Shilling und deren Schilling 12 Pence umfasste. Das ist heute anders, weil für sie das Zehnersystem eingeführt wurde. Dafür entfielen Shilling. Noch heute trauern viele Engländer dem alten Währungssystem nach, obwohl die Umrechnungen kompliziert waren. Für Pence schreibt man „d" oder „p".

Dass Kaufleute, deren Rechnungen auf der Basis englischer Gewichte bzw. Maße basieren, die Umrechnungen in ein Zehnersystem, z. B. in deutsche Gewichte, kennen müssen, ist selbstverständlich. Nur durch Umrechnungen sind dann Preisvergleiche mit einheimischen Anbietern anzustellen.

Daher muss man die Umrechnungswege kennen. Das erleichtert einen Besuch im englisch sprechenden Ausland und hilft beim Ex- und Import, wenn Kontrakte auf englischer Währung beruhen und sich auf englische Maße und Gewichte beziehen.

© Springer Fachmedien Wiesbaden GmbH, ein Teil von Springer Nature 2018
J. Hischer et al., *Kaufmännisches Rechnen*,
https://doi.org/10.1007/978-3-658-23454-6_2

2. Englische Gewichte und Längenmaße

Informationen

Wie heißen die üblichen englischen Gewichte?	Sie heißen: **„ton"** – abgekürzt „t", **„hundredweight"** – abgekürzt „cwt" (centweight), **„quarter"** – abgekürzt „qr" und **„lib"** – abgekürzt „lb". Für 1 lb wird der Begriff „pound" verwandt. Auch das Wort „lib" stammt aus dem Lateinischen und ist abgeleitet aus „libra" (das Pfund).

Wie ist der Zusammenhang zwischen den Gewichten?

$$1\,t = 20\,cwts$$
$$1\,cwt = 4\,qrs$$
$$1\,qr = 28\,lbs$$
$$1\,cwt = 112\,lbs$$

Gibt es noch eine kleinere Gewichtsgröße?	Ja, es handelt sich um Unzen, eine Gewichtseinheit, die aus dem Boxsport bekannt ist. Im Englischen spricht man von „ounces". Ein englisches Pfund (lb) hat 16 ounces.
Was verbirgt sich hinter folgendem Ausdruck?	Die Abkürzung ist ähnlich wie die in der Währung zu lesen. Hier setzt sich das Gewicht aus

„cwts 17.3.27.5"

17 centweights,
 3 quarters,
27 libs und
 5 ounces

zusammen.

Wie ist der deutsche Umrechnungswert?	Wenn man ganz genau rechnen will, dann sind für 1 lb 453,6 deutsche Gramm anzusetzen. Bei nicht notwendiger Exaktheit wird 1 cwt als ein Zentner (= 50 kg) angesehen. Danach entspricht ein quarter 25 deutschen Pfund (1/4 Zentner).
Wie heißen die üblichen englischen Längenmaße?	Es handelt sich hierbei um **miles** (Meilen), um **yards**, um **feet** (Mz) und **foot** (Ez) – im Deutschen wird trotz der englischen Mehrzahl von Fuß gesprochen, z. B. die Weite beträgt 30 Fuß –, sowie um **inches**.

Wie ist der Zusammenhang zwischen den Maßen?

$$1\,mile = 1760\,yards$$
$$1\,yard = 3\,feet$$
$$1\,foot = 12\,inches$$

Wie ist der deutsche Umrechnungswert?	1 yard ist mit 91,44 cm angegeben.

Sollte man mit einfachen Zahlen rechnen?	Ja, das ist üblich!

In der Regel wird mit einer vereinfachten Umrechnungsgröße gearbeitet: Danach entsprechen

12 yards 11 Metern

Wie liest man	Die abgekürzte Schreibweise enthält
yards 2.2.2?	2 yards, 2 feet, 2 inches.

Der englische Dreispringer John Bolten sprang im vergangenen Jahr yards 18.0.0. Wie viel Meter waren das?

Das waren 16 1/2 m.

12 yards entsprechen 11 m, 6 yards danach 5,5 m, also insgesamt erbrachte er eine Leistung von 16 m und 50 cm, also 16,5 m. Übrigens ein hervorragender Sprung.

Wo werden – außer bei Kaufleuten – international englische Maße und Gewichte benutzt?

Englische Maße und Gewichte werden in englisch sprechenden Ländern angewandt, also neben Großbritannien in den Vereinigten Staaten, in Kanada, in Australien, in Neuseeland u. a. Viele Commonwealthländer haben bereits das Zehnersystem übernommen und sprechen nicht mehr von Meilen, sondern von Kilometern, und nicht von yards und feet, sondern von Metern. Im Sport sind Bezeichnungen wie „die Meile" und „yards" durchaus noch im Gebrauch.

Kommt eine Rechnung in englischen Maßen und Gewichten bei uns überhaupt vor?

Losgelöst von Währungsumrechnungen in der Regel nicht. Daher sind sie in den folgenden Musteraufgaben auch vornehmlich zusammen mit Währungsumrechnungen dargestellt.

Das Problem

Ein Angebot aus Glasgow enthielt die folgende Kondition: „Wir liefern Ihnen 9 qrs zum Preis von 186 pence je lb."

(Zur einfacheren Rechnung wird 1 £ = 1,60 € eingesetzt.)

Die Lösung

Wie ersichtlich ist, sind mehrere Rechenschritte hierzu nötig. Es ist sinnvoll, sich noch einmal alle notwendigen Einheiten vor Augen zu führen:

1 qr = 18 lbs
1 lb = 453,6 Gramm
1 £ = 100 p
1 € = 0,625 €

1) Wie hoch war der Preis in englischer und in deutscher Währung?

2) Wie hoch war der Preis in deutscher Währung bei einem Kurs von 2,51 für 1 £?

3) Wie viel € kostet 1 Kilo?

| Durch 100 teilen |

| Dreisatz, gerades Verhältnis |

| Dreisatz, gerades Verhältnis |

1. Schritt

Umrechnung der quarters in libs:

$$? \text{ lbs } = 9 \times 28$$
$$= 252 \text{ lbs}$$

2. Schritt

Ermittlung des Rechnungsbetrages in £:

186 p entsprechen 1,86 £

3. Schritt

Ermittlung des Rechnungsbetrages in Pfund und Pence.

1 lb . . . . 1,86 £

252 lbs . . . . ? (x) £

$$x = \frac{252 \times 1,86}{1} \qquad x = 468,72 \text{ £}$$

1. Ergebnis

Der Preis in englischer Währung beläuft sich auf 468,72 £ oder 468 Pfund und 72 Pence.

4. Schritt

Ermittlung des Euro-Betrages:

0,625 £   1 €

468,72 £   ? (x) €

$$x = \frac{468,72 \times 1}{0,625} \qquad x = 749,95 \text{ €}$$

2. Ergebnis

Der Preis in € lautet auf 749,95.

5. Schritt

Der Preis in € oder in engl. Währung bezieht sich auf 252 libs.

Teilt man ihn durch 252 libs, erhält man den Preis für 1 lb.

$$1 \text{ lb } = \frac{749,95}{252}$$

$$1 \text{ lb } = 2,976 \text{ €}$$

Der Weg zum Preis von einem Kilo ist nicht mehr weit.

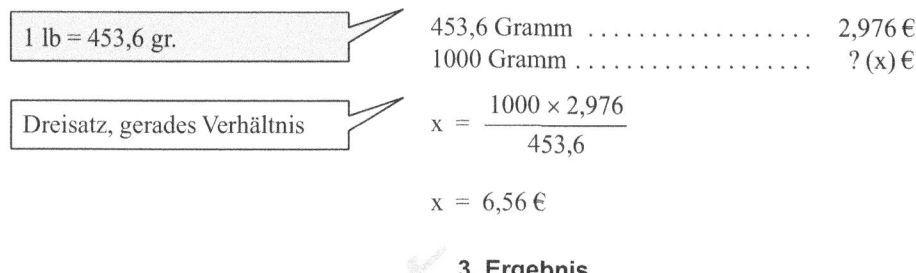

1 lb = 453,6 gr.

Dreisatz, gerades Verhältnis

453,6 Gramm .... 2,976 €
1000 Gramm .... ? (x) €

$$x = \frac{1000 \times 2,976}{453,6}$$

$$x = 6,56 \, €$$

3. Ergebnis

1 Kilogramm kostet in Deutschland 6,56 €.

Aufgaben

1. „Ihr kämpft heute im Training mit 12 Unzen", sagte der Coach zu seinen Schützlingen. „Gesichtsschutz ist bei diesem Gewicht der Boxhandschuhe Vorschrift."

   Wie viel wog ein Boxhandschuh in Gramm?

2. Der Angestellte der Schifffahrtsgesellschaft blätterte zur Berechnung der PKW-Fährfracht in seiner Liste nach. Der in Frage kommende Kraftwagen wog 8 1/2 Zentner, die in cwts umgerechnet werden mussten, um den Tarif abzulesen.

   Wie schwer war das Auto in der englischen Gewichtseinheit? Bitte genau rechnen.

Das Problem

Die Jungen vom S. C. Glasgow wollten die Staffel gewinnen. Die Strecke war 4 Meilen und 56 yards lang. Daran waren 8 Jungen beteiligt.

1) Wie viele yards lief durchschnittlich jeder?

2) Sie legten die Strecke in der sensationellen Zeit von 23 Minuten und 42 Sekunden zurück. Das war Streckenrekord. Wie lange brauchten sie für eine Meile?

Die Lösung

Eine Meile umfasst 1760 yards. Demnach liefen die Jungen insgesamt 4 × 1760 yards = 7040 yards. Dazu ist 56 zu addieren, das ergibt 7096 yds. Da 8 Jungen beteiligt waren, sind die zurückgelegten yards durch 8 zu teilen.

1) Demnach lief ein Junge 887 yards.

2) Die Jungen brauchten für die Gesamtstrecke 23 Minuten und 42 Sekunden.

Da die durchschnittliche Zeit für eine Meile zu ermitteln ist, sollte die Lösung durch einen Dreisatz ermittelt werden.

1. Schritt

Berechnung der Minuten/Meile

7096 yards .... 23,7 Minuten*
1760 yards .... ? (x) Minuten

---

* 0,7 Mi = 42 Sek.

Dreisatz, gerades Verhältnis

$$x = \frac{1760 \times 23{,}7}{7096}$$

$$x = 5{,}8782 \text{ Min.}$$

2. Schritt

Berechnung der Minuten/Sekunden

1 Minute . . . . 60 Sekunden
0,8782 M . . . . ? (x) Sekunden

Dreisatz, gerades Verhältnis

$$x = \frac{60 \times 0{,}8782}{1}$$

Genau sind es 52,69 Sek.

$$x = 53 \text{ (aufgerundet)}$$

Ergebnis

Die Jungen liefen die Meile in 5 Minuten und 53 Sekunden.

Aufgaben

Der Bus von London nach Crewtown fährt 30 Minuten. Er legt circa 16 Meilen zurück.

a) Wie viele yards sind das?
b) Wie viele Kilometer ist die Strecke lang?
c) Wie schnell ist der Bus (ohne Halt) in einer Stunde in km?

Das Problem

Von England wird Kammgarn angeboten. Ein yard ist mit 800 p angegeben. Bei Abnahme von 50 yards wird ein Rabatt von 4000 p eingeräumt.

1) Wie viel £, unter Abzug des Rabatts, kostet der Stoff?

2) Wie viel € bei einem Kurs von 0,625 £ je € sind zu zahlen?

3) Wie viel € kostet 1 m Kammgarn?

Die Lösung

Wenn ein yard mit 800 p angeboten wird, dann kosten 50 yards 40 000 Pence. Das sind 400 £. Hiervon sind 40 Pfund (Rabatt) abzuziehen, dann bleiben 360 £ übrig. Das ist der Preis für 50 yards.

1. Ergebnis

Wenn für 0,625 £ 1 € zu bezahlen sind, wie viel € sind dann 360 £? Ergebnis durch Division:

0,625 £   . . .   1 €
360 £   . . .   x €

$$\frac{360 \times 1}{0{,}625}$$

$$x = 576 \text{ €}$$

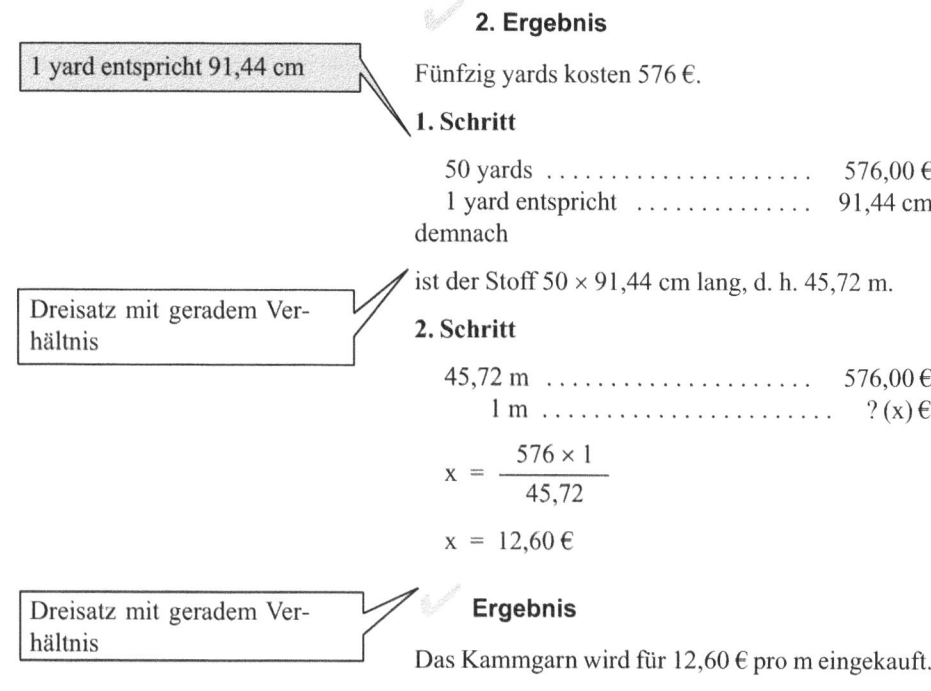

2. Ergebnis

Fünfzig yards kosten 576 €.

1 yard entspricht 91,44 cm

1. Schritt

50 yards . . . .   576,00 €
1 yard entspricht . . . .   91,44 cm
demnach

ist der Stoff 50 × 91,44 cm lang, d. h. 45,72 m.

Dreisatz mit geradem Verhältnis

2. Schritt

45,72 m . . . .   576,00 €
1 m . . . .   ? (x) €

$$x = \frac{576 \times 1}{45,72}$$

$$x = 12,60 \text{ €}$$

Dreisatz mit geradem Verhältnis

Ergebnis

Das Kammgarn wird für 12,60 € pro m eingekauft.

Rechenweg

1. Will man die englischen Gewichte in deutsche umrechnen, dann ist es sinnvoll, alles in Dezimale von Tonnen umzuwandeln.

   Geht man von den kleineren Einheiten in die größeren, ist immer zu dividieren.

   Zuerst durch 28, dann durch 4 und durch 20. Es ist darauf zu achten, dass jeweils die entsprechenden Einheiten, in die die unteren Größen umgeformt werden, zum Ergebnis dazuzuzählen sind.

   Also: Libs werden durch 28 geteilt. Zu dem Ergebnis werden die vorhandenen quarters gezählt. Die Summe ist durch 4 zu dividieren. Dazuzurechnen sind die vorhandenen hundredweights etc. Bei nicht notwendiger Genauigkeit können zur Umrechnung 20 Zentner übernommen werden, die einer englischen Tonne entsprechen.

2. Bei exakter Umrechnung in Kilogramm können alle Gewichtseinheiten in libs umgerechnet werden.

   Geht man von den größeren in kleinere Einheiten, ist stets zu multiplizieren.

Dabei sind englische Tonnen mit 20 zu multiplizieren, dazu sind centweights zu addieren, und die Summe ist mit 4 malzunehmen. Heraus kommen quarters. Sie werden um die vorhandenen erhöht und mit 28 multipliziert. Das Ergebnis sind libs. Diese brauchen dann nur mit 0,4536 Kilogramm (das deutsche Gewicht eines englischen Pfunds = pound) multipliziert werden.

3. Werden Kilogramm in englischen Gewichtseinheiten ausgedrückt, dann ist so vorzugehen: Zuerst wird die Kilosumme durch 0.4536 kg geteilt. Das Ergebnis sind libs. Teilt man diese durch 28, erhält man vor dem Komma quarters. Die nicht umzurechnenden Einheiten bleiben libs. Ebenso verfährt man nun mit quarters und centweights. Nur ist im ersten Fall durch 4, im zweiten durch 20 zu dividieren.

4. Vergleichbar ist der Rechenweg mit englischen Längenmaßen: Hier allerdings wird, will man auf deutsche Maße gehen, mit der Ungefährgröße: 12 yards = 11 m gerechnet.

5. Ist eine Summe, bestehend aus Meilen 15.550.2.10, in yards umzurechnen, ist nach den oben genannten Grundsätzen zu verfahren. Von der größeren in die kleineren Einheiten zwingt zur Multiplikation, von den kleineren zu den größeren zur Division.

6. Yards in Meter umzuwandeln heißt, yards mit 11 malzunehmen und durch 12 zu teilen. Meter in yards umzurechnen bedeutet, Meter mal 12 zu nehmen und durch 11 zu teilen.

3. Grenzen der Rechnungen

Die englischen Gewichte und Maße werden bei uns selten benötigt, die Maße insbesondere bei Sportveranstaltungen und möglicherweise in Büchern, wenn es um Reiserouten in den Commonwealth-Ländern geht, natürlich auch in den Vereinigten Staaten. Hier in Deutschland verwenden wir sie meist nur in Im- und Exportgeschäften.

Die Grenzen der Rechnungen liegen eindeutig in der Häufigkeit ihres Gebrauchs. Und der ist selten genug. Daher sind auch nur einige Musterbeispiele und wenige Aufgaben dargestellt. Im Übrigen gibt es in Großbritannien seit Jahrzehnten Strömungen, auch die Gewichte und Maße auf das Zehnersystem umzustellen. Bisher ist ihnen der Erfolg versagt geblieben.

III. Der Kettensatz

1. Die Aufgabe des Kettensatzes

Der Kettensatz stellt eine Rechenmethode dar, die es erlaubt, einfache und zusammengesetzte Dreisätze mit geraden Verhältnissen schnell und unkompliziert zu lösen. Gerade bei zusammengesetzten Dreisätzen ist die Rechnung über die Dreisatzrechnung aufwendig, weil mehrere Dreisätze zu bilden sind und diese dann zusammengesetzt werden.

Der Kettensatz verkürzt die Rechnung erheblich. Das ist allerdings nicht seine einzige Aufgabe, wohl aber eine wichtige.

Der Kettensatz schafft dank seiner Struktur Klarheiten. Er zwingt zum logischen Denken, weil jeweils zwei Glieder einer Stufe (Kette) zusammengehören und ein Glied mit der nächsten Stufe vernetzt wird.

Kettensätze lassen sich besonders gut bei Umrechnungen von Währungen einsetzen, so dass sie dem Reisenden ein willkommener Helfer sind.

© Springer Fachmedien Wiesbaden GmbH, ein Teil von Springer Nature 2018
J. Hischer et al., *Kaufmännisches Rechnen*,
https://doi.org/10.1007/978-3-658-23454-6_3

2. Der einfache Kettensatz

Das Problem

Die Arbeitnehmer eines Unternehmens bekamen in Abhängigkeit zu ihrem Arbeitsentgelt zum Jahresausklang eine Prämie.

Für ein Jahresgehalt (JG) von 36 000 € zahlte das Unternehmen eine einmalige Prämie von 1 800 €.

Wie hoch war die Prämie für Kai Michaelsen, der 40 000 € im Jahr verdiente?

> Gerades Verhältnis

> Bruchstrich ist derselbe wie beim Dreisatz

> Kettensatz ist anders aufzustellen

Die Lösung

Hier sind zwei Ansätze möglich. Der eine Ansatz ist bekannt. Es ist der einfache Dreisatz mit geradem Verhältnis. Der zweite ist der Kettensatz.

Dreisatz

36 000 € JG . . . . 1 800 € Prämie
40 000 € JG . . . . ? (x) € Prämie

$$x = \frac{40\ 000 \times 1\ 800}{36\ 000}$$

$$x = 2\ 000\ €$$

Kettensatz

? (x*) € Prämie . . . . 40 000 € JG
36 000 € . . . . 1 800 € Prämie

$$? (x^*)\ € = \frac{40\ 000 \times 1\ 800}{36\ 000}$$

$$x = 2\ 000\ €$$

Ergebnis

Bei einem Jahreseinkommen von 40 000 € zahlt das Unternehmen eine Prämie von 2 000 €.

Was ist daraus zu erkennen?

Kettensatz und Dreisatz müssen zum selben Ergebnis kommen. Daher muss der Bruchstrich derselbe sein. Um das zu erreichen, muss die rechte Seite des Kettensatzes im Zähler, die linke im Nenner stehen.

Informationen

Was unterscheidet den Kettensatz vom Dreisatz?

Beim Dreisatz können gerade und ungerade Verhältnisse aufgestellt werden. Dreisätze mit geraden Verhältnissen können in Kettensätze umgeformt werden. Ungerade Dreisätze nicht. Das bedeutet, dass der Kettensatz nur mit geraden „Dreisatzverhältnissen" gebildet werden kann.

---

* Hinter das Fragezeichen ist immer (x) gesetzt, weil man hiermit besser rechnen kann.

Wie sieht die äußere Form des Kettensatzes aus?

Beim Kettensatz muss immer mit der gefragten Einheit begonnen werden. Ihre Bezeichnung steht auch am Ende des Kettensatzes im letzten Glied. Der Kettensatz wird auch – wie der Dreisatz – in so genannten Reihen mit zwei Gliedern aufgestellt. Die erste Reihe umfasst die gesamte Frage, hat also 2 Glieder, und könnte so aussehen: Wie viel € kosten 2 Arbeitsstunden? Die nächste Reihe muss mit Arbeitsstunden fortgesetzt werden. Das Ende (also das letzte Glied) trägt die Bezeichnung der Frage, hier im Beispiel also „€".

Die Reihen nach der ersten Reihe werden auch Stufen genannt. Der Kettensatz kann viele Stufen enthalten.

Wie wird der Kettensatz gelesen?

Der Kettensatz stellt eine rechnerische Kurzform dar. Wenn man ihn mit Worten aufstellen würde, dann sollte man sich vor Augen halten, dass die Reihen eine Art Gleichung darstellen. Unter dieser Voraussetzung hört sich der Kettensatz an einem Beispiel so an: Wie viel € Prämie bekommt man bei einem Jahresgehalt von 40 000 € (1. Reihe), wenn 36 000 € Jahresgehalt einer Prämie von 1 800 € entsprechen (2. Reihe)?

Ist es wichtig, dass die beiden Wörter „wenn" und „entsprechen" vorkommen?

Ja, denn mit ihnen entsteht so etwas wie eine Gleichung. Gleichungen aber bestimmen alle Reihen in der gesamten Kette einer Aufgabe. Deshalb sollte man diese Wörter bei Aufstellung der Kette immer im Kopf benutzen.

Ist die Kettenlänge begrenzt?

Nein. Voraussetzung ist, dass zwischen jeder Reihe eine logische Beziehung besteht und diese auch von Stufe zu Stufe erkennbar ist.

3. Der Kettensatz mit drei Reihen

1. Beispiel

Das Problem

Die Lösung

Aus London werden 4 Ballen Stoff zu 22 US$ angeboten.

In dieser Aufgabe werden Stoffballen geliefert (1. Größe), deren Preis mit US $ angegeben ist (2. Größe).

Was kosten drei Ballen in € bei einem Kurs von 1,122 US$ je Euro? Preis ändert sich fast täglich.

Der Preis für eine begrenzte Menge soll in € (3. Größe) ausgerechnet werden.

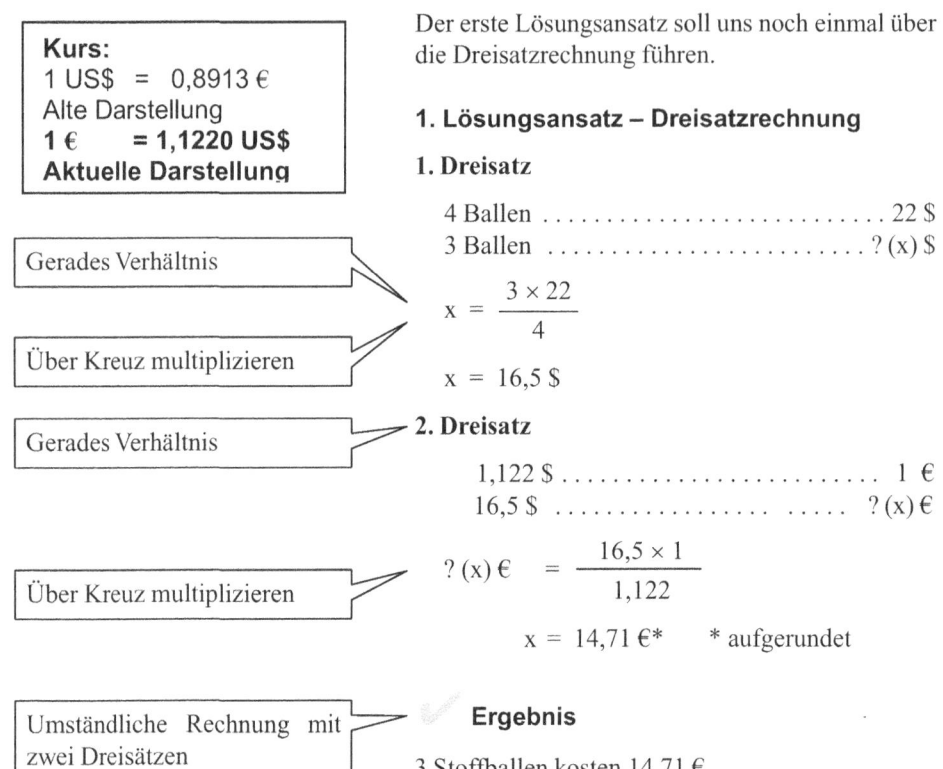

Kurs:
1 US$ = 0,8913 €
Alte Darstellung
1 €   = 1,1220 US$
Aktuelle Darstellung

Gerades Verhältnis

Über Kreuz multiplizieren

Gerades Verhältnis

Über Kreuz multiplizieren

Umständliche Rechnung mit zwei Dreisätzen

Der erste Lösungsansatz soll uns noch einmal über die Dreisatzrechnung führen.

1. Lösungsansatz – Dreisatzrechnung

1. Dreisatz

4 Ballen . . . . 22 $
3 Ballen . . . . ? (x) $

$$x = \frac{3 \times 22}{4}$$

$$x = 16,5 \ \$$$

2. Dreisatz

1,122 $ . . . . 1 €
16,5 $ . . . . ? (x) €

$$? (x) \ € \quad = \frac{16,5 \times 1}{1,122}$$

$$x = 14,71 \ €* \qquad * \text{aufgerundet}$$

Ergebnis

3 Stoffballen kosten 14,71 €

2. Lösungsansatz – Kettensatzrechnung

Aus den oben genannten Zahlen ergibt sich, dass es sich um drei Reihen bzw. zwei Stufen einer Kette handelt. Im Folgenden sind sie zunächst zum Teil verbal dargestellt, damit die beiden Wörter

„*wenn*" und
„*entsprechen/entspricht*"

deutlich erkennbar werden.

Kettensatz in verbaler Anwendung mit methodischen Hinweisen

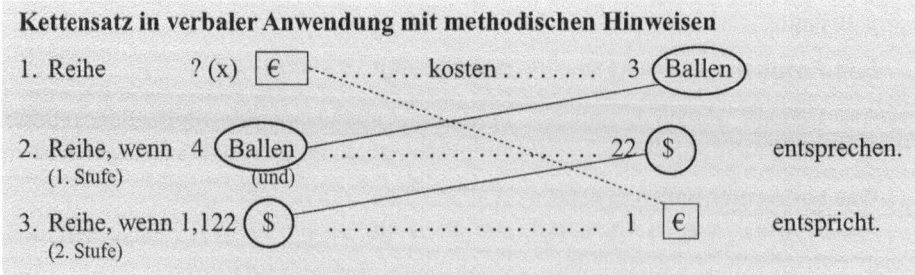

1. Reihe   ? (x) € · · · · · · · · kosten · · · · · · · · 3 (Ballen)

2. Reihe, wenn 4 (Ballen) · 22 ($)   entsprechen.
    (1. Stufe)   (und)

3. Reihe, wenn 1,122 ($) · 1 €   entspricht.
    (2. Stufe)

Anfangs- und Endbezeichnungen sind gleich

Kettensatz verkürzt

? (x) € . . . . 3 Ballen
4 Ballen . . . . 22 $
1 $ . . . . 0,8913 €

$$x = \frac{0,8913 \times 22 \times 3}{4}$$

$$x = 14,71 \text{ €}$$

Einheiten des 2. und des 3. Glieds (Ballen) sowie des 4. und 5. Glieds (Pfund) stimmen überein.

Ergebnis

Drei Stoffballen kosten bei dem angegebenen Kurs 14,71 €.

2. Beispiel

Das Problem

Ein Importeur bezieht aus Großbritannien 220 yards Stoff (bei einer Breite von 1 yard) und bezahlt per yard 12 $.

Wie viel Euro kostet 1 m?

(1€ = 1,122 $)

Mit der Frage beginnen. Mit der Bezeichnung der Frage enden.

Rechte Seite auf den Bruchstrich

Die Lösung

In diesem Fall handelt es sich um einen **Kettensatz mit vier Reihen.** Er enthält vier Größen: Yards Meter, Dollar und Euro.

Zur Lösung der Aufgabe ist es notwendig zu wissen, dass 12 yards 11 m entsprechen.

Der Kettensatz in Kurzform sieht so aus:

? (x) € . . . . 1 m
11 m . . . . 12 yards
1 yd . . . . 12 $
1,122 $ . . . . 1 €

$$x = \frac{1 \times 12 \times 1 \times 12}{11 \times 1 \times 1,122}$$

$$x = 11,66 \text{ €}$$

Ergebnis

1 Meter Stoff kostet 11,76 €

3. Beispiel

Das Problem

Die Belegschaft der Markus Baumann & Co beteiligte sich geschlossen an der Inventur, die an den arbeitsfreien Tagen bei zusätzlicher Bezahlung aufge-

Die Lösung

Auch in dieser Aufgabe sind drei Größen genannt, nämlich die Anzahl der Mitarbeiter (1. Größe) – und sie beträgt 8, die Arbeitsstunden (2. Größe), die jeder leistete (nämlich 15), und schließlich das Entgelt (3. Größe), das der Chef hierfür hinblätterte.

stellt werden sollte. 8 Mitarbeiter schufteten an beiden Tagen je 15 Stdn. Insgesamt zahlte der Chef netto 1 260 € aus.

Was kostete eine Stunde?

Rechte Seite des Kettensatzes auf den Bruchstrich schreiben

Auch hier ist es möglich, sowohl mit der Dreisatzrechnung als auch mit dem Kettensatz zu arbeiten.

Der Kettensatz (verkürzt) lautet:

? (x) € . . . . 1 Stunde (Std.)
15 Stdn. . . . . 1 AN
8 AN . . . .   2 520 €

$$x = \frac{1 \times 1 \times 1260}{15 \times 8}$$

$$x = 10{,}50 \text{ €}$$

 **Ergebnis**

Eine Arbeitsstunde wird mit 10,50 € vergütet.

Rechenweg

Die Anwendung des Kettensatzes ist bei allen Dreisätzen mit geraden Verhältnissen möglich.

1. Bei der Aufstellung des Kettensatzes ist nach einer strengen Abfolge vorzugehen. Der Kettensatz beginnt in der ersten Reihe mit der Frage (1. Glied) und mit den Einheiten (2. Glied), wonach gefragt ist. Diese und alle übrigen Reihen stellen eine Art Gleichung dar.

2. Die zweite Reihe der Kette muss im 3. Glied die Bezeichnung tragen, mit der das zweite Glied der ersten Reihe aufgehört hat. Zweites (1. Reihe) und drittes Glied (2. Reihe) sind miteinander vernetzt. Zwischen dem 3. und 4. Glied besteht wieder eine gleichungsähnliche Beziehung.

3. Das 5. Glied der dritten Reihe hat wieder dieselbe Bezeichnung wie das 4. Glied der zweiten Reihe. Das Endglied bei Kettensätzen muss dieselbe Bezeichnung wie das gefragte 1. Glied besitzen.

4. Schematisch stellt sich der Kettensatz zweiseitig dar, nämlich die linke Seite mit den Gliedern 1, 3, 5 und die rechte Seite mit den Gliedern 2, 4, 6. (Zwischen den Gliedern 1 und 2, 3 und 4 sowie 5 und 6 sollte ein Strich gezogen werden, um die Unterschiedlichkeit klarzumachen.)

5. Die Glieder der rechten Seite der Kette bilden Faktoren, die auf einen Bruchstrich geschrieben werden. Die der linken Seite werden als Faktoren unter den Bruchstrich geschrieben. Danach kann das Ergebnis ermittelt werden.

6. Der Kettensatz kann durch weitere Reihen, die ebenso als Gleichungen anzusehen sind und zwischen denen ebenso ursächliche (kausale) Beziehungen stehen, ergänzt werden.

Aufgaben

1. Hartmut Schmidt konnte sich im Augenblick nicht mehr daran erinnern, wie viele Investmentanteile er zum Nennwert von 25 € je Anteil im letzten Jahr angespart hatte. Als er die Zinsgutschrift von der Bank (ohne Abzüge) über 56 € erhielt, und zwar 2 € je Anteil, dessen Nennwert 25 € beträgt, war es ihm ein Leichtes, das auszurechnen.

   a) Bilden Sie einen Kettensatz über 3 Reihen!

   b) Nach Aufstellung und nach Ergebnisfeststellung verkürzen Sie diesen Kettensatz bitte um eine Reihe. Wie sieht dieser jetzt aus?

2. Für das neue Geländesportabzeichen war als Erstes ein Waldlauf über 20 Minuten zu absolvieren. Grundlage der Berechnung ist, dass in 60 Minuten 9 km zurückgelegt werden müssen.

   a) Wie viele Meter müssen danach in 20 Minuten geschafft werden?

   b) Wie schnell war die Geschwindigkeit pro Stunde, wenn dieselbe Strecke in 15 Minuten durchlaufen werden kann?

4. Der Kettensatz mit mehreren Gliedern

1. Beispiel

Das Problem

Das Angebot kam aus den USA. Für eine Rundreise mit einem geliehenen PKW über 5 000 Meilen soll der Kunde unabhängig vom Benzinverbrauch eine Pauschale von 3 000 Dollar bezahlen. Um das Angebot mit europäischen Verhältnissen zu vergleichen, ist zu ermitteln, wie viel € pro km der Preis bei einem Kurs von 1,122 $ je Euro entspricht. 1 Meile hat 1 760 yards, und 12 yards entsprechen 11 m.

Die Lösung

Die Kette enthält mehrere Reihen, insbesondere muss sie mit 6 Größen aufgestellt werden. Dazu gehören:

– Meilen,
– Yards,
– Meter,
– Kilometer,
– Dollar,
– Euro.

Sie wird demnach 6 Reihen umfassen. Da die Aufstellung kompliziert erscheint, ist es angebracht, die Kette noch einmal mit den nötigen Begriffen „wenn" und „entsprechen/entspricht" aufzuzeigen und sie danach der verkürzten Kette gegenüberzustellen. Sowohl hier wie dort muss mit der Frage begonnen werden. Es sei noch einmal darauf hingewiesen, dass die Reihen Gleichungen vergleichbar sind, in denen die eine Seite der anderen entspricht.

Der vielgliedrige Kettensatz mit mehr als 2 Stufen in verbaler Darstellung

1. Reihe		? (x) € . . . . . . kostet . . . . 1 km	
2. Reihe	wenn	1 km . . . . 1000 m	entspricht
3. Reihe	wenn	11 m . . . . 12 yds	entsprechen
4. Reihe	wenn	1 760 yds . . . . 1 Meile	entsprechen
5. Reihe	wenn	5 000 Meilen . . . . 3 000 $	entsprechen
6. Reihe	wenn	1,122 $ . . . . 1 €	entspricht

Schräg gegenüberliegende Bezeichnungen sind identisch.	? (x) € . . . . 1 km 1 km . . . . 1000 m 11 m . . . . 12 yds 1 760 yds . . . . 1 Meile 5000 M . . . . 3 000 $ 1,122 $ . . . . 1 €
Rechte Seite auf den Bruchstrich	
Linke Seite unter den Bruchstrich	

$$x = \frac{1 \times 1\,000 \times 12 \times 1 \times 3\,000 \times 1}{1 \times 11 \times 1\,760 \times 5\,000 \times 1,122}$$

$$x = 0,33 \ €$$

Ergebnis

Der Mietpreis des PKW pro Kilometer beläuft sich auf 0,33 €.

2. Beispiel

Das Problem

Iris Satorius hatte sich in der Bank in Hamburg 200 US$ geben lassen, die ihrem Konto belastet wurden. Doch leider kam es nicht zu ihrer Amerika-Reise. Statt dessen wollte sie nun in Israel Urlaub machen.

Die Lösung

Bitte benutzen Sie die Reisedevisentabelle aus der Währungsrechnung (siehe Seite 7).

Überlegen Sie bitte, welchen Kurs die Bank bei Rückrechnung und US$-Ankauf einsetzt.

Und sie tauschte bei derselben Bank die US $ in Schekel um. Wie viele Schekel (ILS) hat sie bekommen?

Benutzen Sie die Kurstabelle auf Seite 7.

Die aufzustellende Kette umfasst folgende Größen:

Euro,
US Dollar,
Israelische Schekel.

Demnach sind 3 Reihen zu bilden.

Verkauf der US$ an die Bank = Geld

Kauf der Schekel von der Bank = Brief

? (x) Schekel . . . . 200 US$
1,1379 US$ . . . . 1 €
1 € . . . . 3,4803 Schekel

$$x = \frac{200 \times 1 \times 3,4803}{1,1379 \times 1}$$

x = 611,70* Schekel   * gerundet

Sie wird allerdings diese Summe nicht erhalten können, da nur Banknoten ausgegeben werden.

Ergebnis

Die bei der Bank eingetauschten und wieder an die Bank bei schlechterem Kurs veräußerten US$ erbringen unter Berücksichtigung des Verkaufskurses der Bank 611,70 israelische Schekel.

5. Grenzen der Kettensatzrechnung

Der Kettensatz eignet sich besonders für Währungsumrechnungen. Ihn sollte daher jeder beherrschen, der ins Ausland reist. (In jedem Fall ist es auch leicht zu behalten, dass der Kettensatz immer mit der Frage beginnt.)

Im Übrigen ist es leichter einen Kettensatz zu bilden als einen Dreisatz aufzustellen, insbesondere trifft das für zwei- und dreireihige Kettensätze zu. Bei längeren Dreisätzen mit mehr als 3 Gliederpaaren (Glieder mit denselben Bezeichnungen) und nur geraden Verhältnissen bereitet die Umformung manchmal Schwierigkeiten, wenn sich verschiedene Glieder, zum Beispiel Höhe, Breite, Tiefe, in einer Größe, nämlich Kubikzentimeter, Kubikmeter, durch Multiplikation darstellen lassen. Dann muss vor Aufstellung des Kettensatzes die Zusammenfassung erfolgen. Im Übrigen wird der Kettensatz unübersichtlich, wenn mehr als 5 Reihen aufzustellen sind.

 **Aufgaben**

1. Zwei Freunde wollen prüfen, welches ihrer Fahrzeuge günstiger ist. Der eine fährt einen Diesel, der andere einen Benziner. Sie legen eine Strecke von 820 Kilometern (ungefähr Hamburg-München) zurück. Sie wissen, dass der Diesel 8 l bei einer kontinuierlichen Geschwindigkeit von 120 km auf 100 km braucht, der Benziner dagegen 12 l Benzin. Während 1 Liter Benzin mit 1,42 € berechnet wird, kostet der Liter Diesel 1,24 €. (Brennstoffpreise für KFZ verändern sich täglich.)

   a) Wie hoch sind die Energiekosten bei beiden Fahrzeugen?

   b) Nun wissen natürlich beide, dass die Wagen dem Verschleiß unterliegen. Der Benziner kostete 19 000 €, der Diesel 25 000 €. Beim Benziner wird von einer Gesamtleistung von 120 000 km ausgegangen, beim Diesel von 150 000 km. Wie viel € müsste man zu den oben errechneten Energiekosten dazurechnen, um ein einigermaßen objektives Vergleichsbild zu bekommen? Welche Anschaffung ist nun günstiger?

   c) Sind der Vergleichbarkeit wegen noch weitere Kosten zu berücksichtigen?

2. Ein Importeur kauft in New York Weizen mit 98 Cents für 1 bushel = 60 engl. Libs ein. Wie viel € kosten demnach in Deutschland 1000 kg, wenn 1 cwt = 50,8 kg sind? Es soll angenommen werden, dass der Händler die benötigten Dollar in Deutschland bei seiner Bank zum Kurse von Seite 34: 1 € = 1,1220 € kauft.

IV. Verteilungsrechnung

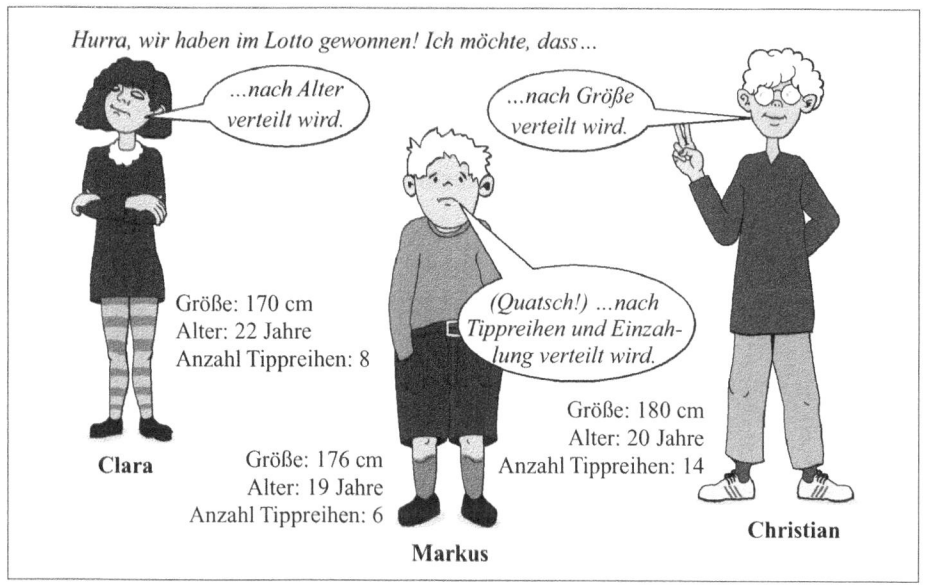

1. Die Aufgabe der Verteilungsrechnung

Mit der Verteilungsrechnung wird gelöst, wie hoch der Anteil eines bestimmten Teiles, z. B. eines Viertels, von einer Gesamtsumme ist. Sie wird ebenso im Haushalt bei der Ermittlung der Heizungskosten einer Mietwohnung oder der Gemeindegebühren wie in Unternehmen in der Kosten- und Leistungsrechnung, zum Beispiel bei Kostenaufschlüsselungen und Frachtabrechnungen, benötigt.

Auch wird sie angewandt, wenn in Personengesellschaften Gewinne bzw. Verluste auf die Teilhaber nach der gesetzlichen Regelung verteilt werden oder wenn bei Konkursen die Konkursquote auf die Konkursgläubiger anzuwenden ist.

Es gibt sicher weitere häusliche, betriebliche und verwaltungsbedingte Beispiele, in denen die Verteilungsrechnung Hilfestellung leistet.

2. Einfache Verteilungsrechnung

Das Problem

Eine Lottogemeinschaft, an der sich Clara Bohnsack, Markus Schütter und Christian Janssen

Die Lösung

In dem vorliegenden Fall muss der Gewinn nach den ausgefüllten Lottoreihen des amtlichen Lottoscheins verteilt werden.

© Springer Fachmedien Wiesbaden GmbH, ein Teil von Springer Nature 2018
J. Hischer et al., *Kaufmännisches Rechnen*,
https://doi.org/10.1007/978-3-658-23454-6_4

beteiligten, hatte im Falle eines Gewinns ausgemacht, dass jeder, entsprechend der bezahlten Lottoreihen, vergütet wird. C. B. hatte 8 Reihen, M. S. 6 Reihen und C. J. 14 Reihen ausgefüllt und bezahlt.

Wie viel erhält jeder bei einem Lottogewinn von 36 400 €?

Zunächst werden die Anteile untereinander geschrieben und addiert. Die Anteilssumme ist die Basis für die Errechnung eines Anteils. Danach können die Gesamtanteile pro Person leicht ausgerechnet werden. Also:

1. Schritt

Zuerst ist die Tabelle aufzustellen:

Name	Anteile	€
1. C. Bohnsack	8	?
2. M. Schütter	6	?
3. C. Janssen	14	?
		36 400

2. Schritt

Die Anteile sind zu addieren, und die Gesamtsumme ist einzutragen!

Name	Anteile	€
1. C. Bohnsack	8	?
2. M. Schütter	6	?
3. C. Janssen	14	?
Summen insges.	28	36 400

Die Teile sind zu addieren

3. Schritt

Teilt man die Gesamtsumme von 36 400 durch 28, erhält man den €-Anteil für eine Lottoreihe (1. Teil).

Das Ergebnis für 1 Teil ist festzustellen

$$1 \text{ Anteil} = \frac{36\,400}{28}$$

$$1 \text{ Anteil} = 1\,300 \text{ €}$$

4. Schritt

Multipliziert man diesen mit den Lottoreihen (Anteile), ergibt sich jeweils der Gewinn für jedes Mitglied der Lottogemeinschaft.

Multiplikation

C. B. = 8 × 1 300
C. B. = 10 400 €

M. S. = 6 × 1 300
M. S. = 7 800 €

C. J. = 14 × 1 300
C. J. = 18 200 €

Schlusstabelle aufstellen

5. Schritt

Die Tabelle ist auszufüllen, und die Einzelsummen sind zu addieren. Ihre Gesamtsumme muss mit dem Gewinn übereinstimmen.

Name	Anteile	€
1. C. B.	8	10 400
2. M. S.	6	7 800
3. C. J.	14	18 200
	28	36 400

Lösung

Die Lösung ist der Tabelle zu entnehmen.

Informationen

Lässt sich jede Verteilungsaufgabe in der vorgegebenen Weise lösen?

Im Prinzip ja.

Könnte man sich andere Schlüssel vorstellen?

Ja, sie müssen sich nicht aus ganzen Zahlen zusammensetzen. Vorstellbar sind Prozente, aber auch Brüche, z. B. 1/3, 1/5 etc. Und es müssen nicht immer Werte sein. Möglich sind bei Frachten Gewichtsteile, bei Baukosten umbaute Raumteile (Meter) oder sonstige Mengen.

Kann die Verteilungsrechnung auch bei der Gewinnverteilung einer offenen Handelsgesellschaft und Kommanditgesellschaft angewandt werden?

Ja, wenn die gesetzliche Regelung Bestandteil des Gesellschaftervertrages ist. Bei der Offenen Handelsgesellschaft (OHG) erhält jeder Gesellschafter vom Gewinn 4 % auf seine Kapitaleinlage, der Rest wird nach Köpfen verteilt. Liegen vertragliche Regelungen zwischen den Teilhabern vor, dann treten verschiedene Varianten der Gewinnverwendung auf, z. B. kann der Vorweganteil von 4 % entfallen. Auch kann die Verteilung nach Kapitaleinlagen erfolgen.

Gibt es auch Verteilungsschlüssel, die sowohl übliche Anteilsschlüssel enthalten als auch zusätzliche Beträge?

Ja, das ist möglich. So kann bei der Gewinnverteilung einer Lottogemeinschaft derjenige, der dafür sorgt, dass der Schein regelmäßig ausgefüllt und in Annahmestellen abgegeben wird, zusätzlich eine bestimmte Summe, z. B. 1/5 + 3 000, erhalten.

Welche Verteilungsschlüssel werden in der Kosten- und Leistungsrechnung häufig angewandt?

Die Kostenschlüssel sind in der Tabelle unten aufgelistet. Je nach Betrieb werden mal diese oder mal jene verwandt.

Beispiel

Die Schlüssel müssen so gestaltet sein, dass sie dem Prinzip der Verursachung gerecht werden. Wer z. B. im Betrieb ein Ferngespräch führt, dem wird dieses angerechnet. Der Preis ergibt sich aus der Zeit (Einheiten) und aus der Gebühr für 1 Einheit (Einheit × Gebühr)

Verteilungsschlüssel für Kostenarten	
Kostenarten	*Verteilung der Kosten auf Kostenstellen*
Miete	nach qm auf Kostenstellen
Fernsprechgebühren	Ferngespräche werden extra erfasst, Ortsgespräche werden nach Sprechstellen umgelegt
Freiwillig-soziale Einrichtungen (Kantine u.a.)	nach Kopfzahl
Gesetzlich-soziale Abgaben	nach den Lohnsummen der jeweiligen Kostenstellen
Abschreibungen	nach einem vorgegebenen Abschreibungssatz und dem entsprechenden Vermögen

Kann man solche Schlüssel denn systematisieren?

Ja, es gibt so genannte **Bewegungs- und Leistungsschlüssel** und darin Mengenschlüssel (verbrauchte Mengen nach Länge und Gewicht u. a.), Zeitschlüssel (Stunden, Tage u. a.) und Wertschlüssel (Löhne, Umsätze, Preise u. a.), und es gibt **Bestands- und Ausstattungsschlüssel**, darin Vermögensschlüssel, Kapitalschlüssel und Arbeitskraftschlüssel (Zahl der Reisenden, Vertreter u. a.).

Aufgabe

Die Miete betrug insgesamt 15 000 €. Das Gebäude wurde hauptsächlich durch die Verwaltung in Anspruch genommen. Sie verfügte über ein Großraumbüro von 300 qm. Die Leitungsetage umfasste 150 qm, die Kantine nahm auch 150 qm in Anspruch. Nebengelasse für die Verwaltung wie die Registratur, das Büromateriallager sowie die Telefonzentrale machten zusammen 150 qm (jeder Teil hatte 50 qm) aus. Schließlich war der Ausstellungsraum im Parterre 250 qm groß.

Wie viel Miete entfiel auf jeden Sektor?

3. Die Verteilungsrechnung mit Zusatzleistungen

Das Problem

Die Leitung einer Einzelhandelskette in der Stadt beschließt, in ihren drei Filialen Investitionen je nach Größe des Ladens aus dem Jahresgewinn aller Filialen zu tätigen. Es wurde ermittelt, dass das größte Geschäft wegen der nicht mehr modernen Ausstattung den geringsten Umsatz erbringt. Daher wurde festgelegt, dass diese Filiale in der Berliner Allee mit einem Umsatzanteil von einem Viertel zusätzlich 50 000 €, die Filiale am Josefplatz mit einem Umsatz-Anteil von 5/8 30 000 € und die letzte Filiale am Kornweg 20 000 € extra aus dem Gewinn erhalten.

Wie viel bekommt jede Filiale an Investitionszuschüssen bei einem Gesamtgewinn von 260 000 €?

| Anteile addieren |

Die Lösung

1. Schritt

Aufstellung der Tabelle mit Anteilen

Filiale	Anteile	Extrasumme
A	1/4	50 000
B	5/8	30 000
C	Rest	20 000

Der Restanteil am Umsatz, den die Filiale C erzielt, ist dadurch zu ermitteln, dass der Umsatz als Ganzes mit 8/8 = 1 angesehen wird, weil er die Basis für die Verteilung darstellt. Wenn in solchen Aufgaben mit Brüchen gearbeitet werden muss, dann ist immer ein einheitlicher Gesamtnenner zu ermitteln, hier ist es 8. Alle anderen Nenner allerdings müssen in diesem enthalten sein. So ist 4 (A) zweimal in 8 enthalten. Statt einem Viertel schreiben wir nun 2/8. Dann bleibt ein Rest von 1/8 für C.

Filiale	Anteile	Extrasumme in €
A	2/8	50 000
B	5/8	30 000
C	1/8	20 000
		100 000

2. Schritt

Die Anteile betragen 8/8.

| Kürzung des Gesamtgewinns |

3. Schritt

Nun ist der Gesamtgewinn von 260 000 € um die zusätzlichen Investitionszuschüsse von 100 000 € zu kürzen.

4. Schritt

Der verbleibende Gewinn von 160 000 € wird durch 8 dividiert.

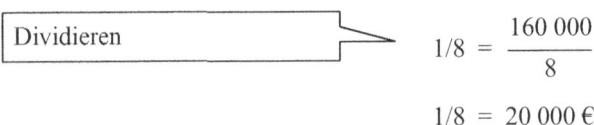

$$1/8 = \frac{160\,000}{8}$$

$$1/8 = 20\,000\,€$$

Zwischenergebnis

1/8 Anteil beträgt 20 000 €.

5. Schritt

Der ermittelte Wert für 1/8 kann nun mit den übrigen Teilen malgenommen werden. Also:

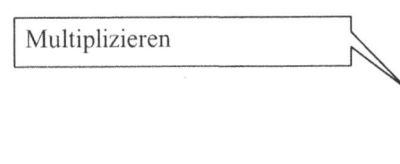

Filiale	Anteile	€
A	2/8	40 000
B	5/8	100 000
C	1/8	20 000
	8/8	160 000

6. Schritt

Ermittlung der gesamten Investitionssumme:

 **Ergebnis**

Filiale	Anteile	Extrasumme	Gewinnanteil	Gesamtanteil
A	2/8 (= 1/4)	50 000	40 000	90 000
B	5/8	30 000	100 000	130 000
C	1/8	20 000	20 000	40 000
	8/8	100 000	160 000	260 000

Aufgabe

Die Komplementäre und Kommanditisten hatten im Gesellschaftsvertrag die folgende Regelung über die Gewinnverwendung vereinbart:

Vollhafterin/Vollhafter

Birga Diering . . . .   Einlage 100 000 €
Axel Voss . . . .   Einlage 120 000 €

erhalten vorab 4 000 € und 4 800 € Gewinnanteil als Verzinsung auf das Kapital. Der Rest entfällt mit 70 % auf beide Komplementäre, 30 % auf die Kommanditisten. Die Komplementäre bekommen jeweils die Hälfte hiervon. Die Kommanditisten (Teilhaber)

Sonja Möllgard . . . .   Einlage 30 000 €
Ines Framm . . . .   Einlage 20 000 €

> Wolfgang Wallenda . . . . Einlage 10 000 €

werden im Verhältnis der Einlagen berücksichtigt.

Wie sehen die Gewinnanteile aller Teilhaber aus?

Rechenweg

1. Lösungsschema (Tabelle) aufstellen und alle Werte eintragen.

2. Gesamtanteile ermitteln. Gegebenenfalls Brüche gleichnamig machen, Restanteile auffüllen.

3. Vorabzüge errechnen!

4. Gesamtsumme durch Anteile dividieren, so dass ein Anteil an der Gesamtsumme sichtbar wird.

5. Die Summe eines Anteils mit den in der Tabelle ausgewiesenen Anteilen multiplizieren.

6. Anteilsummen ausrechnen und in die Tabelle eintragen, Kontrolle durchführen, ob die Verteilsumme genauso hoch ist wie Anteilssummen zusammengenommen.

4. Grenzen der Verteilungsrechnung

Die Verteilungsrechnung stellt eine Rechenmethode dar, in der Zahlen nach bestimmten Verhältnissen oder Schlüsseln zerlegt werden. Diese Verhältnisse müssen klar definiert sein. Was heißt das? Die Schlüssel, nach denen Mengen oder Werte verteilt werden sollen, müssen genau festliegen, und sie müssen zweckdienlich sein, d. h., sie müssen das messen, was sie messen sollen. So haben Quadratmeter als Schlüssel ihren Zweck dann erfüllt, wenn sie für die Miete und Verteilung der Miete auf Räume herhalten müssen. Es hat keinen Zweck, den Quadratmeterschlüssel für die Ermittlung von Maschinenstunden zu verwenden.

Der Schlüssel muss zu der zu verteilenden Größe und deren Zerlegung und Zurechnung zu anderen Größen ein kausales Verhältnis haben. Man kann demnach die Stromkosten eines Hauses nicht auf die Räume nach der Anzahl und nach den Quadratmetern ihrer Fenster verteilen, wohl aber nach den Brennstunden und Brennstellen, deren Stundenverbrauch an den Glühbirnen (Watt) abzulesen ist.

Auch müssen die Schlüssel für die Teilmengen bekannt sein. So kann eine Gesamtmenge nicht verteilt werden, wenn ein Schlüssel unbekannt bleibt bzw. für die Teilmengen nicht festgelegt werden kann. Denn selbst wenn Schlüssel als Verteilungsgrößen bekannt sind, z. B. Wärme nach cbm, so kann eine Verteilung dann nicht stattfinden, wenn es in den beheizten Räumen keine Messinstrumente gibt.

Die Grenzen der Verteilungsrechnung liegen demnach nicht in der Methode, sondern in den Schlüsseln und deren Zusammenhang mit der Gesamtmenge und den Teilmengen.

Aufgaben

1. Die Jahreskosten für das Warenlager beliefen sich auf 12 360 €. Darin war die Reparatur eines Panzerschranks im Tresorraum enthalten. Sie belief sich auf 1 200 €. Die tatsächlichen Lagerkosten wurden auf die drei Einzellager, nämlich das Schüttgutlager mit 600 qm, das Ersatzteillager mit 250 qm und den Tresorraum mit 50 qm, aufgeteilt.

   Wie hoch war die Belastung je Lager einschließlich der Reparatur?

2. „Unsere Kosten", sagte der Buchhalter zu seinem Chef, „sind viel zu hoch. Vor allen Dingen belasten uns die Personalkosten." „Das möchte ich sehen", antwortete der Chef. „Geben Sie mir eine genaue Aufstellung der Personalkosten, der Miete, der Abschreibungen und der übrigen Kosten." „Das kann ich so schnell nicht", entgegnete der Buchhalter. „Ich kann Ihnen aber nach dem Schlüssel der vergangenen Periode ausrechnen, wie hoch die Anteile sind, wenn Sie das wünschen." „Machen Sie das." Der Buchhalter nahm seine Berechnungen aus der vergangenen Periode vor. Da hatte er ermittelt, dass die Personalkosten 1/3 aller Kosten ausmachten, die Miete 1/5 aller Kosten betrug und die Abschreibungen auf 1/6 aller Kosten kamen. Für den Rest der Kosten war kein extra Anteil ermittelt worden, damals waren es insgesamt 42 160 € gewesen. In diesem Jahr waren die Kosten auf 54 330 € angestiegen.

   a) Wie hoch waren die einzelnen Kosten nach dieser Schätzung?

   b) Um wie viel sind die Personalkosten in die Höhe gegangen?

3. Die drei Gesellschafter der Offenen Handelsgesellschaft, Ralf Bandix, Ivonne Marschacht und Christel Haupt, stellten Ende des Geschäftsjahres die Gewinnabrechnung auf. Ralf Bandix und Ivonne Marschacht vertreten das Unternehmen nach außen. Hierfür sollten sie eine Vorabvergütung nach Abzug der gesetzlichen Zinsen auf ihr eingezahltes Kapital in Höhe von je 8 000 € erhalten. Christel Haupt hatte die Geschäfte nach innen zu erledigen. Ihr war im Vertrag ein Betrag von 1/50 des Gesamtgewinns (nach Abzug der gesetzlichen Zinsen) zugesprochen worden. Der Restgewinn wurde in einem angemessenen Verhältnis – wie es der Vertrag vorsah – verteilt. Das besagt, dass auf die Geschäftsvertreter je 3/8 und die Geschäftsführerin 2/8 + 1 000 € entfielen. Wie viel bekam jeder?

   Der Gewinn belief sich auf 210 000 €, und die Vorabverzinsung betrug für die Geschäftsvertreter je 4 000 € und für die Geschäftsführerin 2 000 €.

4. Drei Freunde hatten sich auf die Zahlung eines Gewinnloses in Höhe von 50 € so geeinigt: Sebastian Kurz (B) sollte doppelt so viel wie Frank Freitag (A) bezahlen, wogegen Harm Walter (C) dreimal so viel wie Sebastian Kurz auf den Tisch blättern musste.

Wie viel zahlte jeder?

5. Der Konkurs der Firma Karl Richard Gustafson, Konservenhandel, erbrachte nach Abzug aller Kosten eine Konkursmasse von 40 800 €. Sie war im Verhältnis der Forderungen aufzuteilen. Diese betrugen:

Konserven AG, Hamburg: 160 000 €
Dosen-Büsch GmbH, Celle: 32 320 €
R. Boysen + Co, Gemüse: 48 080 €

Wie viel € bekamen die Gläubiger? Bitte auf volle € runden.

6. Die Kommanditgesellschaft Jürgen Petermann & Co wurde aufgelöst. Der Komplementär Jürgen Petermann war mit 250 000 € beteiligt, die Kommanditisten Karin Weber mit 80 000 €, Elisabeth Bolle mit 40 000 € und Wolf Knoblauch mit 30 000 €. Das zu verteilende Vermögen war mit 600 000 € ermittelt worden. Wie viel erhält jeder?

7. Eine Kampagne für die Sicherheit im Straßenverkehr soll die Anzahl der Verkehrsunfälle im Straßenverkehr mindern. Dazu sollen Fernsehspots vor den Abendnachrichten geschaltet werden. Die Mittel hierfür werden im Verhältnis der durchschnittlichen Fernsehzuschauer auf 6 Kanäle verteilt.

Kanal 1 hat bei den Abendnachrichten 8 Mio. Zuschauer.
Kanal 2 kann mit 7 Mio. rechnen.
Kanal 3 konzentriert durchschnittlich 5 Mio.
Kanal 4 ist mit 4 Mio. Zuschauern beteiligt.
Kanal 5 muss sich mit 3 Mio. begnügen, und
Kanal 6 kann von 2 Mio. ausgehen.

An Mitteln wurden 14,5 Mio. € zur Verfügung gestellt. Wie viel € erhalten die einzelnen Kanäle?

8. Bei der Verteilung der Kosten auf die einzelnen Stellen im Betrieb, nämlich auf den Einkauf, die Herstellung, den Vertrieb und die Verwaltung, sind für verschiedene Kosten folgende Kostenschlüssel angegeben: 8:4:3:24. Die verschiedenen Kosten betragen 8 911 €.

Wie viele Kosten werden jeder Kostenstelle angelastet?

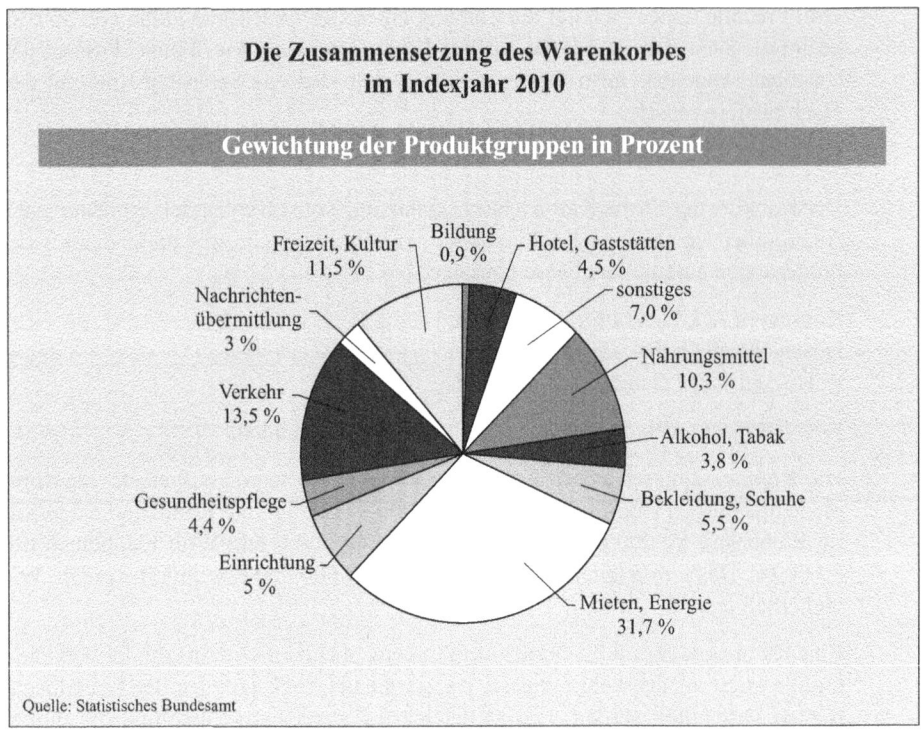

**Die Zusammensetzung des Warenkorbes
im Indexjahr 2010**

Gewichtung der Produktgruppen in Prozent

Freizeit, Kultur
11,5 %

Bildung
0,9 %

Hotel, Gaststätten
4,5 %

Nachrichten-
übermittlung
3 %

sonstiges
7,0 %

Nahrungsmittel
10,3 %

Verkehr
13,5 %

Alkohol, Tabak
3,8 %

Gesundheitspflege
4,4 %

Bekleidung, Schuhe
5,5 %

Einrichtung
5 %

Mieten, Energie
31,7 %

Quelle: Statistisches Bundesamt

9. Das Durchschnittsgehalt wird als das durchschnittliche Bruttogehalt Deutscher Arbeitnehmer im Jahresmittel bezeichnet. Es lag 2014 bei 41 000 Euro brutto. Demnach belief sich der **monatliche** Bruttobetrag auf 3416 Euro. Der Arbeitnehmer behielt nach Abzug der Sozialkosten davon circa 2 000 Euro (Nettobetrag).

a) Wie viel Euro gab er, das durchschnittliche Verhalten des Indexjahres 2010 vorausgesetzt, für die Bekleidung und die Nahrungsmittel aus?

b) Der Verbraucherpreisindex auf Basis von 2010 ist bis zum Jahresende 2014 auf 106,7 angestiegen. Für die Gesundheitspflege gab nach dem Warenkorb (Basis 2010) ein Arbeitnehmer 4,4 % aus Wie hoch war der Betrag bei 2 000 Euro Nettogehalt und was hat er nach dem Verbraucherpreisindex im Jahre 2014 ausgeben müssen?

V. Verschiedene Rechenarten

1. Proportionsrechnung

1.1 Die Aufgabe der Proportionsrechnung

Bei dieser Rechenart stehen zunächst zwei Zahlen in einem bestimmten Verhältnis (Proportion), z. B. 1:3. Dabei wird unterstellt, dass zwischen ihnen eine kausale Beziehung steht. Zum Beispiel verhalten sich die Personalkosten zu den Gesamtkosten eines Unternehmens wie 1:3. Wenn unter sonst gleichen Bedingungen wie vorher (als die Proportion aufgestellt wurde) die Gesamtkosten gestiegen sind, dann ist davon auszugehen, dass bei derselben Proportion auch die Personalkosten in eben diesem Verhältnis steigen. Diese Rechenart, die der des Dreisatzes mit geraden Verhältnissen entspricht, lässt vergleichende Aussagen zu, geht daher über die Aufgaben der Dreisatzrechnung hinaus, weil der Ansatz ein anderer ist. Mit ihr werden nämlich Gleichungen aufgestellt, in denen sich beide Seiten von der Proportion her entsprechen.

Sie übt logisches Denken, zwingt dazu, darüber genauestens nachzudenken, ob zwischen zwei Größen eine kausale Verbindung besteht und ob sie der Proportionalität Rechnung trägt. Sie wird bei Vergleichsrechnungen, insbesondere bei Soll- und Istvergleichen, aber auch bei Gegenwarts- und Vergangenheitsvergleichen sowie bei Prognosen angewandt.

© Springer Fachmedien Wiesbaden GmbH, ein Teil von Springer Nature 2018
J. Hischer et al., *Kaufmännisches Rechnen*,
https://doi.org/10.1007/978-3-658-23454-6_5

1.2 Die Rechnung

1. Beispiel

Das Problem

Die gegenwärtige Kostenrechnung hatte ergeben, dass das im Produktionsprozess verbrauchte Material in diesem Jahr auf 25 000 € gestiegen ist. Im Vorjahr dagegen betrug der Verbrauchswert nur 19 000 €.

Die Gesamtkosten beliefen sich damals auf 76 000 €. Da sich nach Aussagen der Geschäftsleitung nichts gegenüber früher geändert hatte (nur der Ausstoß wurde vergrößert) müssten die Gesamtkosten ermittelbar sein.

a) Wie hoch wären sie hiernach?

b) Die Gesamtkosten waren tatsächlich auf 110 000 € gestiegen. Finden Sie hierfür eine Erklärung?

> Was auf der einen Seite einer Gleichung im Nenner steht, darf auf die andere Seite in den Zähler transportiert werden. Und umgekehrt.

Die Lösung

Zunächst muss die Proportion aufgestellt werden, die sich zwischen den Materialkosten und den Gesamtkosten ergibt. Dabei kann unterstellt werden, dass beide voneinander abhängig sind. Je höher, so könnte man sagen, die Materialkosten sind, desto höher werden auch die Gesamtkosten. Dieses kausale Verhältnis kommt so zum Ausdruck.

$$\frac{\text{Materialverbrauch/Materialkosten}}{\text{Gesamtkosten}}$$

oder

$$\frac{19\,000}{76\,000}$$

Wie im einfachen Dreisatz gibt es auch hier 3 bekannte Größen, die vierte ist gesucht. Wir wollen sie als x bezeichnen. Die kausale Beziehung erlaubt die Aufstellung der Proportion:

$$\frac{19\,000}{76\,000} = \frac{25\,000}{x}$$

$$x = \frac{25\,000 \times 76\,000}{19\,000}$$

$$x = 100\,000\ €$$

Ergebnis

a) Wenn der Materialverbrauch auf 25 000 € gestiegen ist, dann müssen nach der vorliegenden Proportion auch die Gesamtkosten höher geworden sein. Sie haben sich auf 100 000 € erhöht.

b) Es kann viele Ursachen geben, dass die Gesamtkosten überproportional (auf 110 000) angestiegen sind. Andere in den Gesamtkosten enthaltenen Kosten (Personalkosten u. a.) haben sich stärker erhöht. Oder: Die Kausalität zwischen den Größen existiert nicht mehr oder die Preise für das Material haben sich verändert.

➡ Zum Merken

In der Proportionsrechnung entsprechen sich zwei Seiten einer Gleichung. Sind alle vier Größen dieser Gleichung bekannt, dann muss die linke Seite der rechten entsprechen. Wenn man nämlich die gesuchte Zahl als x-Größe in die Gleichung einsetzt, dann muss die linke Seite ebenso groß sein wie die rechte. Damit bekommt man ein hervorragendes Kontrollinstrument in die Hand.

Die Schreibweise bei der Proportionsrechnung sieht immer so oder so aus:

$$a : b = c : x \qquad \text{oder} \qquad \frac{a}{b} = \frac{c}{x}$$

Die Größen a und b stellen die Ausgangsproportion dar. Ist sie zum Beispiel 4:3, dann muss sich durch das Verhältnis von c:x und c sei 5, also von 5:x die Größe x ermitteln lassen. Die Größe x ist hierbei 3,75. 5:3,75 entspricht aber der Proportion von 4:3.

Hier noch einmal zum Verständnis

$$1) \; \frac{a}{b} = \frac{c}{x} \qquad 2) \; x = \frac{c \times b}{a} \qquad 3) \; x = \frac{5 \times 3}{4} \qquad 4) \; x = 3,75$$

2. Beispiel

Das Problem

2008 gab eine vierköpfige Familie im früheren Bundesgebiet 3420 € für den privaten Verbrauch aus.

Bezogen auf das Jahr 2010 betrug der Preisindex 98,8. (Siehe Tabelle S. 58.)

Wie viel € gab ein 4-Personen-Haushalt demnach im Jahr 2015

aus, als der Preisindex auf 107 gestiegen war?

Der Preisindex der Lebenshaltung wird auf der Grundlage aller möglichen Waren und Dienstleistungen gemessen, die ein Haushalt monatlich verbraucht. Es sind circa 800 verschiedene Güter und Dienstleistungen, die erfasst werden.

Die Lösung

Auch hier ist wieder eine Proportion aufzustellen. Dabei muss unterstellt werden, dass sich die Gewohnheiten der Familien in dieser Zeit nicht verändert haben, d. h., dass sie die gleichen Produkte und Dienstleistungen wie vorher bezieht.

Die Proportion:

$$\frac{\text{Preisindex alt}}{\text{Verbrauch alt}} = \frac{\text{Preisindex neu}}{\text{Verbrauch neu}}$$

$$\text{oder} \qquad \frac{98,8}{3420} = \frac{107}{x}$$

$$x = 3\,704 \; €$$

Ergebnis

Im Jahr 2015 gab eine vierköpfige Familie in dem Gebiet der alten Bundesländern 3 704 € für die Lebenshaltung aus.

Aufgabe

Können Sie sich vorstellen, dass die Zusammensetzung des Warenkorbs heute im Gegensatz zum Jahr 2000 anders aussehen wird? Wenn ja, warum und möglicherweise wie?

3. Beispiel

Das Problem

Die Lösung

Die drei Freundinnen Petra, Sabine und Cornelia möchten ein kleines Cafe eröffnen. Sie hatten von Vergleichsbetrieben gehört, dass das Verhältnis von Eigen- zum Fremdkapital circa 1:3 beträgt. Danach rechneten sie sich aus, wie viel Fremdkapital erforderlich sei, wenn sie zusammen 80 000 € Eigenkapital aufbrächten.

Die Proportion lautet:

1 : 3 oder anders geschrieben

$\dfrac{1}{3}$ was besagt:

$$\frac{\text{Eigenkapital}}{\text{Fremdkapital}} = \frac{1}{3}$$

$$\frac{1}{3} = \frac{80\,000}{x}$$

$$x = \frac{3 \times 80\,000}{1}$$

$$x = 240\,000 \text{ €}$$

Eigenkapital: Kapital, das die Eigentümer aufbringen. Fremdkapital: Kapital, das fremden Personen, d. h. Fremdkapitalgebern, gehört, z. B. den Banken.

 Ergebnis

Die Freundinnen müssen damit rechnen, dass sie bei 80 000,– € Eigenkapital 240 000,– € Fremdkapital beschaffen müssen.

Das Problem

Die Lösung

Die Umsatzstatistik des Cafes sieht tatsächlich nach einem Jahr sehr positiv aus. Folgende gerundete Zahlen liegen vor:

Jan. 4 000
Febr. 5 000
März 6 000
April 5 500
Mai 7 000
Juni 7 100
Juli 8 000
August 5 500

Die Steigerung kommt durch die zeichnerische Trendgerade zum Ausdruck. Sie beträgt in der Proportion 5:15.

Bitte in die Grafik sehen.

Trendgerade ist von Jan. bis März nächsten Jahres durchgezogen.

Sept. 6 000

Okt. 7 400

Nov. 5 400

Dez. 7 920

$$\frac{\text{X-Achse}}{\text{Y-Achse}} \; = \; \frac{15}{5\,000} \quad \text{oder} \quad \frac{3}{1\,000}$$

Wie rechnet man nun weiter?

Wie wird sich der Umsatz in den nächsten zwei Monaten entwickeln (bis Ende Februar), wenn der Trend zugrunde gelegt wird, der durch die zeichnerische Gerade zum Ausdruck kommt?

(Der zeichnerische Trend wird gebildet, indem man den Anfangsumsatz und den Endumsatz miteinander verbindet.)

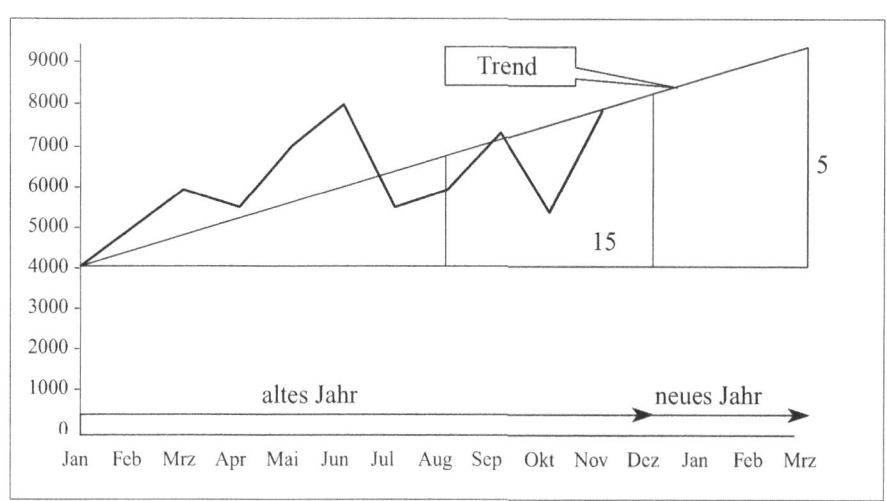

Neue Proportion aufstellen

3 und 15 stellen die Monatsabschnitte in der Graphik dar.

$$\frac{3}{1\,000} \; = \; \frac{15}{x}$$

$$x \; = \; \frac{1\,000 \times 15}{3}$$

$$x \; = \; 5\,000\ \text{€}$$

Ergebnis

Addiert man zu dem Ausgangswert von 4 000 € die oben ermittelten 5 000 €, so kommt man auf einen Umsatz von 9 000 €. Genau den ergibt der zeichnerische Trend.

Rechenweg

1. Zuerst ist das kausale Verhältnis zwischen 2 Größen festzustellen. Sie bilden den Ausgangspunkt der Rechnung.

2. Danach ist die Proportion (als eine Seite einer Gleichung) aufzustellen. Sie steht links vom Gleichheitszeichen.

3. Auf die rechte Seite der Gleichung ist die Proportion mit denselben Bezeichnungen zu wiederholen, jedoch ist von beiden nur die bekannte Zahl einzutragen. Die Unbekannte wird mit x bezeichnet. (Sie sollte immer rechts in der Gleichung und möglichst im Nenner stehen.)

Beispiel:

$$\frac{\textbf{Umsatz alt}}{\textbf{Index alt}} = \frac{\textbf{Umsatz neu}}{\textbf{Index neu (x)}}$$

Also z. B.

$$\frac{95}{110} = \frac{102}{x}$$

4. Die Unbekannte ist zu ermitteln!

1.3 Grenzen der Proportionsrechnung

Die Grenzen der Proportionsrechnung sind eindeutig dort gezogen, wo die in Beziehung zu setzenden Zahlen nicht in einem kausalen und linearen Verhältnis zueinander stehen.

Stehen sie allerdings in einem kausalen Verhältnis und entspricht die hieraus abzuleitende Entwicklung nicht der Wirklichkeit, muss geprüft werden, woran die Veränderung liegt. Dadurch lassen sich mit ihr Schwachstellen z. B. in Unternehmen aufdecken und entsprechende Maßnahmen ergreifen.

Proportionen werden zu einem bestimmten Zeitpunkt aufgestellt. Fallen die beiden Größen der Ausgangsproportion in die Vergangenheit, dann gelten sie um so weniger in der Gegenwart bzw. Zukunft, je weiter sie von beiden weg sind. Mit anderen Worten: Die Proportionen könnten sich schon in der Gegenwart verändert haben. Dann entfällt die Anwendung dieser Rechenmethode.

Die Proportionsrechnung lässt sich in vielen Fällen leichter mit der Dreisatzrechnung bewältigen.

Aufgaben

1. Der Mountain-Bike-Hersteller hatte im letzten Jahr hervorragende Umsätze gehabt. Die Steigerungsraten waren höher, als sie eingeplant waren. Die Freaks blätterten hohe Summen auf den Tresen, nur um ein maßgeschneidertes Rad höchster Qualität zu erwerben.

So sahen einige Zahlen des Marktführers aus:

Erlöse/Kosten/Mio. €	2014 (Ist)	2015 (Soll)	2015(Ist)
Umsätze	10,2	11,22	14,6
Materialkosten			
Rohstoffe	1,0	1,1	2,2
Rahmen	2,5	2,75	3,5
Sonstiges	0,5	0,55	0,65
Personalkosten			
Gehälter	2,5	2,750	2,50
gesetz. SA	0,5	0,550	0,50
freiw. SA	0,2	0,500	0,80

a) Ausgangspunkt sind die Zahlen aus dem Jahr 2014. Ermitteln Sie, wie hoch die Rohstoffkosten im Einzelnen bei dem angegebenen Umsatz im Jahre 2015 hätten sein dürfen, wenn die Proportion von Umsatz zu Rohstoffkosten 2014 als Ausgangspunkt angesehen wird. Vergleichen Sie Ihre Zahlen mit den Istzahlen. Können Sie betriebswirtschaftliche Begründungen für die möglichen Unterschiede geben?

b) Prüfen Sie, ob die geplanten Personalkosten (2015/Soll) den Proportionen des Jahres 2014 entsprechen. Ausgangspunkt ist die Relation von Umsatz zu Personalkosten 2014.

c) Wie Sie sehen, sind die Personalkosten trotz der Umsatzsteigerung nicht höher geworden. Wie hoch hätten Sie unter normalen Umständen sein können? Woran mag es gelegen haben, dass die Personalkosten gegenüber der Planung sogar gefallen sind? Können Sie Gründe nennen, die zu einer erheblichen Steigerung freiwilliger sozialer Aufwendungen geführt haben?

2. Der Verbraucherpreisindex ist im Jahre 2012 gegenüber 2011 um 1,7 Punkte auf 106,2 Punkte gestiegen, wie das der Übersicht (S. 58) zu entnehmen ist.

a) 500 Gramm Mischbrot in Scheiben kosteten 2010 2,40 €. Wie hoch war sein Preis 2012, und wie hoch war er im Jahre 2005?

Verbraucherpreisindex für Deutschland 2010 = 100	
Jahr	**Index**
2015	107,0
2014	106,7
2013	106,5
2012	105
2011	102,9
2010	100,0
2009	99,6
2008	98,8
2007	97,7
2006	94,7
2005	93,4
......	.....
1994	77,2

b) Nach dem Mietenspiegel der Freien und Hansestadt Hamburg musste ein Haushalt für eine 70 qm große Wohnung 2011 pro Quadratmeter 8,69 € ohne Nebenkosten bezahlen, 2014 bereits 10,24 €. Wie teuer müsste eine 100 Quadratmeter große Wohnung 2014 sein, wenn man die Preisentwicklung der 70 Quadratmeter großen Wohnung zugrunde legt und von einem Quadratmeterpreis von 10,79 € (100 qm) im Jahre 2012 ausgeht? Tatsächlich ist der Quadratmeterpreis der 100 quadratmetergroßen Wohnung auf 11,78 € gestiegen. Wie erklären Sie die Differenz?

c) Im Jahre 2010 kostete die 70 quadratmetergroße Wohnung 7,54 €. Legt man den Verbraucherpreisindex (Basis 2010) auch für die Mietpreisentwicklung zugrunde, dann betrüge die Preiserhöhung in diesen Jahren 6,7 Punkte (Index 106, siehe Tabelle).

Ermitteln Sie den möglichen Mietpreis für diese Wohnung für das Jahr 2010 und 2014 nach dem Index und stellen Sie ihn der wirklichen Mietpreishöhe nach dem Quadratmeterpreis (siehe unter b) gegenüber.

c) Der Verbraucherpreisindex, wie nebenstehend, ist auf alle Haushalte ausgerichtet.

Oft gibt es einen Index
– für 4-Personen-Haushalte von Beamten und Angestellten mit höherem Einkommen;
– für 4-Personen-Haushalte von Arbeitern und Angestellten mit mittlerem Einkommen und
– für 2-Personen-Rentnerhaushalte mit geringem Einkommen.

Bitte versuchen Sie im Internet hierüber Informationen einzuholen. Warum wird dieser Unterschied gemacht?

2. Durchschnittsrechnung

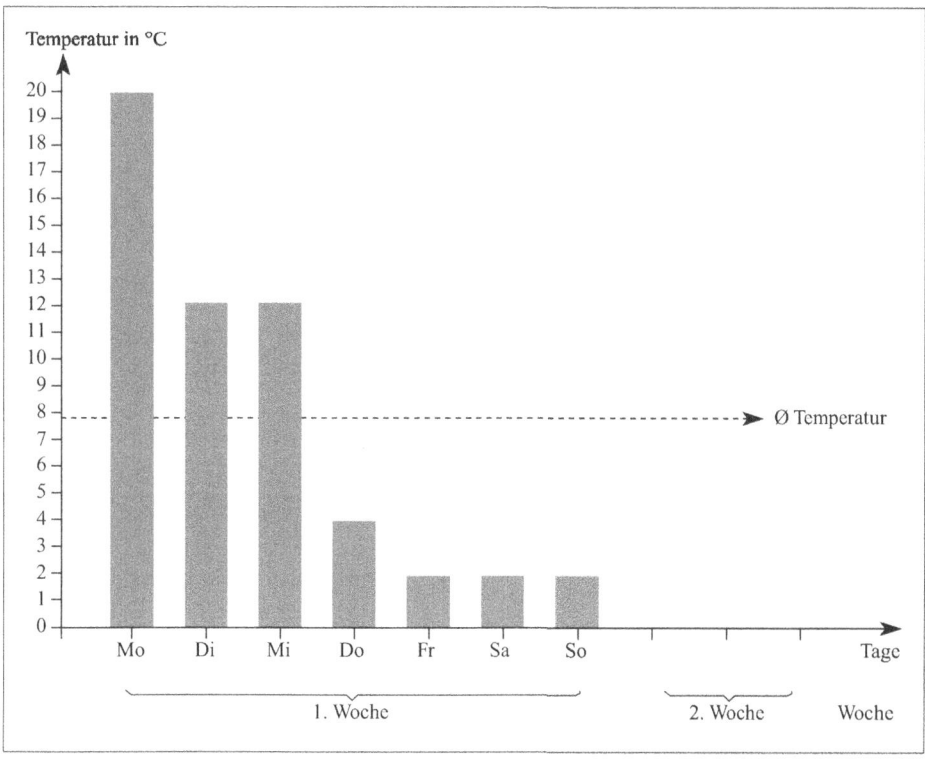

2.1 Die Aufgabe der Durchschnittsrechnung

Die **Durchschnittsrechnung** hat die Aufgabe, einen Durchschnitt aus mehreren Zahlen zu ermitteln. So möchte manche Familie wissen, wie viel Haushaltsgeld sie durchschnittlich monatlich ausgibt. Kennen sie diesen Durchschnitt, so lassen sich die Ausgaben zukünftig besser planen. Und das ist unter anderem eine wichtige Aufgabe, die hinter der Durchschnittsrechnung steht. Ein Durchschnitt – errechnet aus mehreren Zahlen – weicht von den einzelnen Zahlen und Werten oftmals erheblich ab. Sie bilden eben den Durchschnitt aus allen erfassten zusammengehörigen Zahlen. Die einfache Durchschnittsrechnung wird vornehmlich auch bei einfachen Sachverhalten benutzt. Die **gewogene Durchschnittsrechnung** wird angewandt, wenn aus mehreren Werten mit unterschiedlichen Mengen ein Durchschnitt errechnet werden soll, z. B. wenn verschiedene Mengen von Kaffeesorten mit einem voneinander abweichenden Preis pro Sorte zu einer Mischung zusammengeschüttet werden. Um keine Verluste bei einem willkürlich festgesetzten Preis zu erzielen, wird hier der gewogene Durchschnittspreis festgelegt.

2.2 Der einfache Durchschnitt

1. Beispiel

Das Problem

Harm Eckhoff ist Inhaber eines Geschäftes für Lacke und Farben in Würzburg. Er ist wegen seiner Freundlichkeit und wegen seines Entgegenkommens bekannt. Ines Wallenda, eine junge Kundin, bittet ihn, 1 kg Ölfarbengemisch aus einem roten, orangenen und gelben Lack anzurichten. Sie hatte in den Regalen die drei unterschiedlichen Lacke zu verschiedenen Preisen je kg gefunden:

Diehl-Orange . . . . . .   15,00 €
Bernauer-Rot . . . . . .   17,00 €
Glisarit-Gelb . . . . . .   18,00 €

Der Geschäftsmann war über diesen Auftrag nicht erfreut. Denn wer wird den Rest nehmen, fragte er? Dennoch war er zum Verkauf bereit. Allerdings nahm er für das Mischen 4,00 € extra und als Risikoausgleich 5,00 €. „Wenn Sie die übrige Farbe später nachbeziehen, bekommen Sie diese billiger. Einverstanden?"

Die Lösung

Der einfache Durchschnitt geht von denselben Mengen aus, wie es hier der Fall ist.

Die drei Dosen mit je 1 kg Farbe haben unterschiedliche Preise, weil sie von verschiedenen Herstellern eingekauft worden sind.

Der Rechenweg ist leicht nachzuvollziehen.

Man addiert die Preise der einzelnen Lackdosen und teilt die Summe durch die Anzahl der Teile – also durch 3.

1. Rechenschritt:

Ermittlung des Durchschnittspreises

1 kg Diehl-O.	15,00
1 kg Bernauer-R.	17,00
1 kg Glisarit-G.	18,00
3 kg insgesamt	50,00

$$1 \text{ kg} = \frac{50,00}{3}$$

$$1 \text{ kg} = 16,67 \text{ €}$$

Ergebnis

Der Durchschnittspreis beläuft sich auf 16,67 € je kg. Den muss Ines Wallenda mindestens bezahlen.

2. Rechenschritt:

Der Händler berechnet für das Mischen und für den Risikoausgleich 5,00 €. Also:

1 kg/Mischpreis	16,67
+ Aufschlag	5,00
Rechnungspreis	21,67

Aufschlag addieren

Ergebnis

Ines Wallenda wird insgesamt 21,67 € bezahlen.

2. Beispiel

Das Problem

In kleineren und mittleren Betrieben wird der Einkauf manchmal auf der Grundlage des durchschnittlichen Lagerbestandes betrieben. Liegt der Istbestand unter dem durchschnittlichen Lagerbestand, dann wird neue Ware eingekauft. Auf diese Weise wird das Risiko verringert, zu wenig Ware im Lager zu haben. Folgende Stückzahlen liegen vor:

(Anfangsbestand = AB)
(Endbestand = EB)
(Monatsbestand = MB)

02.01. AB 10 000
31.01. EB 20 000
28.02. EB 20 000
31.03. EB 40 000
30.04. EB 10 000
31.05. EB 15 000
30.06. EB 20 000
31.07. EB 25 000
31.08. EB 15 000
30.09. EB 25 000
31.10. EB 33 000
30.11. EB 17 000
31.12. EB 20 000

Was kann man mit dieser Durchschnittszahl anfangen?

Die Lösung

Die angegebenen Bestände enthalten einen Anfangsbestand und 12 Endbestände. Warum ist das so? Gehen wir zunächst von einem Monatslager aus. Da errechnet sich sein durchschnittlicher Lagerbestand, indem Anfangs- und Endbestand durch zwei geteilt werden. Bei 12 Monaten braucht man nur für den 1. Monat (vielleicht Januar) den Anfangsbestand, weil alle Monatsendbestände zugleich die Anfangsbestände des nächsten Monats sind. Der durchschnittliche Monatsbestand (MB) ergibt sich aus

$$MB = \frac{1\ AB + 12\ EB}{13}$$

$$MB = \frac{260\,000}{13}$$

$$MB = 20\,000$$

Ergebnis

Der durchschnittliche Monatsbestand beträgt 20 000 Stück. (Die Einzelabweichungen vom Ist – vgl. Aufgaben der Durchschnittsrechnung – sind z. T. erheblich.)

> Man kann die durchschnittliche Lagerdauer ermitteln, wenn man den Verbrauch oder Verkauf – Leerung des Lagers – und den durchschnittlichen Monatsbestand kennt.

Das Problem

Im vergangenen Jahr wurden an Waren insgesamt 240 000 Einheiten verkauft.

Wie war der durchschnittliche Lagerbestand?

(Umschlagshäufigkeit = U)

Die Lösung

Teilt man den Verbrauch durch den durchschnittlichen Lagerbestand, dann lässt sich ablesen, wie lange dieser durchschnittlich auf Lager liegt, also:

$$U = \frac{Verbrauch}{Lagerbestand}$$

$$U = \frac{240\,000}{20\,000}$$

$$U = 12$$

Ergebnis

Die Umschlagshäufigkeit beträgt 12, d. h., dass sich das Lager im Jahr durchschnittlich 12 mal füllt und leert.

Die Umschlagshäufigkeit wird auch als der Umschlagskoeffizient bezeichnet.

Informationen zum durchschnittlichen Lagerbestand

Warum ist die Umschlagshäufigkeit so wichtig?

Die Umschlagshäufigkeit verrät einiges:

1. Sie sagt uns, wie häufig sich das Lager im Jahr füllt und leert.

2. Aus ihr lässt sich ableiten – wenn der Jahresverbrauch bekannt ist – wie hoch der Lagerbestand ist.

3. Mit ihr lässt sich der Jahresverbrauch errechnen, wenn der Lagerbestand vorliegt.

4. Auf ihrer Grundlage kann die durchschnittliche Lagerdauer (306:U) in Tagen bemessen werden.

Formeln zum Merken

1) Ermittlung des durchschnittlichen Lagerbestands (LB): (i.d.R.)

$$LB = \frac{(1\,AB + 12\,EB)}{13}$$

2) Ermittlung der Umschlagshäufigkeit (U):

$$U = \frac{Jahresverbrauch}{LB}$$

3) Ermittlung der Lagerdauer (L_d):

$$L_d = \frac{360\,Tage}{U}$$

Was besagt betriebswirtschaftlich die Lagerdauer?

Die Lagerdauer besagt, dass der durchschnittliche Lagerbestand so und so lange im Lager liegt, womit das investierte Kapital (Wert der gelagerten Ware) nicht arbeitet. Somit gehen Zinsen verloren, die man bei Kreditinstituten bekommen hätte, hätte man das Geld dort angelegt.

Was bedeuten für einen Geschäftsmann verloren gegangene Zinsen?

Sie stellen Kosten dar und erhöhen die Selbstkosten eines Betriebes. Preiserhöhungen sind möglich.

 **Aufgaben**

Der Stromverbrauch pro Kopf betrug 2007 in

- Norwegen   24 914 kWh
- Griechenland   4 558 kWh
- Italien   4 972 kWh
- Frankreich   6 518 kWh
- Portugal   3 897 kWh

a) Wie hoch ist der durchschnittliche Pro-Kopf-Verbrauch?

b) Warum ist dieser Durchschnittsverbrauch nicht für diese und schon gar nicht für alle europäischen Länder repräsentativ?

c) In Deutschland werden pro Kopf der Bevölkerung jährlich 6 150 kWh Strom abgenommen. Mit welchen hier angegebenen Ländern würden Sie Deutschland vergleichen?

2.3 Der einfache gewogene Durchschnitt

Das Problem

Harm Eckhoff sah die von der Kundin aus den Regalen herausgenommenen Dosen. „Glauben Sie mir, das wird keine gute Mischfarbe", sagte er. „Nehmen Sie lieber weniger rot. Außerdem weniger orange. Und wenn Ihnen die Mischung nicht zusagt, können wir uns immer noch für die Mischung aus 3-Kilo-Dosen entscheiden. Ich schlage vor:

1/2 kg Bernauer-Rot,
  1 kg Glisarit-Gelb,
1/4 kg Diehl-Orange.

Allerdings differieren die Preise, weil kleinere Dosen teurer sind. Bernauer-Rot kostet 9 €, Glisarit-Gelb 18 € und Diehl-Orange 4 €."

Wie teuer wird nun 1 kg der Mischung?

Die Lösung

Der einfache gewogene Durchschnitt berücksichtigt die verwerteten Mengen. Hier sind die Preise schon für die entsprechende Menge vorgegeben:

0,5 kg rot	zu	9,00 €
1,0 kg gelb	zu	18,00 €
0,25 kg orange	zu	4,00 €
1,75 kg	zu	31,00 €

Anwendung des Dreisatzes!

1,75 kg . . . .   31,00 €
1 kg . . . .   ? (x) €

$$x = \frac{31,00 \times 1}{1,75}$$

$$x = 17,71$$

Ergebnis

Ines Wallenda muss für die Farbe aus dem oben genannten Gemisch 17,71 € bezahlen. Der Geschäftsmann dagegen muss 0,75 kg Mischfarbe auf Vorrat halten.

Informationen zur Durchschnittsrechnung

Wer arbeitet mit Durchschnittsrechnungen?

Die Durchschnittsrechnung wird noch heute im Einzelhandel angewandt, aber auch im Großhandel.

Welche Waren werden denn mit Durchschnittspreisen angeboten?

Das kommt darauf an. Zum Beispiel fällt in Supermärkten auf, dass bestimmtes Obst – Äpfel in mehreren Sorten – zum selben Preis je kg verkauft wird. Der Durchschnittspreis erleichtert dem Kunden die Kaufentscheidung. Solche Durchschnittspreise sind meistens bei Nahrungsmitteln und bei Massenartikeln anzutreffen.

Bieten Durchschnittspreise für Händler Vorteile?

Ja, weil mehrere Waren mit denselben Preisen kalkuliert werden. Das macht weniger Arbeit. Außerdem erleichtert es die Abrechnung.

Welches ist denn der bekannteste Durchschnitt?

Das ist schwer zu sagen. Meteorologen rechnen gerne mit Durchschnittstemperaturen, mit durchschnittlichen Regentagen je Monat oder mit der durchschnittlichen Sonneneinstrahlung pro Tag. Alle diese Durchschnitte dienen dem Vergleich. Manche Menschen machen von ihnen Entscheidungen abhängig.

Gibt es aus dem Handel noch ein einleuchtendes Beispiel?

Ja, der durchschnittliche Lagerbestand. Er bildet die Grundlage für die Errechnung der Umschlagshäufigkeit. Beides ist bei der Darstellung des einfachen Durchschnitts erklärt.

Warum ist der gewogene Durchschnitt eine bessere Größe als der einfache?

Der einfache Durchschnitt setzt voraus, dass von gleichnamigen Größen einer Kategorie, z. B. Preise oder Gewichte, ausgegangen wird. Der gewogene Durchschnitt geht immer von zwei zusammengehörigen Größen aus. Zum Beispiel werden Gewichte und Preise berücksichtigt. Der gewogene Durchschnitt ist der genauere Durchschnitt, so dass er bessere Vergleichsmöglichkeiten bietet.

Wo wird die gewogene Durchschnittsrechnung benötigt?

Das kommt wiederum darauf an. Einmal, wenn verschiedene Mengen zu unterschiedlichen Preisen gemischt werden. Zum Beispiel beim Kaffee. Aber auch, wenn der Wert eines Standortes oder die Beschäftigung eines neuen Mitarbeiters (Profildarstellung) zur Diskussion steht.

Warum ist die Durchschnittsrechnung für die Planung von so großer Bedeutung?

Ohne Durchschnittsrechnung ist diese fast unmöglich. Ein Vergangenheitsdurchschnitt lässt in etwa festlegen, was in der Zukunft erwartet werden kann. Hat man z. B. die durchschnittlichen Kosten pro Monat ermittelt, dann lassen sie auf den zukünftigen Monat schließen. Und danach können Maßnahmen ausgerichtet werden, z. B. wie viele Ausgaben wahrscheinlich anfallen und wie diese zu bezahlen sind.

2.4 Der gewogene Durchschnitt

1. Beispiel

Das Problem

In einer Kaffeerösterei soll drei Sorten Kaffee zu einer Mischsorte gemischt werden.

Folgende Mengen stehen zur Verfügung:

1. Sorte	16 kg
2. Sorte	24 kg
3. Sorte	8 kg

Die Preise je kg :

1. Sorte	9,00 €
2. Sorte	10,00 €
3. Sorte	12,00 €

Was kostet ein kg Mischkaffee?

Dreisatz mit geradem Verhältnis

Formel zum Merken

gewogener Durchschnitt =

$$\frac{\text{Summe Gesamtwerte}}{\text{Summe Anteile}}$$

Die Lösung

Der sicherste Weg zur Lösung ist zunächst, eine Tabelle mit den Preisen aufzustellen und die Gesamtpreise der Sorten festzustellen. Danach werden die kg-Anteile ebenso zusammengezählt wie die Gesamtpreise. Teilt man den Gesamtwert aller Sorten durch die gesamten Kilogramm, erhält man den Mischpreis.

Gewicht/kg Anteile	Preise/ kg	Gesamtpreise/ Gesamtwert
16 kg	9,00	144,00
24 kg	10,00	240,00
8 kg	12,00	96,00
48 kg		480,00

Die Gewichtung zur Ermittlung des gewogenen Durchschnitts ist durch die Multiplikation von kg und kg/Preis erfolgt.

48 kg .... 480,00 €

1 kg .... ? (x) €

$$x = \frac{480 \times 1}{48}$$

$$x = 10,00 €$$

Ergebnis

Für 1 kg Mischkaffee müssen 10,00 € bezahlt werden.

1. Beispiel

Das Problem

Auf der Suche nach neuen Geschäfträumen für eine Filiale im Umkreis von Köln schienen zwei Angebote höchst interessant. Das eine war in Köln-Müngersdorf, das andere in Gymnich bei Köln. Beide Offerten boten Grundstücke mit entsprechenden Geschäftsräumen an. Die Umbauten für den Filialbetrieb werden 6 Monate in Anspruch nehmen.

Hier Einzelbestandteile:

Merkmale	Müngersdorf	Gymnich
Größe	1 000 qm	1 000 qm, vergrößerbar
Lage	Zentrum	Randgebiet
Verkehrslage	Einbahnstraße, teilweise Fußgängerzone	an zwei Bundesstraßen und an einer Autobahn
Verkehrsmittel	Straßenbahn und Schnellbahn bis ins Zentrum	Bus, Busstation 500 m Fußweg
Parkplätze	Tiefgaragen in der Nähe	teilweise auf dem Hof, Tiefgarage 1 km entfernt – ist im Bau

Die Geschäftleitung legte eine Rangordnung durch Punktvergabe fest (Gewichtung). Diese sind unten in Klammern angegeben.

Die Geschäftsleitung legte höchste Priorität auf die Verkehrslage (5), da die Filiale in den ersten zwei Jahren von Mitarbeitern des Düsseldorfer Stammhauses geführt werden soll. Außerdem sollten sich Mitglieder der Geschäftsleitung bis zur endgültigen Eröffnung regelmäßig in der Filiale aufhalten und für die Einrichtung sorgen.

Da das Unternehmen in einer Wachstumsphase stand, sollten Erweiterungsmöglichkeiten bestehen (Größe) (2).

Wichtig erschien ihr auch, dass genügend Parkplätze vorhanden sind oder beschafft werden können (3). Die Lage selbst wurde nicht ganz so hoch eingeschätzt. Eine gute Lage für die Mitarbeiter zum schnellen Einkauf würde aber bevorzugt (2). Öffentliche Verkehrsmittel werden als wenig wichtig angesehen (1).

Man einigte sich darauf, für jedes Merkmal bis zu 10 Punkten zu vergeben.

Für welchen Standort wird sie sich entschieden haben, wenn erste Voraussetzung ist, dass eine Durchschnittspunktzahl (nach Gewichtung) von 7,5 erreicht werden muss, und zweitens, dass dann der Standort mit der höchsten Punktzahl gewählt wird?

Die Lösung

Man kann den Vergleich ohne Gewichtung und Bewertung durchführen. Dann gelangt man zu einem oberflächlichen und möglicherweise falschen Ergebnis.

Zuerst die Rangfolgen darstellen

Rangfolgen und Wertungen führen zum gewogenen Durchschnitt

1. Rechenschritt

Nr.	Merkmale	Rang-ordn.	Sollpunkt-zahlen
1.	Verkehrslage	5	10
2.	Parkplätze	3	10
3.	Größe	2	10
4.	Lage	2	10
5.	Verkehrmittel	1	10

Sollpunktzahlen einsetzen

2. Rechenschritt

Nr.	Rang-ordn.	Istpunkte von 10	
		Müngersdorf	Gymnich
1.	5	2	10
2.	3	10	6
3.	2	10	10
4.	2	10	5
5.	1	10	5

Istpunkte festlegen (und hierüber diskutieren)

3. Rechenschritt

Nr.	Rang-ordn.	gewichtete Punkte	
		Müngersdorf	Gymnich
1.	5	10	50
2.	3	30	18
3.	2	20	20
4.	2	20	10
5.	1	10	5
	13	90	103

Gewichtete Istpunkte ausrechnen

4. Rechenschritt

Die beiden Standorte haben unterschiedliche Punktzahlen.

$$\textbf{Müngersdorf} = \frac{90}{13}$$

$$= 6,9$$

Durchschnittspunktzahl (gewichtet) errechnen

Formel anwenden

$$\textbf{Gymnich} = \frac{103}{13}$$

$$= 7,9$$

Formel anwenden

1. Ergebnis

Müngersdorf scheidet trotz der guten Istpunkte von vornherein aus.

 2. Ergebnis

Die Geschäftsräume werden in Gymnich eingerichtet, weil beide Voraussetzungen erfüllt werden. Die Gesamtpunktzahl von 103 übertrifft die von Müngersdorf um 13 Punkte.

2.5 Grenzen der Durchschnittsrechnung

Die Durchschnittsrechnung ist die Grundlage für viele Vergleichsarten und für die Planung einer nächsten Periode oder eines kommenden Rechnungsabschnittes. Sie spielt in der Kostenrechnung der Betriebe ebenso eine Rolle wie im Rechnungswesen allgemein. Auch manche private Haushalte kümmern sich um Durchschnittsermittlungen, um ihre Einnahmen- und Ausgabenrechnungen besser gegenüberstellen zu können und ihr Budget optimal zu organisieren. Sie findet ihre Grenzen da, wo die Abweichungen der einzelnen Größen so groß sind, dass der Durchschnitt verfälscht wird. Aus diesem Grunde lassen Betriebe solche Ausrutscher einfach weg. Mit Durchschnitten sollte auch dann nicht gearbeitet werden, wenn die Beziehungen der Einzelwerte nur schlecht zu erkennen sind. So wäre ein Durchschnittsverbrauch einer Familie von Benzin und Obst zusammengenommen unsinnig. Wenn möglich, sollte auf den gewogenen (qualifizierten) Durchschnitt zurückgegriffen werden. Das hat den Vorteil, dass zwei abhängige Größen (z. B. Mengen und Werte) berücksichtigt werden. Der einfache Durchschnitt kommt mit einer Größe (z. B. Preise oder Mengen) aus. Natürlich kann der gewogene Durchschnitt dann nicht angewandt werden, wenn es einen zweiten Wert nicht gibt oder wenn dieser fragwürdig erscheint.

 Aufgaben

1. Die Kassenbons eines Wochenumsatzes des Elite-Supermarktes ergaben an den einzelnen Wochentagen folgende Werte:

montags . . . . 4 808,20 €
dienstags . . . . 3 100,19 €
mittwochs . . . . 3 056,27 €
donnerstags . . . . 3 920,88 €
freitags . . . . 5 112,33 €
sonnabends . . . . 2 471,06 €

a) Wie hoch war der Tagesumsatz im Durchschnitt?

b) Warum spiegelt der durchschnittliche Tagesumsatz nicht so ganz die Wirklichkeit wider? Begründen Sie Ihre Entscheidung!

c) Was halten Sie davon, einen durchschnittlichen Stundenumsatz zu ermitteln? Der Supermarkt hatte täglich von 8 bis 13 Uhr und von 14 bis 18 Uhr sowie sonnabends von 8 bis 13 Uhr geöffnet.

d) Rechnen Sie den Stundenumsatz auf einen Arbeitstag (außer Sonnabend) um.

2. Für eine Müslisorte wurden beim Hersteller gemischt:

40 kg	Haferflocken zum Preis von	1,80 € je kg
8 kg	Weizenkleie zum Preis von	1,05 € je kg
5 kg	Rosinen zum Preis von	10,25 € je kg
4 kg	Nüsse zum Preis von	9,60 € je kg
5 kg	getrocknetes Mischobst zum Preis von	7,10 € je kg

Wie teuer waren 500 Gramm der Müslimischung?

3. Die Betreiber des berühmten Stadthotels „Jahreszeiten" hatten eine Anzeige im Mittagsblatt veröffentlicht, in der es hieß:

Wir suchen für den Empfang unseres renommierten Hauses eine Dame oder einen Herrn mittleren Alters mit besten Empfehlungen. Die betreffende Person muss hervorragende Umgangsformen haben, äußerst kontaktfreudig und freundlich sein, sich einer gehobenen Sprache bedienen und äußerlich auf dem modernsten Stand der Mode sein. Sprachkenntnisse in 4 Sprachen sind erwünscht.

„Worauf sollten wir noch achten, wenn die Bewerbungen eingehen und sich die Bewerber vorstellen", fragte Elke Wagner, zweite Geschäftsführerin. „Ich würde sagen", meinte Tobias Körner, erster Geschäftsführer, „dass wir uns darüber im Klaren sind, welche Merkmale die wichtigsten sind, und natürlich auch, welche weiteren Merkmale wir überhaupt beobachten und erfassen wollen. Schließlich ist die Position eine der wichtigsten im Unternehmen. Ich schlage auch vor, dass wir aus Gründen der Gleichbehandlung einer Frau den Vorrang geben sollten und sie mit einem kleinen Vorschuss in den Wettkampf schicken." „Einverstanden", sagten alle und legten fest:

Merkmale	Rangfolgepunkte
Dame	1,2
Herr	1,0
Umgangsformen	1,5
Kontaktfreudigkeit	1,4
Freundlichkeit	1,3
Sprache	1,3
Mode	1,3
Sprachen	1,2
Durchsetzungsfähigkeit	1,5
Kooperationsfähigkeit	1,4
Fachkenntnisse	1,3
Kreativität	1,5

Es bewarben sich Ivonne Bergmann, 38 Jahre, und Thorben Fischer, 39 Jahre. Die Empfehlungsschreiben stammten in beiden Fällen von hochkarätigen internationalen Hotelketten.

Beschreibung der Personen sowie Eindrücke aus den Bewerbungen und der Vorstellung:

Frau Bergmann

Frau Bergmann hat vor der Einstellungskommission hervorragende Umgangsformen gezeigt, ist zuvorkommend und höflich, erschien manchmal allerdings etwas zu ernst und ließ sich auch nicht durch humoristische Einlagen aus der Fassung bringen. Sie trug ein blau-graues Kostüm, das ihre Persönlichkeit unterstützte, jedoch wirkte die Kragenbluse etwas zu bieder und die streng nach hinten gekämmten Haare gaben ihr das „outfit" einer seriösen, durchsetzungsfähigen, aber festen Hausdame. Sie verfügt über fabelhafte Fachkenntnisse, beschreibt sich selbst als kreativ, was auch in den Empfehlungsschreiben deutlich zum Ausdruck kam. So hat sie in dem 5-Sterne-Hotel Kaiserhof durchsetzen können, dass in den Ferien an der Rezeption ein eigener „Kinderschalter" eröffnet wird und dass Kinder von Anfang an durch eine Kindergärtnerin betreut werden können. Auch hat sie es geschafft, eine kleine Cafeteria in der Nähe der Rezeption zu eröffnen, damit sich wartende Gäste die Zeit vertreiben können. Sie spricht fließend 5 Fremdsprachen. Ihr Deutsch ist gehoben und ausdrucksvoll. Nach den Empfehlungsschreiben ist sie sehr kooperativ. Durch ihren zu seriösen Auftritt hat sie zwischen der Kommission und sich eine Barriere errichtet, die aber im Laufe des längeren Gesprächs abgebaut werden konnte.

Thorben Fischer

Herr Fischer machte auf die Einstellungskommission einen frischen, lebendigen Eindruck. Er lachte viel, strahlte Freundlichkeit aus, jedoch schien diese manchmal etwas zu aufgesetzt. Er verfügt über Kenntnisse in 3 Sprachen, hat das Hotelfach gelernt und kennt die Materie hervorragend. Er ist sprachgewandt, scheint sich in besonderen Situationen, z. B. bei Beschwerden, geschickt aus der Affäre ziehen zu können. Offensichtlich weiß er sich in allen Lagen zu helfen. Die Kommission hatte den Eindruck, dass er ungewöhnlich kontaktfreudig ist und dass er auf die Gäste zugehen kann, ohne nervig zu werden. Er war schlicht gekleidet, jedoch ohne Makel, sein gesamtes Äußeres gab ihm ein solides, nicht überstyltes Aussehen. Über seine Durchsetzungskraft berichtet ein Empfehlungsschreiben. Darin heißt es: „Er weiß sein Pferd zu reiten und setzt sich auch schon mal über die Einwendungen seiner Mitarbeiter hinweg. Dennoch bringt er diese ins Gespräch und gibt ihnen das Gefühl, Partner, nicht Untergebene zu sein. Er hat in dem 5-Sterne-Hotel „Renommia", seiner letzten Arbeitsstelle, im Entree des Hotels zwei Wände für ständige Bilderausstellungen junger Künstler frei gemacht und hiermit bei den Gästen großen Erfolg eingeheimst. Ansonsten ist er eher der Mann traditioneller Führung mit dem Beibehalten eines erfolgreichen Ambientes. Umgangsformen sind nicht zu beanstanden."

a) Beurteilen Sie nach den Schilderungen die Merkmale mit Punkten zwischen 1 und 10. Begründen Sie Ihre Entscheidung!

b) Ermitteln Sie die gewogene Gesamtpunktzahl!

c) Errechnen Sie die durchschnittliche und gewogene Punktzahl für ein Merkmal!

d) Wählen Sie aus, für wen Sie sich entscheiden, wenn durchschnittlich (gewogen) mindestens 8 Punkte erreicht werden müssen!

4. Der Elite-Supermarkt war auch daran interessiert, wie einzelne Warengruppen am Tagesumsatz beteiligt waren. Zunächst wurde der Non-Food-Sektor in Angriff genommen.

Die erste Warengruppe umfasst existenznotwendige Produkte. Sie sind scharf kalkuliert. Die Gewinnspanne ist sehr gering (Bedeutungsfaktor 1). Zur zweiten gehören Artikel, die sich im Haushalt gut gebrauchen ließen, jedoch kann ein Haushalt auf sie durchaus verzichten (Bedeutungsfaktor 2). Die meisten Waren sind hier im Vergleich zur Konkurrenz mittelpreisig und mit einem angemessenen Gewinnaufschlag kalkuliert. Luxusartikel gehören zur dritten Warengruppe. Sie haben den Bedeutungsfaktor 3. Sie sind hochpreisig und enthalten eine hohe Gewinnspanne.

Von den montags verkauften Waren im Wert von 4 808,20 € waren solche im Werte von 4 200 € existenznotwendig, der Rest zählte zur zweiten Warengruppe.

Waren/€ Wochentage	Gruppe 1	Gruppe 2	Gruppe 3	Gesamt
dienstags	2 000,00	500,19	600,00	3 100,19
mittwochs	1 400,00	1 056,27	600,00	3 056,27
donnerstags	500,00	700,00	2 720,88	3 920,88
freitags	3 212,00	700,00	1 200,33	5 112,33
sonnabends	1 800,00	671,06		2 471,06

a) Errechnen Sie den durchschnittlichen Tagesumsatz ohne den Sonnabend-Verkauf!

b) Vergleichen Sie die Bedeutung der zweiten und dritten Warengruppe im Verhältnis zur ersten! Rechnen Sie dabei mit den Bedeutungsfaktoren. Können Sie hieraus irgendwelche Schlüsse ziehen?

VI. Prozentrechnung

Jobchancen: Mal besser, mal schlechter

So viel Prozent der Ausbildungsabsolventen wurden im Jahr 2005
von den Unternehmen dieser Branchen übernommen

	Männer		Frauen	
	neue Bundesländer	alte Bundesländer	neue Bundesländer	alte Bundesländer
Kredit-, Versicherungsgewerbe	74	76	67	78
Verkehr, Nachrichtenübermittlung	44	54	25	65
Öffentliche Verwaltung	56	62	60	62
Land-, Forstwirtschaft, Fischerei	38	29	69	56
Dienstleistungen (ohne unternehmensnahe)	38	30	41	41
Baugewerbe	36	52	22	39
Handel, Reparatur	44	50	36	64
insgesamt	46	57	45	55

Quelle: IAB

© Globus 1034

1. Die Aufgabe der Prozentrechnung

Die Prozentrechnung ist eine überall angewandte Rechenart. Sie wird u. a. in der Kalkulation angewendet, in der Kennzifferndarstellung, in der Kostenrechnung der Betriebe, in der Trendberechnung. Auch ist sie Grundlage für Vergleiche. Das Letztere ist im eigentlichen Sinne das Hauptanliegen. Da nämlich alles auf 100 bezogen wird, lassen sich Zahlen unterschiedlichster Herkunft, z. B. Sozialprodukte aus Großbritannien und Deutschland, ihre Größe, ihr Zuwachs, ihre Entwicklung allgemein oder Umsätze und Kosten einer Konzernmutter mit ihren Töchtern, gegenüberstellen. Wenn Daten auf eine einheitliche Größe bezogen werden, dann lassen Gegenüberstellungen gezielte Aussagen hierzu zu. Wenn bekannt ist, dass es für einen 100 Euroschein bei der Hausbank 6 € Zinsen in einem Jahr gibt, dann kann

– einerseits schnell ermittelt werden, wie viel € ein Sparguthaben von 500 € einbringt, nämlich 30 €. Daraus folgt, dass Rechenoperationen erleichtert und beschleunigt werden.

© Springer Fachmedien Wiesbaden GmbH, ein Teil von Springer Nature 2018
J. Hischer et al., *Kaufmännisches Rechnen*,
https://doi.org/10.1007/978-3-658-23454-6_6

– Andererseits kann die Zinshöhe – hier 6 € je Jahr – mit anderen Banken verglichen werden, wenn diese auch bekannt geben, wie hoch deren Zinsen für 100 € im Jahr sind.

Prozentrechnen gehört daher zum erforderlichen Mindestkenntnisstand für angehende Kaufleute. Aber nicht nur für diese. Auch im Haushalt wird Prozentrechnung immer wieder angewandt. Junge Menschen, die einen Haushalt gründen, oder ältere, die eine Familie haben, sind auf diese Rechenverfahren bei der Lösung unterschiedlichster Problemstellungen angewiesen. Daher sollte jeder das Rechenverfahren „im Schlaf" können.

2. Die Rechnung

2.1 Der Prozentwert wird gesucht

1. Beispiel

Das Problem

> 3,1 Prozent
> mehr Lohn für
> Personal

1. Was besagt diese Aussage?

2. Wie hoch ist die Lohnerhöhung von Emma Mielke, wen sie zuletzt 1 500 € verdiente?

Proportionen entsprechen einander

Die Lösung

Für 3,1 % kann man auch 3,1 von Hundert oder in diesem Fall 3,10 von 100 € sagen. „Prozent" heißt immer, dass von der Größe 100 auszugehen ist. Je nach Problemstellung handelt es sich mal um 100 € (z. B. beim Gehalt) mal um 100 m (z. B. beim Sport), mal um 100 kg (z. B. in der Landwirtschaft) etc.

Arbeitnehmer bekommen lt. nebenstehender Anzeige 3,10 € pro 100 € mehr als sie vorher bekommen haben.

Wie ist nun der Lösungsweg?

Es gibt mehrere Möglichkeiten, die Erhöhung auszurechnen.

1. Rechenweg

Proportionsrechnung

Man kann die Proportionsrechnung anwenden, weil sich die Erhöhung, nämlich 3,10 € bei 100 € Gehalt, bei 1500 € im selben Verhältnis entwickelt. Also

$$\frac{100}{3,10} = \frac{1\,500}{x}$$

Dieser Wert heißt Prozentwert.

$$x = \frac{3,10 \times 1\,500}{100}$$

$$x = 46,50 \text{ €}$$

Der Wert, von dem die Erhöhung berechnet wird (hier 1 500 €), heißt Grundwert.

Ergebnis

Emma Mielke wird eine Gehaltserhöhung von 46,50 € bekommen.

2. Rechenweg

Dreisatzrechnung

verbal

Emma Mielke bekommt, wie alle anderen Arbeitnehmer, 3,10 € für ein Gehalt von 100 €. Wie viel bekommt sie hiernach, wenn sie 1 500 € verdient?

Dreisatz mit geradem Verhältnis

verkürzt

100 € . . . . 3,10 €
1 500 € . . . . ? (x) €

In der Aufstellung Zahl links unten mit Zahl rechts oben (über Kreuz) malnehmen und durch Zahl links oben (100) teilen

$$x = \frac{1\,500 \times 3,10}{100}$$

$$x = 46,50 \text{ €}$$

Ergebnis

Das Ergebnis ist dasselbe wie oben.

Aufgabe

Stellen Sie für dieselbe Aufgabe den Kettensatz auf!

Die Prozentrechnung muss natürlich zum selben Ergebnis kommen. Prozent bezieht sich – wie nun bekannt – immer auf 100. 3,1 Prozent, geschrieben 3,1 % (auch Prozentsatz genannt), lässt sich auch so schreiben:

Wie kann man 3,1 Prozent noch schreiben?

$$3,1 \% = \frac{3,1}{100}$$

Auch im Dreisatz geht man
auf eine Einheit zurück.

Möchte man diesen Prozentsatz (3,1) auf eine andere Größe als 100 beziehen, so lässt sich das so
ausdrücken:

3,1 % gelten für 100 €. Wollte man den Betrag für
1 € ausrechnen, dann müsste man 3,1 durch 100
teilen, da aber ein Betrag von 1 500 € vorgegeben
ist, muss man ihn mit 1 500 malnehmen.

Prozentwert

$$\text{Also: Prozentwert} = \frac{3,1 \times 1\ 500}{100}$$

$$= 46,50\ €$$

Grundwert

3,1 % nennt man Prozentsatz, 1 500,– € ist der
Wert, der mit dem Prozentsatz multipliziert wird.
Er heißt Grundwert.

➡ **Zum Merken**

Man ermittelt den Prozentwert (von einer Zahl), indem man den Grundwert mit
dem Prozentsatz multipliziert und durch 100 teilt. (Der Grundwert repräsentiert immer 100 %, er ist die Basis für die Ermittlung des Prozentwertes.)

$$\textbf{Prozentwert} = \frac{\textbf{Grundwert} \times \textbf{Prozentsatz}}{\textbf{100}}$$

Informationen

Woher stammt das Wort Prozent?

Das Wort kommt aus dem Lateinischen „Pro cen-
tum" heißt: für, von oder je 100.

Was besagen 4 %?

4 % oder 4 von Hundert sagen aus, dass zwischen
4 und 100 eine Beziehung besteht und dass hier,
wenn es sich um einen Wert, also €, handelt, von
100 € 4 € gemeint sind.

Wie heißen die drei Größen, die für
die Rechnung benötigt werden?

Sie sind mit

– Grundwert,
– Prozentsatz und
– Prozentwert

benannt.

Wie lässt sich der Prozentwert erklären?

Der Prozentwert ist der Wert, der sich aus dem Grundwert und Prozentsatz ergibt.

Kann man für 1 oder 2 % auch einen anderen schriftlichen Ausdruck wählen?

Ja. Man kann statt 1 % auch

$$\frac{1}{100} = 1/100$$

für 2 % auch

$$\frac{2}{100} = 2/100$$

schreiben und liest das so:
„einhundertstel und zweihundertstel"

Wenn man mit Hundertsteln arbeitet, kann dann nicht einfach gekürzt werden?

Die Teiler sind 10; 5; 4.

Ja; sollen z. B. 2/00 ausgerechnet werden, dann müsste man den Grundwert mal 2 multiplizieren und durch 100 dividieren. Man könnte den Bruch aber kürzen und käme auf 1/50, teilt demnach den Grundwert durch 50. In diesem Fall ist das umständlich, in den folgenden Beispielen erleichtert der Teiler die Rechnung:

10 %	=	10
20 %	=	5
25 %	=	4

Gibt es weitere gute Teiler?

Ja, u. a.:

50 %	=	2
33 1/3 %	=	3
16 2/3 %	=	6
12 1/2 %	=	8
8 1/3 %	=	12
3 1/3 %	=	30
2 1/2 %	=	40
1 1/4 %	=	80

Gibt es auch eine Rechnung, die nicht von 100, sondern von 1 000 ausgeht?

Ja, sie wird **Promille-Rechnung** genannt. Bei ihr ist die Zahl 1 000 die Grundlage für den Vergleich. Vier Promille werden so geschrieben:

4 Promille = 4 ‰

4 ‰ besagen, dass, wenn wieder von € ausgegangen wird, es sich um 4 € von 1 000 (und nicht von 100 – wie bei der Prozentrechnung) handelt.

Wo kommt die Promille-Rechnung vor?

Sie wird selten benutzt. Manchmal liest man sie in Verträgen, die mit Maklern abgeschlossen werden oder mit Versicherungsgesellschaften. So kann die Gebühr z. B. bei Abschluss von Verträgen auf 1/1000 (= 1 ‰) auf die Versicherungssumme lauten.

2. Beispiel

Das Problem

Eine Sparkasse bot Sonderkonditionen an. Bei einer Spareinlage von 25 000 € sollte es 8 $\frac{1}{3}$ % Zinsen im Jahr geben.

Wie viele Zinsen gibt es im Jahr?

Formel anwenden

Die Lösung

Zur Errechnung des Prozentwertes (Zinsen in €) sind zwei Wege möglich.

1. Rechenweg

$$\text{Prozentwert} = \frac{25\,000 \times 8,33}{100}$$

Prozentwert = 2 082,50 €

Ergebnis

Der Kunde bekäme bei 8 $\frac{1}{3}$ % Zinsen nach einem Jahr 2 082,50 € Zinsen.

2. Rechenweg

Hier ist die Verwendung des Teilers angebracht, denn 8 $\frac{1}{3}$ % entsprechen dem Teiler 12.

Vereinfachter Rechenweg

Prozentwert = 25 000 : 12
Prozentwert = 2 083,33

Die Lösung ist dieselbe wie oben, der Rechenweg ist kürzer. (Die unterschiedlichen Ergebnisse erklären sich durch die Vereinfachung: 8 $\frac{1}{3}$ = 8,33.)

Aufgaben

1. Die Entwicklungshilfen der USA, Großbritanniens und Deutschlands haben sich auch 2014 erhöht.

Hilfen in Mrd. US		
	2013	2014
USA	31	33
GB	18	19
D	14	16

a) Wie viel Prozent betrugen die Erhöhungen 2014 (Basis 2013) in den Ländern?
b) Vergleichen Sie die Werte der USA und Deutschlands. Wie groß müsste der Zuwachs der Entwicklungshilfe Deutschlands 2014 sein, legte man die Zuwachsrate der USA zugrunde?

2. Die Beitragsbemessungsgrenze für die Rentenversicherung ist 2016 um 150 € im Monat auf 6 200 € erhöht worden. Wie viel Prozent betrug die Erhöhung?

Rechenweg

Bei der Ermittlung des Prozentwertes ist wie folgt zu verfahren:

1. Grundwert und Prozentsatz sind herauszustellen.

2. Grundwert und Prozentsatz miteinander multiplizieren.

3. Ergebnis ist durch 100 zu dividieren bzw. das Komma des Ergebnisses (z. B. 150,27) ist zwei Stellen nach links zu verschieben (1,5027).

4. Bei Prozentsätzen, die sich gegen 100 kürzen lassen (z. B. 25 %) wird auf die Multiplikation (vgl. Punkt 2) verzichtet und von vornherein geteilt (bei 25 % ist der Teiler 4).

2.2 Vom Prozentwert zum verminderten und vermehrten Grundwert

1. Beispiel

Das Problem

Im Jahre 2015 wird sich der Export der Maschinenbauindustrie um 8% gegenüber 2014 erhöhen. Dieser betrug im Jahre 2014 laut Schätzung von wirtschaftlichen Verbänden ca. 150 Mrd. €.

1) Wie hoch ist die Erhöhung?

2) Auf welche Summe wird der Export insgesamt steigen?

Die Lösung

Gesucht ist der Prozentwert, angegeben sind der Prozentsatz (8 %) und der Grundwert (86 Mrd. €).

Am einfachsten ist mit der Formel zu rechnen:

$$\text{Prozentwert} = \frac{150 \times 8}{100}$$

Prozentwert = 12 Mrd. €

1. Ergebnis

Der Exportzuwachs beläuft sich auf 12Mrd. €.

Wird zum Grundwert der Prozentwert addiert, kommt man zum gesamten (geschätzten) Export für das Jahr 2015.

Grundwert	150 Mrd. €
Prozentwert.	12 Mrd. €
Exportwert	162 Mrd. €

Vermehrter (erhöhter) Grundwert

Der Exportwert wird rechnerisch auch **vermehrter Grundwert** genannt. Die Erhöhung hängt von dem Prozentsatz ab. (In diesem Beispiel ist er um 8 % höher als der Grundwert.)

---

* Siehe Informationen S. 83.

Die Beziehungen, die zwischen dem Grundwert, Prozentsatz und erhöhtem Grundwert bestehen, lassen sich daher so ausdrücken:

Rechenwerte	allgemein	beispielh.
Grundwert	100 %	100 %
+ Prozentsatz	+ x % oder	+ 8 %
vermehrter Grundwert	100 + x %	108 %

> Der um 8 % vermehrte Grundwert ist so zu schreiben

 2. Ergebnis

Im Jahre 2015 wird die Bundesrepublik aller Voraussicht nach 162 Mrd. € exportieren.

2. Beispiel

Das Problem

Wissenschaftliche Forschungsinstitute haben den Exportwert für Maschinen für das Jahr 2015 mit 155 Mrd. € vorausgesagt. Das ist ein gegenüber 2014 gestiegener Wert um 2 %. Die geringere Zuwachsrate ist auf die Wirtschaftssanktionen gegenüber Russland zurückzuführen.

Wie hoch war die Steigerung des Exports gegenüber 2014?

Die Lösung

1. Rechenweg

Wie aus der dargestellten Lösung ersichtlich, ist der Export 2015 der so genannte vermehrte Grundwert. In ihm stecken bereits die neuen Exporte des Jahres 2015.

Wie kann man an die Rechnung herangehen? Wieder hilft der Dreisatz. Vorher sollte man sich vor Augen führen, dass die Prozente als Teile dargestellt werden sollten:

Grundwert	= 100 % = 100 Teile
Prozentsatz	= 2 % = 2 Teile
vermehrt. Grundwert	= 102 % = 102 Teile

Da der vermehrte Grundwert (102 %) bekannt ist, muss die Lösung für den Prozentwert 2 % gesucht werden.

> Am besten ist es, mit Proportionen zu arbeiten.

Sprachlich könnte man das so ausdrücken: *102 Teile entsprechen 155 Mrd. €. 2 Teile entsprechen x.*

$$\frac{102}{155} = \frac{2}{x}$$

$$\text{oder} \qquad x = \frac{155 \times 2}{102}$$

> Auch mit dem Dreisatz kommt man zum selben Ergebnis.

$$x = 3,03 \text{ Mrd. } €$$

Der Exportwert im Jahre 2014 ist rechnerisch der Grundwert.

Ergebnis

Der Exportzuwachs beträgt 3,03 Mrd. €. Demnach war der Exportwert 2014 152 Mrd. € (155 Mrd. € − 3 Mrd. €).

Aufgabe

Stellen Sie hierfür den Dreisatz auf.

Haben wir bei der eben dargestellten Rechnung nicht einfach die Prozente unterschlagen?

Im eigentlichen Sinne ja. Hier ist nämlich mit „Teilen" gerechnet worden! Die Rechnung ist aber richtig, wie unten ersichtlich. Wenn man die Rechnung konsequent mit Prozenten durchführt, dann sieht das so aus:

1. Rechenschritt

$$102\,\% \ldots\ldots\ldots\ldots\ldots\ldots \quad 155 \text{ Mrd. } €$$

2. Rechenschritt

$$2\,\% = 2/100$$

1 % von155 Mrd. € können ermittelt werden, indem der Exportwert durch 102 dividiert wird, also:

3. Rechenschritt

$$1\,\% = \dfrac{\dfrac{155}{102}}{100}$$

oder übersichtlicher

Bei einem solchen Bruch werden sowohl die Innenglieder miteinander multipliziert als auch die Außenglieder miteinander multipliziert.

$$1\,\% = \dfrac{\dfrac{155}{1}}{\dfrac{102}{100}}$$

$$1\,\% = \dfrac{155 \times 100}{102}$$

4. Rechenschritt

Da der Prozentwert ermittelt werden soll, und er entspricht 2 % (= 2/100), ist der obere Ausdruck (1 %) mit 2 % oder mit 2/100 zu dividieren.

$$\text{Prozentwert} \atop (100\,\%) = \dfrac{155 \times 100 \times 2}{102 \times 100}$$

Kürzen

$$\text{Prozentwert} = \dfrac{155 \times 2}{102} = 3,03 \text{ Mrd. } €$$

➡ Zum Merken

Ist ein **vermehrter Grundwert**, d. h. ein Wert, der über 100 Prozent ist, Ausgangspunkt der Rechnung, und sollen Prozentwert und Grundwert errechnet werden, dann gilt die Formel

$$\text{Prozentwert} = \frac{\text{vermehrter Grundwert} \times \text{Prozentsatz}}{100 + x}$$

in unserem Fall

$$\text{Prozentwert} = \frac{\text{vermehrter Grundwert} \times 2}{102}$$

x = Prozentsatz

und der Grundwert lässt sich auf diese Weise ausrechnen:

$$\text{Grundwert (Gw)} = \frac{\text{vermehrter Grundwert} \times 100}{100 + x}$$

in unserem Fall

$$\text{Grundwert (Gw)} = \frac{\text{vermehrter Grundwert} \times 100}{102}$$

Aufgaben

1. In Deutschland waren 2014 circa 86 % der Personen gesetzlich krankenversichert, 13 % privat. Die Einwohnerzahl beträgt ca, 82 Mio.

   a) Wie viele Personen waren gesetzlich krankenversichert und wie viele privat?

   b) Die AOK soll 23,5 Mio. Mitglieder haben. Wie viel Prozent aller gesetzlich krankenversicherten sind das?

   c) Die private Krankenversicherung Debeka hatte 2013 einen Zuwachs an Mitgliedern von ca. 2,3 % auf 2,2 Mio. Wie viele Mitglieder hatte sie 2012?

2. Die weltweite PKW-Produktion hat sich wie folgt entwickelt:

2012	63,075 Mio.
2013	65,638 Mio.
2014	67,525 Mio.

   2014 war Deutschland mit 5,6 Mio. Einheiten beteiligt. Für das Jahr 2015 schätzte die deutsche Automobilindustrie den Zuwachs der weltweiten PKW-Produktion auf 7,2 % .

   a) Um wie viel Prozent stieg die Weltproduktion von 2013 bis 2014?

   b) Wie hoch ist der deutsche Anteil an der Weltproduktion in Prozent?

   c) Wie hoch wird die Produktion bei der Schätzung sein?

Informationen zu den Begriffen in den Problemen und Aufgaben

Beitragsbemessungsgrenze

Die Beiträge* werden nach dem Einkommen bemessen. Dabei gibt es so genannte Höchstgrenzen (Beitragsbemessungsgrenzen). Wer mehr als diese Bemessungsgrenze verdient, braucht nicht mehr an Beiträgen zu bezahlen als derjenige, dessen Einkommen gerade die Höchstgrenze erreicht hat.*

Entwicklungshilfe

Gelder und Sachwerte, die an Länder, die im wirtschaftlichen Aufbau sind (Entwicklungsländer), zur Verfügung gestellt werden.

Export

Unter dem Export versteht man die Ausfuhr an Waren. Der Exportwert ist die Summe aller exportierten Waren multipliziert mit ihren Exportpreisen.

Kette

Lebensmittelkette; Unternehmen, die mehrere Filialen unterhalten, wie zum Beispiel Metro, Aldi, Plus, Minimal u. a.

Konkurs

Zwangsauflösung von Unternehmen wegen Zahlungsunfähigkeit, im Volksmund „Pleite" genannt. Zahlungsunfähigkeit wird auch als Insolvenz bezeichnet.

Personengesellschaft

Unternehmen, deren Unternehmer und Teilhaber zugleich Eigentümer der Gesellschaft sind. Unterscheidung der Teilhaber nach vollhaftenden und teilhaftenden Personen. Zu den Unternehmen gehören u. a. die „Offene Handelsgesellschaft" (OHG) und die „Kommanditgesellschaft" (KG).

Rabatt

Preisabschlag, meist wegen einer großen abgenommenen Menge. Auch als Treuerabatt gewährt.

Rentenversicherung

Zwangsversicherung für alle abhängig Beschäftigten und Arbeitslosen, die bei Eintritt des Arbeitnehmers in den Ruhestand zur Zahlung einer Rente verpflichtet ist. Die Einzahlungen werden je zur Hälfte vom Arbeitgeber und Arbeitnehmer vorgenommen, solange wie ein Beschäftigungsverhältnis vorliegt. Beiträge für Arbeitslose zahlt der Gesetzgeber.

Soziales Netz

Das soziale Netz der Bundesrepublik soll alle Einwohner davor schützen, bei Arbeitslosigkeit,

---

* Siehe Rentenversicherung.

Zinsen

Krankheiten, Unfällen oder anderen sozialen, meist geldlichen Nöten mittellos dazustehen. Die Krankenversicherung bietet den Menschen Schutz im Krankheitsfall.

Betrag, den Sparer erhalten, wenn sie eine bestimmte Summe bei Kreditinstituten ansparen. Auch Unternehmer erhalten für ihr im Unternehmen zur Verfügung gestelltes Kapital (Eigenkapital) Zinsen. Ebenso Aktionäre, deren Zinsen Dividende genannt wird.

3. Beispiel

Das Problem

Der deutsche Import fiel 2013 von 2012 um 0,85 % auf 898,2 Mrd. Euro.

1. Wie viel Euro betrug der Rückgang?

2. Für wie viel Euro ist im Oktober exportiert worden?

Lösung

Auch hier muss man sich überlegen, welcher der genannten Werte 100 % ausmacht.

Rechenwerte	%	€-Summe
Grundwert (Gw)	100	?
Prozentsatz	3,41	?
Verminderter Gw	96,59	51 Mrd.

Der Rechenvorgang ist dem Vorgang vergleichbar, den wir bei dem vermehrten Grundwert benutzten. Dabei ist wichtig zu erkennen, von welchem Wert auszugehen ist. Hier sind der **verminderte Grundwert** und der Prozentsatz bekannt. Dazu sollte aber die oben genannte Tabelle aufgestellt werden.

Verminderter Grundwert

1. Prozentwert

$$99,15 \% \dots\dots\dots\dots\dots\dots 898,2 \text{ Mrd. } €$$
$$0,85 \% \dots\dots\dots\dots\dots\dots ? \, (x) \, €$$

Dreisatz, gerades Verhältnis

$$x = \frac{898,2 \times 0,85}{99,15}$$

$$x = 7,7 \text{ Mrd. } €$$

Ergebnis

Der Importrückgang beläuft sich auf 7,7 Mrd. €.

2. Grundwert

Der Grundwert ist auf zwei Arten zu ermitteln.

1. Addition

Verminderter Gw =	99,15 %	= 898,2 Mrd. €
Prozentwert =	0,85 %	= 7,7 Mrd. €
Grundwert =	100,0 %	= 905,9 Mrd. €

> verbal: 1 % wäre der 99,15te Teil, 100 % sind 100 mal so viel.

> Dreisatz, gerades Verhältnis

2. Anwendung Prozentrechnung

$$96,59 \% \ldots\ldots\ldots\ldots\ldots \quad 51,00 \text{ Mrd. €}$$
$$100 \quad \% \ldots\ldots\ldots\ldots\ldots\ldots \quad ?\,(x)\,€$$

$$?\,€ = \frac{892,2 \times 100}{99,15}$$

$$?\,€ = 905,9 \text{ Mrd. €}$$

Ergebnis

Der Exportwert belief sich 2012 auf 905,9 Mrd. €.

➡ **Zum Merken**

Ist ein **verminderter Grundwert**, d. h. ein Wert, der unter 100 Prozent ist, Ausgangspunkt der Rechnung und sollen Prozentwert und Grundwert errechnet werden, dann gilt die Formel:

$$\textbf{Prozentwert} = \frac{\textbf{verminderter Gw} \times \textbf{Prozentsatz}}{\textbf{100} - \textbf{x}}$$

in unserem Fall

$$\textbf{Prozentwert} = \frac{\textbf{verminderter Gw} \times \textbf{0,85}}{\textbf{99,15}}$$

und der Grundwert lässt sich auf diese Weise ausrechnen:

$$\textbf{Grundwert (Gw)} = \frac{\textbf{verminderter Gw} \times \textbf{100}}{\textbf{100} - \textbf{x}}$$

in unserem Fall

$$\textbf{Grundwert (Gw)} = \frac{\textbf{verminderter Gw} \times \textbf{100}}{\textbf{99,15}}$$

Rechenweg

Die Einzelschritte bei der Ermittlung des Prozentwertes auf der Grundlage eines vermehrten oder verminderten Grundwertes sind so zu vollziehen:

1. Tabelle über alle Werte aufstellen. Nicht angegebene mit einem Fragezeichen eintragen.

2. Der **vermehrte Grundwert** in Prozenten setzt sich aus dem Grundwert (100 %) und dem Prozentsatz zusammen. Er ist immer **über 100 %**. Bei Errechnung des Prozentwertes den vermehrten Grundwert auf 1 % zurückführen, d. h. durch den höheren Prozentsatz als 100 (nämlich 100 % + Prozentsatz) dividieren und das Ergebnis mit dem Prozentsatz multiplizieren. Es ist ebenso möglich, den vermehrten Grundwert mit dem Prozentsatz malzunehmen und dann durch den vermehrten Grundwert in Prozenten zu dividieren.

3. Beim **verminderten Grundwert**, dessen Wert in Prozenten immer **unter 100 %** ist (Grundwert minus Prozentsatz), den verminderten Grundwert auf 1 % zurückführen, was besagt, dass der verminderte Grundwert durch die geringeren Prozente als 100 Prozent dividiert wird. Danach ist mit dem Prozentsatz zu multiplizieren.

4. In beiden Fällen kann durch Subtraktion (vermehrter Grundwert minus Prozentwert) oder durch Addition (verminderter Grundwert plus Prozentwert) auf den Grundwert geschlossen werden.

2.3 Formelumwandlung

➡ **Zum Merken**

Die in der Prozentrechnung auftauchenden Größen

  - **Prozentwert,**
  - **Prozentsatz,**
  - **Grundwert**

Lassen sich auf Formelbasis ermitteln. Ausgangspunkt ist:

$$\text{Prozentwert} = \frac{\text{Grundwert} \times \text{Prozentsatz}}{100}$$

Bei der Ermittlung des Prozentwertes unter Berücksichtigung eines verminderten und vermehrten Grundwertes hatten wir bereits kennen gelernt, wie unter diesen Voraussetzungen der Grundwert ausgerechnet werden kann. Das aber sind Besonderheiten. Unter normalen Umständen ist der Grundwert von 100 % Ausgangspunkt.

Das Problem

Wie können aus der oben genannten Formel der Grundwert und der Prozentsatz ermittelt werden? Was auf der einen Seite im Zähler steht, kann auf der anderen Seite isoliert in den Nenner geschrieben werden.

Die Lösung

1. Rechenschritt (Ausgangsformel notieren)

$$\text{Prozentwert} = \frac{\text{Grundwert} \times \text{Prozentsatz}}{100}$$

Der Grundwert wird gesucht

Es ist sinnvoll, die Formel nach und nach so aufzulösen, dass der Grundwert auf der linken Seite der Gleichung allein steht.

2. Rechenschritt

$$\text{Prozentwert} \times 100 = \textbf{Grundwert} \times \text{Prozentsatz}$$

3. Rechenschritt

$$\frac{\text{Prozentwert} \times 100}{\text{Prozentsatz}} = \textbf{Grundwert}$$

4. Rechenschritt

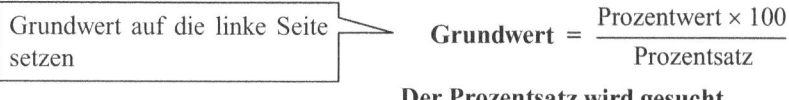

$$\textbf{Grundwert} = \frac{\text{Prozentwert} \times 100}{\text{Prozentsatz}}$$

Der Prozentsatz wird gesucht

1. Rechenschritt

$$\text{Prozentwert} = \frac{\text{Grundwert} \times \textbf{Prozentsatz}}{100}$$

Der zweite Schritt ist – wie oben – analog vorzunehmen.

3. Rechenschritt

$$\textbf{Prozentsatz} = \frac{\text{Prozentwert} \times 100}{\text{Grundwert}}$$

➡ Zum Merken

Sind entweder der Grundwert oder der Prozentsatz gesucht, dann werden im ersten Fall Prozentsatz und Prozentwert, im zweiten Prozentwert und Grundwert angegeben. Die Werte brauchen nur in die Formeln eingegeben zu werden:

$$\textbf{Grundwert} = \frac{\text{Prozentwert} \times 100}{\text{Prozentsatz}}$$

$$\textbf{Prozentsatz} = \frac{\text{Prozentwert} \times 100}{\text{Grundwert}}$$

2.4 Der Grundwert wird gesucht

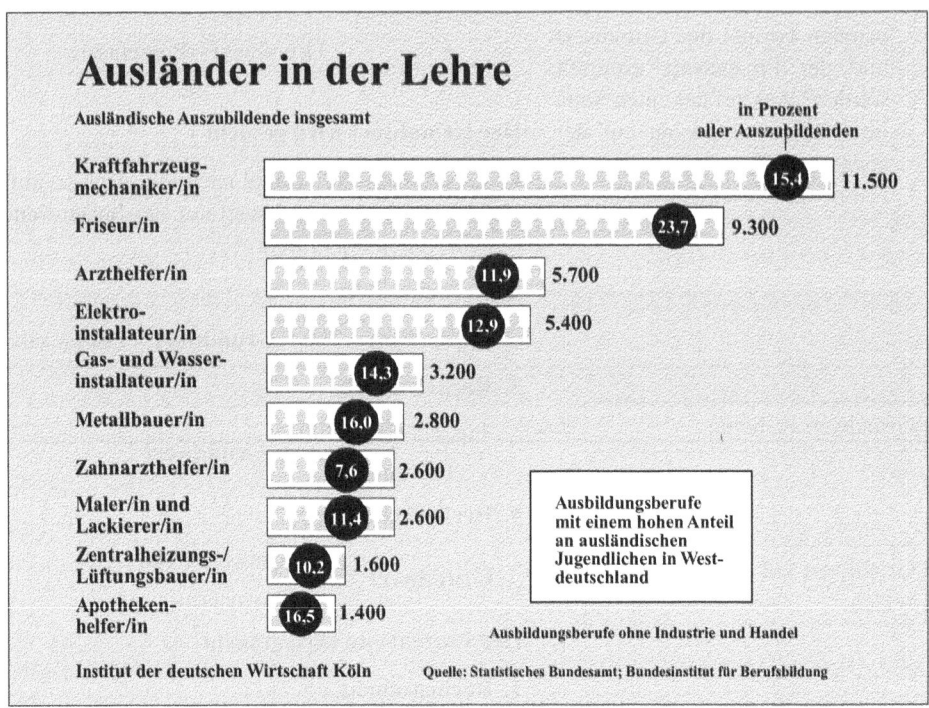

Ausländer in der Lehre

Ausländische Auszubildende insgesamt

in Prozent
aller Auszubildenden

Kraftfahrzeug-mechaniker/in	15,4	11.500
Friseur/in	23,7	9.300
Arzthelfer/in	11,9	5.700
Elektro-installateur/in	12,9	5.400
Gas- und Wasser-installateur/in	14,3	3.200
Metallbauer/in	16,0	2.800
Zahnarzthelfer/in	7,6	2.600
Maler/in und Lackierer/in	11,4	2.600
Zentralheizungs-/Lüftungsbauer/in	10,2	1.600
Apotheken-helfer/in	16,5	1.400

Ausbildungsberufe
mit einem hohen Anteil
an ausländischen
Jugendlichen in West-
deutschland

Ausbildungsberufe ohne Industrie und Handel

Institut der deutschen Wirtschaft Köln   Quelle: Statistisches Bundesamt; Bundesinstitut für Berufsbildung

1. Beispiel

Das Problem

Eine Statistik offenbart, dass viele junge Ausländerinnen und Ausländer in deutschen Unternehmen ausgebildet werden.

Im Kraftfahrzeugsektor werden u. a. 11 500 Ausländer, und das sind 15,4 % aller Auszubildenden in diesem Handwerk, ausgebildet.

Wie viele Auszubildende gab es im Kraftfahrzeughandwerk?

Zahlen einsetzen

Die Lösung

In diesem Fall sind Prozentwert (11 500 Auszubildende) und der Prozentsatz (15,4 %) als bekannt gegeben.

Formel anwenden

1. Lösungsweg

$$\text{Grundwert} = \frac{\text{Prozentwert} \times 100}{\text{Prozentsatz}}$$

also

$$\text{Grundwert} = \frac{11\ 500 \times 100}{15,4}$$

$$\text{Grundwert} = 74\ 675$$

Ergebnis

Im Kraftfahrzeughandwerk werden insgesamt 74 675 Auszubildende beschäftigt.

Auch der Dreisatz kann angewandt werden.

2. Lösungsweg

Der zweite Lösungsweg sollte angewandt werden,
wenn die Formel umgangen werden soll. Er folgt
einer logischen Schrittfolge, die so aussieht:

1. Rechenschritt

11 500 Auszubildende entsprechen 15,4 %

2. Rechenschritt

Da der Grundwert gesucht ist, ist auf 1 % zurückzugehen.

$$1\% = \frac{11\,500}{15,4}$$

Grundwert = 100 %, also mit
100 multiplizieren

100 % = Grundwert

3. Rechenschritt

$$100\% = \frac{11\,500 \times 100}{15,4}$$

Gw   = 74 675 Auszubildende

Ergebnis

Das Ergebnis entspricht dem bereits ermittelten.

2. Beispiel

Das Problem

Im Zeitraum von 2004 bis 2014
hat sich die Zahl an Schülern
mit Migrationshintergrund an
beruflichen Schulen fast verdoppelt. Im Jahr 2014 gab es
dort insgesamt geschätzte
420 000 Jugendliche mit Migrationshintergrund.

Wie viele Jugendliche mit
Migrationshintergrund gingen
2004 in berufliche Schulen?

Die Lösung

Ausgangspunkt soll eine Tabelle sein, die übersichtlich die Zahlen und Prozente ausweist:

Jahreszahl	Prozente	absolute Werte
2004	100	?
2014	200	420 000

Der Zuwachs beläuft sich auf 100 %, so dass 2014
ein vermehrter Grundwert in Erscheinung tritt.

Die Rechnung ist bereits auf den Vorseiten
erläutert.

Je nach Wissensstand kann der gerade Dreisatz oder
die Proportionsrechnung angewandt werden.

Geraden Dreisatz aufstellen

200 % .... 420 000 ausländ. Schüler
100 % .... ? ausländ. Schüler (x)

Grundwert = 100 %

$$x = (\text{Grundwert}) = \frac{100 \times 420\,000}{200}$$

$$x = 210\,000 \text{ ausländische Schüler}$$

Ergebnis

2004 besuchten nur 210 000 Jugendliche mit Migrationshintergrund berufliche Schulen.

Aufgaben

Tatsächlich gab es 2014 380 000 Jugendliche mit Migrationshintergrund an deutschen Berufsschulen.

a) Um wie viel % hat sich die Zahl gegenüber 2004 (210 000) erhöht?

b) Von den 380 000 Jugendlichen (2014) waren 64 % männlich. Wie hoch war der weibliche Anteil?

c) Ohne Migrationshintergrund waren von 100 Bewerbern 44 erfolgreich. Bei den Jugendlichen mit türkischen Migrationshintergrund waren es 25. Wie viel % waren das gemessen an den Bewerbern ohne Migrationshintergrund?

2.5 Der Prozentsatz wird gesucht

Das Problem

„Wir geben Ihnen bei einer abgenommenen Menge von 5 000 kg Rabatt. Der beträgt bei Ihnen", sagte der Verkäufer am Telefon – „Moment bitte, ich rechne mal eben – bei einem Rechnungsbetrag von 54 000 € 6 800 €."

1. Wie viel % betrug er?

2. Wie hoch ist der zu zahlende Betrag?

Formel anwenden

Die Lösung

Bitte als Erstes die Größen herausschreiben, die angegeben sind:

Grundwert = 54 000
Prozentwert =   6 800

In diesem Fall ist der Prozentsatz gesucht.

1. Lösungsweg zur 1. Frage

$$\text{Prozentsatz} = \frac{\text{Prozentwert} \times 100}{\text{Grundwert}}$$

$$\text{Prozentsatz} = \frac{6\,800 \times 100}{54\,000}$$

Prozentsatz $= 12,59\%$

✓ Ergebnis

Der Verkäufer gewährte einen Rabatt von 12,59 %.

2. Lösungsweg zur 1. Frage

Geraden Dreisatz anwenden

$$54\,000\,€ \quad \dots\dots\dots\dots\dots\dots\dots 100\%$$
$$6\,800\,€ \quad \dots\dots\dots\dots\dots\dots ?\%\,(x)$$

$$x = \frac{6\,800 \times 100}{54\,000}$$

Ergebnis dasselbe wie oben

$$x = 12,59\%$$

(Weitere Lösungswege durch Kettensatz und Proportionsrechnung sind möglich.)

Lösung zur 2. Frage

Rechnungsbetragsermittlung

Ursprünglicher Rechnungsbetrag/€	54 000
12,59 % Rabatt €	6 800
Tatsächlicher Rechnungsbetrag/€	47 200

Rabatt vom Ursprungswert = 100 % = vom Grundwert abziehen!

Der tatsächliche Rechnungsbetrag stellt zugleich den um den Rabatt verminderten Grundwert dar.

✗ Aufgaben

abo/jho/2014
Hamburg/Wiesbaden –

Deutschland steht nach Berechnungen des statistischen Bundesamtes vor einem Minusrekord an Insolvenzen. Die Schätzung von Pleiten für 2014 geht von 23 800 aus. Im Jahr 2010 betrug die Zahl 32 060.

1. Zur prozentualen Ermittlung der Abnahme müssen Sie sich für einen Grundwert entscheiden. Welcher Wert kommt in Frage?

2. Wie hoch war der Abschlag prozentual?

3. Auf wie viel Prozent (2014) sind die Insolvenzen gefallen?

Rechenwege

Zur Ermittlung des Grundwertes und des Prozentsatzes sind mehrere Ansätze möglich. Zwei seien genannt:

1. In beiden Fällen zum besseren Verständnis eine Tabelle über die bekannten Größen aufstellen.

2. Gegebene Größen in die Formel einsetzen und ausrechnen.

3. Wer die Formeln nicht gleich parat hat, kann zur **Errechnung des Grundwertes** so vorgehen:
   – Prozentwert (absolute Zahlen) durch den Prozentsatz dividieren. Das Ergebnis stellt 1 % dar.
   – Ergebnis mit 100 Prozent multiplizieren.

   Die errechneten 100 % entsprechen dem Grundwert.

4. Zur **Errechnung des Prozentsatzes** ist folgender Weg einzuschlagen, wenn die Formel nicht vorhanden ist:
   – Dreisatz aufstellen, dabei entspricht dem Grundwert 100 %. Entsprechende Bezeichnungen untereinander schreiben. Die zweite Größe der ersten Reihe stellen die Prozente dar.
   – Verhältnis des Dreisatzes festlegen.
   – Danach entsprechend ausrechnen. Hierbei über Kreuz multiplizieren und durch die dritte Größe (1. Reihe, 1. Größe) dividieren.

3. Grenzen der Prozentrechnung

Im eigentlichen Sinne gibt es keine Grenzen der Prozentrechnung. Man kann mit ihr alles lösen, was sich prozentual ausrechnen lässt. Wie auch in anderen Rechnungen macht sie nur Sinn, wenn zwischen den einzelnen Größen kausale Zusammenhänge bestehen. Außerdem muss ein Vergleich möglich sein. Ein angegebener Prozentsatz allein ohne einen Bezug zu einer weiteren Zahl ist ebenso wenig für weitere Berechnungen möglich wie eine alleinige absolute Größe.

Die Vergleiche, die mit der Prozentrechnung angestellt werden, stellen Zeitvergleiche, Entwicklungsvergleiche oder Strukturvergleiche dar. Zeitvergleiche in wirtschaftlichen Fragen verlieren dann ihren Sinn, wenn die Zeiten, die verglichen werden, außergewöhnlich weit auseinander fallen. So sind Preisvergleiche von 1925 zu heute nicht aussagefähig. Das ist aber nicht eine Grenze der Prozentrechnung als vielmehr der Grundlagen, die für sie gewählt werden. Dasselbe gilt für Entwicklungsvergleiche. Strukturvergleiche, z. B. das Verhältnis von Eigenkapital zum Gesamtkapital einer Personengesellschaft mit einer Aktiengesellschaft zu einem bestimmten Stichtag, lässt eher Schlüsse zu, weil die Grundlagen des Vergleichs in denselben Zeitraum fallen. Wird der Strukturvergleich zugleich als Zeitvergleich vorgenommen, z. B. dass das Eigenkapital im Verhältnis zum Gesamtkapital einer bestimmten Aktiengesellschaft heute mit dem Jahr 1900 verglichen wird, dann lassen sich kaum Aussagen über deren Unterschiedlichkeit treffen. Auch hier ist es wieder nicht die Rechnung selbst, die Grenzen setzt, sondern sind es die Grundlagen hierfür.

Die folgende Zinsrechnung als „Spezialfall" der Prozentrechnung bezieht Zeiträume in die Rechnung ein, z. B. 10 Tage, 5 Wochen, 7 Monate usw. Die Prozentrechnung verzichtet hierauf. Auch das könnte man als Grenze der Prozentrechnung gelten lassen.

Aufgaben

1. Von rund drei Millionen Selbstständigen in Deutschland arbeiten 552 830 in freien Berufen. Hierzu zählen: u. a. Ärzte, Anwälte, Ingenieure, Tierärzte, Apotheker, Heilpraktiker, Masseure, Krankengymnasten etc. Allein die Ärzte, Zahnärzte und Apotheker machen 40 % der Freiberufler aus.

   a) Wie viele Selbstständige zählen zu den Ärzten, Zahnärzten und Apothekern?

   b) Von der um die Freiberufler verminderten Selbstständigenzahl gehören circa 25 % zu kleinen kaufmännischen Einpersonenunternehmen und Personengesellschaften. Wie viele sind es?

2. In Deutschland erzielten im Jahr 2014 Lebensmittelhändler, die als Ketten organisiert sind, circa 233,5 Mrd. € Umsatz. Das ist fast ein Viertel des Gesamtumsatzes aller Lebensmittelhändler in Europa.

   a) Wie hoch war der europaweite Lebensmittelumsatz?

   b) Die Edeka hatte bei den Lebensmittelketten 2014 einen Anteil von 21,5 % vom Umsatz. Wie hoch war er?

   c) Aldi muss sich mit ca. 50 % des Edeka-Umsatzes zufrieden geben. Mit welchem Umsatz konnte Aldi rechnen?

3. China hat zur Zeit (2014) eine Bevölkerungszahl von 1,4 Mrd. Wenn die Geburtenhäufigkeit nicht wesentlich abgebaut wird, dann wird der Zuwachs bis 2025 erheblich sein. Man rechnet bis dahin mit einer Zunahme der Bevölkerung von 4,5 %.

   a) Wie hoch wird die Bevölkerungszahl 2025 sein?

   b) Wie hoch ist die jährliche Durchschnittszuwachsrate?

4. Ein Euro hat im Juni 2015 im Vergleich zu Deutschland folgende Kaufkraft:

Polen	1,79 €	1.	Um wie viel Prozent ist der Lebensunterhalt in Polen günstiger als in Deutschland?
Ungarn	1,76 €		
Portugal	1,27 €		
Griechenland	1,18 €	2.	Was kosten die Waren in Deutschland für den man in der Schweiz 500 € bezahlen würde?
Spanien	1,11 €		
Italien	1,00 €		
Österreich	0,94 €	3.	Was kosten Waren in Schweden, die in Deutschland 2 400 € kosten würden?
Schweden	0,85 €		
Schweiz	0,57 €		

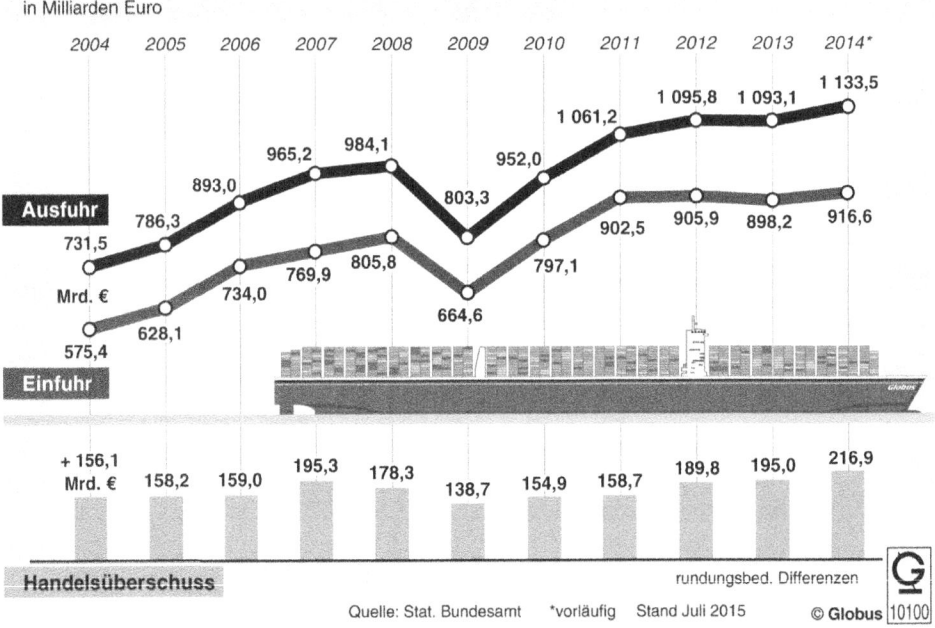

5. In der obenstehenden Graphik ist der deutsche Außenhandel dargestellt. Der Zuwachs der Exporte in den vergangenen Jahren belief sich auf durchschnittlich 3,5 % p.a. bezogen auf das Basisjahr 2004.

   a) Errechnen Sie den Wert der Ausfuhr im Jahre 2000, wenn der Durchschnittssatz auch für die rückwärtigen Jahre Gültigkeit haben soll.

   b) Wie hoch müsste der Export 2009 sein, legte man diesen Prozentsatz zu Grunde? Vergleichen Sie diesen Wert mit dem tatsächlichen Exportwert.

   c) Die Schere zwischen Export und Import ist 2014 weiter angestiegen. Wie viel Prozent betrug der Zuwachs (Handelsüberschuss) bezogen auf das Vorjahr.

   d) 2014 betrug die Einfuhr 916,5 Mrd. Euro. Der Zuwachs von 2013 zu 2014 belief sich auf 18,3 Mrd. Euro. Wie viel Prozent lag der Import 2013 unter dem von 2014?

Das Hauptbuch der Nation

Bundeshaushalt 2015 in Milliarden Euro

Einnahmen	299,1 Mrd. Euro (Soll)		Ausgaben	299,1 Mrd. Euro (Soll)
Umsatzsteuer	112,2		Arbeit und Soziales	125,5
Lohn- u. Einkommensteuer	94,8		Verteidigung	33,0
			Bundesschuld	26,8
Energiesteuer	39,8		Verkehr, digit. Infrastruktur	23,3
			Bildung, Forschung	15,3
Solidaritätszuschlag	15,4		allg. Finanzverwaltung	12,2
Tabaksteuer	14,1		Gesundheit	12,1
			Familie, Jugend	8,5
Versicherungsteuer	12,5		Wirtschaft, Energie	7,3
			Entwicklungshilfe	6,5
Körperschaftsteuer	10,1		Inneres	6,2
Sonstiges*	0,2		Sonstiges	22,4

*Zuweisungen abgerechnet

Stand Febr. 2015   Quelle: BMF

© Globus

10132

6. Im Bundeshaushalt sind die Einnahmen und Ausgaben des Bundes gegenüber gestellt.

a) Bis 2019 sollen die Ausgaben auf 331,1 Mrd. Euro ansteigen. Errechnen Sie die prozentuale Steigerung der Ausgaben bis 2019.

b) Der Ausgaben waren 2014 geringer als 2015. Die Steigerung der Ausgaben wird mit 2,4 % angegeben. Zum Jahr 2016 sollen sie um weitere 3,3 % steigen. Errechnen Sie die Haushaltsausgaben 2014 und 2016.

c) Der Verteidigungsausgaben betragen 2015 33 Mrd. Euro. Im Jahre 2016 werden sie 34,2 Mrd. Euro betragen. Wie hoch ist der Zuwachs des Verteidigungshaushaltes?

d) Im Jahr 2014 beliefen sich die Verteidigungsausgaben auf 32,4 Mrd. Euro. Wie viel Prozent lag dieser 2014 unter dem von 2015?

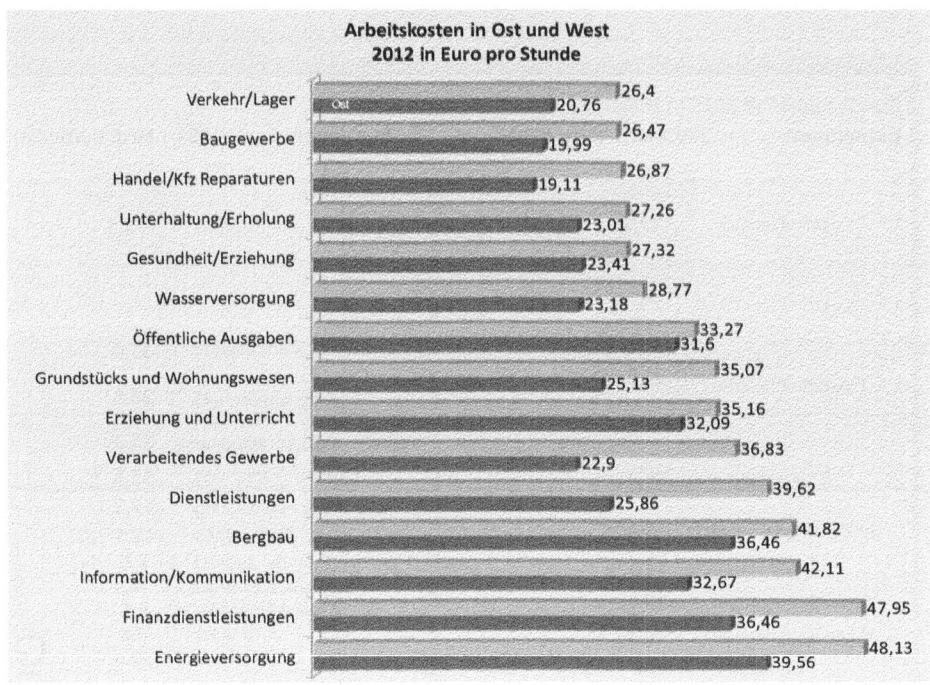

Arbeitskosten in Ost und West 2012 in Euro pro Stunde

Bereich	Ost	West
Verkehr/Lager	20,76	26,4
Baugewerbe	19,99	26,47
Handel/Kfz Reparaturen	19,11	26,87
Unterhaltung/Erholung	23,01	27,26
Gesundheit/Erziehung	23,41	27,32
Wasserversorgung	23,18	28,77
Öffentliche Ausgaben	31,6	33,27
Grundstücks und Wohnungswesen	25,13	35,07
Erziehung und Unterricht	32,09	35,16
Verarbeitendes Gewerbe	22,9	36,83
Dienstleistungen	25,86	39,62
Bergbau	36,46	41,82
Information/Kommunikation	32,67	42,11
Finanzdienstleistungen	36,46	47,95
Energieversorgung	39,56	48,13

7. Gleicher Lohn für gleiche Arbeit?
   Noch ist die Einkommensschere zwischen Ost und West nicht geschlossen.

   a) Wie viel Prozent mehr betragen die Arbeitskosten im Baugewerbe in Westdeutschland verglichen mit Ostdeutschland?

   b) Wie viel Prozent weniger betragen die Arbeitskosten im Bereich Dienstleistungen in Ostdeutschland verglichen mit Westdeutschland?

   c) Die Arbeitskosten im Bergbau liegen im Osten abgerundet 14 % unter den Arbeitskosten im Westen, im Bereich Gesundheit und Erziehung liegen die Arbeitskosten im Westen abgerundet 14 % über den Arbeitskosten im Osten. Kann daraus geschlossen werden, dass die Schere zwischen Ost und West in diesen Bereichen gleich groß ist?

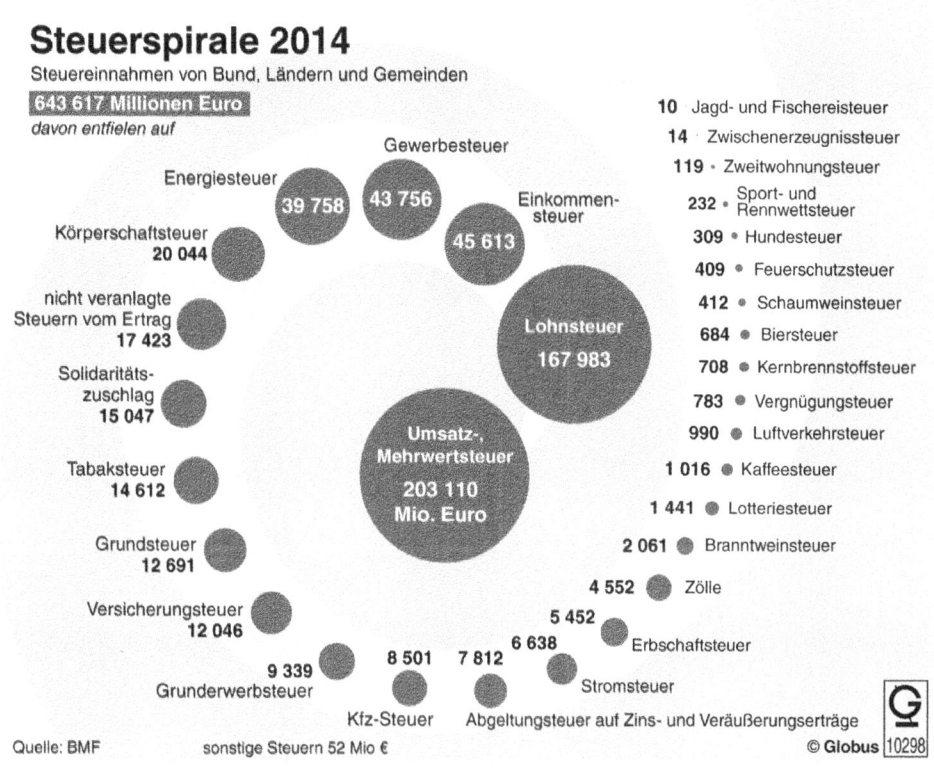

Steuerspirale 2014
Steuereinnahmen von Bund, Ländern und Gemeinden

643 617 Millionen Euro
davon entfielen auf

Gewerbesteuer

Energiesteuer
39 758   43 756
Körperschaftsteuer
20 044

nicht veranlagte
Steuern vom Ertrag
17 423

Solidaritäts-
zuschlag
15 047

Tabaksteuer
14 612

Grundsteuer
12 691

Versicherungsteuer
12 046

9 339
Grunderwerbsteuer

8 501   7 812
Kfz-Steuer   Abgeltungsteuer auf Zins- und Veräußerungserträge

Einkommen-
steuer
45 613

Lohnsteuer
167 983

Umsatz-,
Mehrwertsteuer
203 110
Mio. Euro

6 638
Erbschaftsteuer

5 452

4 552   Zölle

Stromsteuer

10   Jagd- und Fischereisteuer
14   Zwischenerzeugnissteuer
119   Zweitwohnungsteuer
232   Sport- und Rennwettsteuer
309 • Hundesteuer
409 • Feuerschutzsteuer
412 • Schaumweinsteuer
684 • Biersteuer
708 • Kernbrennstoffsteuer
783 • Vergnügungsteuer
990 • Luftverkehrsteuer
1 016 • Kaffeesteuer
1 441 • Lotteriesteuer
2 061 • Branntweinsteuer

Quelle: BMF   sonstige Steuern 52 Mio €   © Globus 10298

8. Die Steuereinnahmen beliefen sich 2014 auf ca. 643 Mrd. €. Im Jahr 2012 betrugen sie 600 Mrd. Euro. Sie setzen sich aus vielen Einzelsteuern zusammen. Ungefähr 71 % der Einnahmen sind so genannte *gemeinsame Steuern* von Bund Ländern und Gemeinden.

a) Wie viel Prozent der Gesamtsteuern nehmen die Lohn und Einkommensteuern jeweils 2014 ein.

b) Ermitteln Sie für das Jahr 2014 die Höhe der gemeinsamen Steuern.

c) Der Solidaritätszuschlag beträgt 5,5 Prozent des Steuerbetrags aus Einkommen-, Kapitalertrag- und Körperschaftsteuer. Überprüfen Sie, ob die Einnahmen der gesetzlichen Vorgabe entsprechen.

d) Wie erklären Sie, dass die Steuerspirale (siehe oben) für 2014 643 Mrd. € ausweist, während das Hauptbuch der Nation (Seite 95) nur Steuereinnahmen von 300 Mrd. € ausweist?

VII. Zinsrechnung

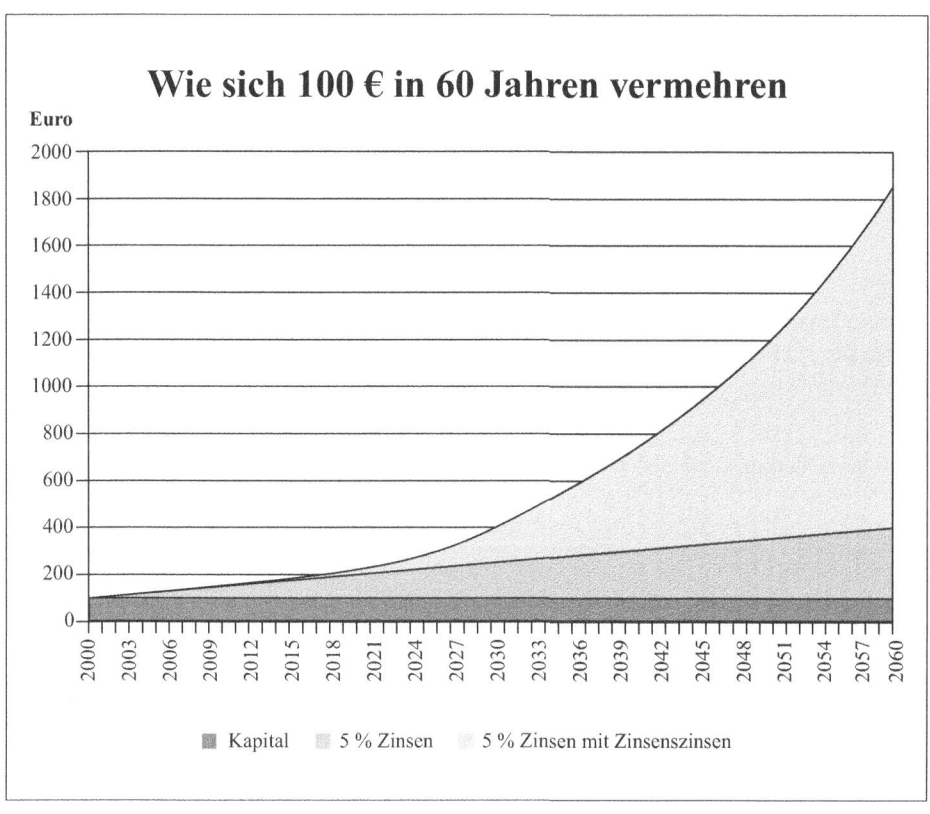

Wie sich 100 € in 60 Jahren vermehren

Legende: Kapital · 5 % Zinsen · 5 % Zinsen mit Zinsenszinsen

1. Die Aufgabe der Zinsrechnung

Überlässt ein Gläubiger dem Schuldner für einen bestimmten Zeitraum Geld (Kapital), so wird der Schuldner dafür einen Preis zu entrichten haben: den Zins. Diesen zu ermitteln ist die Aufgabe der Zinsrechnung.

Die Höhe der Zinsen ist abhängig von 3 Variablen:

– dem ausgeliehenen Kapital
– dem vereinbarten Zinssatz
– der Laufzeit des Kredits.

© Springer Fachmedien Wiesbaden GmbH, ein Teil von Springer Nature 2018
J. Hischer et al., *Kaufmännisches Rechnen*,
https://doi.org/10.1007/978-3-658-23454-6_7

Informationen

Was sind Zinsen?	Zinsen sind eine Vergütung für leihweise überlassenes Geld.

Wie weit entspricht die Zinsrechnung der Prozentrechnung?

Die Zinsrechnung ist eine angewandte Prozentrechnung. Dabei ist

– der Grundwert das Kapital
– der Prozentsatz der Zinssatz
– der Prozentwert der Zinsbetrag.

Wie unterscheidet sich die Zinsrechnung von der Prozentrechnung?

Bei der Zinsrechnung kommt als neue Größe die Zeit hinzu, in der sich das leihweise überlassene Kapital verzinst. Je größer der Zeitraum ist, desto höher werden die zu zahlenden Zinsen sein.

Welche Bedeutung hat der Jahreszins?

Werden die Zinsen als Monatszinsen angegeben, erscheinen sie niedriger als der entsprechende Jahreszins. Deshalb müssen zu Vergleichszwecken die Zinsen immer als Jahreszins angegeben werden.

Welche Bedeutung hat der effektive Jahreszins?

Aufgrund der Preisangabenverordnung müssen die Preise von Waren, Dienstleistungen und Krediten so ausgewiesen werden, dass ein direkter Preisvergleich möglich ist. Deshalb ist für Kredite der effektive Jahreszins auszuweisen, der neben den laufenden Zinsen auch Vermittlungs- und Bearbeitungsgebühren und sonstige Kosten, wie einen geringeren Auszahlungsbetrag als den Kreditbetrag (Disagio), mit einzubeziehen hat.

Wann wird im Geschäftsverkehr die Zinsrechnung benötigt?

Die Zinsrechnung wird benötigt

– beim Verkehr mit der Bank, wenn Gelder eingezahlt werden (Habenzinsen) oder wenn Kredite aufgenommen werden (Sollzinsen)
– beim Verkehr mit Geschäftspartnern, wenn Skonto gewährt wird oder wenn ein Zahlungsverzug vorliegt (Verzugszinsen)
– im internen Gebrauch, z. B. bei der Kalkulation, um die notwendige Verzinsung des eingesetzten Kapitals zu ermitteln, oder in der Lagerwirtschaft, um die Kapitalbindungskosten festzustellen.

2. Die Zinsrechnung mit der allgemeinen Zinsformel

2.1 Die Ermittlung der Jahreszinsen

Das Problem

Max Behrend ist Auszubildender und bezieht seine erste Wohnung. Für die Einrichtung benötigt er 3 000 €, die er nach Abschluss der Ausbildung von seinem dann gestiegenen Einkommen zurückzahlen will.

Die Bank hat ihm einen Überziehungskredit eingeräumt, verlangt dafür allerdings 12 % Zinsen p. a. (per anno = pro Jahr). Wie viel € sind das pro Jahr, und wie viel € wird er nach Ablauf von 3 Jahren an Zinsen gezahlt haben?

Zinsen für mehrere Jahre erfordern eine Berücksichtigung der Zeit.

3 Jahre = Zeitfaktor 3

Die Lösung

Mit Hilfe der Prozentrechnung lassen sich die Zinsen für ein Jahr errechnen:

$$\text{Jahreszinsen} = \text{Kapital} \times \frac{\text{Zinssatz in Prozent}}{100}$$

Max Behrend rechnet also:

$$3\,000 \times \frac{12}{100} = 360\,€$$

Für einen längeren Zeitraum müssen die Jahreszinsen mit einem entsprechenden Zeitfaktor multipliziert werden.

Die Formel wird entsprechend erweitert:

$$\text{Zinsen} = \text{Kapital} \times \frac{\text{Zinssatz in Prozent}}{100} \times \text{Zeitfaktor}$$

Ergebnis

Für einen Zeitraum von 3 Jahren beträgt der Zeitfaktor 3.

$$3\,000 \times \frac{12}{100} \times 3 = 1\,080\,€$$

Die Zinsen werden also das Dreifache der Jahreszinsen betragen.

2.2 Die Ermittlung der Monatszinsen

Das Problem

Max Behrend erhält 7 Monate nach Ausnutzung des Überziehungskredites über 3 000 €

Die Lösung

Der Zinssatz ist als Jahreszins angegeben. Für einen Zeitraum von nur 9 Monaten muss der Jahreszins mit einem Zeitfaktor multipliziert werden, der

zu 12 % Jahreszinsen eine uner-
wartete Geldzuwendung von
seiner Familie, durch die er sein
Konto wieder ausgleichen kann.

Wie viel Zinsen hat er in den
9 Monaten für den Kredit gezahlt?

Zeitfaktor für einige Monate
des Jahres: $\dfrac{\text{Monate}}{12}$

dem entsprechenden Bruchteil eines Jahres entspricht.

Für die Zeiträume unter einem Jahr wird damit der
Zeitfaktor immer kleiner als 1 sein.

$$\text{Monats-}\atop\text{zinsen} = \text{Kapital} \times \frac{\text{Zinssatz in Prozent}}{100} \times \frac{\text{Monate}}{12}$$

7 Monate entsprechen 7/12 eines Jahres. Mit diesem Wert wird der Jahreszins multipliziert und die
Jahreszinsen entsprechend verringert.

Ergebnis

$$3\,000 \times \frac{12}{100} \times \frac{7}{12} = 210\,€$$

2.3 Die Ermittlung der Tageszinsen

Das Problem

Max Behrend kann bereits nach
ungefähr 7 Monaten seinen
Überziehungskredit tilgen. Genau genommen hat er den Kredit 200 Tage in Anspruch genommen.

Wie viel Zinsen hat er in den 200
Tagen für den Kredit gezahlt, bei
einem Zinssatz von 12 %?

Merkhilfe für die allgemeine
Zinsformel:

Die „**Kapit**änsformel":

$$\text{Zinsen} = \frac{K \times P \times T}{100 \times 360}$$

wobei

K = Kapital
P = Zinssatz in Prozent
T = Tage

Die Lösung

Der Zinssatz ist als Jahreszins angegeben. Für einen Zeitraum von nur 200 Tagen muss nun der Jahreszins mit einem Zeitfaktor multipliziert werden,
der dem entsprechenden Bruchteil eines Jahres
entspricht.

Bei der Errechnung des Zeitfaktors bezogen auf
die Zinstage geht die kaufmännische Praxis von einer Vereinfachung aus.

– Jeder Monat hat 30 Tage
– Das Jahr hat 12 × 30 = 360 Tage

Damit lassen sich die Tageszinsen wie folgt errechnen:

$$\text{Tages-}\atop\text{zinsen} = \text{Kapital} \times \frac{\text{Zinssatz in Prozent}}{100} \times \frac{\text{Tage}}{360}$$

Der Zeitfaktor für 200 Tage beträgt $^{200}/_{360}$.

Mit diesem Wert wird der Jahreszins multipliziert
und die Jahreszinsen entsprechend verringert.

Ergebnis

$$3\,000 \times \frac{12}{100} \times \frac{200}{360} = 200\,€$$

Max Behrend hat in 200 Tagen 200 € Zinsen gezahlt.

➡ **Zum Merken**

Zinsen werden als Jahreszinsen angegeben und errechnen sich nach der Formel:

$$\text{Zinsen} = \text{Kapital} \times \frac{\text{Zinssatz}}{100}$$

Für andere Zeiträume müssen die Jahreszinsen mit einem Zeitfaktor multipliziert werden.

Für Zeiträume unter einem Jahr ist dieser Zeitfaktor kleiner als 1 und beträgt

– bei den Monatszinsen: $\dfrac{\text{Monate}}{12}$

– bei den Tageszinsen: $\dfrac{\text{Tage}}{360}$

2.4 Die Ermittlung der Zinstage

Besonderheiten bei der Ermittlung der Zinstage in der kaufmännischen Zinsrechnung:

1. Das Jahr wird zu 360 Tagen gerechnet, der Monat zu 30 Tagen.
2. Der 31. eines Monats wird nicht gerechnet.
3. Der Februar wird zu 30 Tagen gerechnet
4. Der Tag, an dem die Verzinsung beginnt, wird nicht mitgezählt.
5. Der Tag, an dem die Verzinsung endet, wird mitgerechnet.

	Beispiel 1: Zinsbeginn und Zinsende im gleichen Monat	
Das Datum des Zinsbeginns wird vom Datum des Zinsendes subtrahiert.	Zinsende 28.02. ⟍ Zinsbeginn: 12.02.	
	– Zinsbeginn: 12.02. ⟋ Zinsende: 28.02.	
	Differenz 16.00.	
	Zinstage 16 (16 Tage, 0 Monate)	

Enthält die Differenz einen Monat, wird dieser in 30 Tage umgerechnet.

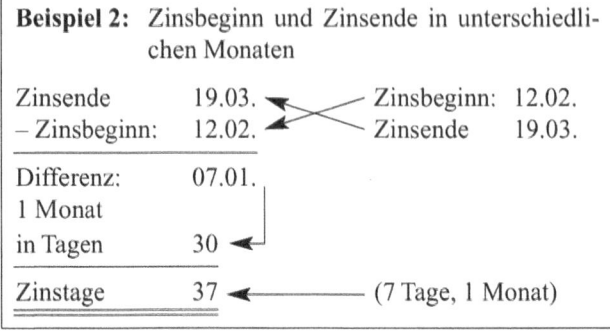

Beispiel 2: Zinsbeginn und Zinsende in unterschiedlichen Monaten

Zinsende	19.03.			Zinsbeginn:	12.02.
– Zinsbeginn:	12.02.			Zinsende	19.03.
Differenz:	07.01.
1 Monat	
in Tagen	30
Zinstage	37	(7 Tage, 1 Monat)

Der 31. eines Monats wird als 30. gerechnet.

Enthält die Differenz mehrere Monate, werden diese in Tage umgerechnet (Monate × 30 = Tage).

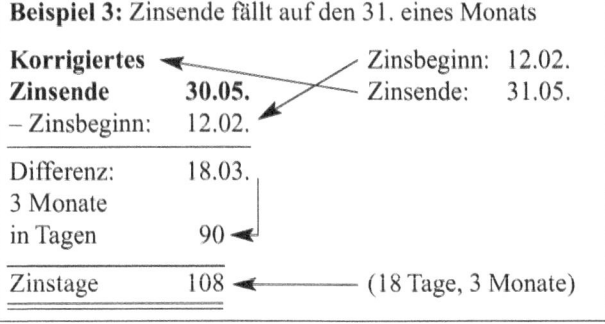

Beispiel 3: Zinsende fällt auf den 31. eines Monats

Korrigiertes				Zinsbeginn:	12.02.
Zinsende	**30.05.**			Zinsende:	31.05.
– Zinsbeginn:	12.02.
Differenz:	18.03.
3 Monate	
in Tagen	90
Zinstage	108	(18 Tage, 3 Monate)

Das Zinsende wird in ein rechnerisches Datum des Vormonats umgewandelt.

(Monate werden um 1 vermindert, Tage werden entsprechend um 30 erhöht.)

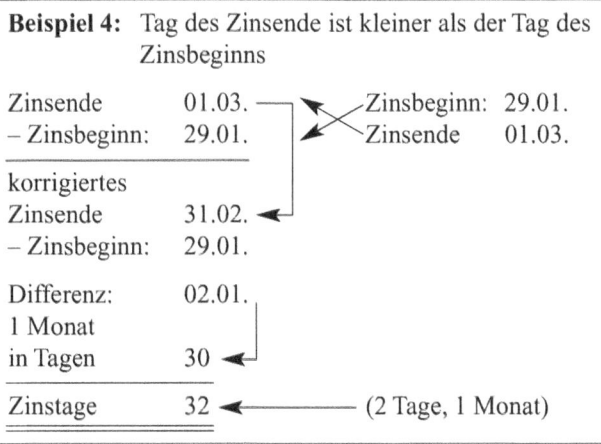

Beispiel 4: Tag des Zinsende ist kleiner als der Tag des Zinsbeginns

Zinsende	01.03.			Zinsbeginn:	29.01.
– Zinsbeginn:	29.01.			Zinsende	01.03.
korrigiertes	
Zinsende	31.02.
– Zinsbeginn:	29.01.
Differenz:	02.01.
1 Monat	
in Tagen	30
Zinstage	32	(2 Tage, 1 Monat)

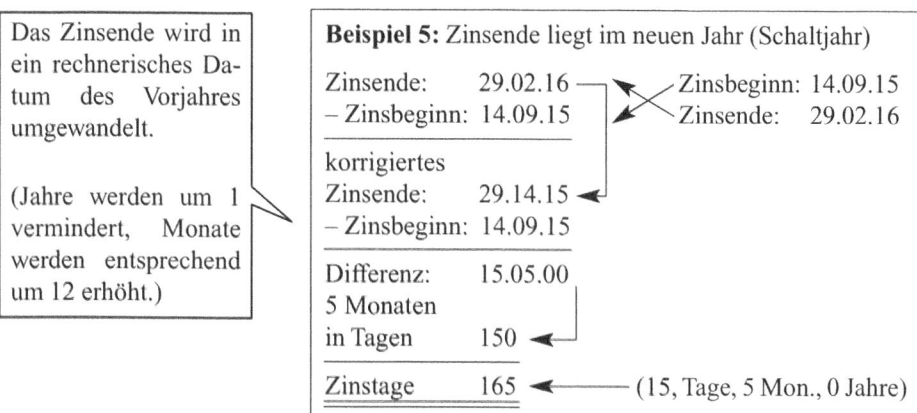

Das Zinsende wird in ein rechnerisches Datum des Vorjahres umgewandelt.

(Jahre werden um 1 vermindert, Monate werden entsprechend um 12 erhöht.)

Beispiel 5: Zinsende liegt im neuen Jahr (Schaltjahr)

Zinsende:	29.02.16
– Zinsbeginn:	14.09.15

Zinsbeginn: 14.09.15
Zinsende: 29.02.16

korrigiertes
Zinsende: 29.14.15
– Zinsbeginn: 14.09.15

Differenz: 15.05.00
5 Monaten
in Tagen   150

Zinstage   165 ← (15, Tage, 5 Mon., 0 Jahre)

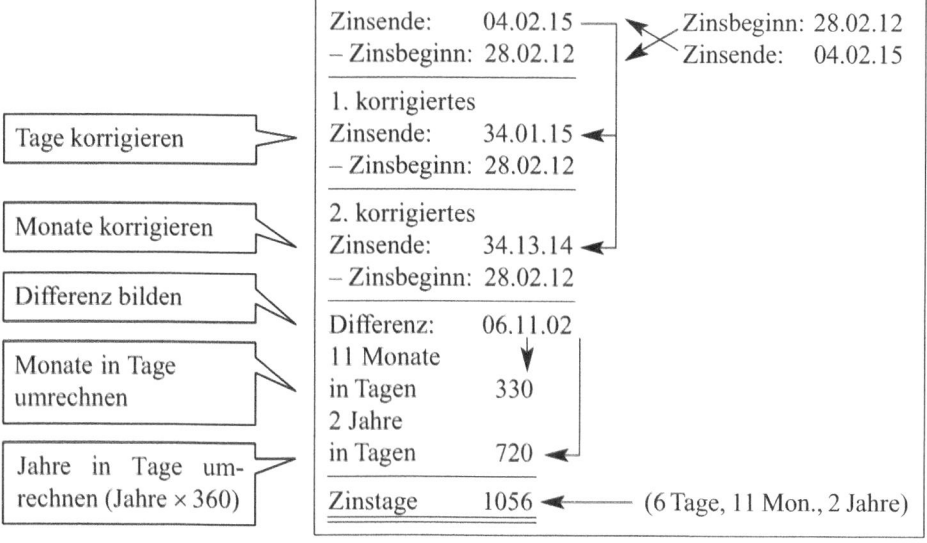

Beispiel 6: Zinsende liegt mehrere Jahre entfernt

Zinsende:	04.02.15
– Zinsbeginn:	28.02.12

Zinsbeginn: 28.02.12
Zinsende: 04.02.15

Tage korrigieren

1. korrigiertes
Zinsende: 34.01.15
– Zinsbeginn: 28.02.12

Monate korrigieren

2. korrigiertes
Zinsende: 34.13.14
– Zinsbeginn: 28.02.12

Differenz bilden

Differenz: 06.11.02
11 Monate
in Tagen   330

Monate in Tage umrechnen

2 Jahre
in Tagen   720

Jahre in Tage umrechnen (Jahre × 360)

Zinstage   1056 ← (6 Tage, 11 Mon., 2 Jahre)

Aufgaben

1. Berechnen Sie die Zinsen für:

Kapital	Zinssatz	Zeitraum	Kapital	Zinssatz	Zeitraum
a) 4 560 €	3,5 %	1 Jahr	e) 235,60 €	12 %	2 Monate
b) 2 125 €	3,5 %	4 Jahre	f) 125,46 €	5 %	72 Tage
c) 5 365 €	6 %	6 Monate	g) 34,50 €	5,2 %	252 Tage
d) 1 125 €	8 %	7 Monate	h) 347,45 €	7 %	35 Tage

2. Berechnen Sie die Zinstage für die folgenden Zeiträume:

von	bis		von	bis
a) 08.10.	31.10.		e) 21.12.15	31.01.16
b) 12.02.	28.08.		f) 15.11.15	01.05.16
c) 24.05.	12.09.		g) 28.02.15	29.02.16
d) 28.02.	05.07.		h) 31.05.15	28.02.18

3. Berechen Sie den Rückzahlungsbetrag einschließlich der Zinsen für die folgenden Kredite:

Kapital	Zins- satz	von	bis	Kapital	Zins- satz	von	bis
a) 1 120 €	4 %	03.03.	26.05.	e) 265,40 €	8,8 %	12.09.15	28.02.16
b) 2 365 €	5 %	31.07.	08.08.	f) 295,70 €	2,5 %	25.08.15	02.06.16
c) 3 540 €	7 %	23.08.	31.12.	g) 45,80 €	4,3 %	12.12.15	31.01.16
d) 9 856 €	12 %	01.02.	02.03.	h) 345,70 €	6,2 %	31.08.15	28.02.16

4. Die Bier-Handelsgesellschaft schuldet einer Brauerei für eine Lieferung 12 800 €, fällig am 25.06.
   a) Welcher Betrag müsste am 21.08. überwiesen werden, wenn 8,5 % Verzugszinsen in Rechnung gestellt werden?
   b) Welcher Betrag müsste bei 5,5 % Verzugszinsen am 15.11. überwiesen werden, wenn nach erfolgter Mahnung die Bierhandelsgesellschaft am 16.09. einen Abschlag von 6 000 € gezahlt hat?

5. Ein Leihhaus gewährt auf ein Saxophon ein Darlehn über 240 €. Nach 4 Monaten wird das Pfand mit 252 € eingelöst. Welchem Zinssatz entspricht dieses?

6. Am 30.06.2016 werden 10 000 € zu 6 % angelegt. Die Zinsgutschrift erfolgt jeweils am 31.12. und am 30.06. des Jahres. Auf welchen Betrag ist das Kapital am 31.12.2019 angewachsen?

7. Für den Verkauf einer Eigentumswohnung liegen 3 Angebote vor:
   a) 300 000 €, Zahlung sofort.
   b) 200 000 € sofort, 105 000 € nach 4 Monaten.
   c) 100 000 € sofort, 110 000 € nach 6 Monaten, 100 000 € nach einem Jahr.
   Der Inhaber hat vor, den Erlös in festverzinslichen Wertpapieren mit einer Verzinsung von 8 % anzulegen. Welches der 3 Angebote erbrächte die beste Verzinsung?

8. Herr Edelmann träumt davon, von den Zinsen seines Vermögens zu leben und mit einem Segelboot um die Welt zu reisen.
   a) Wie hoch muss sein Kapital sein, wenn er bei 3 % Zinsen 30 000 € pro Jahr erhalten möchte?
   b) Mit wie viel € pro Jahr kann er rechnen, wenn er sein Vermögen von 500 000 € zu 5 % angelegt hat und auf den Zinsertrag über 801 € jährlich 30 % Zinsabschlagssteuer zuzüglich 5,5 % Solidaritätszuschlag zu zahlen hat?

Informationen

Wie wird bei der Zinsrechnung die unterschiedliche Laufzeit der Kredite berücksichtigt?

Die Jahreszinsen K × p/100 werden mit einem Zeitfaktor multipliziert. Bei einer Laufzeit von mehr als einem Jahr wird dieses als ein Vielfaches des Jahres angegeben, bei Laufzeiten unterhalb eines Jahres als ein Bruchteil eines Jahres.

Der Zeitfaktor wird als Bruch angegeben, wobei die Laufzeit im Zähler und die Jahresbezugsgröße im Nenner steht.

Beispiel:
Laufzeit 36 **Tage**:   Zeitfaktor = 36/**360**
Laufzeit 4 **Monate**: Zeitfaktor =   4/**12**
Laufzeit 3 **Jahre**:   Zeitfaktor =   3/**1**

Gibt es einen Unterschied zwischen der privaten und der geschäftlichen Anwendung der Zinsrechnung?

Ja. Bei einer privaten Kreditgewährung, beispielsweise unter Freunden, schreibt das Bürgerliche Gesetzbuch vor, dass die tatsächlich angefallenen Zinstage bei der Errechnung der Zinsen angesetzt und zu den tatsächlich angefallenen Tagen eines Jahres in Beziehung gesetzt werden. Damit wird der Februar mit 28 oder 29 Tagen, der März mit 31 Tagen und das Jahr zu 365 oder 366 Tagen (Schaltjahr) gerechnet. In den USA und GB wird das Jahr grundsätzlich zu 365 Tagen gerechnet.

Zinsformel für den privaten Bereich

$$\text{Zinsen} = \text{Kapital} \times \frac{\text{Zinssatz}}{100} \times \frac{\text{exakte Laufzeit}}{365 \text{ oder } 366}$$

Diese Errechnung führt zu unterschiedlichen monatlichen Zinsbelastungen. Deshalb ist im geschäftlichen Verkehr, laut Handelsgesetzbuch eine vereinfachte Errechnung der Laufzeit anzuwenden: Jeder Monat wird zu 30 Tagen, das Jahr zu 360 Tagen gerechnet. Für den Kreditnehmer besteht damit durch gleich bleibende Zinsbelastungen pro Monat eine verlässliche Kalkulationsgrundlage. Die Zinsformel für die kaufmännische Zinsrechnung lautet daher:

Zinsformel für den kaufmännischen Bereich

$$\text{Zinsen} = \text{Kapital} \times \frac{\text{Zinssatz}}{100} \times \frac{\text{vereinf. Laufzeit}}{360}$$

Unterschiedliche Berechnungen der Zinstage
(Vereinfachte Darstellung)

Deutsche Zinsmethode	(30/360)
• Jeder Monat hat 30 Tage • Das Jahr hat 360 Tage	<u>Gültigkeit</u> Dänematk Schweden Norwegen Russland Schweiz **Deutschland im geschäftlichen Verkehr, Sparbücher, Sichteinlagen**
Französische Zinsmethode (Eurozinsmethode) (actual/360)	
• Jeder Monat hat so viele Tage, wie es der Kalender anzeigt • Das Jahr hat 360 Tage	<u>Gültigkeit:</u> Frankreich Belgien, Niederlande, Luxemburg Italien Spanien Österreich Polen Tschechien **Alle deutschen und europäischen Banken untereinander, Tagesgeld, Wechseldiskont**
Effektivzinsmethode	(actual/actual)
• Jeder Monat hat so viele Tage, wie es der Kalender anzeigt • Das Jahr 365 Tage • Ein Schaltjahr hat 366 Tage	<u>Gültigkeit:</u> Großbritannien USA Portugal **Privater Verkehr in Deutschland lt. BGB, Festgeld, Bundesschatzbriefe**

Unterschiedliche Zinsen bei unterschiedlichen Methoden

Beispiel: Kredit über 10 000 € vom 13. Januar bis 13. Juni bei 9 % Zinsen

So rechnen die Kaufleute (30/360)

Monat	Tage
Januar	17
Februar	30
März	30
April	30
Mai	30
Juni	13
Gesamt	150

$$\text{Zinsen} = \frac{\text{Kapital x Zinssatz x Tage}}{100 \text{ x } 360}$$

$$\text{Zinsen} = \frac{10\,000 \text{ x } 9 \text{ x } 150}{100 \text{ x } 360}$$

Zinsen = 375 €

So rechnen die Banken (actual/360)

Monat	Tage
Januar	18
Februar	27 (28)
März	31
April	30
Mai	31
Juni	13
Gesamt	151 (152)

$$\text{Zinsen} = \frac{\text{Kapital x Zinssatz x Kalendertage}}{100 \text{ x } 360}$$

$$\text{Zinsen} = \frac{10\,000 \text{ x } 9 \text{ x } 151 \,(152)}{100 \text{ x } 360}$$

Zinsen = 377,50 € (380 €)

So rechnet die Privatperson (actual/actual)

Monat	Tage
Januar	18
Februar	27 (28)
März	31
April	30
Mai	31
Juni	13
Gesamt	151 (152)

$$\text{Zinsen} = \frac{\text{Kapital x Zinssatz x Kalendertage}}{100 \text{ x } 365 \,(366)}$$

$$\text{Zinsen} = \frac{10\,000 \text{ x } 9 \text{ x } 151 \,(152)}{100 \text{ x } 365 \,(366)}$$

Zinsen = 372,33 € (374,79 €)

Die Zahlen in der Klammer stehen für ein Schaltjahr.

3. Die Zinsrechnung mit der kaufmännischen Zinsformel

3.1 Die summarische Zinsrechnung

Das Problem

Der Elektro-Großhandel berechnet seinem säumigen Kunden zum 30.09. Verzugszinsen in Höhe von 4 % ab Rechnungsdatum.

Folgende Rechnungen liegen vor:

Rechnungs-betrag	Rechnungs-Datum	Zins-tage
3 460 €	12.07.	48
45 530 €	08.07.	52
2 540 €	03.07.	57
12 640 €	26.06.	64

Wie hoch sind die Zinsen anzusetzen, und welcher Betrag wird insgesamt angemahnt?

1. Die Lösung (mit der allgemeinen Zinsformel)

Die jeweiligen Werte in die allgemeine Zinsformel eingesetzt, ergeben die jeweiligen Zinsen, die der Summe der Rechnungsbeträge hinzugezählt werden.

Rech-nungs-betrag (€)	Rech-nungs-Datum	Zins-tage	Zins-$\frac{Kapital \times satz \times Tage}{100 \times 360}$	Zinsen (€)
3 460	12.07.	48	$\frac{3\,460 \times 4 \times 48}{100 \times 360}$	18,45
45 530	08.07.	52	$\frac{45\,530 \times 4 \times 52}{100 \times 360}$	263,06
2 540	03.07.	57	$\frac{2\,540 \times 4 \times 57}{100 \times 360}$	16,09
12 640	26.06.	64	$\frac{12\,640 \times 4 \times 64}{100 \times 360}$	89,88
64 170,–			Summe	387,48
+ 387,48			Zinsen ◄	
64 557,48			Gesamtforderung	

Zinsen mit der allgemeinen Formel 387,48 €

Es fällt auf, dass bei allen Rechnungen der Zinssatz immer gleich, das Kapital und die Tage hingegen immer unterschiedlich sind. Durch eine Aufteilung der allgemeinen Zinsformel in einen veränderlichen und einen gleich bleibenden Teil lässt sich die kaufmännische Zinsformel herleiten.

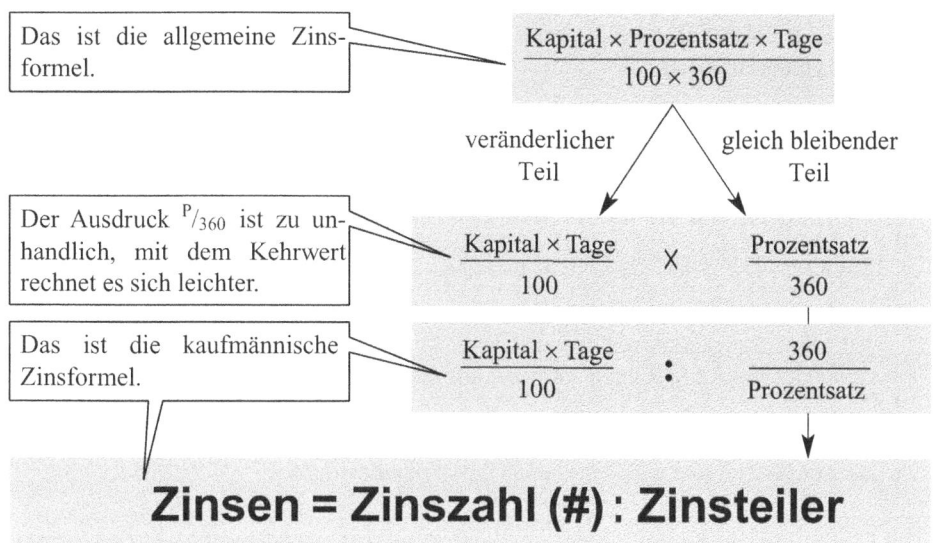

Das ist die allgemeine Zinsformel.

$$\frac{\text{Kapital} \times \text{Prozentsatz} \times \text{Tage}}{100 \times 360}$$

veränderlicher Teil | gleich bleibender Teil

Der Ausdruck $P/_{360}$ ist zu unhandlich, mit dem Kehrwert rechnet es sich leichter.

$$\frac{\text{Kapital} \times \text{Tage}}{100} \quad \times \quad \frac{\text{Prozentsatz}}{360}$$

Das ist die kaufmännische Zinsformel.

$$\frac{\text{Kapital} \times \text{Tage}}{100} \quad : \quad \frac{360}{\text{Prozentsatz}}$$

Zinsen = Zinszahl (#) : Zinsteiler

2. Lösung
(mit der kaufmännischen Zinsformel)

Entsprechend der obigen Formel wird zuerst der für alle Rechnungsbeträge gültige Zinsteiler ermittelt (Zinssatz 4 %)

Zinsteiler = 360 : 4 = 90

Sodann werden für die unterschiedlichen Rechnungsbeträge für die jeweilige Laufzeit die einzelnen Zinszahlen ermittelt. Diese werden addiert und durch den Zinsteiler dividiert. Die so ermittelten Zinsen werden der Rechnungssumme als Verzugszinsen zugeschlagen.

Zinsen mit der kaufmännischen Formel
387,50 €
Rundungsfehler durch ganze Zinszahlen
2 Cent

Nebenrechnungen:

  34,60 × 48 = 1 660,8
455,30 × 52 = 23 675,6
  25,40 × 57 = 1 447,8
126,40 × 64 = 8 089,6

34 875 : 90 = 387,50

Die Zinszahlen werden zu ganzen Zahlen auf- bzw. abgerundet.

Rechnungs-betrag	Rechnungs-Datum	Zins-tage	Zins-zahl
3 460 €	12.07.	48	1 661
45 530 €	08.07.	52	23 676
2 540 €	03.07.	57	1 448
12 640 €	26.06.	64	8 090
64 170 €	Summe		3 4875
+ 387,50 €	+ Zinsen		
64 557,50 €	= Gesamtforderung		

Die Besonderheit der kaufmännischen Zinsformel liegt in der vereinfachten Berechnung der Gesamtzinsen:

Die Summe der Zinszahlen (die jeweils für die einzelne Rechnung unterschiedlich sind) wird nur einmal durch den für alle Rechnungen geltenden Zinsteiler dividiert.

Rechenweg bei der summarischen Zinsrechnung

1. Ermittlung des Zinsteilers (360 : Zinssatz)

2. Ermittlung der einzelnen Zinszahlen
   (1 Prozent des Kapitals mal Tage)
   (Achtung: Zu ganzen Zahlen auf- bzw. abrunden)

3. Addition der einzelnen Zinszahlen

4. Division der Summe aller Zinszahlen durch den Zinsteiler.

Die Ermittlung der kaufmännischen Zinsformel aus der allgemeinen Zinsformel

Die allgemeine Zinsformel lautet:

Beispiel:
Kapital: 2 125,40 €
Tage: 25
Zinssatz: 6 %

$$\text{Zinsen} = \text{Kapital} \times \frac{\text{Zinssatz}}{100} \times \frac{\text{Tage}}{360} \quad = \quad 2\,125 \times \frac{6}{100} \times \frac{25}{360}$$

Cent werden weggelassen

Die Formel wird aufgeteilt

$$\frac{\text{Kapital} \times \text{Tage}}{100} \quad \times \quad \frac{\text{Zinssatz}}{360} \quad = \quad \frac{2\,125 \times 25}{100} \quad \times \quad \frac{6}{360}$$

Diese Aufteilung ergibt noch
keine Rechenvereinfachung $= \quad 531,25 \quad \times \quad 0,01\overline{6}$

Die Formel wird umgestellt, es wird durch den Kehrwert des zweiten Bruches dividiert

$$\frac{\text{Kapital} \times \text{Tage}}{100} \quad : \quad \frac{360}{\text{Zinssatz}} \quad = \quad \frac{2\,125 \times 25}{100} \quad : \quad \frac{360}{6}$$

Das ist die Zinszahl
(Zeichen: #)

Das ist der
Zinsteiler

Der Zinsteiler ergibt
oft eine ganze Zahl

$= \quad 531,25 \quad : \quad 60$

Die Zinszahl wird gerundet und stets als $= \quad 531 \quad : \quad 60$
ganze Zahl gerechnet $= \quad 8,85 €$

➡️ **Zum Merken**

Die kaufmännischen Zinsformel erleichtert die Rechentätigkeit insbesondere bei Krediten

– mit unterschiedlichen Beträgen
– und unterschiedlichen Laufzeiten
– die mit dem gleichen Prozentsatz verzinst werden.

Die kaufmännische Zinsformel lautet:

$$\text{Zinsen} = \frac{\text{Zinszahl}}{\text{Zinsteiler}} = \frac{1\,\text{Prozent des Kapitals} \times \text{Tage}}{\dfrac{360}{\text{Zinssatz}}}$$

Tabelle der Zinssätze, die ein bequemer Teiler von 360 sind:

Bequeme Teiler

Zinssatz	Zinsteiler	Zinssatz	Zinsteiler	Zinssatz	Zinsteiler
1	360	3	120	8	45
$1\,^{1}/_{8}$	320	$3\,^{1}/_{3}$	108	9	40
$1\,^{1}/_{5}$	300	$3\,^{3}/_{5}$	100	10	36
$1\,^{1}/_{4}$	288	$3\,^{3}/_{4}$	96	$11\,^{1}/_{4}$	32
$1\,^{1}/_{3}$	270	4	90	12	30
$1\,^{1}/_{2}$	240	$4\,^{1}/_{2}$	80	$13\,^{1}/_{3}$	27
$1\,^{2}/_{3}$	216	$4\,^{4}/_{5}$	75	$14\,^{2}/_{5}$	25
$1\,^{7}/_{8}$	192	5	72	15	24
2	180	6	60	18	20
$2\,^{1}/_{4}$	160	$6\,^{2}/_{3}$	54	$22\,^{1}/_{2}$	16
$2\,^{1}/_{2}$	144	$7\,^{1}/_{5}$	50	24	15
$2\,^{2}/_{3}$	135	$7\,^{1}/_{2}$	48	30	12

Bei Zinssätzen, die ein bequemer Teiler von 360 sind, ist es immer vorteilhaft, die kaufmännische Zinsformel anzuwenden.

Aufgaben

1. Errechnen Sie die Zinsen mit Hilfe der kaufmännischen Zinsformel:

	Kapital	Tage	Zinssatz		Kapital	Tage	Zinssatz
a)	3 000	62	4 %	g)	270,00	80	$3\,^{1}/_{3}$ %
b)	2 350	100	$7\,^{1}/_{8}$ %	h)	125,60	174	$6\,^{2}/_{3}$ %
c)	12 500	80	$3\,^{3}/_{5}$ %	i)	42,50	284	$6\,^{2}/_{3}$ %
d)	26 427	20	30 %	k)	25,00	6	24 %
e)	1 500	321	$4\,^{4}/_{5}$ %	l)	365,70	36	$4\,^{4}/_{5}$ %
f)	2 000	19	18 %	m)	100,00	270	$1\,^{1}/_{3}$ %

2. Ein Handelsunternehmen zahlt an einen Lieferanten am 05.10. die folgenden Rechnungen:

445,40 €	fällig am 22.06.
3 653,56 €	fällig am 31.07.
4 358,42 €	fällig am 12.08.
458,42 €	fällig am 30.08.
8 452,00 €	fällig am 31.08.
345,50 €	fällig am 03.10.

Welcher Betrag wird überwiesen, wenn folgende Verzugszinsen in Rechnung gestellt werden?

a) $4\,^4/_5\,\%$
b) 5 %
c) 6 %
d) 7,5 %
e) 10 %
f) 4,5 %

3.2 Die Diskontrechnung

Das Problem

Der Elektro-Großhandel benötigt Geld. Als Sicherheit für einen Kredit gibt der Elektro-Großmarkt am 15.09. seiner Hausbank seine Kundenwechsel zum Diskont. Für diesen Kredit verlangt die Bank einen Zins, den „Diskont".

Wechsel-summe	Fälligkeits-datum
3 400 €	01.10. (Sa)
350 €	16.10. (Sa)
4 025 €	30.10. (So)
1 450 €	11.11. (So)

Welcher Betrag wird dem Elektro-Großmarkt am 15.09. gutgeschrieben, wenn der Diskontsatz 9 % beträgt, pro Wechsel aber mindestens 3 € berechnet werden? Außerdem werden 8 € an Gebühren erhoben.

Die Lösung

1. Schritt: Die Diskonttage werden ermittelt

Handelswechsel haben eine Laufzeit von maximal 3 Monaten. Es kann sein, dass an dem auf dem Wechsel angegebenen Fälligkeitstag die Banken geschlossen haben, weil es z. B. Sonntag ist. Dann kann der Wechsel erst am folgenden Werktag eingelöst werden. Die Laufzeit des Wechselkredites ist dann rechnerisch zu verlängern.

Die Rest-Laufzeit der Wechsel verändert sich daher: (Es werden hier nach dem kaufmännischen Verfahren die Tage errechnet. Die Banken verwenden das „französische" Verfahren - Siehe Seite 108)

Einreichdatum: 15.09.

Wechsel-summe	Fälligkeits-datum	korrigierte Fälligkeit	Tage	Bemer-kungen:
3 400 €	01.10. (Sa)	04.10. (Di)	(16) 19	03.10. Feiertag
350 €	16.10. (Sa)	18.10. (Mo)	(31) 33	
4 025 €	30.10. (So)	31.10. (Mo)	(45) 45	31.10. wird nicht gerechnet
1 450 €	11.11. (So)	12.11. (Mo)	(55) 56	

2. Schritt: Der Diskontteiler wird ermittelt

Diskontteiler ermitteln

$$\text{Diskontteiler} = \frac{360}{\text{Diskontsatz}} = \frac{360}{9} = 40$$

3. Schritt: Die Mindestdiskontzahl wird ermittelt

Entsprechend der Zinsformel einsetzen

$$\text{Diskont} = \frac{\text{Diskontzahl}}{\text{Diskontteiler}}$$

Wie hoch muss nun die Zinszahl mindestens sein, wenn der Diskont mindestens 3 € betragen soll?

Die Formel wird entsprechend umgestellt:

$$\text{Diskontzahl} = \text{Diskont} \times \text{Diskontteiler}$$

oder auch

Mindestdiskontzahl ermitteln

Mindestdiskontzahl =

Mindestdiskont × Diskontteiler

das ergibt:

Mindestdiskontzahl = 3 × 40 = 120

Ergibt die Zinszahl rechnerisch einen Wert, der kleiner als 120 ist, wird anstelle der geringeren Zahl die Mindestdiskontzahl 120 eingesetzt.

Die Mindestdiskontzahl berücksichtigt den von der Bank geforderten Mindest-Diskontbetrag. Der Mindestdiskont soll den erforderlichen Verwaltungsaufwand pro Wechsel decken und ist in den Allgemeinen Geschäftsbedingungen der Banken festgelegt.

Mindestdiskontzahl = Mindestdiskont × Diskontteiler

4. Schritt: Der Diskont und der Auszahlungsbetrag werden ermittelt.

Zuerst die Diskontzahlen ermitteln …

Für die einzelnen Wechsel werden die Diskontzahlen errechnet. Die Summe der Zinszahlen dividiert durch den Diskontteiler ergibt die Diskontsumme, die die Bank als Zins für die vorzeitige Auszahlung der Wechselbeträge einbehält.

… dann den Diskont ermitteln

Die errechnete Zinszahl ist zu gering, deshalb wird die Mindestdiskontzahl 120 eingesetzt.

Wechsel-summe/€	Fälligkeits-datum	Zins-tage	Zinszahl (mind. 120)
3 400 €	01.10. (Sa)	19	374
350 €	16.10. (Sa)	33	(115) 120
4 025 €	30.10. (So)	45	1811
1 450 €	11.11. (So)	56	812
9 225 €	Summe		3117
−77,93 €	Zinsen		3117 : 40 = 77,93 €
−8,00 €	Gebühren		
9 139,07 €	Auszahlungsbetrag (Barwert der Wechsel)		

Das ist der **Endwert** der Wechsel. Er wird ausgezahlt bei Fälligkeit der Wechsel.

Das ist der **Barwert** der Wechsel. Er wird am Einreichtag vorzeitig ausgezahlt, wenn die Wechsel beliehen werden.

✓ **Ergebnis**

Der Elektro-Großhandel erhält für Wechsel im Wert von 9 225 € am 15.09. nur 9 139,07 €.

Rechenweg bei der summarischen Diskontrechnung

1. Ermittlung der Zinstage unter Berücksichtigung der Banköffnungstage

2. Ermittlung des Diskontteilers (360 : Diskontsatz)

3. Ermittlung der Mindestdiskontzahl (Mindestdiskont × Diskontteiler)

4. Ermittlung der einzelnen Diskontzahlen (1 Prozent des Wechselbetrages × Tage) Achtung: Mindestdiskontzahl nicht unterschreiten

5. Addition der einzelnen Diskontzahlen

6. Division der Summe aller Diskontzahlen durch den Diskontteiler

7. Subtraktion des Diskonts von der Wechselsumme.

3.3 Die Kontokorrentrechnung

Das Problem

Der Elektro-Markt eröffnet am 01.07. ein Kontokorrentkonto bei seiner Hausbank, am 15.08. wird das Konto wieder aufgelöst.

Die Lösung

1. Schritt: Ermittlung der Zinsteiler

Ein Guthaben bei der Bank steht auf der Habenseite und wird mit 2 % verzinst:

Zinsteiler (Haben) = 360 : 2 = 180

Das Konto weist die folgenden Bewegungen auf:

Datum	Text	Betrag
01.07.	Barein-zahlung	1 000 €
08.07.	Scheck Lastschrift	23 500 €
17.07.	Scheck Gutschrift	2 500 €
25.07.	Lastschrift	6 500 €
02.08.	Gutschrift	32 800 €

Die Bank berechnet für die Inanspruchnahme des Überziehungskredits 12 % Zinsen, Guthaben werden jedoch, abweichend vom normalen Girokonto, mit 2 % verzinst.

Welchen Betrag wird die Bank bei Auflösung des Kontos am 15.09. auszahlen, wenn an Auslagen 3,50 € und pro Buchung 0,50 € berechnet werden?

Die Abrechnung der Bank am 15.09.	
Saldo am 02.08.	6 300,00 €
Sollzinsen −	182,67 €
Habenzinsen +	4,94 €
4 Buchungen −	2,00 €
Auslagen −	3,50 €
Guthaben am 15.09.	6 116,77 €

Wird der Kreditrahmen in Anspruch genommen, steht der Saldo im Soll und wird mit 12 % Zinsen belastet.

Zinsteiler (Soll) = 360 : 12 = 30

2. Schritt: Ermittlung der Zinszahlen

Für jede Kontenbewegung wird der neue Saldo ermittelt. Je nachdem, ob es sich um einen Sollsaldo oder einen Habensaldo handelt, werden die Zinszahlen getrennt ausgewiesen.

Die Sollzinsen ergeben sich aus der Summe der Soll-Zinszahlen dividiert durch den Soll-Zinsteiler. Diese werden dem Konto in Rechnung gestellt. Die Habenzinsen ergeben sich aus der Summe der Haben-Zinszahlen dividiert durch den Haben-Zinsteiler. Diese werden dem Konto gutgeschrieben.

Datum	Text	S/H	Betrag in €	Tage	# (Soll)	# (Haben)
01.07.	Barein-zahlung	H	1 000	7		70
08.07.	Scheck Lastschrift	S	23 500			
08.07.	Saldo	S	22 500	9	2 025	
17.07.	Scheck Gutschrift	H	2 500			
17.07.	Saldo	S	20 000	8	1 600	
25.07.	Lastschrift	S	6 500			
25.07.	Saldo	S	26 500	7	1 855	
02.08.	Gutschrift	H	32 800			
02.08.	Saldo	H	6 300	13		819
Summe der Zinszahlen:					5 480	889

Errechnung der Sollzinsen	Errechnung der Habenzinsen
5 480 : 30 = 182,67 €	889 : 180 = 4,94 €

Ergebnis

Das Guthaben am 15.09. beträgt 6 116,77 €.

Problemerweiterung

Die Bank hat für das Konto der Großhandlung Elektro-Markt einen Kreditrahmen von 20 000 € gesetzt. Bei Überschreitung wird eine zusätzliche Überziehungsprovision von 2,5 % berechnet.

Wie wird nun die Bank am 15.09. abrechnen?

Die Lösung

Für die Überziehungsprovision von zusätzlich 2,5 % wird der Zinsteiler ermittelt:

Zinsteiler (Überziehungsprovision)
360 : 2,5 = 144

Die Beträge, die oberhalb des gewährten Kreditrahmens liegen, werden gesondert erfasst und die Zinszahl gesondert ermittelt. Die Überziehungsprovision ergibt sich dann aus der Summe dieser Zinszahlen dividiert durch die Zinszahl der Überziehungsprovision (144). Diese Zinsen werden dem Großhandelsbetrieb zusätzlich in Rechnung gestellt.

			Bisherige Rechnung					Zusätzliche Rechnung		
Datum	Text	S/H	Betrag in €	Tage	# (Soll)	# (Haben)		Überziehungs-betrag	Tage	#
01.07.	Barein-zahlung	H	1 000	7		70				
08.07.	Scheck Lastschrift	S	23 500							
08.07.	Saldo	S	22 500	9	2 025			2 500	9	225
17.07.	Scheck Gutschrift	H	2 500							
17.07.	Saldo	S	20 000	8	1 600					
25.07.	Lastschrift	S	6 500							
25.07.	Saldo	S	26 500	7	1 855			6 500	7	445
02.08.	Gutschrift	H	32 800							
02.08.	Saldo	H	6 300	13		819				
Summe der Zinszahlen:					5 480	889				680

Ergebnis

Errechnung der Sollzinsen 5 480 : 30 = 182,67 €

Errechnung der Habenzinsen 889 : 180 = 4,94 €

Errechnung der Überziehungs-provision 680 : 144 = 4,72 €

Die Abrechnung der Bank am 15.09.	
Saldo am 02.08.	6 300,00 €
Sollzinsen	− 182,67 €
Habenzinsen	+ 4,94 €
Überziehungsprovision	− 4,72 €
Buchungen	− 2,00 €
Auslagen	− 3,50 €
Guthaben am 15.09.	6 112,05 €

 **Aufgaben**

1. Ein Sparbuch enthält die folgenden Eintragungen

Datum	Text	Betrag in €	Saldo in €
01.01.	Übertrag		1 250,30
25.03.	Einzahlung	320,00	1 570,30
19.05.	Auszählung	200,00	1370,30
06.07.	Einzahlung	450,00	1 820,30
15.09.	Einzahlung	120,00	1 940,30
12.12.	Einzahlung	400,00	2 340,30
20.12.	Einzahlung	650,00	2 990,30
28.12.	Auszahlung	100,00	2 890,30

Wie hoch ist die Zinsgutschrift am Jahresende, wenn der Zinssatz 3,5 % beträgt?

2. Am 07.05. werden folgende Wechsel bei der Bank eingereicht:

Nr.	Wechselbetrag	Fälligkeitsdatum
1	3 460 €	15.08.
2	12 456 €	20.07.
3	640 €	03.07.
4	25 000 €	30.06.
5	18 150 €	19.06.
6	1 130 €	31.05.

a) Welchen Betrag wird die Bank auszahlen, wenn der Diskontsatz 9 % beträgt und ein Mindestdiskont von 15 € erhoben wird?

b) Welchen Betrag wird die Bank auszahlen, wenn der Diskontsatz für Wechsel ab 10 000 € nur 8,5 % beträgt?

3. Am 1. April weist das Kontokorrentkonto der Firma Franke & Sohn OHG einen Habensaldo von 4 130,50 € aus. Es werden die folgenden Vorfälle gebucht:

06.04.	Lastschrift	S	35 000,00
10.05.	Gutschrift vom Kunden	H	230,00
31.05.	Barauszahlung	S	15 000,00
22.06.	Gutschrift durch Wechseldiskont	H	23 428,52
26.06.	Gutschrift vom Kunden	H	26 358,54

Wie ist der Kontostand am 01.07., wenn die Kontoabrechnung vierteljährlich zum 01.07. erfolgt. Sollzinssatz: 3%, Habenzinssatz: 12%

4. Die Zinseszinsrechnung

Das Problem

Herr Arnold benötigt 10 000 € als langfristiges Darlehn. Ihm wird angeboten:

10 000 €, Auszahlung 100 %, Zinssatz 10 %. Die Rückzahlung erfolgt in einer Rate nach Ablauf von 10 Jahren incl. der angefallenen Zinsen. Innerhalb der 10 Jahre fallen keinerlei Zahlungen an.

Herr Arnold rechnet:

10 % Zinsen auf 10 000 € ergibt pro Jahr 1 000 € Zinsen. Damit hat sich die Schuld nach 10 Jahren verdoppelt.

Hat er Recht?

Die Lösung

Hier irrt Herr Arnold:

10 Jahre mal 10 % Zinsen ergibt mehr als nur 100 % Zinslast.

Da Herr Arnold innerhalb der 10-jährigen Laufzeit weder Tilgungs- noch Zinszahlungen zu leisten hat, wächst seine Schuld jedes Jahr um die Zinsen an. Diese verzinsen sich im folgenden Jahr entsprechend mit.

Diese Verzinsung der Zinsen nennt man Zinseszinsen.

Damit hat sich die Schuld bereits nach gut 7 Jahren verdoppelt und ist in 10 Jahren auf 25 973 € angewachsen.

Innerhalb von 10 Jahren hat sich die Schuld somit um den Faktor 2,5937 erhöht. Dieser Faktor ist der Zinseszinsfaktor, der für eine schnelle Ermittlung der Zinseszinsen der Zinsfaktorentabelle zu entnehmen ist.

Die Schuldenentwicklung

Jahr	Schuld/Kapital	Zinsen
0	10 000,00	1 000,00
1	11 000,00	1 100,00
2	12 100,00	1 210,00
3	13 310,00	1 331,00
4	14 641,00	1 464,10
5	16 105,10	1 610,51
6	17 715,61	1 771,56
7	19 487,17	1 948,72
8	21 435,89	2 143,59
9	23 579,48	2 357,95
10	25 937,43	

Rückzahlungsbetrag

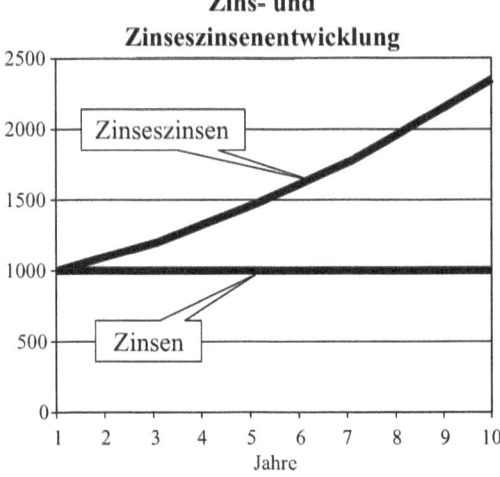

Zins- und Zinseszinsenentwicklung

Durch die Zinseszinsen wächst die Schuld nicht gleichmäßig an, sondern mit jedem Jahr der Schuld um so stärker.

Die Zinseszinsrechnung berücksichtigt die Verzinsung der nicht gezahlten Zinsen. Sie führt zu einer im Laufe der Zeit steigenden jährlichen Zinslast und zu einer Verkürzung des Verdoppelungszeitraums des Kapitals.

Faustregel zur Ermittlung der Verdoppelungszeit: $\dfrac{70}{\text{Zinssatz}}$

1. Beispiel

Das Problem

Zur Geburt eines Kindes werden 5 000 € auf ein Sparbuch mit 3 % Zinsen angelegt. Auf welchen Betrag ist das Sparguthaben bis zum 18. Geburtstag des Kindes angewachsen?

Die Lösung

Der Zinseszinsfaktor für 3 % und 18 Jahre wird der Zinseszinstabelle (Seite 122) entnommen und in die Rechnung eingesetzt:

5 000 € × 1,4282 = 7 141 €

> **Endkapital =**
> **Einsatzkapital × Zinseszinsfaktor**

 Ergebnis

Der Auszahlungsbetrag beträgt nach 18 Jahren und 3 % Zinsen 7 141 €.

2. Beispiel

Das Problem

Ein bestimmter Betrag soll zu 7 % angelegt werden, so dass er nach Ablauf von 5 Jahren zur Abdeckung einer dann fälligen Schuld über 30 000 € verwendet werden kann. Wie hoch muss der anzulegende Betrag sein?

Die Lösung

Der Zinseszinsfaktor für 7 % und 5 Jahre wird der Zinseszinstabelle (Seite 116) entnommen und in die Rechnung eingesetzt:

30 000 € : 1,4026 = 21 388,85 €

> **Einsatzkapital = Endkapital :**
> **Zinseszinsfaktor**

 Ergebnis

Der anzulegende Betrag, der nach 5 Jahren bei 7 % zu einer Auszahlung von 30 000 € führt, beträgt 21 388,85 €.

Zinseszinstabelle mit Zinseszinsfaktoren

Jahre	1 %	2 %	3 %	4 %	5 %	6 %	7 %	8 %	9 %	10 %
0	1,0000	1,0000	1,0000	1,0000	1,0000	1,0000	1,0000	1,0000	1,0000	1,0000
1	1,0100	1,0200	1,0300	1,0400	1,0500	1,0600	1,0700	1,0800	1,0900	1,1000
2	1,0201	1,0404	1,0609	1,0816	1,1025	1,1236	1,1449	1,1664	1,1881	1,2100
3	1,0303	1,0612	1,0927	1,1249	1,1576	1,1910	1,2250	1,2597	1,2950	1,3310
4	1,0406	1,0824	1,1255	1,1699	1,2155	1,2625	1,3108	1,3605	1,4116	1,4641
5	1,0510	1,1041	1,1593	1,2167	1,2763	1,3382	1,4026	1,4693	1,5386	1,6105
6	1,0615	1,1262	1,1941	1,2653	1,3401	1,4185	1,5007	1,5869	1,6771	1,7716
7	1,0721	1,1487	1,2299	1,3159	1,4071	1,5036	1,6058	1,7138	1,8280	**1,9487**
8	1,0829	1,1717	1,2668	1,3686	1,4775	1,5938	1,7182	1,8509	**1,9926**	2,1436
9	1,0937	1,1951	1,3048	1,4233	1,5513	1,6895	1,8385	**1,9990**	2,1719	2,3579
10	1,1046	1,2190	1,3439	1,4802	1,6289	1,7908	**1,9672**	2,1589	2,3674	2,5937
11	1,1157	1,2434	1,3842	1,5395	1,7103	1,8983	2,1049	2,3316	2,5804	2,8531
12	1,1268	1,2682	1,4258	1,6010	1,7959	**2,0122**	2,2522	2,5182	2,8127	3,1384
13	1,1381	1,2936	1,4685	1,6651	1,8856	2,1329	2,4098	2,7196	3,0658	3,4523
14	1,1495	1,3195	1,5126	1,7317	**1,9799**	2,2609	2,5785	2,9372	3,3417	3,7975
15	1,1610	1,3459	1,5580	1,8009	2,0789	2,3966	2,7590	3,1722	3,6425	4,1772
16	1,1726	1,3728	1,6047	1,8730	2,1829	2,5404	2,9522	3,4259	3,9703	4,5950
17	1,1843	1,4002	1,6528	1,9479	2,2920	2,6928	3,1588	3,7000	4,3276	5,0545
18	1,1961	1,4282	1,7024	**2,0258**	2,4066	2,8543	3,3799	3,9960	4,7171	5,5599
19	1,2081	1,4568	1,7535	2,1068	2,5270	3,0256	3,6165	4,3157	5,1417	6,1159
20	1,2202	1,4859	1,8061	2,1911	2,6533	3,2071	3,8697	4,6610	5,6044	6,7275
21	1,2324	1,5157	1,8603	2,2788	2,7860	3,3996	4,1406	5,0338	6,1088	7,4002
22	1,2447	1,5460	1,9161	2,3699	2,9253	3,6035	4,4304	5,4365	6,6586	8,1403
23	1,2572	1,5769	**1,9736**	2,4647	3,0715	3,8197	4,7405	5,8715	7,2579	8,9543
24	1,2697	1,6084	2,0328	2,5633	3,2251	4,0489	5,0724	6,3412	7,9111	9,8497

Die fettgedruckten, umrandeten Zahlen geben an, wann sich das Kapital ungefähr verdoppelt hat.

Aufgabe

Herrn Behrend wird folgendes Angebot von einem Freund unterbreitet: „Leih' mir 10 000 €. In 8 Jahren erhälts du das Doppelte zurück."

a) Welcher Verzinsung entspricht das ungefähr?

b) Wie hoch ist die Verzinsung, wenn Herr Behrend nur 5 000 € verleihen möchte?

c) Wie lange müsste Herr Behrend auf das Geld warten, wenn er eine Verzinsung von 5 % abgemacht hätte, bis er ungefähr die doppelte Summe wiederbekommen würde?

5. Der Kreditvergleich mit Hilfe des effektiven Jahreszinses

5.1 Skonto oder Zahlungsziel ausnutzen?

Das Problem

Der Elektro-Markt erhält eine Lieferrechnung:

Rechnungsbetrag 10 000 €

Zahlungsbedingungen:

Innerhalb von 10 Tagen mit 3 % Skonto oder 60 Tage netto.

Soll der Elektro-Markt den Skontoabzug ausnutzen, wenn er die vorzeitige Zahlung per Bankkredit bei 15 % Zinsen finanzieren müsste?

Die Lösung

Der Elektro-Markt ist bestrebt, seine Schulden möglichst spät zu zahlen, um die Zinsbelastung gering zu halten. Daher ist zu prüfen, ob die Skontoersparnis bei Zahlung am 10. Tag nach Rechnungseingang größer ist als die Zinsen der damit verbundene Kreditaufnahme für den Zeitraum von 50 Tagen, denn erst nach dem 60. Tag nach Rechnungseingang befindet sich der Elektro-Markt in Zahlungsverzug.

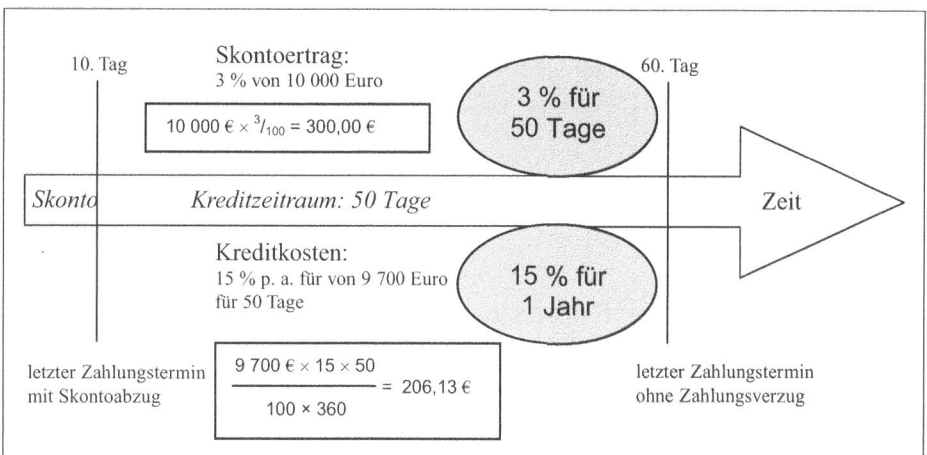

Bei einem Vergleich alternativer Finanzierungsmöglichkeiten ist es am einfachsten, die Zinssätze miteinander zu vergleichen und sich für die Alternative mit dem günstigeren Zinssatz zu entscheiden. Hierbei muss die Skontoersparnis von 3 % auf den Rechnungsbetrag (10 000 €) so umgerechnet werden, dass sie sich mit dem Jahreszins des Bankkredites von 15 % für den verminderten Rechnungsbetrag (10 000 € – 300 € = 9 700 €) für 50 Tage vergleichen lässt.

Ermittlung des Jahreszinses

3 % Skonto auf 10 000 € = 300 €. Dieser Abzug wird gewährt, wenn die Zahlung 50 Tage vor Ablauf des Zahlungszieles gezahlt wird. Rechnet man z. B. mit Hilfe des Dreisatzes die 50 Tage auf ein Jahr hoch, erhält man den Jahreszins:

$$50 \text{ Tage} = 3 \%$$

$$360 \text{ Tage} = x \%$$

$$x \% = \frac{360 \times 3}{50} = 21,6 \% \text{ Jahreszins}$$

Der Jahreszins gibt hier noch kein richtiges Bild über den tatsächlichen Jahreszins der Skontoersparnis, da der Bankkredit von einer anderen Kreditsumme als 10 000 € ausgeht.

Ermittlung des effektiven Jahreszinses

Um 3 % Skonto auf 10 000 € zu erhalten, muss ein Kredit aufgenommen werden. Die Kreditsumme allerdings verringert sich um eben diese Skontoersparnis auf nur 9 700 €. Der vergleichbare Jahreszins erhöht sich entsprechend (ungerader Dreisatz):

$$10\,000\,€ = 21,6 \%$$
$$9\,700\,€ = \ x \%$$

$$x \% = \frac{10\,000 \times 21,6}{9700} = 22,26 \%$$

Effektiver Jahreszins

Ergebnis

Dieser Zins ist der effektive (tatsächliche) Jahreszins. Er zeigt, dass Skonto ausgenutzt werden sollte, da er über dem Bankzins von 15 % liegt.

Formel zur Effektivverzinsung des Skontoabzugs

Ist die Effektivverzinsung höher als der Bankzins, sollte der Skontoabzug vorgenommen werden

$$\frac{\text{Skontosatz} \times 360}{1 - \dfrac{\text{Skontosatz}}{100} \times \text{Tage}} > \text{Bankzins}$$

5.2 Barzahlung oder Ratenkauf?

Das Problem

Herr Arnold interessiert sich für eine Video-Kamera. Der Fachhandel bietet an:

> Video-Kamera:
> Barpreis 1 600 €
> oder
> Anzahlung: 400 €
> (+ 5 € Abschlussgebühr)
> 4 Monatsraten zu 312 €
> Zinssatz 1 % pro Monat
> auf die Kreditsumme

Die Lösung

Um den Zinssatz gering zu halten, wird aus optischen Gründen der Zins gern für einen Monat angegeben. Um nun eine Vergleichbarkeit zwischen dem Monatszins des Händlers und dem Jahreszins der Bank herzustellen, muss Herr Arnold den Monatszins als Jahreszins umrechnen:

1 % Monatszins × 12 = 12 % Jahreszins

Damit scheint der Ratenkredit günstiger zu sein als der alternative Bankkredit. Dieser Schein trügt:

Der Jahreszins taugt nur dann zum Vergleich, wenn die Kreditbedingungen beider Alternativen gleich sind.

Für eine Barzahlung muss sich Herr Arnold den Betrag bei seiner Bank leihen. Der Zinssatz bei der Bank beträgt 15 %.

Herr Arnold überlegt, welche Zahlungsweise für ihn günstiger ist.

Die beiden Zahlungsmöglichkeiten müssen verglichen werden. Dabei zeigt sich: Beim Bankkredit nimmt die zu verzinsende Schuld mit jeder Tilgung ab. Außerdem fallen keine zusätzlichen Gebühren an. Entsprechend ist die Zinsbelastung beim Bankkredit trotz eines höheren Jahreszinssatzes geringer.

Gemessen an den Kosten des Bankkredites (37,50 € bei 15 % Jahreszins) lässt sich der Vergleichszins für den Ratenkauf (53 € Kosten) mit Hilfe der Dreisatzrechnung ermitteln: 21,2 %.

Dieser Vergleichszins ist der effektive Jahreszins.

✓ Ergebnis

Der Ratenkauf ist abzulehnen.

Die Kosten des Ratenkaufs werden mit den Kosten des Bankkredites in Beziehung gesetzt (Dreisatzrechnung).

Ermittlung des tatsächlichen Zinssatzes (effektiver Zins) für den Ratenkredit:

Bankzinsen
37,50 €   =   15 %

Kosten des Ratenkaufs
53,00 €   =   ? %
Effektiver Jahreszins $= \dfrac{53 \times 15}{37,50}$

                        = 21,2 %

Ergebnis: Der Ratenkredit ist teurer als der Bankkredit.

Vergleich der Kostenbelastungen:

Ratenkredit	**Bankkredit**
1 % Monatszins auf die **anfängliche** Kreditsumme:	15 % Jahreszins auf die **jeweilige** Kreditsumme

An-fangs-Kredit	Rück-zahlung	Zinsen
1 200	300	12
	300	12
	300	12
	300	12
Summe der Zinsen		48
Abschlussgebühr		5
Kosten des Ratenkaufs		53

Kredit	Tage	Rück-zahlung	Zin-sen
1 200	30	300	15,00
900	30	300	11,25
600	30	300	7,50
300	30	300	3,75
Summe der Zinsen			37,50

effektiver Jahreszins des Ratenkredits: 21,2 %

Jahreszins: 15 % (Vergleichszins)

Der effektive Jahreszins gibt die tatsächliche Belastung eines Kredites incl. aller Nebenkosten an. Er muss bei jedem Kredit ausgewiesen werden, um einen schnellen Preisvergleich zu ermöglichen.

 **Aufgaben**

1. Zur Geburt seines Enkels zahlt Herr Arnold 8 000 € auf ein Sparbuch ein. Dieses soll bis zum 21. Lebensjahr dem Enkel mit den bis dahin aufgelaufenen Zinsen übergeben werden. Über welchen Betrag wird der Enkel dann verfügen können,

   a) wenn der Zins 2 % beträgt
   b) wenn der Zins nach 6 Jahren auf 4 % angehoben wird?

2. Bei der Kündigung des Mietverhältnisses muss dem Mieter die hinterlegte Kaution incl. der aufgelaufenen Zinsen ausgezahlt werden.

   Wie hoch ist dieser Betrag, wenn die Kaution 4 500 € betragen hat, eine Verzinsung von 5 % vereinbart war und das Mietverhältnis 6 Jahre und 7 Monate bestand?

3. Zu wie viel % Zinsen war ein Kapital von 3 000 € ausgeliehen worden, das nach 5 Jahren mit 4 615,80 € zurückgezahlt wurde?

4. Herr Arnold hat geerbt und möchte das Geld zur Ablösung der Hypothek über 150 000 € auf sein Haus verwenden. Dieses ist aber erst in 7 Jahren möglich. Deshalb möchte er schon heute den notwendigen Betrag bei 4 % Zinsen über diesen Zeitraum so anlegen, dass nach Ablauf der 7 Jahre die Hypothek aus dem festgelegten Kapital incl. aufgelaufener Zinsen abgelöst werden kann. Welchen Betrag muss Herr Arnold heute einzahlen?

5. Zwei konkurrierende Großhandelsunternehmen bieten einen gleichen Artikel zu dem gleichen Zieleinkaufspreis von 620 € an, die Konditionen bei der Gewährung von Skonto sind aber unterschiedlich.

   – Unternehmen A gewährt 2 1/2 % Skonto bei sofortiger Zahlung oder 15 Tage Ziel,
   – Unternehmen B gewährt 2 % Skonto bei Zahlung innerhalb von 10 Tagen oder 30 Tage Ziel.

   Welches Angebot ist günstiger, wenn der Käufer die Zahlung in jedem Fall kreditfinanzieren müsste und der Zinssatz 12 % beträgt?

6. Lohnt sich die Kreditaufnahme zum Ausnutzen von Skonto bei den folgenden Rechnungen?

Rechnungsbetrag		Zahlungsbedingungen	Kreditzins
1.	3 400	sofort mit 3 % oder 30 Tage netto	12 %
2.	12 600	2 % in 20 Tagen oder 30 Tage netto	15 %
3.	800	3 % in 8 Tagen oder 14 Tage netto	14 %
4.	5 300	1 Monat mit 3 % oder 3 Monate netto	16 %

6. Grenzen der Zinsrechnung

Aufgrund der Preisangabenverordnung vom 14.03.1985 und vom 28.07.2000 müssen die Preise von Waren, Dienstleistungen und Krediten so ausgewiesen sein, dass auch für den kaufmännischen Laien ein Preisvergleich leicht möglich ist. § 3 der Verordnung legt fest, dass für Kredite der **effektive Jahreszins** auszuweisen ist, welcher neben den laufenden Zinsen auch Vermittlungsgebühren, Bearbeitungsgebühren, Abschläge beim Auszahlungsbetrag (Disagio) und sonstige Kosten einzubeziehen hat.

Die Preisangabenverordnung sagt aber nichts darüber, wie dieser effektive Jahreszins berechnet werden soll. Darüber befindet der Bund-Länderausschuss „Preisauszeichnung", in dem u. a. die Behörden vertreten sind, die in den Bundesländern für den Vollzug der Preis- angabenverordnung zuständig sind. Die verbindliche Festlegung auf eine einheitliche Be- rechnungsmethode für den effektiven Jahreszins ist damit keine mathematische, sondern eine politische Angelegenheit. Die genannten Aufsichtsbehörden legen zusammen mit den Banken, der Bankenaufsicht und den Verbraucherverbänden eine Berechnungsart fest, die für alle Kreditverträge anzuwenden ist und trotzdem einen wirksamen Verbraucherschutz garantieren soll.

Diese Ziele können sich im Einzelfall ausschließen.

Für den Kunden ist der effektive Jahreszins eine Hilfe, mit der er aber vorsichtig umgehen muss:

Zum einen ist es ihm oft nicht möglich, die Richtigkeit des genannten effektiven Jahreszinses nachzuprüfen, da ihm oft die Berechnungsmethode nicht genannt wird.

Zum anderen besteht das Problem, dass die allgemein gültige Formel nicht für alle Kreditverträge gleich gut geeignet ist.

Obwohl das allgemein gültige Berechnungsverfahren in der Vergangenheit bereits korrigiert worden ist, um sich den sich verändernden Kreditbedingungen anzupassen, kann der so ermittelte effektive Jahreszins im Einzelfall vom mathematisch exakten effektiven Jahreszins abweichen. Das ist besonders dann gegeben, wenn

– die Rückzahlungen in unterschiedlichen Abständen erfolgen
– oder in unterschiedlicher Höhe geleistet werden
– oder sich die Konditionen innerhalb der Laufzeit ändern können.

Trotz der gezeigten Bedenken ist der effektive Jahreszins ein wichtiges (und oft das einzige) Hilfsmittel, das den Verbrauchern zur Verfügung steht, um schnell und einfach verschiedene Kreditangebote vergleichen zu können.

Der gesetzlich vorgeschriebene effektive Jahreszins ist eine wichtige Orientierungsgröße für den Kunden, schnell einen Vergleich alternativer Kreditangebote durchzuführen, er ersetzt aber im Einzelfall nicht die notwendige fachkundige Beratung, beispielsweise von den Verbraucherverbänden.

VIII. Die Kalkulation im Warenhandelsbetrieb

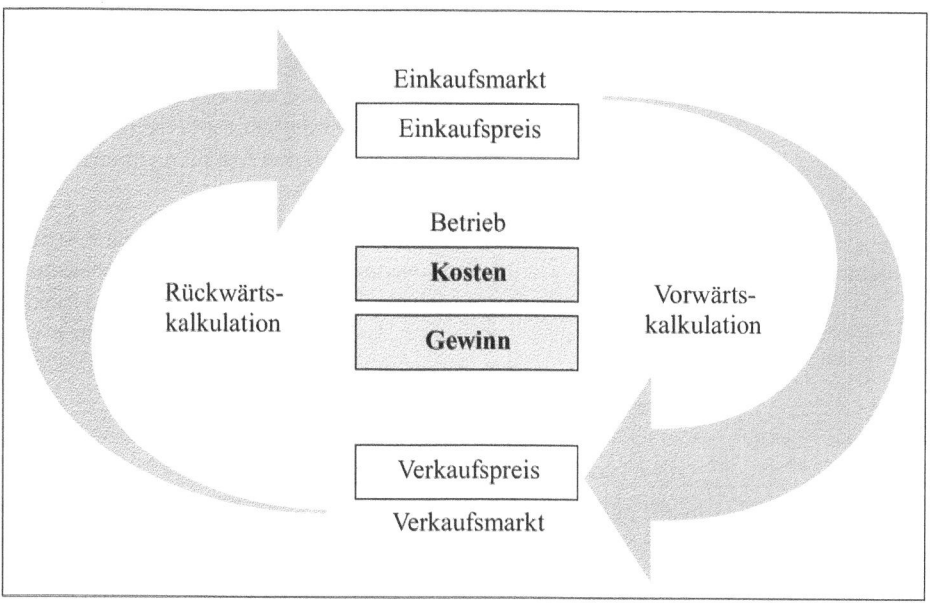

1. Die Aufgabe der Kalkulation

Kalkulieren bedeutet, den Preis für eine Sache zu bestimmen. Die Kalkulation im Warenhandelsbetrieb stellt sicher, dass die eingekauften Waren zu einem Preis verkauft werden können, der nicht nur die Kosten deckt, sondern auch einen angemessenen Gewinn ermöglicht. Um einen entsprechenden Verkaufspreis festlegen zu können, muss auf Daten aus der Buchhaltung zurückgegriffen werden. Ohne eine korrekte Buchführung ist damit eine korrekte Preisfindung nicht möglich.

Informationen

Was versteht man unter einer „Vorwärtskalkulation"?

Traditionell bedeutet kalkulieren für den Kaufmann, aus dem Einkaufspreis den Verkaufspreis zu berechnen, und zwar so, dass nicht nur alle Kosten gedeckt werden, sondern ihm darüber hinaus noch ein Gewinn verbleibt. Diese Bestimmung des Verkaufspreises vom Einkaufspreis aus nennt man Vorwärtskalkulation.

© Springer Fachmedien Wiesbaden GmbH, ein Teil von Springer Nature 2018
J. Hischer et al., *Kaufmännisches Rechnen*,
https://doi.org/10.1007/978-3-658-23454-6_8

Welche Bedeutung hat der kalkulierte Verkaufspreis für den Kaufmann bei der Preisverhandlung?

Der kalkulierte Preis ist eine Kontrollgröße für den Kaufmann und muss nicht mit dem tatsächlich auf dem Markt erzielten Preis übereinstimmen. Ist dieser höher, bedeutet dies einen zusätzlichen Gewinn, liegt der Marktpreis allerdings unter dem kalkulierten Preis, bedeutet dies einen Verlust. Der Kaufmann ist dann aufgefordert, seine Kosten zu überprüfen oder ggf. den Artikel nicht mehr weiter zu verkaufen.

Was versteht man unter einer „Rückwärtskalkulation"?

Heute ist im Einzelhandel bei Standard-Artikeln der Preis weitgehend durch die Konkurrenzsituation festgelegt. Der Gewinn wird dann beim Einkauf „gemacht". Vom vorgegebenen Verkaufspreis werden dann der Gewinn und die Kosten abgezogen und der Einkaufspreis bestimmt. Kann der so ermittelte Einkaufspreis nicht durchgesetzt werden, geht dies zu Lasten des Gewinns.

Kann sich der Kaufmann auf den kalkulatorischen Verkaufspreis verlassen?

Die Kalkulation ist eine Prognoserechnung: Bereits vor Abschluss eines Kaufvertrages sollen die Kosten bei der Preisfindung berücksichtigt werden. Diese Kosten sind in der genauen Höhe noch nicht bekannt und können nur aufgrund von Erfahrungswerten geschätzt werden. Obwohl es für dieses Schätzverfahren ein genaues Rechenverfahren gibt, bleibt auch der genaue kalkulierte Verkaufspreis ein Schätzpreis. Die tatsächlichen Kosten (Ist-Kosten) werden i. d. R. von den geschätzten Kosten (Soll-Kosten) abweichen. Trotzdem kann man sich weitgehend auf den kalkulierten Verkaufspreis verlassen. Vorhersehbare Kostenveränderungen, wie beispielsweise Lohnkostensteigerungen bei bevorstehenden Tarifvertragsverhandlungen, können berücksichtigt werden, unvorhersehbare Ereignisse, wie beispielsweise eine Ölpreiserhöhung aufgrund plötzlicher politischer Ereignisse, können dazu führen, dass der kalkulatorische Verkaufspreis nicht die tatsächlich anfallenden Kosten decken wird.

2. Das Kalkulationsschema

Einkaufsrechnung		
Artikel	Preis	Betrag
1 000 Flaschen Wein	2,75	2 750,00
Rabatt 20 %		550,00
Nettobetrag		2 200,00
Umsatzsteuer 19 %		418,00
Rechnungsbetrag		2 618,00
Bei Barzahlung 3 % Skonto		

Dieser Preis steht in der Preisliste des Lieferers.

Dieser Preis steht in der Rechnung des Lieferers.

Diesen Preis wird der Lieferer bei Barzahlung erhalten.

Dieser Preis muss gezahlt werden, bis die Ware im Lager ist.

Ab diesem Preis erzielt der Kaufmann einen Gewinn.

Diesen Preis will der Kaufmann bei Barzahlung erhalten.

Dieser Preis wird auf der Verkaufsrechnung stehen.

Dieser Preis wird in der Preisliste des Kaufmanns stehen.

Listeneinkaufspreis
– Rabatt (v. H.)
Zieleinkaufspreis
– Skonto (v. H.)
Bareinkaufspreis
+ Bezugskosten

} Bezugskalkulation

Bezugspreis
(Einstandspreis)
+ Handlungskostenzuschlag (HKZ) (v. H.)
Selbstkostenpreis
+ Gewinnzuschlag (v. H.)

} Kalkulation des Barverkaufspreises

Barverkaufspreis
+ Kundenskonti (i. H.)
+ Vertreterprovision
Zielverkaufspreis
+ Kundenrabatt (i. H.)
Listenverkaufspreis

} Verkaufskalkulation

Die Umsatzsteuer ist kein Bestandteil der Kalkulation. Sie wird erst bei der Rechnungserstellung aufgeschlagen. Kalkuliert wird mit den Netto-Preisen.

Verkaufsrechnung		
Artikel	Preis	Betrag
1 000 Flaschen Wein	4,49	4 490,00
Rabatt 25 %		1 122,50
Nettobetrag		3 367,50
Umsatzsteuer 19 %		639,83
Rechnungsbetrag		4 007,33
Bei Barzahlung 2 % Skonto		

3. Die Kalkulation des Bezugspreises (Einkaufskalkulation)

Das Problem

Weinhändler Bauer in Hamburg will 1 000 Flaschen Wein bei der Winzergenossenschaft Bickensuhl bestellen. Er will wissen, was er dafür bezahlen muss, bis der Wein in seinem Geschäft zum Verkauf bereitsteht. Information gibt ihm die Preisliste der Winzergenossenschaft.

Die Lösung

Zuerst ermittelt der Kaufmann den Preis für die 1 000 Flaschen und zieht den Rabatt von 20 % ab. Tatsächlich wird bei rechtzeitiger Zahlung weniger gezahlt: Der Preis verringert sich um weitere 3 % Skontoabzug.

Warenschulden sind Holschulden. Dafür, dass der Weinhandlung in Hamburg die Flaschen zugeschickt werden, werden ihr die Verpackungskosten und die Transportkosten in Rechnung gestellt. Das wird dem Warenwert hinzugerechnet. Damit ist der Wein durch den Transport wertvoller geworden.

Preisliste

Artikel Nr.	Artikel	Preis
00342	Reblaus	2,75

Ab einer Abnahme von 1 000 Flaschen gewähren wir 20 % Rabatt.

Zahlungsbedingungen:

4 Wochen, bei Zahlung innerhalb von 10 Tagen 3 % Skonto

Die Spedition verlangt für die Anlieferung 216 € netto sowie 50 € für die transportgerechte Verpackung.

Mit diesem Wert wird die Ware bilanziert.

Das Kalkulationsschema:

Listenpreis (2,75 × 1 000)	= 2 750	100 %
– Rabatt 20 % (vom Listenpreis)	= 550	20 %
Zieleinkaufspreis	= 2 200	100 %
– Skonto 3 % (vom Zieleinkaufspreis)	= 66	3 %
Bareinkaufspreis	= 2 134	
+ Bezugskosten	= 266	
Verpackung = 50		
Frachtkosten = 216		
Bezugspreis (Einstandspreis)	= 2 400	

Ergebnis

Tatsächlich muss der Weinhändler pro Flasche 2,40 € bezahlen, damit er den Wein in Hamburg verkaufen kann.

Der Bezugspreis ist der Preis, den der Kaufmann zahlen muss, bis er über die Waren verfügen kann.

Rechenweg zur Ermittlung des Bezugspreises

1. Erstellung des Kalkulationsschemas

2. Ermittlung des Listeneinkaufpreises aus dem Angebot des Lieferers

3. Subtraktion des gewährten Rabattes (Listenpreis = 100 %)

4. Subtraktion des gewährten Skontos (Zieleinkaufspreis = 100 %)

5. Ermittlung der Bezugskosten aus den Angaben der Transporteure

6. Addition der Bezugskosten

Aufgaben

1. Ein Autohändler bestellt 154 Straßenatlanten zum Preis von 12,50 € je Stück. Für jeweils 20 Exemplare gewährt der Verlag ein unberechnetes Freiexemplar sowie außerdem 20 % Rabatt und 2 % Skonto bei „kurzfristiger" Zahlung. Für die Zusendung muss der Autohändler dem Paketdienst 24 € zahlen.

   Errechnen Sie den Bezugspreis für einen Autoatlas!

2. Führen Sie einen Angebotsvergleich durch, und geben Sie den Angeboten eine Rangfolge:

	Lieferant A	Lieferant B	Lieferant C	Lieferant D
Listeneinkaufspreis	45,60 €	55,00 €	48,00 €	40,00 €
Rabatt	20 %	30 %	25 %	10 %
Skonto	3 %	2 %	3 %	1,5 %
Bezugskosten je Stück	3,73 €	1,17 €	7,08 €	9,54 €

3. Ein Importeur bietet an: Haselnüsse zum Preis von 1,50 € je Kilo. Bei Abnahme von mehr als 100 kg gewährt er einen Rabatt von 25 %. Das Zahlungsziel beträgt 4 Wochen, bei Zahlung innerhalb von 10 Tagen gewährt er Skonto in Höhe von 2,5 %. Die Lieferung erfolgt ab Versandstation. Für die Verpackung berechnet der Importeur je 50 kg-Sack 4 €. Die Transportkosten betragen je 100 kg 12 €.

   Ermitteln Sie den Bezugspreis je kg Haselnüsse, wenn 1 000 kg gekauft werden sollen!

4. Einer Herrenboutique liegt ein Angebot über 20 Lederjacken vor:

   Listenpreis je Stück 180 €, jede 4. Jacke bleibt unberechnet, Skonto wird nicht gewährt, die Lieferung erfolgt per Nachnahme, die Portokosten in Höhe von 44,00 € gehen zu Lasten des Kunden.

   Ermitteln Sie den Bezugspreis!

Informationen

Welche Gründe gibt es, Rabatt zu gewähren?	1. Mengenrabatt als Anreiz, größere Mengen abzunehmen.
	2. Treuerabatt zur Belohnung regelmäßiger Käufe.
	3. Wiederverkäufer-Rabatt, der dem Kunden als Endverbraucher nicht gewährt wird.
	4. Sonderrabatt für unterschiedliche Anlässe, wie z. B. Schlussverkauf, Räumungsverkauf, Werbeaktionen.
Weshalb wird Skonto gewährt?	Skonto wird bei Zahlung innerhalb eines bestimmten Zeitabschnittes gewährt und soll einen Anreiz geben, möglichst schnell zu zahlen. Die Skontoersparnis liegt i. d. R. über den Kosten eines Bankkredites.
Weshalb kann man nicht die Rabatt- und Skontoprozentsätze zusammenzählen?	Rabatt und Skonto gehen von unterschiedlichen Bezugsgrößen aus und werden von unterschiedlichen Personen abgezogen. Rabatt wird vom Lieferer direkt vom Listenpreis abgezogen. Skonto wird vom Kunden vom Rechnungsbetrag (Zieleinkaufspreis) abgezogen, sofern er dann rechtzeitig zahlt.
Woraus setzen sich die Bezugskosten zusammen?	Die Bezugskosten setzen sich zusammen aus:

Die Bezugskosten setzen sich zusammen aus:

- Verpackungskosten
- Verlade- und Wiegekosten
- Kosten für die Ausstellung der Transportpapiere
- Frachtkosten (für die Anlieferung bis zum Zielbahnhof)
- Rollgeld (für die Anlieferung der Ware vom Zielbahnhof zum Empfänger)
- Entlade- und Nachwiegekosten
- Transportversicherungskosten
- Zölle und Abgaben (bei Importgeschäften).

Weshalb erhöhen die Bezugskosten den Warenwert?	Warenschulden sind Holschulden. Der Käufer muss die Ware entweder selbst abholen oder sie sich auf seine Kosten und Gefahr zuschicken lassen, sofern nichts anderes vertraglich vereinbart wurde. Diese Dienstleistung der Anlieferung wird dem Wert der Ware zugerechnet, da oft erst die Verfügbarkeit an einem bestimmten Ort zu einer bestimmten Zeit die Ware begehrt macht.

4. Die Kalkulation des Barverkaufspreises

4.1 Die Ermittlung des Handlungskostenzuschlages

Das Problem

Weinhändler Bauer hat auf-grund des Angebotes der Win-zereigenossenschaft den Be-zugspreis für 1 Flasche Reblaus in Höhe von 2,40 € ermittelt. Er muss nun prüfen, ob er diesen Wein zu einem marktgerechten Preis anbieten kann oder ob der Wein für ihn zu teuer ist. Bei der Ermittlung seiner Kosten für diesen Wein muss er allerdings feststellen, dass ihm diese weitgehend unbekannt sind. Sie fallen erst an, wenn die Ware verkauft wird.

Wie kann er die Kosten berück-sichtigen, wenn er sie noch gar nicht kennt?

Verkaufte Ware zu Bezugsprei-sen (2 000 000)

Handlungskosten (500 000)

(irrige) Annahme: Die Hand-lungskosten stehen in einem festen Verhältnis zum Wa-reneinsatz.

Die Lösung

Da die zukünftigen Kosten unbekannt sind, orien-tiert man sich an den Kosten der Vergangenheit. Aufschluss darüber gibt die G+V-Rechnung.

Dort sind die Kosten gesammelt, die durch die allgemeine Handelstätigkeit des Weinhandels während der vergangenen Periode angefallen sind: die Handlungskosten.

Die Handlungskosten können mit dem Warenein-satz (das ist der Bezugspreis der verkauften Waren) verglichen und in ein Verhältnis gesetzt werden. Dieses Verhältnis soll auch für die Zukunft gelten.

Die G+V-Rechnung des Weinhändlers Bauer sieht so aus:

S	G+V-Rechnung (Vorjahr)		H
Wareneinsatz (Wareneinkauf)	2 000 000	Warenverkauf	2 750 000
Personalkosten	200 000		
Raumkosten	100 000		
Betr. Steuern	50 000		
Verw. Kosten	150 000		

Damit lassen sich die Handlungskosten anteils-mäßig als Zuschlagssatz ermitteln, der dem Be-zugspreis eines Artikels aufgeschlagen wird.

Ergebnis

Für den Weinhändler Bauer ergibt sich ein Hand-lungskostenzuschlag von 25 %.

$$\text{Handlungskosten-zuschlag (HKZ) in Prozent} = \frac{\text{Handlungskosten} \times 100}{\text{Wareneinsatz}} = \frac{500\,000 \times 100}{2\,000\,000} = 25\,\%$$

Bezugspreis	2,40 €
Handlungskosten-zuschlag 25 %	0,60 €
Selbstkostenpreis	3,00 €

Dem Kalkulationsschema kann Weinhändler Bauer entnehmen:

Jede einzelne Flasche Reblaus muss 25 % des Bezugspreises von 2,40 € = 0,60 € als anteilige Handlungskosten decken. Die Flasche ließe sich damit kostendeckend zum Selbstkostenpreis von 3 € verkaufen.

➡ **Zum Merken**

Der Handlungskostenzuschlag (HKZ) gibt an, um wie viel Prozent der Bezugspreis erhöht werden muss, um die Handlungskosten anteilig auf die einzelnen Artikel umzulegen.

Der HKZ muss laufend aktualisiert werden, damit Änderungen in der Kostenentwicklung berücksichtigt werden können.

Der Einfluss der G+V-Rechnung auf die Kalkulation

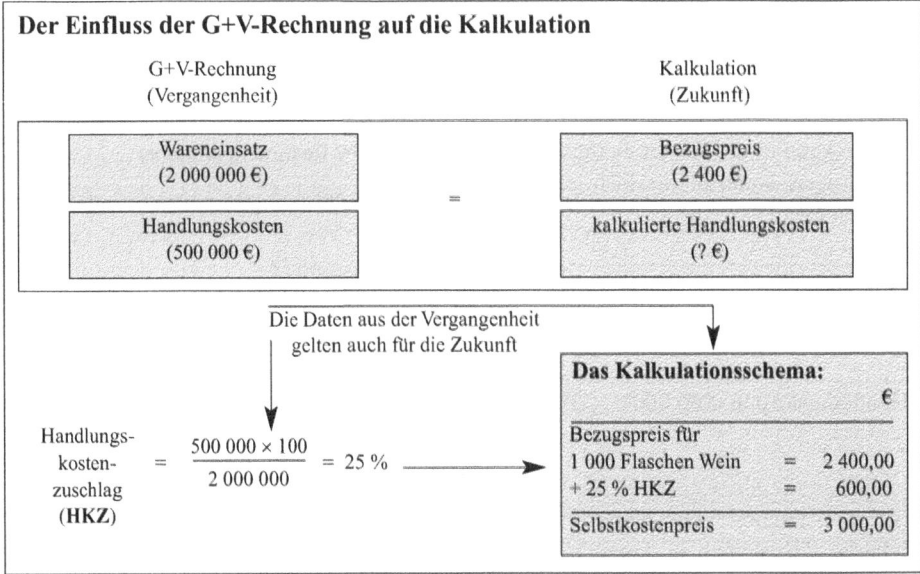

Rechenweg zur Ermittlung des Handlungskostenzuschlages

1. Ermittlung der Handlungskosten aus der G+V-Rechnung

2. Ermittlung des Einstandswertes der verkauften Ware

3. Errechnung des Handlungskostenzuschlages, beispielsweise mit Hilfe des Dreisatzes: Wie viel Prozent vom Einstandswert (100 %) betragen die Handlungskosten?

4. Eintrag des ermittelten Handlungskostenzuschlages in das Kalkulationsschema.

Informationen

Woraus setzen sich die Handlungskosten zusammen?

Handlungskosten sind die Kosten, die durch die Handelstätigkeit des Betriebes entstehen. Nicht dazugehörig sind die Kosten, die durch Ereignisse anfallen, die mit dem Handelsbetrieb nichts direkt zu tun haben wie außerordentliche Aufwendungen, betriebsfremde Aufwendungen, Zinsen, Spenden.

Weshalb gehören die Bezugskosten nicht zu den Handlungskosten?

Die Bezugskosten fallen durch den Einkauf einer bestimmten Ware an und können dieser direkt zugeordnet werden. Dies geschieht bereits in der Bezugskalkulation. Die Bezugskosten sind damit im Einstandswert der Waren bereits enthalten. Die Handlungskosten hingegen lassen sich nicht direkt einer Ware zuordnen. Diese Zuordnung erfolgt deshalb pauschal für alle Waren gleich mit dem Zuschlagssatz, dem Handlungskostenzuschlag (HKZ).

Weshalb muss der HKZ laufend überprüft werden?

Im Handlungskostenzuschlag wird ein festes Verhältnis zwischen den Handlungskosten und dem Wareneinstandswert angenommen. Verringerte sich beispielsweise der Einkaufswert der verkauften Ware aufgrund eines Umsatzrückganges, würden sich nach dieser Annahme auch die Handlungskosten des Betriebes verringern. Umgekehrt würde beispielsweise eine Erhöhung der Personalkosten aufgrund von Tarifvertragsänderungen eine Erhöhung des Wareneinkaufswertes zur Folge haben müssen. Dieser Zusammenhang besteht aber nicht. Er wird nur zur Vereinfachung vorausgesetzt, um Erfahrungswerte aus der Vergangenheit in die Zukunft zu übertragen. Deshalb muss regelmäßig überprüft werden, ob der errechnete HKZ noch mit den Daten der Realität oder der abschätzbaren Zukunft übereinstimmt.

Welche Auswirkungen haben Preiserhöhungen der Lieferanten auf den HKZ?

Erhöhen die Lieferanten ihre Preise, bedeutet dieses bei einem unveränderten HKZ, dass die kalkulierten Handlungskosten anteilig steigen. Die tatsächlich angefallenen Handlungskosten bleiben aber von der Preiserhöhung der Lieferanten unberührt. Deshalb muss in diesem Fall der Handlungskostenzuschlag verringert werden.

Welche Auswirkungen auf den HKZ hat es, wenn der Tarifvertrag in Kürze ausläuft und über die Höhe einer möglichen Tariferhöhung noch nichts bekannt ist?

Für Aufträge, die erst in der Zukunft, nach der Gültigkeit des neuen Tarifvertrages, anfallen, muss eine mögliche Lohnerhöhung mit eingerechnet werden. Hier müssen die Personalkosten der Vergangenheit für die Zukunftsplanung erhöht werden. Da heute die Lohnerhöhung noch nicht feststeht, muss diese subjektiv geschätzt werden. Der Handlungskostenzuschlag wird also steigen. Liegt die spätere tatsächliche Lohnerhöhung unter der geschätzten, erwirtschaftet der damit kalkulierte Auftrag einen zusätzlichen Gewinn.

4.2 Der kalkulierte Mindestgewinn

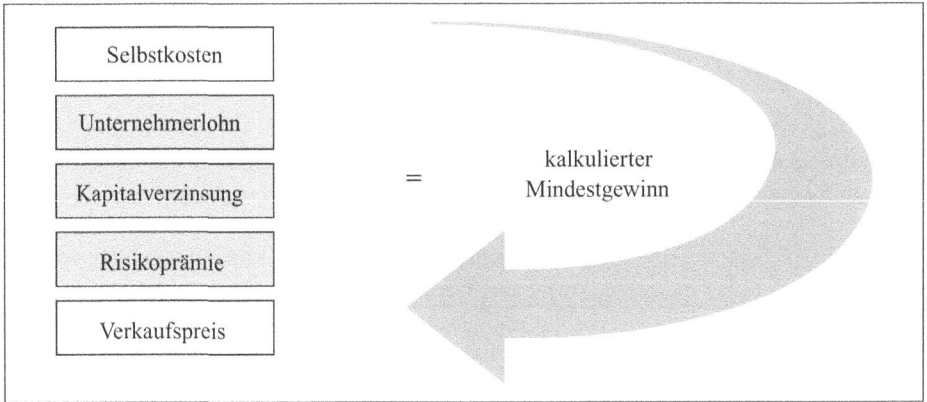

Das Problem

Weinhändler Bauer möchte einen angemessenen Gewinn erzielen und einen entsprechenden Verkaufspreis kalkulieren. Er erwartet

– eine Entlohnung seiner Arbeit im Betrieb, da er sonst jemanden für seine Tätigkeit einstellen und entlohnen müsste

– eine Verzinsung seines eingesetzten Kapitals, da er es sonst auch auf der Bank verzinsen lassen könnte.

Die Lösung

Weinhändler Bauer setzt folgende Werte an:

Kalkulatorischer Unternehmerlohn: **150 000 €**

(Diesen Jahreslohn müsste er für seine Tätigkeit einem Geschäftsführer zahlen.)

Verzinsung des Eigenkapitals: **35 000 €**

Kaufmann A hat 500 000 € in sein Unternehmen investiert (Eigenkapital), statt es bei der Bank arbeiten zu lassen. Die banküblichen Verzinsung beträgt 7 %.

$$\frac{500\,000 \times 7}{100} = 35\,000$$

– einen Risikozuschlag für das höhere Risiko, das Geld stattdessen im Betrieb investiert zu haben.

Er will wissen, welche Höhe der Gewinn mindestens pro Jahr betragen muss. Diese Gewinnvorstellung ist für ihn eine Untergrenze. Es kann sein, dass der Markt einen höheren Gewinn für ihn zulässt.

Unternehmerische Risikoprämie: 15 000 €

Die Anlage seines Geldes in einem kaufmännischen Betrieb ist risikoreicher, als es auf der Bank zu deponieren. Er erwartet daher eine zusätzliche Verzinsung seines Eigenkapitals in Höhe von 3 %.

$$\frac{500\,000 \times 3}{100} = 15\,000$$

Kalkulatorischer Jahresmindestgewinn 200 000 €

Diesen Gewinn sollte der Betrieb im laufenden Jahr mindestens erzielen.

➡ **Zum Merken**

Der kalkulatorische Mindestgewinn soll eine angemessene Verzinsung des eingesetzten Kapitals und eine marktgerechte Entlohnung der geleisteten Arbeit der Unternehmenseigner gewährleisten.

4.3 Die Ermittlung des Gewinnzuschlags

Das Problem

Weinhändler Bauer möchte einen angemessenen Gewinn erzielen und einen entsprechenden Verkaufspreis kalkulieren. Der kalkulatorische Mindestge-

Selbstkosten des Vorjahres (2 500 000)

Gewinn des Vorjahres (250 000)

winn beträgt 200 000 €, bezogen auf ein Jahr. Er möchte seine Preise so kalkulieren, dass dieser Jahresgewinn auch erzielt wird.

Die Lösung

Aufschluss über die Marktsituation gibt ein Blick in die G+V-Rechnung der Vorperiode, in diesem Fall des Vorjahres:

S	G+V-Rechnung (Vorjahr)		H
Wareneinsatz	2 000 000	Warenver kauf	2 750 000
Personalkosten	200 000		
Raumkosten	100 000		
Betr. Steuern	50 000		
Verw. Kosten	150 000		
Gewinn	250 000		
	2 750 000		2 750 000

Im vergangenen Jahr wurde ein Gewinn von 250 000 € erzielt. Das ist höher als der zuvor kalkulierte Mindestgewinn von 200 000 €. Für die weitere Berechnung ist der höhere Gewinn, in die-

Annahme:
Das Verhältnis zwischen Kosten und Gewinn des Vorjahres lässt sich auch im neuen Jahr erzielen.

sem Fall der im Vorjahr erzielte Gewinn, entscheidend.

Dieser Gewinn wird mit den Selbstkosten verglichen und in ein Verhältnis gesetzt. Dieses Verhältnis soll auch für die Zukunft gelten.

$$\text{Gewinnzuschlag in Prozent} = \frac{\text{Gewinn} \times 100}{\text{Selbstkosten}} = \frac{250\,000 \times 100}{2\,500\,000} = 10\,\%$$

Selbstkostenpreis	3,00 €
Gewinn-zuschlag 10 %	0,30 €
Verkaufspreis	3,30 €

Ergebnis

Dem Kalkulationsschema kann Weinhändler Bauer entnehmen:

Die Selbstkosten der Flasche Reblaus von 3 € müssen um 10 % = 0,30 € erhöht werden, um den geplanten Gewinn zu garantieren.

➡ **Zum Merken**

Der Gewinnzuschlag gibt an, um wie viel Prozent der Selbstkostenpreis erhöht werden muss, um den beabsichtigten Gewinn anteilig auf den einzelnen Artikel umzulegen.

Der Einfluss der G+V-Rechnung auf die Kalkulation

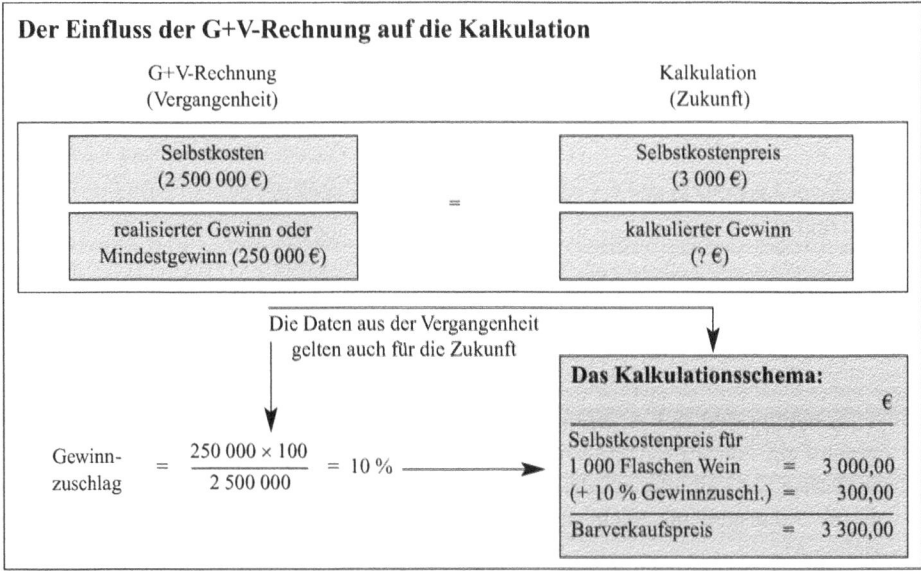

Rechenweg zur Ermittlung des Gewinnzuschlages

1. Errechnung des kalkulatorischen Mindestgewinns

2. Ermittlung des realisierten Gewinns aus der G+V-Rechnung der Vorperiode

3. Auswahl des höheren Gewinns

4. Errechnung des Gewinnzuschlages:

   Beispielsweise mit Hilfe des Dreisatzes: Wie viel Prozent von den Selbstkosten beträgt der Gewinn? (Selbstkosten = 100 %)

5. Eintrag des ermittelten Gewinnzuschlages in das Kalkulationsschema

4.4 Die Kalkulation des Barverkaufspreises

Das Problem

Weinhändler Bauer in Hamburg möchte für den Wein der Winzergenossenschaft Bickensuhl einen Preis festlegen, der sowohl seine Kosten deckt als ihm auch einen Gewinn beschert. Er rechnet mit folgenden Daten:

Einstandspreis für 1 000 Flaschen:	2 400 €
Handlungskostenzuschlag:	25 %
Gewinnzuschlag :	10 %

Barverkaufspreis pro Flasche (3 300 € : 1 000)

= 3,30 €

Die Lösung

Der Weinhändler setzt die Zuschlagssätze in das Kalkulationsschema ein und errechnet mit Hilfe der Prozentrechnung den Selbstkostenpreis und den Barverkaufspreis:

Das Kalkulationsschema:

Bezugspreis für 1 000 Flaschen Wein	= 2 400,00 €	100 %
+ Handlungskostenzuschlag (HKZ) (25 % vom Bezugspreis)	= 600,00 €	25 %
Selbstkostenpreis	= 3 000,00 €	100 %
+ Gewinnzuschlag (10 % vom Selbstkostenpreis)	= 300,00 €	10 %
Barverkaufspreis	= 3 300,00 €	

➡ Zum Merken

Der Barverkaufspreis ist der Preis, zu dem der Kunde die Ware beim Händler gegen Barzahlung abholen kann.

Rechenweg zur Ermittlung des Barverkaufspreises

1. Ermittlung des Bezugspreises

2. Ermittlung und Addition der anteiligen Handlungskosten mit dem Handlungskostenzuschlag (Bezugspreis = 100 %)

3. Ermittlung und Addition des anteiligen Gewinns mit dem Gewinnzuschlag (Selbstkostenpreis = 100 %)

5. Die Kalkulation des Listenverkaufspreises

5.1 Allgemeine Problemstellung

Das Problem

Der Weinhändler Bauer in Hamburg hat den Barverkaufspreis für 1 000 Flaschen Wein mit 3 300 € kalkuliert. Er möchte diesen Wein in seine Preisliste aufnehmen, allerdings soll bei Abnahme dieser Menge ein Mengenrabatt von 25 % gewährt werden sowie ein Skonto von 2 %, um für die Kunden einen Anreiz für rechtzeitige Zahlung zu schaffen.

Der kalkulierte Barverkaufspreis darf jedoch nicht unterschritten werden, da dieses ja den kalkulierten Gewinn schmälern würde.

Wie kann ein Anreiz in Form eines Preisnachlasses für ein bestimmtes Kundenverhalten geschaffen werden, ohne dass der kalkulierte Barverkaufspreis gesenkt werden muss?

Die Lösung

Der Kaufmann unterscheidet seine Kunden danach, ob sie ein gewünschtes Verhalten an den Tag legen oder nicht. Gewünscht ist in diesem Fall, dass die Kunden in größeren Mengen kaufen und möglichst schnell bezahlen. Sind es in dieser Hinsicht „gute Kunden", können sie den Wein zum kalkulierten Barverkaufspreis erhalten.

Statt seine „guten" Kunden zu belohnen, bestraft der Kaufmann seine „schlechten" Kunden dafür, dass sie nicht die genügende Menge kaufen und nicht rechtzeitig zahlen: Er erhöht den Verkaufs-

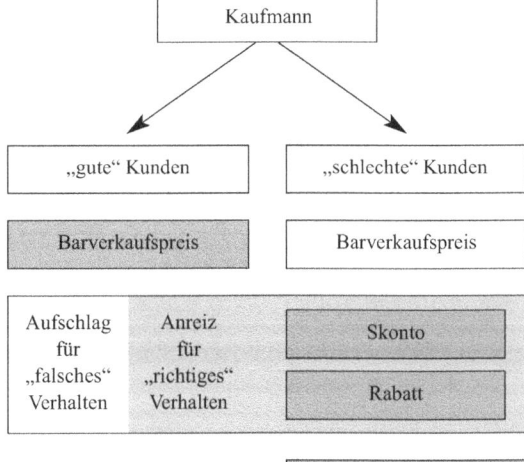

preis um einen Skontozuschlag und einen Rabattzuschlag und nimmt diesen erhöhten Verkaufspreis in seine Preisliste auf. Der Rabattzuschlag ist ein Ausgleich für den bei kleineren Mengen unverhältnismäßig hohen Verwaltungsaufwand, der Skontozuschlag ist ein Zinszuschlag für das eingeräumte Zahlungsziel.

Damit wird der Listenverkaufspreis immer höher sein als der Barverkaufspreis.

➡ Zum Merken

Skonto und Rabatt werden für den Kunden auf den Preis aufgeschlagen, um den Kunden einen Anreiz zu bieten, genügende Stückzahlen abzunehmen und rechtzeitig zu zahlen.

5.2 Die Ermittlung des Listenverkaufspreises

Das Problem

Der Weinhändler A in Hamburg hat den Barverkaufspreis für 1 000 Flaschen Wein mit 3 300 € kalkuliert. Es soll ein Skonto von 2 % und ein Mengenrabatt von 25 % gewährt werden. Der Verkaufspreis soll entsprechend erhöht werden:

Vom Rechnungsbetrag (Zielverkaufspreis) soll sich der Kunde gegebenenfalls 2 % Skonto abziehen, wenn er denn rechtzeitig zahlt.

Vom Listenverkaufspreis soll dem Kunden gegebenenfalls 25 % Rabatt abgezogen werden, wenn er denn die erforderliche Menge abnimmt.

$$100 \% - 25 \% = 75 \%$$

Die Lösung

Rabatt und Skonto wird sich der Kunde entsprechend der Bezugskalkulation abziehen. Daher muss die Verkaufskalkulation umgestellt werden:

Der zu ermittelnde Zielverkaufspreis ist dabei der Grundwert und der bereits bekannte Barverkaufspreis der um den Skontoabzug verminderte Grundwert. Errechnet wird der Zielverkaufspreis damit in einer „in Hundert" Rechnung.

Errechnung des Zielverkaufspreises
in der i. H.-Rechnung =

$$ZVP = \frac{3\,300\, € \times 100}{98} = 3\,367,35\, €$$

Der Listenverkaufspreis errechnet sich entsprechend. Der bereits errechnete Zielverkaufspreis entspricht dem um den Rabatt-Satz verminderten Grundwert.

Errechnung des Listenverkaufspreises
in der i. H.-Rechnung =

$$LVP = \frac{3\,367,35\, € \times 100}{75} = 4\,489,80\, €$$

So rechnet der Kunde:	
Listenpreis	100 %
− Rabatt	25 %
Rechnungsbetrag	100 %
− Skonto	2 %
Zahlungsbetrag	98 %

Listenverkaufspreis pro Flasche (4 489, 80 € : 1 000)

= 4,49 €

Das Kalkulationsschema:

Barverkaufspreis	3 300,00 €	98 %	
+ Skonto (2 % vom Zielverkaufspreis)	67,35 €	2 %	
Zielverkaufspreis	3 367,35 €	100 %	75 %
+ Rabatt (25 % vom Listen- verkaufspreis)	1 122,45 €		25 %
Listenverkaufspreis	4 489,80 €		100 %

➡ **Zum Merken**

Der Zielverkaufspreis ist der Rechnungsbetrag und gilt nur bei Ausnutzung des Zahlungszieles.

Der Listenverkaufspreis steht in der Preisliste und gilt nur für die Kunden, die nicht zum normalen Kundenkreis des Händlers zählen und nur in geringen Mengen kaufen.

5.3 Die Berücksichtigung der Vertreterprovision

Das Problem

Der Weinhändler Bauer in Hamburg vertreibt seine Weine durch selbstständige Handelsvertreter. Diesen ist ein Gebietsschutz eingeräumt: Von jedem Verkauf innerhalb ihres Gebietes erhalten sie 8 % des Rechnungsbetrages, unabhängig davon, ob sie am Zustandekommen des Geschäftes beteiligt sind oder nicht.

Diese Provision soll allerdings in der Kalkulation so berücksichtigt werden, dass sie zu Lasten des Kunden geht und nicht zu Lasten des kalkulierten Gewinns. Damit wird sich der Preis für den Kunden erhöhen.

Die Lösung

Das Kalkulationsschema:

Barverkaufspreis	3 300,00 €	**90 %**	
+ Skonto (2 % vom Zielverkaufspreis)	73,33 €	+ 2 %	
+ Vertreterprovision (8 % vom Zielver- kaufspreis)	293,33 €	+ 8 %	
Zielverkaufspreis	3 666,66 €	100 %	**75 %**
+ Rabatt (25 % vom Listenverkaufspreis)	1 222,22 €		+ 25 %
Listenverkaufspreis	4 888,88 €		100 %

Der Rechnungsbetrag, von dem die Vertreterprovision berechnet wird, entspricht dem Zielverkaufspreis. Um die Vertreterprovision zu berücksichtigen, muss der Zielverkaufspreis entsprechend der Vertreterprovision in einer i. H. Rechnung erhöht

Wie kann die Provision in der Kalkulation berücksichtigt werden?

werden. Da sich die Vertreterprovision wie auch der Kundenskonto prozentual vom Zieleinkaufspreis errechnen, können beide Prozentsätze zusammengezogen werden.

Rechenweg zur Ermittlung des Listenverkaufspreises

1. Ermittlung des verminderten Grundwertes des Barverkaufspreises (BVP) durch Subtraktion der Prozentsätze der Vertreterprovision und des Skontos von 100 %

2. Ermittlung des Zielverkaufspreises in einer i. H. Rechnung: BVP × 100 geteilt durch den verminderten Grundwert

3. Ermittlung des verminderten Grundwertes des Zielverkaufspreises (ZVP) durch Subtraktion des Rabattsatzes von 100 %

4. Ermittlung des Listenverkaufspreises in einer i. H. Rechnung: ZVP × 100 geteilt durch den verminderten Grundwert

---

6. Zusammenfassung: die Gesamtkalkulation

Das Problem

Ein Elektro-Großmarkt erhält einen Sonderposten über 150 Haushaltskaffeemaschinen zu 25 € je Stück frei Lager mit 20 % Mengenrabatt und 2 % Skonto.

Der Großmarkt kalkuliert mit 15 % HKZ, 20 % Gewinnzuschlag und 1 % Vertreterprovision.

Seinen Kunden gewährt der Großmarkt 3 % Skonto bei Zahlung innerhalb von 10 Tagen sowie einen Mengenrabatt von 25 % bei einer Abnahme von 10 Kaffeemaschinen.

Zu welchem Preis kann der Großmarkt die Kaffeemaschinen anbieten?

Listenverkaufspreis pro Stück (4 600 : 150)
= 34,50 €

Die Lösung

Das Kalkulationsschema:

Listeneinkaufspreis (150 × 25 e)	**3 750,00 €**
– 20 % Rabatt (v. H.)	750,00 €
Zieleinkaufspreis	**3 000,00 €**
– 2 % Skonto (v. H.)	60,00 €
Bareinkaufspreis	**2 940,00 €**
+ Bezugskosten	0,00 €
Bezugspreis	**2 940,00 €**
+ 15 % HKZ (v. H.)	441,00 €
Selbstkostenpreis	**3 381,00 €**
+ 20 % Gewinnzuschlag (v. H.)	676,20 €
Barverkaufspreis	**4 057,20 €**
+ 3 % Kundenskonto (i. H.)	126,79 €
+ 1 % Vertreterprovision (i. H.)	42,26 €
Zielverkaufspreis	**4 226,25 €**
+ 25 % Kundenrabatt (i. H.)	1 408,75 €
Listenverkaufspreis	**5 635,00 €**

Der ermittelte Preis ist eine Mindestvorstellung.

Der Großmarkt wird die Kaffeemaschine zu einem Preis von 56,35 € netto anbieten, sofern die Marktsituation keinen höheren Preis zulässt.

Der Großmarkt führt eine Kalkulation für die Gesamtzahl der Kaffeemaschinen durch, um Rundungsfehler gering zu halten.

Das Kalkulationsschema wird aufgestellt, die entsprechenden Prozentsätze eingetragen und die Beträge errechnet. Bezugskosten fallen nicht an, da der Lieferer die Ware auf seine Kosten anliefert. (Er hat die Anlieferungskosten bereits in seinem Listenpreis berücksichtigt.)

Aufgaben

1. Eine Großhandlung für Werbeartikel rechnete bislang mit einem Handlungskostenzuschlag von 25 %. Überprüfen Sie anhand der nachfolgenden Daten aus der Buchführung, ob dieser Zuschlag auch für die Zukunft gelten kann, und korrigieren Sie diesen gegebenenfalls!

   Wareneinsatz: 400 000, Personalkosten: 32 000, Raumkosten: 10 000, Betriebssteuern und Abgaben: 5 500, Werbekosten 12 500, Allgemeine Verwaltungskosten: 12 000, Abschreibungen: 8 000.

2. Ermitteln Sie den Handlungskostenzuschlag!

	Einstandspreis der verkauften Ware	Handlungskosten
a	650 000	52 000
b	1 075 000	172 000
c	776 000	48 500
d	498 600	124 650
e	2 727 500	543 500
f	689 000	34 450

3. Berechnen Sie den Gewinnzuschlag!

	Kapital	Unternehmerlohn	Selbstkosten der Vorperiode	Gewinn der Vorperiode
a	450 000	76 000	600 000	120 000
b	320 000	50 000	756 000	70 000
c	750 000	82 000	1 136 000	130 000
d	1 250 000	110 000	3 750 000	250 000

Kapitalverzinsung: 5 %   Risikoaufschlag: 3 %

4. Berechnen Sie den Barverkaufspreis!

	Bezugspreis	HKZ	Gewinnzuschlag
a	301,50	15 %	20 %
b	269,60	12 %	25 %
c	9 875,00	8 %	12 %
d	12,50	30 %	16 %

5. Berechnen Sie den Listenverkaufspreis!

	Barverkaufspreis	Händlerskonto	Händlerrabatt
a	92,15	3 %	5 %
b	918,75	2 %	25 %
c	46 465,65	1 %	30 %
d	95,94	2,5 %	18 %

7. Die kalkulatorische Rückrechnung (Rückwärtskalkulation)

Das Problem

Bei der Preisgestaltung muss sich der Kaufmann oft an den Preisvorgaben der Konkurrenz orientieren. So will der Elektro-Markt Mikrowellengeräte in sein Programm aufnehmen, die bereits von Konkurrenzbetrieben für 380 € netto angeboten werden. Welchen Listeneinkaufspreis kann der Elektro-Markt bei dem Hersteller höchstens akzeptieren, wenn er mit den folgenden Daten rechnet:

Beabsichtigte Einkaufsmenge: 100 Stück, Großhändler-Rabatt: 25 %, Händler-Skonto: 3 %, Bezugskosten: 1083,20 €, HKZ: 40 %, Gewinnzuschlag: 25 %, Kundenskonto: 2 %, Kundenrabatt: 30 %.

Die Lösung

Das Kalkulationsschema wird in umgekehrter Reihenfolge erstellt und der Listeneinkaufspreis errechnet. Die Rechnung erfolgt für die Gesamtmenge, um Rundungsfehler gering zu halten.

Ergebnis

Der Elektro-Markt wird nur dann die Mikrowelle in sein Programm mit aufnehmen, wenn es ihm gelingt, diese für einen Stückpreis von 178 € zu erwerben. Siehe dazu die Kalkulation auf Seite 148.

Gelingt es, einen noch niedrigeren Einkaufspreis zu erzielen, erwirtschaftet der Elektro-Markt einen zusätzlichen Gewinn.

Das umgekehrte Kalkulationsschema:

Listenverkaufspreis	38 000,00 €	100 %		
(100 × 380 €)				
– 30 % Rabatt	11 400,00 €	30 %		v.H.
Zielverkaufspreis	26 068,00 €	70 %	100 %	
– 2 % Skonto	532,00 €		2 %	v.H.
Barverkaufspreis	26 068,00 €	125 %	98 %	
– 25 % Gewinnzuschlag	5 213,60 €	25 %		a.H.
Selbstkostenpreis	20 854,40 €	100 %	140 %	
– 40 % HKZ	5 958,40 €		40 %	a.H.
Bezugspreis	14 896,00 €		100 %	
– Bezugskosten	1 083,20 €			
Bareinkaufspreis	13 812,80 €	97 %		
+ 3% Lieferskonti	427,20 €	3 %		i.H.
Zieleinkaufspreis	14 240,00 €	100 %	80 %	
+ Liefererrabatt 20 %	3 560,00 €		20 %	i.H.
Listeneinkaufspreis	1 7800,00 €		100 %	
Listeneinkaufspreis pro Stück	178,00 €			
(17 800: 100)				

➡ **Zum Merken**

Die kalkulatorische Rückrechnung ermöglicht es, bei Einkaufsverhandlungen von einem durch die Konkurrenz vorgegebenen Verkaufspreis den Listeneinkaufspreis zu ermitteln, der sowohl die Kosten deckt als auch den gewünschten Gewinn erwirtschaftet.

Aufgabe

„Ich kalkuliere ganz einfach", erklärte der Altwarenhändler. „Ich kaufe die Ware ein und schlage 10 % auf den Preis. In den Verkaufsverhandlungen gehe ich dann um 9 % mit dem Preis wieder herunter. Dann sind meine Kunden zufrieden. Und von dem einen Prozent lebe ich dann."

Worin liegt der Denkfehler des Altwarenhändlers?

Die Prozentrechnung bei der Vorwärts- und Rückwärtskalkulation

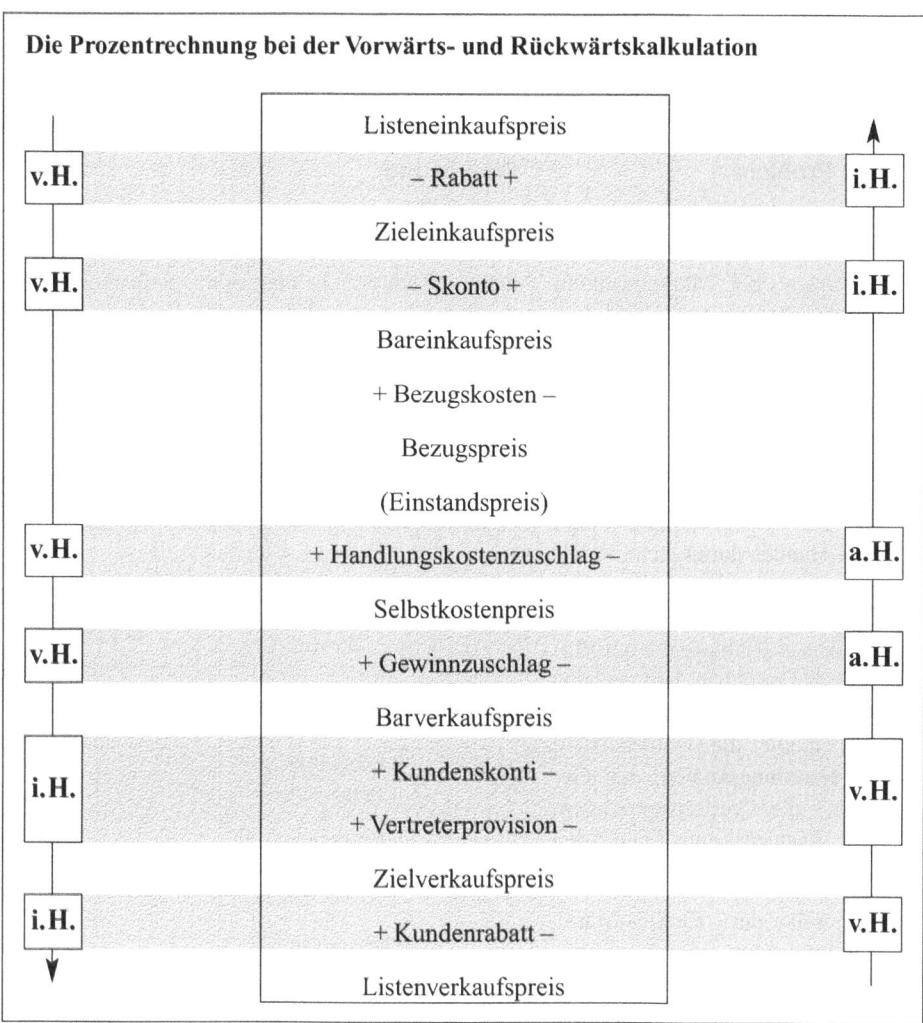

	Listeneinkaufspreis	
v.H.	– Rabatt +	i.H.
	Zieleinkaufspreis	
v.H.	– Skonto +	i.H.
	Bareinkaufspreis	
	+ Bezugskosten –	
	Bezugspreis	
	(Einstandspreis)	
v.H.	+ Handlungskostenzuschlag –	a.H.
	Selbstkostenpreis	
v.H.	+ Gewinnzuschlag –	a.H.
	Barverkaufspreis	
i.H.	+ Kundenskonti –	v.H.
	+ Vertreterprovision –	
	Zielverkaufspreis	
i.H.	+ Kundenrabatt –	v.H.
	Listenverkaufspreis	

Rechenweg bei der Rückwärtskalkulation

1. Erstellung des Kalkulationsschemas in umgekehrter Reihenfolge

2. Rückrechnung vom Listenverkaufspreis stufenweise auf den Barverkaufspreis in einer von Hundert Rechnung.

3. Rückrechnung vom Barverkaufspreis stufenweise auf den Bezugspreis in einer auf Hundert Rechnung

4. Rückrechnung vom Bezugspreis stufenweise auf den Listeneinkaufspreis in einer in Hundert Rechnung.

8. Die Differenzkalkulation

8.1 Allgemeine Problemstellung

Das Problem

Oft bestimmt bereits der Hersteller den Endverkaufspreis. Besonders bei Markenartikeln spricht er eine unverbindliche Preisempfehlung aus und druckt diese oft bereits auf die Verpackung. Der Handel muss diesen Preis dann als Obergrenze akzeptieren.

Für die Preisgestaltung bleibt dem Handel damit kein Spielraum mehr. Der Hersteller räumt dem Zwischenhändler auf diesen Richtpreis einen Rabatt ein, der neben dem gewährten Skonto ausreichen muss, um dem Händler die Bezugskosten, die Handlungskosten, den Gewinn, die Vertreterprovision, den Kundenskonto und den Kundenrabatt zu decken.

So will der Elektro-Markt Handmixer in sein Programm aufnehmen, die bereits vom Hersteller mit dem unverbindlichen Ladenpreis von 98,90 € ausgezeichnet wurden.

Wie kann er prüfen, ob ihm bei den bestehenden Ein- und Verkaufskonditionen noch ein entsprechender Gewinn verbleibt?

Die Lösung

Dabei wird die Kalkulation sowohl als Vorwärtskalkulation vom Listeneinkaufspreis (= unverbindlicher Richtpreis) bis zum Selbstkostenpreis durchgeführt als auch als Rückwärtskalkulation vom Listenverkaufspreis (= unverbindlicher Richtpreis) zum Barverkaufspreis.

Die Differenz zwischen den beiden Werten ergibt den Gewinn des Artikels und entscheidet über die Aufnahme des Artikels in das Sortiment des Zwischenhändlers.

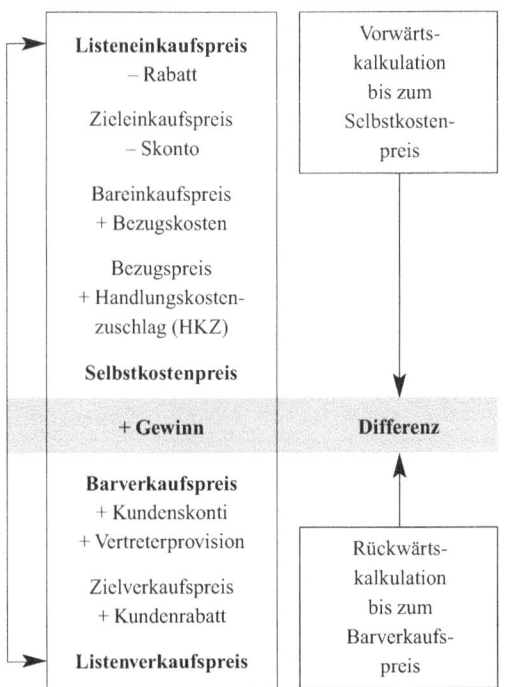

⇒ **Zum Merken**

Mit der Differenzkalkulation wird geprüft, ob bei den bestehenden Ein- und Verkaufskonditionen dem Großhändler beim einzelnen Artikel noch ein Gewinn verbleibt.

8.2 Die Ermittlung der Differenz

Das Problem

Der Elektro-Markt will prüfen, ob ein Haushalts-Handmixer mit dem vom Hersteller vorgegebenen Ladenverkaufspreis von 102,34 € in das Sortiment aufgenommen werden soll.

Der Hersteller gewährt 45 % Rabatt und 3 % Skonto. Die Bezugskosten betragen anteilig pro Gerät 4,12 €. Der Einzelhandel erwartet einen Rabatt von 25 % sowie 2 % Skonto.

Welchen Gewinn erzielt der Elektro-Markt, wenn er mit einem HKZ von 20 % rechnet?

Die Lösung

Aus dem empfohlenen Ladenverkaufspreis wird zuerst die Umsatzsteuer herausgerechnet, der Nettopreis entspricht sowohl dem Listeneinkaufspreis als auch dem Listenverkaufspreis. Von diesen Preisen wird parallel durch Vorwärts- und Rückwärtskalkulation überprüft, ob dem Elektro-Markt ein Gewinn verbleibt.

Empfohlener Ladenpreis (brutto)	102,34 €
19 % Umsatzsteuer	16,34 €
Nettopreis	**86,00 €**

Vorwärtskalkulation	
Listeneinkaufspreis	**86,00 €**
– 45 % Rabatt (v. H.)	38,70 €
Zieleinkaufspreis	47,30 €
– 3 % Skonto (v. H.)	1,42 €
Bareinkaufspreis	45,88 €
+ Bezugskosten	4,12 €
Bezugspreis	50,00 €
+ 20 % HKZ (v. H.)	10,00 €
Selbstkostenpreis	**60,00 €**

Rückwärtskalkulation	
Listenverkaufspreis	**86,00 €**
– 25 % Rabatt (v. H.)	21,50 €
Zieleinkaufspreis	64,50 €
– 2 % Skonto (v. H.)	1,29 €
Barverkaufspreis	**63,21 €**

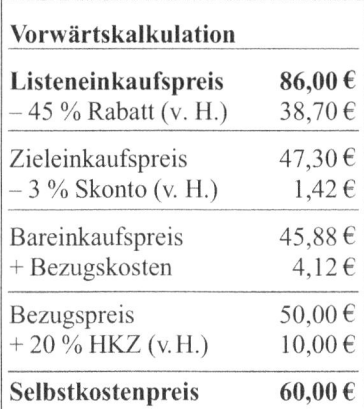

Differenz
3,21 € Gewinn

Der Artikel kann in das Sortiment aufgenommen werden.

8.3 Der Gewinnvergleich

Das Problem

Der Elektro-Markt prüft, ob ein Haushalts-Handmixer mit dem vom Hersteller vorgegebenen Ladenverkaufspreis von 102,34 € in das Sortiment aufgenommen werden soll.

Die Differenzkalkulation ergab, dass bei einem HKZ von 20 % der Elektromarkt einen Gewinn von 3,21 € erzielt.

Soll der Artikel in das Sortiment aufgenommen werden, wenn der Elektro-Markt mit einem Gewinnzuschlag von 22,5 % kalkuliert?

Die Lösung

Grundsätzlich kann ein Artikel immer dann in das Sortiment aufgenommen werden, wenn er einen Gewinn erzielt. Das wird überprüft, indem man vom Barverkaufspreis (Rückwärtskalkulation) subtrahiert. Ist die Differenz positiv, so würde der Artikel einen Gewinn erzielen und kann somit in das Sortiment aufgenommen werden.

	Barverkaufspreis	63,21 €
−	Selbstkostenpreis	− 60,00 €
	erzielbarer Gewinn	+ 3,21 €

Oft wird ein Artikel erst dann in das Sortiment aufgenommen, wenn der erzielbare Gewinn den kalkulatorischen Mindestgewinn nicht unterschreitet. Der Elektro-Markt rechnet in seiner Kalkulation mit einem Gewinnzuschlag von 22,5 %. Der erzielbare Gewinn von 3,21 € muss nun mit dem Gewinnzuschlag verglichen werden.

Mindestgewinn lt. Gewinnzuschlag 22,5 %	←— Vergleich —→	erzielbarer Gewinn in Prozent der Selbstkosten = x %

Dazu muss der Gewinn in Prozent des Selbstkostenpreises errechnet werden. Das geschieht mit dem Dreisatz:

Selbstkostenpreis	60,00 €	=	100 %
Erzielbarer Gewinn	3,21 €	=	x %

$$x = \frac{3,21 \times 100}{60} = 5,35\,\%$$

✔ Ergebnis

Der errechnete Prozentsatz ist in diesem Fall kleiner als der festgesetzte Gewinnzuschlag. Der Haushalts-Handmixer sollte daher nicht in das Sortiment aufgenommen werden, sofern nicht besondere Gründe es doch rechtfertigen, den Artikel in das Sortiment aufzunehmen.

8.4 Die Ermittlung des notwendigen Liefererrabatts

Das Problem

Der Elektro-Markt prüft, ob ein Haushalts-Handmixer mit dem vom Hersteller vorgegebenen Ladenverkaufspreis von 102,34 € (brutto) in das Sortiment aufgenommen werden kann.

Die Differenzkalkulation ergab, dass bei einem HKZ von 15 % der Elektro-Markt einen Gewinn von 9,21 € erzielt. Das entspricht einem Gewinnzuschlag von 5,35 % statt geplanter 22,5 %.

Wenn der Artikel in das Sortiment aufgenommen werden soll, müsste der Hersteller einen günstigeren Liefererrabatt gewähren, um einen entsprechenden Gewinn zu ermöglichen.

Welchen Liefererrabatt sollte der Elektro-Markt fordern?

Die Kalkulationsdaten:

Der Hersteller gewährt bislang 45 % Rabatt und 3 % Skonto. Die Bezugskosten betragen anteilig pro Gerät 4,12 €. Der Einzelhandel erwartet einen Rabatt von 25 % sowie 2 % Skonto. Der Elektro-Markt rechnet mit einem HKZ von 20 % und einem Gewinnzuschlag von 22,5 %.

Die Lösung

Der Elektro-Markt führt eine Rückwärtskalkulation vom Listenverkaufspreis (entspricht dem Nettopreis des vom Hersteller vorgegebenen Ladenverkaufspreises) zum Zieleinkaufspreis durch.

Listenverkaufspreis (netto)	86,00 €
– 25 % Rabatt (v. H.)	21,50 €
Zielverkaufspreis	64,50 €
– 2 % Skonto (v. H.)	1,29 €
Barverkaufspreis	63,21 €
– 22,5 % Gewinnzuschlag (a. H.)	11,61 €
Selbstkostenpreis	51,60 €
– 20 % HKZ (a. H.)	8,60 €
Bezugspreis	43,00 €
– Bezugskosten	4,12 €
Bareinkaufspreis	38,88 €
+ 3 % Lieferskonti (i. H.)	1,20 €
Zieleinkaufspreis	40,08 €

Die Differenz zum Listeneinkaufspreis (entspricht ebenfalls dem Nettopreis des vom Hersteller vorgegebenen Ladenverkaufspreises) ergibt den notwendigen Liefererrabatt, der dem Elektro-Markt nicht nur eine Kostendeckung verspricht, sondern auch den geplanten Gewinn ermöglicht.

Listeneinkaufspreis	86,00 €	=	100 %
– Zieleinkaufspreis	40,08 €		
Liefererrabatt	45,92 €	=	x %

$$x = \frac{45,92 \times 100}{86,00} = 53,4\ \%$$

Ergebnis

Der Elektro-Markt sollte bei den Einkaufsverhandlungen vom Hersteller einen Liefererrabatt von 53,4 % anstelle der bisherigen 45 % verlangen, da erst bei diesem Prozentsatz der Gewinnzuschlag von 22,5 % gewährleistet ist.

Rechenweg der Differenzkalkulation

1. Erstellung des Kalkulationsschemas bis zum Selbstkostenpreis

   Der Nettowert der unverbindlichen Preisempfehlung entspricht dem Listeneinkaufspreis.

2. Errechnung des Selbstkostenpreises mit der Vorwärtskalkulation

3. Erstellung des Kalkulationsschemas in umgekehrter Reihenfolge bis zum Barverkaufspreis

   Der Nettowert der unverbindlichen Preisempfehlung entspricht dem Listenverkaufspreis.

4. Errechnung des Barverkaufspreises mit der Rückwärtskalkulation

5. Gewinnermittlung durch Subtraktion des Selbstkostenpreises der Vorwärtskalkulation von dem Barverkaufspreis der Rückwärtskalkulation

6. Umrechnung des Gewinns in einen Prozentsatz vom Selbstkostenpreis, z. B. mit dem Dreisatz

7. Entscheidung über die Aufnahme des Artikels in das Sortiment

   Der Artikel wird aufgenommen,

   a) wenn der Artikel einen Gewinn erzielt,

   b) wenn der Gewinn den kalkulatorischen Gewinn nicht unterschreitet.

9. Kalkulationsvereinfachungen

9.1 Kalkulationsfaktor und Kalkulationszuschlag

Das Problem

Frau Irene Bendig ist Einkäuferin eines Großhandels für Werbeartikel. Bei ihren vielfältigen Einkaufsverhandlungen muss sie schnell reagieren können und hat während der Verhandlung keine Zeit, lange zu rechnen. Sie weiß: der auszuhandelnde Bezugspreis darf nicht zu hoch sein. Es besteht sonst die Gefahr, dass bei den Kalkulationsdaten ihres Unterneh-

Die Lösung

Frau Bendig führt eine Musterkalkulation durch, die von einem **Bezugspreis** von 100 € ausgeht. Die ermittelten Werte kann sie dann auf andere Bezugspreise übertragen.

mens der Listenverkaufspreis so hoch angesetzt werden muss, dass dieser Artikel nicht mehr konkurrenzfähig angeboten werden kann. Das möchte sie schnell überprüfen, ohne eine vollständige Kalkulation durchführen zu müssen.

Sie sucht eine Zahl, mit der sie stets schnell für alle Artikel vom ausgehandelten Bezugspreis den sich daraus ergebenden Listenverkaufspreis errechnen kann.

Der Großhandel für Werbeartikel kalkuliert mit folgenden Daten: HKZ: 10 %, Gewinnzuschlag: 5 %, Kundenskonto: 2 %, Vertreterprovision: 1,75 %, Kundenrabatt 20 %.

Bezugspreis	100,00 €
+ 10 % HKZ (v. H.)	10,00 €
Selbstkostenpreis	110,00 €
+ 5 % Gewinnzuschlag (v. H.)	5,50 €
Barverkaufspreis	115,50 €
+ 2 % Kundenskonto (i. H.)	2,40 €
+ 1,75 % Vertreterprovision (i. H.)	2,10 €
Zielverkaufspreis	120,00 €
+ 20 % Kundenrabatt (i. H.)	30,00 €
Listenverkaufspreis	150,00 €

+50 %

Ein Vergleich ergibt, dass der Listenverkaufspreis bei diesen Kalkulationsdaten um 50 € höher ist als der Bezugspreis. Da die Musterkalkulation den Bezugspreis = 100 gesetzt hat, entspricht dieses der prozentualen Erhöhung des Listenverkaufspreises: 50 %.

Frau Bendig braucht also bei den Vertragsverhandlungen nur 50 % des ausgehandelten Bezugspreises aufzuschlagen, um den sich daraus ergebenden Listenverkaufspreis zu ermitteln. Dieser Prozentsatz ist der **Kalkulationszuschlag**.

Sie kommt zum selben Ergebnis, wenn sie stattdessen den Bezugspreis mit dem Faktor 1,5 multipliziert. Dieser Faktor ist der **Kalkulationsfaktor**.

Kalkulationszuschlag 50 %
=
Kalkulationsfaktor 1,5

➡ **Zum Merken**

Der Kalkulationszuschlag (KZ) ist die Differenz zwischen dem Verkaufspreis und dem Bezugspreis in Prozent des Bezugspreises.

$$KZ = \frac{(\text{Verkaufspreis} - \text{Bezugspreis}) \times 100}{\text{Bezugspreis}}$$

Der Kalkulationszuschlag wird dem Bezugspreis aufgeschlagen, um den Verkaufspreis zu erhalten.

Der Kalkulationsfaktor (KF) ist die Zahl, mit der man den Bezugspreis multiplizieren muss, um den Verkaufspreis zu erhalten.

Verkaufspreis = Bezugspreis × KF

daraus ergibt sich

$$KF = \frac{\text{Verkaufspreis}}{\text{Bezugspreis}}$$

9.2 Die Handelsspanne

Das Problem

Die Einkäuferin eines Großhandels für Werbeartikel, Frau Irene Bendig, ist auch zuständig für den Einkauf von **Markenartikeln**, bei denen der Hersteller durch eine **unverbindliche Preisempfehlung** den Verkaufspreis festlegt.

Sie möchte schnell unter Berücksichtigung der Kalkulationsdaten ihres Unternehmens den maximalen Bezugspreis ermitteln, den sie bei den bevorstehenden Verhandlungen noch akzeptieren kann.

Die Kalkulationsdaten:

HKZ: 10 %, Gewinnzuschlag: 5 %, Kundenskonto: 2 %, Vertreterprovision: 1,75 %, Kundenrabatt: 20 %.

Die Lösung

Frau Bendig führt eine Musterkalkulation durch, die von einem **Listenverkaufspreis** von 100 € ausgeht. Die ermittelten Werte kann sie dann auf andere Listenverkaufspreise übertragen.

Musterkalkulation

Listenverkaufspreis	100,00 €
– 20 % Kundenrabatt (v. H.)	20,00 €
Zielverkaufspreis	80,00 €
– 2 % Kundenskonto (v. H.)	1,60 €
– 1,75 % Vertreterprovision (v. H.)	1,40 €
Barverkaufspreis	77,00 €
– 5 % Gewinnzuschlag (a. H.)	3,67 €
Selbstkostenpreis	73,33 €
– 10 % HKZ (a. H.)	6,67 €
Bezugspreis	66,66 €

–33¹/₃ %

Ein Vergleich ergibt, dass der Bezugspreis bei diesen Kalkulationsdaten um 33,34 € niedriger ist als der Listenverkaufspreis. Da die Musterkalkulation den Listenverkaufspreis = 100 gesetzt hat, entspricht dieses der prozentualen Verringerung des Listenverkaufspreises: 33¹/₃ %.

Frau Bendig braucht also für die Vertragsverhandlungen nur 1/3 oder 33¹/₃ % des festgelegten Listenverkaufspreises abzuziehen, um den sich daraus ergebenden maximalen Bezugspreis zu ermitteln. Dieser Prozentsatz ist die **Handelsspanne** (HSp).

➡ **Zum Merken**

Die Handelsspanne ist die Differenz zwischen dem Verkaufspreis und dem Bezugspreis in Prozent des Verkaufspreises:

$$\text{Handelsspanne} = \frac{(\text{Verkaufspreis} - \text{Bezugspreis}) \times 100}{\text{Verkaufspreis}}$$

Der Listenverkaufspreis wird um die Handelsspanne prozentual verringert, um den Bezugspreis zu erhalten.

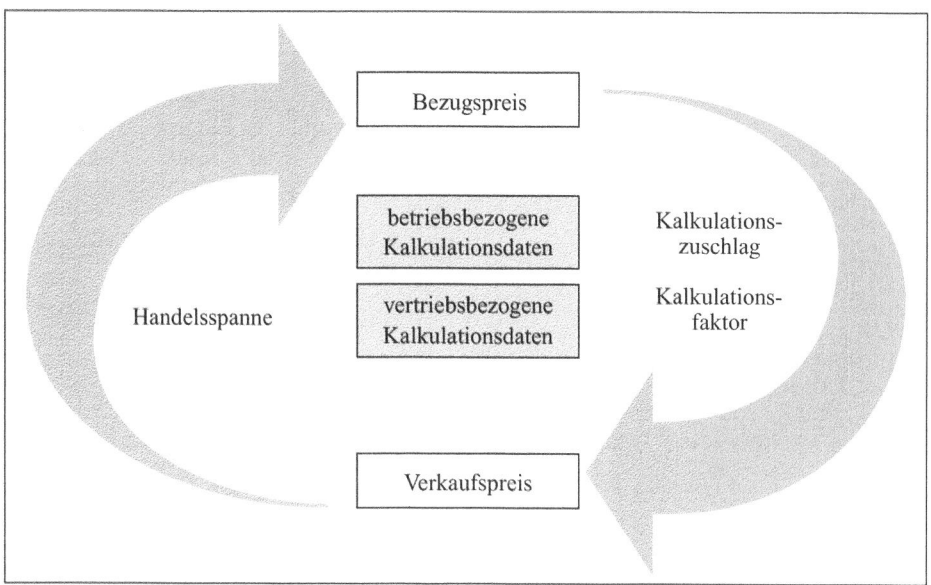

Informationen

Welchen Zweck verfolgen die Kalkulationsvereinfachungen?

Kalkulationsvereinfachungen haben den Zweck, die Kalkulation so zu verkürzen, dass direkt vom Bezugspreis auf den Verkaufspreis oder direkt von dem Verkaufspreis auf den Bezugspreis geschlossen werden kann.

Wie unterscheiden sich der Kalkulationszuschlag und die Handelsspanne?

Der Kalkulationszuschlag verkürzt die Vorwärtskalkulation, die Handelsspanne die Rückwärtskalkulation. Die Differenz zwischen dem Verkaufspreis und dem Bezugspreis wird als Prozentsatz ermittelt: Bezogen auf den Bezugspreis wird dieser als Kalkulationszuschlag aufgeschlagen, bezogen auf den Verkaufspreis wird dieser vom Verkaufspreis abgezogen. Damit muss der Kalkulationszuschlag immer etwas größer sein als die Handelsspanne. Der Zusammenhang sei an typischen Prozentsätzen verdeutlicht:

Zuschlagssatz Kalkulationszuschlag		Abschlagssatz Handelsspanne	
als Prozent-satz	als Bruch	als Prozent-satz	als Bruch
10 %	1/10	9,09 %	1/11
12,5 %	1/8	11,11 %	1/9
20 %	1/5	16,66 %	1/6
25 %	1/4	20 %	1/5
33,33 %	1/3	25 %	1/4
50 %	1/2	33,33 %	1/3
60 %	1/1,5	40 %	1/2,5
100 %	1/1	50 %	1/2
200 %	2/1	66,66 %	1/1,5

Wie unterscheidet sich der Kalkulationszuschlag von dem Kalkulationsfaktor?

Während der Kalkulationszuschlag (KZ) einen prozentualen Aufschlag auf den Bezugspreis darstellt, ist der Kalkulationsfaktor (KF) ein Multiplikator, mit dem der Verkaufspreis direkt ermittelt wird. Aus dem Kalkulationszuschlag lässt sich der Kalkulationsfaktor ermitteln:

Formel: **KF = 1 + KZ/100**

Beispiel: KZ = 20 % → KF = 1,2

KZ = 150 % → KF = 2,5

Kann der ermittelte Kalkulationszuschlag für alle Artikel verwendet werden?

Der Kalkulationszuschlag fasst die betriebsbezogenen Kalkulationsdaten Handlungskostenzuschlag und Gewinnzuschlag sowie die vertriebsbezogenen Kalkulationsdaten Kundenskonto, Kundenrabatt sowie die Vertreterprovision in einem Wert zusammen. Während die betriebsbezogenen Daten für einen gewissen Zeitraum konstant bleiben und für alle Artikel gelten, können die vertriebsbezogenen Daten je nach Warengruppe oder Kundengruppe variieren. So muss im Einzelfall geprüft werden, ob der ermittelte Kalkulationszuschlag allgemein gültig ist oder ob er für den speziellen Artikel neu ermittelt werden muss.

Wie lange haben die ermittelten Zuschlagssätze Gültigkeit?

Die Zuschlagssätze haben Gültigkeit, solange die einzelnen Kalkulationsdaten unverändert bleiben. Änderungen in der Verkaufspolitik können die vertriebsbezogenen Kalkulationsdaten verändern. Änderungen der Kostenstruktur oder der Gewinnerwartung führen zu einem anderen Handlungskosten- und Gewinnzuschlag. Es ist dann erforderlich, die Handelsspanne, den Kalkulationszuschlag und den Kalkulationsfaktor neu zu ermitteln.

Wann wird die Differenzkalkulation verwendet?

Die Differenzkalkulation wird dann verwendet, wenn sowohl die Einkaufskonditionen als auch die Verkaufskonditionen vorgegeben sind und weder der Einkaufspreis noch der Verkaufspreis vom Unternehmen selbst bestimmt werden können. Es wird dann mit Hilfe der Vorwärtskalkulation und der Rückwärtskalkulation der Selbstkostenpreis und der Barverkaufspreis ermittelt und über die Differenz der beiden Preise der bei den gegebenen Konditionen zu erwartende Gewinn ermittelt.

Welche Bedeutung hat der Liefererrabatt bei Artikeln, deren Verkaufspreis vom Hersteller bereits als „unverbindliche Preisempfehlung" vorgegeben ist?

Der Großhändler erhält vom Hersteller einen Liefererrabatt und gegebenenfalls einen Liefererskonto eingeräumt. Diese Abzüge sollen sowohl die betriebsbezogenen Kalkulationsdaten Bezugskosten und Handlungskosten als auch die vertriebsbezogenen Kalkulationsdaten Kundenskonto, Vertreterprovision und Kundenrabatt abdecken und außerdem noch einen geplanten Gewinn ermöglichen. Ist dies bei dem eingeräumten Liefererrabatt nicht möglich, wird der Großhändler nun bei den Einkaufsverhandlungen versuchen, den ihm gewährten Liefererrabatt so zu verändern, dass sein angestrebter Gewinn auch erzielt werden kann.

Aufgaben

1. Der Großhändler kann einen Videorecorder dem Einzelhandel aus Konkurrenzgründen nur zu einem Listenverkaufspreis von maximal 220 € anbieten. Welchen Einkaufspreis kann der Großhändler höchstens beim Hersteller akzeptieren, wenn der Hersteller 2 % Skonto und 25 % Rabatt gewährt und er mit folgenden weiteren Kalkulationsdaten rechnet:

   Bezugskosten: 19,75 €, HKZ 10 %, Gewinnzuschlag 23 %, Kundenskonto 2,5 %, Kundenrabatt 18 %?

2. Eine Waschmaschine wird dem Großhändler zu einem empfohlenen Richtpreis von 1 120,50 € mit 45 % Liefererrabatt und 2 % Liefererskonto angeboten.

   a) Wie hoch ist der Gewinn in € und Prozent bei den folgenden Kalkulationsdaten: Bezugkosten 16,05 €, HKZ 12 %, Kundenskonto 2 %, Kundenrabatt 25 %?

b) Wie hoch muss der Liefererrabatt sein, wenn der Großhandel mit 20 % Gewinn rechnet?

3. Der empfohlene Verkaufspreis für einen Wäschetrockner liegt bei 879,00 € excl. 19 % Mehrwertsteuer. Der Hersteller gewährt dem Großhändler auf diesen Preis einen entsprechenden Liefererrabatt.

Wie hoch muss dieser in € und Prozent sein, wenn der Einzelhandel 30 % Rabatt, 2 % Skonto erhält und mit einem HKZ von 25 % sowie einem Gewinnzuschlag von 20 % rechnet und die Bezugskosten pro Wäschetrockner 54,08 € betragen?

4. Errechnen Sie die fehlenden Werte:

	Listenein-kaufspreis	Rabatt	Skonto	Bezugs-kosten	HKZ	Gewinn-zuschlag	Kunden-skonto	Kunden-rabatt	Listenver-kaufspreis
a	12 650 €	30 %	2 %	22,10 €	25 %	8 %	3 %	30 %	? €
b	? €	26 %	3 %	88,28 €	33$\frac{1}{3}$%	19 %	2 %	15 %	1 870 €
c	4 500 €	45 %	2 %	57,50 €	25 %	? %	2 %	20 %	4 500 €
d	2 550 €	? %	2 %	124,95 €	16$\frac{2}{3}$%	25 %	2 %	12,5 %	2 550 €

5. Errechnen Sie den Kalkulationszuschlag, den Kalkulationsfaktor und die Handelsspanne!

	Bezugspreis	Verkaufspreis
a	225 €	375 €
b	125 €	375 €
c	1 250 €	1 875 €

6. Erstellen Sie eine Musterkalkulation, und ermitteln Sie den Kalkulationszuschlag, den Kalkulationsfaktor und die Handelsspanne!

	HKZ	Gewinnzuschlag	Kundenskonto	Kundenrabatt
a	20 %	33 $\frac{1}{3}$ %	2 %	25 %
b	18 %	25 %	3 %	30 %
c	32 %	26 %	2,5 %	46 %
d	16 %	24 %	1 %	33 $\frac{1}{3}$ %

7. Berechnen Sie den Listenverkaufspreis!

	Listenein-kaufspreis	Lieferer-rabatt	Lieferer-skonto	Bezugs-kosten	HKZ	Gewinn-zuschlag	Händler-skonto	Vertreter-provision	Händler-rabatt
a	145 €	12 %	2,5 %	33,54 €	12 %	20 %	3 %	1 %	20 %
b	13 540 €	20 %	3 %	64,56 €	18 %	25 %	2,5 %	1,5 %	30 %
c	345 680 €	35 %	2 %	498,64 €	25 %	28 %	2 %	0,6 %	33 $\frac{1}{3}$ %

10. Die Außenhandelskalkulation

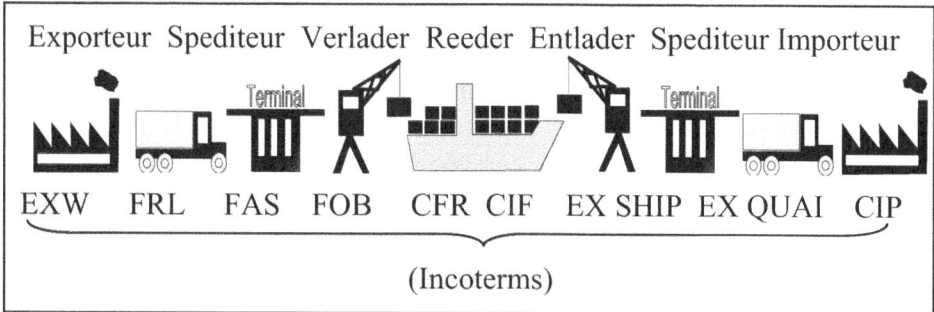

Exporteur Spediteur Verlader Reeder Entlader Spediteur Importeur

EXW   FRL   FAS   FOB   CFR CIF   EX SHIP   EX QUAI   CIP

(Incoterms)

Bei einem Exportgeschäft fallen zusätzliche Kosten durch Dienstleistungen anderer Unternehmen an, die mit dem Transport und der ordnungsgemäßen Abwicklung des Exportgeschäftes zu tun haben. Diese Kosten können je nach Vertrag vom Exporteur oder Importeur übernommen werden. Das wird in den **Incoterms** geregelt, die den Kostenübergang und den Gefahrenübergang festlegen. Nur eine genaue Kenntnis der dann anfallenden Kosten ermöglicht eine genaue Kalkulation.

Das Schema der CIF Kalkulation

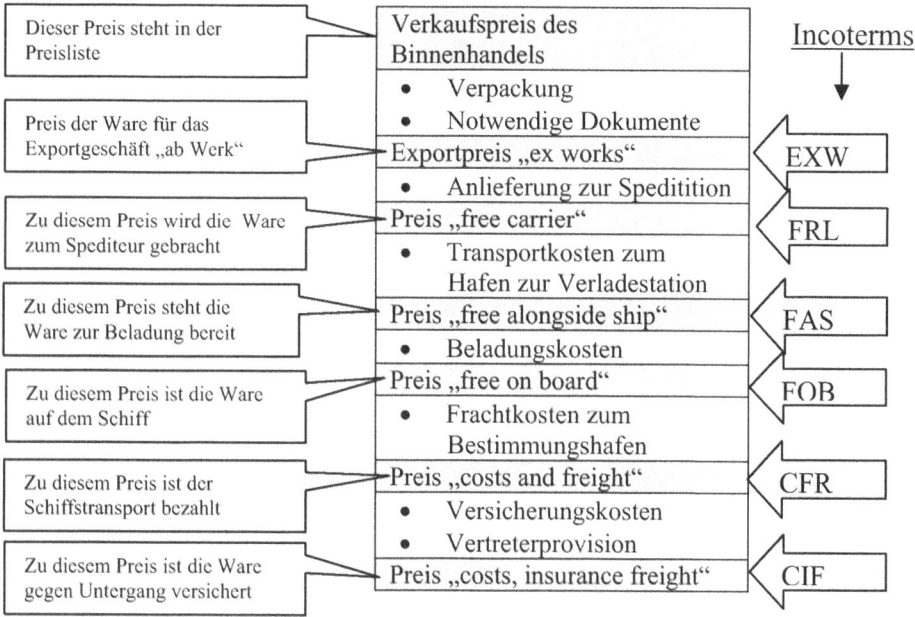

Dieser Preis steht in der Preisliste	**Verkaufspreis des Binnenhandels** • Verpackung • Notwendige Dokumente
Preis der Ware für das Exportgeschäft „ab Werk"	**Exportpreis „ex works"** — EXW • Anlieferung zur Spedition
Zu diesem Preis wird die Ware zum Spediteur gebracht	**Preis „free carrier"** — FRL • Transportkosten zum Hafen zur Verladestation
Zu diesem Preis steht die Ware zur Beladung bereit	**Preis „free alongside ship"** — FAS • Beladungskosten
Zu diesem Preis ist die Ware auf dem Schiff	**Preis „free on board"** — FOB • Frachtkosten zum Bestimmungshafen
Zu diesem Preis ist der Schiffstransport bezahlt	**Preis „costs and freight"** — CFR • Versicherungskosten • Vertreterprovision
Zu diesem Preis ist die Ware gegen Untergang versichert	**Preis „costs, insurance freight"** — CIF

Incoterms

Auf die weiteren o.g. Incoterms wird hier nicht eingegangen, da diese sehr produkt- und länderspezifisch sind.

10.1 Die CFR Kalkulation

Das Problem

Ein hamburger Exporteur erhält von seinem amerikanischen Geschäftsfreund aus Boston eine Anfrage über 36.000 Konservendosen Sauerkraut a 800 g CFR Boston zur Ausrichtung des dortigen Oktoberfestes in USD ($). Der hamburger Exporteur rechnet mit folgenden Daten:

Listenpreis des Herstellers in Wesselburen/Dithmarschen: pro Dose 0,32 € .

Er gewährt bei der Menge 15 % Rabatt und 3 % Skonto bei Zahlung innerhalb von 10 Tagen.

Weitere Kosten:
- Anlieferung per LKW zum Terminal: 301,76 €,
- Umpacken der Ware in Container, Ausstellen der Transportdokumente 100 €,
- Bereitstellen der Container auf dem Stapelplatz am Kai und Erledigung der Zollformalitäten: 150 €,
- Verladen des Containers auf das Schiff: 30 €
- Seefracht Boston: 850 €

Der Exporteur rechnet mit:
- HKZ: 15 %,
- Gewinnzuschlag: 20 %
- 1 EUR = 1,10 USD

Die Lösung

Listeneinkaufspreis	
36000 × 0,32	11.520,00 €
– 15 % Kundenrabatt (v. H.)	1.728,00 €
Zieleinkaufspreis	9792,00 €
– 3 % Kundenskonto (v. H.)	293,76 €
Bareinkaufspreis	9498,24 €
Anlieferung	301,76 €
Bezugspreis	9.800,00 €
+ 10 % HKZ (v. H.)	980,00 €
Selbstkostenpreis	10.780,00 €
+ 20 % Gewinnzuschlag (v. H.)	2.156,00 €
FRL - Preis	12.936,00 €
Umpacken, Dokumente	100,00 €
Bereitstellen, Zoll	150,00 €
FAS - Preis	13.186,00 €
Verladekosten Gefahrübergang	30,00 €
FOB-Preis	13.216,00 €
Seefracht	850,00 €
CFR Preis	14.066,00 €
Umrechnung in USD ($)	
14.066,00 × 1,10	15.472,00 $

Zu dem Preis kann die Ware nach Boston geliefert werden. Um die Entladung der Ware in Boston muss sich der Importeur kümmern und auch die dann anfallenden Kosten tragen.

> Warenschulden sind Holschulden, kraft Verkehrssitte Schickschulden.
> Die Ware reist auf Kosten und Gefahr des Käufers:
>
> **Sobald die Ware die Reling des Schiffes überschritten hat, geht das Risiko des Untergangs auf den Importeur über.**

10.2 Die CIF Kalkulation

Das Problem

Der bostoner Importeur weiß, dass er die Gefahr des Untergangs der Ware tragen muss, sobald die Ware die Schiffsreling überschritten hat. Deshalb möchte er, dass der hamburger Exporter die Ware versichert und bittet um ein Angebot CIF Boston.

Weiterhin möchte er zusätzlich einen imaginären Gewinn von 20 % versichern lassen, um sich gegen einen Gewinnausfall oder zusätzliche Kosten für eine Ersatzlieferung oder bislang angefallene Kosten für diesen Auftrag abzusichern.

Der Versicherungsmakler bietet eine Police für 2,5 % des CIF – Wertes an und verlangt für seine Tätigkeit eine Provision von 0,3 % des CIF-Wertes.

Das Risiko des Zahlungsausfalls möchte der Exporteur über eine Bankbürgschaft (bestätigtes, unwiderrufliches Akkreditiv) absichern. Dafür verlangt die Bank als Gebühr 1,7 % des CIF Preises.

Fragen:

Wie kann der CIF Preis errechnet werden, wenn sich alle Gebühren prozentual auf diesen Preis beziehen, der erst errechnet werden muss.
Welchen Betrag in USD erhält der Importeur bei Untergang der Ware? (1 EUR = 1,10 USD)

Die Lösung

Die Versicherung:

Es sollen zwei Beträge versichert werden: Der CIF-Wert und der imaginäre Gewinn. Die Versicherungsprämie soll aber in Prozent des CIF Wertes angegeben werden.

Der CIF Wert ist   100 %
Der imaginäre Gewinn ist 20 %
Der versicherter Wert ist 120 % des CIF Wertes

Überlegung:
Wenn sich der versicherte Wert um 20 % erhöht, erhöht sich auch die Versicherungsprämie um 20 %.

CIF-Wert 100 %		Prämie 2,5%		Prämie auf den CIF-Wert 2,5 %
Imaginärer Gewinn 20 %	20%	20 % von 2,5 % = 0,5 %	20%	+ 0,5 % = 3,0 %

Die Versicherungsprämie hat sich von 2,5 % um 20 % auf 3,0 % des CIF Preises erhöht.

Die Kalkulation

CFR Preis	14.066,00 €	95 %
Versicherung 3 % (i. H.)	444,19 €	
Makler 0,3 % (i. H.)	44,42 €	5 %
Bank 1,7 % (i. H.)	251,71 €	
CIF Preis in EUR	14.806,32 €	100 %
CIF Preis in USD		
14.806,32 € × 1,10	16.286,95 $	
Imaginärer Gewinn (v. H.)	3.257,39 $	20 %
Versicherungssumme	19.544,34 $	120 %

Der CIF Preis beträgt 16.286,95 $. Dafür würde der Importeur die 36.000 Dosen Sauerkraut für das Oktoberfest in Boston erhalten.
Bei Untergang der Ware würde der Importeur in Boston 19.544,34 $ erhalten.

10.3 Die CIF Kalkulation im Containerverkehr

Der traditionelle Stückgutverkehr ist weitgehend von dem Containerverkehr ersetzt worden. Speditionen bieten Komplettlösungen, alle Tätigkeiten der Verschiffung liegen in einer Hand und werden mit **einem** Preis abgegolten.

Auszug aus dem Leistungsangebot einer internationalen Spedition

- Seetransporte mit ausgesuchten Agenten, Reedereien und Partnern
- Zollabfertigung an Seehäfen oder im Hinterland
- Container Be- und Entladung, Ladungssicherung, Staumaterial
- Warenkontrollen
- Dokumentenabwicklung, Transportversicherung
- akkreditivgerechte Dokumentenerstellung
- seemäßige Verpackung unter Berücksichtigung internationaler Verpackungsvorschriften
- Zwischenlagerung / offene Zoll-Lager
- Haus-zu-Haus-Container-Verschiffung
- Abwicklung der Im- und Exporte durch direkte Anbindung an den Zoll

---

Im Containerverkehr wird unterschieden:

LCL-Container (less-than-full-container-load)	FCL-Container (full-container-load)
Die Ware wird dem Verfrachter am Terminal übergeben. Der Verfrachter verstaut die Ware zusammen mit den Waren anderer Versender in Sammelcontainern.	Der Container wird vom Versender voll beladen und dem Verfrachter (Spediteuer) übergeben. Fracht anderer Versender kommt nicht hinzu.
Im Bestimmungshafen wird die Ware am dortigen Terminal an den Empfänger übergeben.	Der Container wird am Bestimmungsort dem Empfänger voll übergeben.
(Pier-Pier-Verkehr)	(Haus-zu-Haus-Verkehr)

Aufgabe

Ein Pumpenhersteller in Hannover liefert eine Ersatzlieferung an einen Kunden in Norwegen. Das Ersatzteil der Größe einer Waschmaschine wird der Spedition am Terminal übergeben und von dem Kunden in Oslo am Terminal dort abgeholt. Der Listenpreis ab Werk beträgt 2 300 €, die Anlieferung zum Terminal in Hamburg kostet 150 €, für die Versendung im Sammelcontainer incl. aller notwendigen Dienstleistungen stellt die Spedition 480 € in Rechnung. Die Versicherung incl. 15 % imaginären Gewinns beträgt 2 % des CIF-Preises, an Bankspesen fallen 1,5 % an.

a) Ermitteln Sie den CIF-Preis in NKR, der dem Kunden in Rechnung gestellt wird. (1 EUR = 8,50 NKR)

b) Ermitteln Sie den Betrag in EUR, der dem Kunden bei Untergang der Ware von der Versicherung erstattet wird.

11. Grenzen der Vollkostenrechnung

Die Planung des Sortiments bei sinkenden Verkaufspreisen

Das Problem

Ein Möbelhaus vertreibt ausschließlich selbstentwickelte Schlafmöbel, die nach eigenen Bauplänen von Fremdfirmen gefertigt werden.

Das Möbelhaus steht im starken Wettbewerb mit anderen Möbelhäusern, so dass die Verkaufspreise vom Markt vorgegeben und die geplanten Verkaufspreise nicht mehr zu erzielen sind.

Das Sortiment:

Artikel	Bezugs-preis	erzielbarer Verkaufs-preis
Drehbett-sofa	2 000 €	2 820 €
Klappbett	500 €	670 €
Schlaf-sessel	1 500 €	1 675 €

Die Handlungskosten betragen pro Monat 100 000 €.

Jeden Monat werden von jedem Artikel 100 Stück geliefert und verkauft.

Wie hoch ist der Gewinn des Möbelhauses pro Monat?

Welche Sortimentsentscheidungen müssen getroffen werden, um auf den gesunkenen Verkaufspreis zu reagieren?

Die Lösung

Der Einkaufswert aller verkauften Artikel eines Monats werden ermittelt, die Handlungskosten dazu ins Verhältnis gesetzt und der HKZ ermittelt.

	Drehbett-sofa	Klapp-bett	Schlaf-sessel
Verkaufs-menge	100	100	100
Bezugs-preis	2 000 €	500 €	1 500 €
Einstands-Wert des Umsatzes	200 000 €	50 000 €	150 000 €
zusammen			400 000 €
Handlungskosten			100 000 €
→ Handlungskostenzuschlag			25 %

Damit kann für jeden Artikel der Selbstkostenpreis ermittelt werden, dem der erzielbare Verkaufspreis gegenübergestellt wird. Die Differenz ergibt den Gewinn bzw. den Verlust.

	Drehbett-sofa	Klapp-bett	Schlaf-sessel
Bezugspreis	2 000 €	500 €	1 500 €
+ HKZ 25 %	500 €	125 €	375 €
= Selbst-kostenpreis	2 500 €	625 €	1 875 €
− Verkaufspreis	2 820 €	670 €	1 675 €
= Gewinn pro Stück	+ 320 €	+ 45 €	− 200 €
Gewinn insgesamt	+ 32 000 €	+ 4 500 €	− 20 000 €
Gesamtgewinn:			16 500 €

✔ Ergebnis

Der Verkaufspreis für den Schlafsessel liegt unter dem Selbstkostenpreis, so dass dieser einen Verlust von 20 000 € pro Monat erwirtschaftet. Der Gewinn aller Artikel liegt bei 16 500 €.

Der Artikel Schlafsessel erzielt einen Verlust und wird aus dem Sortiment genommen.

Entscheidung

Der Schlafsessel wird aus dem Sortiment genommen.

Folge

Die Vollkostenrechnung ordnet die Handlungskosten den einzelnen Artikeln zu. Dabei wird eine Abhängigkeit der Handlungskosten vom Einstandswert der verkauften Artikel angenommen. Diese Annahme ist falsch und führt bei der Beurteilung des Erfolges der einzelnen Artikel zu falschen Ergebnissen:

Die Handlungskosten müssen nun von den verbleibenden zwei Artikeln getragen werden. Gelingt es dem Möbelhaus nicht, den Umsatz der verbleibenden Artikel zu steigern, erhöht sich der Handlungskostenzuschlag auf 40 %.

	Drehbettsofa	Klappbett
Verkaufsmenge	100	100
Bezugspreis	2 000 €	500 €
Einstandswert des Umsatzes	200 000 €	50 000 €
zusammen		250 000 €
Handlungskosten		100 000 €
→ Handlungskostenzuschlag		40 %

Die Reduzierung des Sortiments führt zu einer Erhöhung des HKZ.

Statt eines Gewinns von 16 500 € wird nun ein Verlust von 1 000 € erzielt.

	Drehbettsofa	Klappbett
Bezugspreis	2 000 €	500 €
+ HKZ 40 %	800 €	200 €
= Selbstkostenpreis	2 800 €	700 €
− Verkaufspreis	2 820 €	670 €
= Gewinn pro Stück	+ 20 €	− 30 €
Gewinn insgesamt	+ 2 000 €	− 3 000 €
Gesamtgewinn:		− 1 000 €

Der Artikel Klappbett erzielt nun einen Verlust und wird ebenfalls aus dem Sortiment genommen.

Ergebnis

Der Verkaufspreis für das Klappbett liegt nun auch unter dem Selbstkostenpreis, so dass dieses einen Verlust von 3 000 € pro Monat erwirtschaftet. Der Verlust aller liegt bei 1 000 €.

Entscheidung

Das Klappbett wird ebenfalls aus dem Sortiment genommen.

Folge

Damit befindet sich nur noch ein Artikel im Sortiment, der die gesamten Handlungskosten tragen muss. Der Verlust erhöht sich auf 18 000 €. Der Möbelmarkt hat sich selbst aus dem Markt geworfen.

	Drehbettsofa
Verkaufsmenge	100 €
× Bezugspreis	2 000 €
= Einstandwert des Umsatzes	200 000 €
+ Handlungskosten	100 000 €
= Gesamtkosten	300 000 €
− Verkaufserlöse	282 000 €
= Gewinn (Verlust)	− 18 000 €

Das Möbelhaus hat nun keinen Artikel mehr, der einen Gewinn erzielt und muss aufgeben.

➡ **Zum Merken**

Die Vollkostenrechnung ermöglicht keine korrekte Aussage über den Beitrag des einzelnen Artikels zum Unternehmenserfolg und führt zu falschen Entscheidungen bei der Preis- und Sortimentspolitik.

IX. Die Deckungsbeitragsrechnung

1. Die Aufgabe der Deckungsbeitragsrechnung

Die Deckungsbeitragsrechnung gibt Antwort auf die Fragen:

- Welche Produkte (Sortimentspolitik)
- müssen zu welchem Preis (Preispolitik)
- in welcher Menge (Absatzpolitik)

verkauft werden, um Gewinn zu erzielen.

Da im Gegensatz zur Vollkostenrechnung die Handlungskosten nicht pauschal den Artikeln zugerechnet werden, kann eine aggressivere Preispolitik betrieben werden, als es mit der Vollkostenrechnung sinnvoll erscheint. Die Deckungsbeitragsrechnung ist damit ein unverzichtbares Instrument, um in Zeiten verstärkten Wettbewerbs zu den richtigen Entscheidungen in der Sortiments-, Preis- und Absatzpolitik zu gelangen.

Informationen

Was sind variable Kosten?	Variable Kosten sind die Kosten, die durch den einzelnen Artikel direkt verursacht werden. Sie können diesem direkt zugerechnet werden und fallen nur an, wenn dieser Artikel auch verkauft wird. Sie sind in der Höhe von der Anzahl der verkauften Artikel abhängig.
Was sind Fixkosten?	Fixkosten sind die Kosten, die unabhängig vom Verkaufserfolg des einzelnen Artikels durch die allgemeine Handelstätigkeit des Unternehmens entstehen. Sie sind in der Höhe von der Anzahl der verkauften Artikel unabhängig.
Was ist die Deckungsspanne eines Artikels?	Die Deckungsspanne ist der Teil des Verkaufspreises, der nach Abzug der variablen Kosten, das ist im Handel i. d. R. der Bezugspreis, übrig bleibt. Er trägt dazu bei, die Fixkosten zu decken.

© Springer Fachmedien Wiesbaden GmbH, ein Teil von Springer Nature 2018
J. Hischer et al., *Kaufmännisches Rechnen*,
https://doi.org/10.1007/978-3-658-23454-6_9

Was ist der Deckungsbeitrag eines Artikels?

Der Deckungsbeitrag eines Artikels gibt an, welchen Beitrag der Artikel insgesamt erzielt hat, um die Fixkosten zu decken. Er errechnet sich aus der Deckungsspanne multipliziert mit der Verkaufsmenge.

2. Fixe und variable Kosten

Das Problem

Die Bäckerei „Neumann" fertigt ausschließlich kleine Brote (Brötchen) zum Stückpreis von 1 €. Im Monat Mai wurden 40 000 Brote gefertigt und verkauft. Die Kosten dafür betrugen 34 000 €, der Gewinn 6 000 €Die G+V-Rechnung gab darüber die folgenden Informationen:

S	G+V-Rechnung Mai		H
Material	11 900	Ums.-E.	40 000
Löhne	1 500		
Gehälter	13 600		
Energie	2 400		
Wasser	600		
Abschr.	1 000		
Miete	3 000		
Gewinn	6 000		
	40 000		40 000

Im Monat Juni wird aufgrund der Sommerferien nur mit einem Absatz von 20 000 Stück gerechnet.

Bäckermeister Neumann rechnet überschlagsweise wie folgt:

Halber Umsatz	= 20 000 €
– halbe Kosten	= 17 000 €
halber Gewinn	= 3 000 €

Hat er Recht? Wie hoch werden die Kosten im Juni sein?

Die Lösung

Bäckermeister Neumann irrt hier. Die Annahme, dass die Absatzmenge und die Kosten in einem festen Verhältnis stehen, konstante Preise vorausgesetzt, ist aus der Kalkulation bekannt und Grundlage der Vollkostenrechnung. Diese Annahme ist aber falsch, damit auch die Rechnung des Bäckermeisters und eine Entscheidung aus seiner Rechnung.

Schaut man sich die G+V-Rechnung genauer an, wird deutlich, dass sich die einzelnen Kosten unterschiedlich verändern, wenn statt 40 000 Broten nur noch 20 000 Brote gefertigt werden:

Einige Kosten verändern sich gar nicht. Die Miete beispielsweise beträgt 3 000 € unabhängig davon, wie viel Brote gebacken werden. Diese Kosten heißen fixe Kosten (fix = feststehend).

Die Materialaufwendungen für Mehl, Zucker, Hefe und Fett sind hingegen von der Produktionsmenge abhängig. Werden keine Brote gebacken, wird auch kein Mehl verbraucht. Diese Kosten, die von der Produktionsmenge abhängig sind, heißen variable Kosten.

Andere Kosten, wie z. B. Strom und Gas, haben sowohl einen fixen Anteil (Grundgebühr) als auch einen variablen, verbrauchsbezogenen Anteil.

Damit sind nicht mehr alle Kosten mengenabhängig, wie bei der Vollkostenrechnung, sondern nur ein Teil der Kosten, nämlich die variablen Kosten. Deshalb heißt diese Form der Kostenrechnung auch Teilkostenrechnung.

Um die Kosten für den Monat Juni mit einem Absatz von nur 20 000 Broten zu errechnen, werden die fixen Bestandteile der einzelnen Kosten ermittelt und in die Tabelle eingetragen. Die Differenz ergibt jeweils den variablen Kostenanteil. Teilt man die variablen Kosten durch die Produktionsmenge, erhält man die variablen Kosten pro Stück. Mit diesen Stückkosten lassen sich die Kosten für andere Produktionsmengen errechnen.

Kostenarten	Gesamt-kosten	Fix-kosten	Variable Kosten
Material Aufw.	11 900	0	11 900
Aushilfslöhne	1 500	0	1 500
Gehälter	13 600	13 600	0
Energie Aufw.	2 400	350	2 050
Wasser	600	50	550
Abschreibungen	1 000	1 000	0
Miet Aufw.	3 000	3 000	0
Zusammen	34 000	18 000	16 000

Die Kosten werden in fixe und variable aufgeteilt.

Ergebnis für den **Monat Mai**
(Herstellmenge: 40 000 Brote):

– Die **Fixkosten** betragen 18 000 €
– Die **variablen Kosten** betragen 16 000 €.
  Bezogen auf ein Brot betragen die variablen Kosten pro Stück 16 000 : 40 000 = 0,40 €.

Die variablen Kosten pro Stück werden ermittelt.

Für den **Monat Juni**
(Herstellmenge: 20 000 Brote)
lässt sich damit ermitteln:

– Die Fixkosten betragen unverändert 18 000 €.
– Die variablen Kosten betragen
  0,40 € × 20 000 = 8 000 €

Für 20 000 Brote werden die variablen Kosten ermittelt und zu den Fixkosten addiert.

Ergebnis

Die Gesamtkosten werden damit im Juni 26 000 € betragen.

➡ **Zum Merken**

Gesamtkosten = Fixkosten + variable Kosten

Variable Kosten = variable Kosten × Produktionsmenge

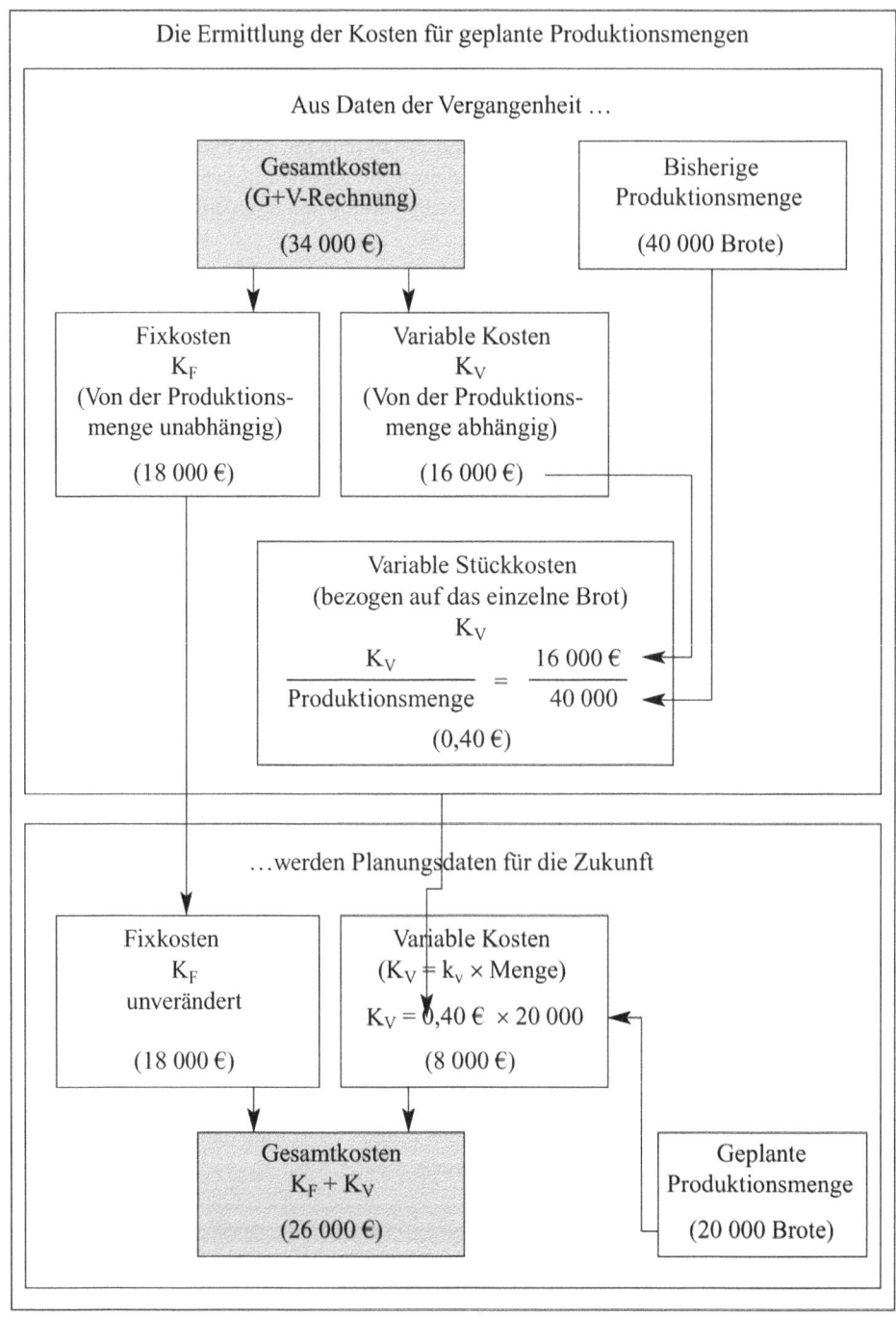

Die unterschiedlichen Kostenverläufe bei der Vollkostenrechnung und der Deckungsbeitragsrechnung

Vollkostenrechnung	Deckungsbeitragsrechnung
Unterscheidung der Kosten in Einzelkosten (Bezugskosten) und Gemeinkosten (Handlungskosten), die in einem festen Verhältnis zueinander stehen (Handlungskostenzuschlag).	Unterscheidung der Kosten in variable Kosten (Bezugspreis) und Fixkosten (Handlungskosten). Die Fixkosten fallen unabhängig von der Absatzmenge in immer gleicher Höhe an.
Annahme: Die Selbstkosten verändern sich proportional zur Absatzmenge.	Annahme: Nur die variablen Kosten verändern sich proportional zur Absatzmenge.
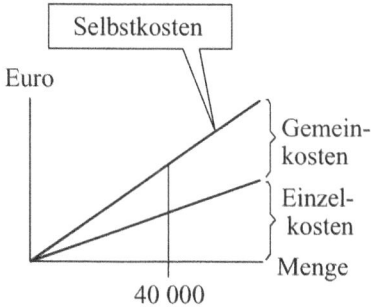	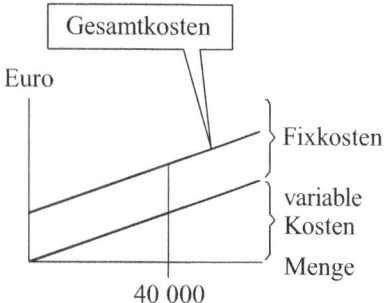
Annahme des Kostenverlaufs bei der Vollkostenrechnung	Annahme des Kostenverlaufs bei der Deckungsbeitragsrechnung

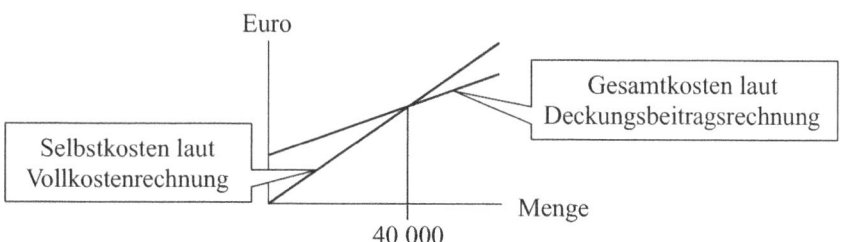

Die unterschiedlichen Kostenverläufe bei der Vollkostenrechnung und bei der Deckungsbeitragsrechnung.

Fehler der Vollkostenrechnung gegenüber der Deckungsbeitragsrechnung

– *bei geringen Absatzmengen:* Die tatsächlichen Kosten sind höher als die kalkulierten Selbstkosten, die bei geringen Absatzmengen noch unterhalb der Fixkosten liegen. Der kalkulierte Preis ist zu niedrig, trotz kalkuliertem Gewinn wird ein Verlust erzielt.

– *bei hohen Absatzmengen:* Die tatsächlichen Kosten sind geringer als die kalkulierten Selbstkosten. Der kalkulierte Preis ist hoch, was zu ungewollten Absatzverlusten im Wettbewerb führen kann.

3. Deckungsspanne und Deckungsbeitrag

Das Problem

Die Bäckerei „Neumann" produziert ausschließlich Brote, die sie zum Stückpreis von 1 € verkauft.

Die variablen Kosten pro Stück betragen 0,40 €.

Die Fixkosten pro Monat betragen 18 000 €.

Üblicherweise beträgt die Monatsproduktion 40 000 Brote. Im Ferienmonat Juni sinkt der Absatz auf 20 000 Brote.

a) Wie hoch ist der Gewinn bzw. der Verlust bei den unterschiedlichen Absatzmengen?

b) Sollte die Bäckerei im Ferienmonat vorübergehend schließen, wenn sie einen Verlust erwirtschaftet?

Die Lösung

Für die Produktionsmengen 40 000 Brote (Mai), 20 000 (Juni) oder keinem Brot bei der vorübergehenden Schließung werden die Kosten und die Erträge ermittelt.

Die Differenz zwischen den Erträgen und den Kosten ergibt den Gewinn bzw. den Verlust.

✓ Ergebnis

– Bei einer Produktionsmenge von 40 000 Broten erwirtschaftet die Bäckerei einen Gewinn von 6 000 €.

– Bei einer Produktionsmenge von 20 000 Broten erwirtschaftet die Bäckerei einen Verlust von 6 000 €.

– Stellt der Betrieb vorübergehend seine Produktion ein, steigt der Verlust auf 18 000 €.

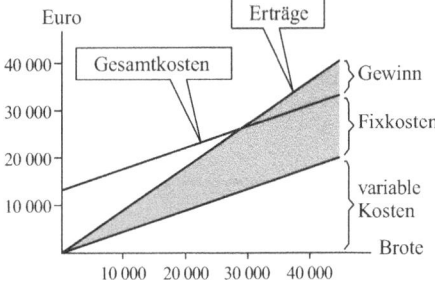

Produktions-menge (Brote)	Erträge 1,00 € × Menge	variable Kosten 0,40 € × Menge	Deckungs-beitrag 0,60 € × Menge	Fixkosten (unverändert)	Gewinn/ Verlust
40 000	40 000 €	16 000 €	24 000 €	18 000 €	6 000 €
20 000	20 000 €	8 000 €	12 000 €	18 000 €	– 6 000 €
0	0	0 €	0 €	18 000 €	– 18 000 €

Es wird deutlich, dass die Bäckerei im Ferienmonat Juni nicht vorübergehend schließen sollte, da die Fixkosten auch dann anfallen, wenn nicht produziert wird.

Deckungsspanne =

1,00 € – 0,40 € = 0,60 €

Wird die Bäckerei im Ferienmonat geschlossen, entsteht ein Verlust in Höhe von 18 000 €. Dieser verringert sich durch jedes Brot, das gebacken wird: Von jedem € Verkaufserlös für das Brot bleiben nach dem Abzug der variablen (produktionsbedingten) Kosten von 0,40 € noch weitere 0,60 € übrig. Das ist die **Deckungsspanne**. Sie trägt dazu bei, die Fixkosten zu decken.

Deckungsbeitrag =

0,60 € × 20 000 = 12 000 €

Bei einer Produktionsmenge von 20 000 Broten sind das bereits 20 000 × 0,60 = 12 000 €. Dieser Betrag ist der **Deckungsbeitrag**. Dieser, und nicht der Gewinn, ist die Entscheidungsgröße darüber, ob die Bäckerei vorübergehend schließen sollte. Solange noch ein positiver Deckungsbeitrag erzielt wird, ist es sinnvoll, die Produktion fortzusetzen, denn es ist besser, einen Verlust von 6 000 € bei einer Produktion von nur 20 000 Broten hinzunehmen, als einen Verlust von 18 000 € bei Schließung der Bäckerei.

➡ **Zum Merken**

Deckungsspanne = Verkaufspreis – variable Stückkosten

Deckungsbeitrag = Deckungsspanne × Produktionsmenge

Solange ein positiver Deckungsbeitrag erzielt wird, ist es sinnvoll, die Produktion aufrecht zu erhalten – kurzfristig selbst dann, wenn ein Verlust erzielt wird.

Aufgaben

Füllen Sie die fehlenden Felder aus:

Menge	Fixkosten	Variable Kosten	Erlöse	Deckungs-beitrag	Gewinn
0					
10 000	20 000	20 000			
20 000			60 000		
30 000					

4. Die Gewinnschwelle (Break-even-point)

Das Problem

Die Bäckerei „Neumann" erwartet einen vorübergehenden Absatzrückgang im Ferienmonat Juni von 40 000 Broten auf 20 000 Brote.

Der Verkaufspreis pro Brot beträgt 1 €, die variablen Kosten pro Stück betragen 0,40 €. Daraus ergibt sich eine positive Deckungsspanne von 0,60 € pro Stück.

Es ist sinnvoll, trotz eines Verlustes den Betrieb nicht vorübergehend zu schließen. Sollte allerdings der Absatzrückgang bestehen bleiben, kann der Betrieb langfristig trotz eines positiven Deckungsbeitrages nicht aufrecht erhalten werden, wenn nicht ein Gewinn erwirtschaftet wird.

Bäckermeister Neumann möchte daher wissen, wie viele Brote im Monat mindestens produziert und verkauft werden müssen, damit ein Gewinn erzielt wird und die Existenz der Bäckerei langfristig gesichert ist.

Die Lösung

Die Bäckerei weiß, dass von jedem €, der durch den Verkauf eines Brotes erzielt wird, nach Abzug der variablen Stückkosten von 0,40 € noch 0,60 € zur Deckung der Fixkosten verbleiben. Dieser Beitrag ist die Deckungsspanne.

Je mehr Brote verkauft werden können, desto größer ist der Betrag, der zur Abdeckung der Fixkosten verbleibt (Deckungsbeitrag), bis schließlich eine Menge erreicht ist, bei der die gesamten Fixkosten gedeckt sind und kein Verlust mehr erwirtschaftet wird. Diese Menge ist die **Gewinnschwelle (Break-even-point)**. Steigt der Absatz über diese Menge, erzielt die Bäckerei einen Gewinn.

Menge	Deckungs-beitrag (0,60 × Menge)	Fixkosten	Gewinn/ Verlust
0	0	18 000	– 18 000
10 000	6 000	18 000	– 12 000
20 000	12 000	18 000	– 6 000
30 000	18 000	18 000	0
40 000	24 000	18 000	+ 6 000

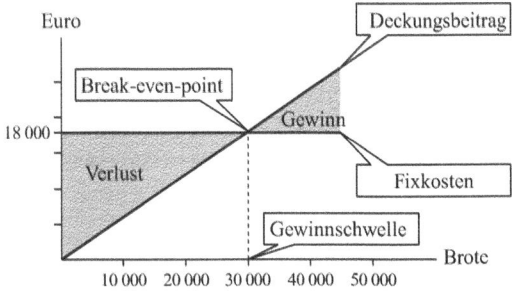

Ergebnis

Die Gewinnschwelle liegt bei einer Menge von 30 000 Broten.

Pro verkauftem Brot wurden die Fixkosten von 18 000 € um 0,60 € abgedeckt, bis schließlich der Deckungsbeitrag aller verkauften Brote genauso groß war wie die Fixkosten. Diese Menge ist in der Grafik dort zu finden, wo die Fixkosten und der Deckungsbeitrag sich schneiden.

Für die Gewinnschwelle gilt also

(1) Deckungsbeitrag = Fixkosten

oder

(2) Deckungsspanne × Menge = Fixkosten

Für die Gewinnschwelle kann nun die entsprechende Menge ermittelt werden:

$$(3) \text{ Menge} = \frac{\text{Fixkosten}}{\text{Deckungsspanne}}$$

Weil ein Überschreiten dieser Menge für den Betrieb einen Gewinn bedeutet, eine Unterschreitung der Menge hingegen für den Betrieb einen Verlust, nennt man diese Menge die Gewinnschwelle (Break-eben-point). Jenseits dieser Schwelle liegt die Gewinn bzw. die Verlustzone.

Deckungsspanne: 0,60 €

Fixkosten: 18 000 €

Gewinnschwelle =

$$\frac{18\,000}{0,60} = 30\,000$$

➡ **Zum Merken**

Die Gewinnschwelle gibt die Menge an, ab der ein Gewinn erzielt wird. Kurzfristig ist ein Verlust zu akzeptieren, wenn der Deckungsbeitrag positiv ist, langfristig allerdings muss neben einem positiven Deckungsbeitrag auch eine Überschreitung der Gewinnschwelle gewährleistet sein.

Aufgaben

1. Welche Entscheidung ist jeweils zu treffen?

   a) Betrieb in jedem Fall schließen
   b) Betrieb kurzfristig nicht schließen
   c) Betrieb auch langfristig nicht schließen

	Fall 1	Fall 2	Fall 3
Preis	5 €	2 €	3 €
variable Kosten	3 €	3 €	2 €
Fixkosten	100 000 €	50 000 €	30 000 €
Menge	30 000 Stück	40 000 Stück	50 000 Stück

2. Ein Taxenunternehmen möchte sich vergrößern und eine weitere Taxe erwerben. Es stehen 2 verschiedene Taxen zur Auswahl: Ein neuer Audi oder ein gebrauchter BMW.

Das Taxenunternehmen rechnet mit einer unterschiedlichen monatlichen Belastung bei den beiden Taxen:

monatliche Belastung	Audi	BMW
Kauf-Rate	700 €	190 €
Taxameter	50 €	10 €
Funkgerät	100 €	50 €
Versicherung	200 €	200 €
Steuern	30 €	30 €
Beitrag zur Taxen-Funk-Gesellschaft	120 €	120 €

Das Taxenunternehmen berechnet dem Fahrgast durchschnittlich 1,30 € pro gefahrenen Kilometer, der Fahrer wird ausschließlich auf Provisionsbasis entlohnt und erhält 0,60 € pro Fahrgastkilometer. An Betriebskosten wie Treibstoff und Öl rechnet das Taxenunternehmen bei dem Audi mit 0,15 € pro Fahrgastkilometer, bei dem älteren BMW mit 0,30 € pro Fahrgastkilometer. Für Wartungszwecke und Reparaturen müssen beim Audi pro Fahrgastkilometer 0,05 € zurückgestellt werden, beim BMW sind es hingegen 0,10 €.

a) Ermitteln Sie die variablen Kosten je Fahrgastkilometer und die Fixkosten für die alternativen Fahrzeuge!

b) Ermitteln Sie die Deckungsspanne bezogen auf den Fahrgastkilometer für den Audi und BMW!

c) Ermitteln Sie, wie viel Fahrgastkilometer der Audi pro Monat zurücklegen muss, um einen Gewinn einzufahren, und wie viele Fahrgastkilometer dies beim BMW sind!

Stellen Sie dieses graphisch in einem Koordinatensystem dar:

d) Das Taxiunternehmen rechnet mit einer durchschnittlichen Auslastung von 2 500 Fahrgastkilometern. Für welches Taxi sollte es sich entscheiden? (Begründung)

e) Das Taxiunternehmen rechnet mit einer durchschnittlichen Auslastung von 5 000 Fahrgastkilometern. Für welches Taxi sollte es sich entscheiden? (Begründung)

f) Errechnen Sie die „kritische Menge", die Fahrgastkilometerzahl, bei der beide Taxen einen gleich hohen Gewinn einfahren, und erklären Sie die Bedeutung dieser Kilometerzahl für die Entscheidung, den Audi oder den BMW zu nehmen!

g) Stellen Sie in Ihrer Graphik dar, in welchen Bereichen jeweils der Audi und der BMW kostengünstiger sind!

5. Auswirkungen von Kostenänderungen auf den Break-even-point

5.1 Auswirkungen von Kostenänderungen auf den Break-even-point bei einer Erhöhung der Fixkosten

Das Problem

Die Bäckerei „Neumann" erwartet eine Erhöhung der Fixkosten um monatlich 3 000 €. Der Bäcker möchte wissen, ob bei einem durchschnittlichen Absatz von 40 000 Broten noch ein Gewinn erzielt werden kann.

Die betrieblichen Daten:

Fixkosten	bisher:	18 000 €
	neu:	21 000 €
Variable Stückkosten:		0,40 €
Verkaufspreis pro Brot:		1,00 €

Die Lösung

Die Deckungsspanne beträgt 1,00 € – 0,40 € = 0,60 €

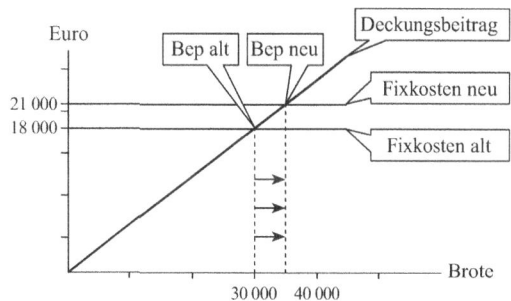

$$Bep = \frac{Fixkosten}{Deckungsspanne} = \frac{21\,000}{0,60} = 35\,000 \text{ Stück}$$

Ergebnis

Die Gewinnschwelle liegt nun bei 35 000 Broten. Das ist der Break-even-point (Bep).

➡ Zum Merken

Erhöhen sich die Fixkosten, erhöht sich auch die Menge, ab der ein Gewinn erzielt wird. Die Gewinnschwelle verlagert sich nach rechts.

5.2 Auswirkungen von Kostenveränderungen auf den Break-even-point bei einer Erhöhung der variablen Stückkosten

Das Problem

Zusätzlich erwartet die Bäckerei „Neumann" auch eine Erhöhung der variablen Stückkosten um 0,10 €.

Bäckermeister Neumann möchte wissen, ob auch dann bei einem durchschnittlichen Absatz von 40 000 Broten noch ein Gewinn erzielt werden kann.

Die betrieblichen Daten:

Fixkosten   21 000 €
Variable Stückkosten:
        bisher: 0,40 €
        neu: 0,50 €
Verkaufspreis pro Brot: 1,00 €

Die Lösung

Die Deckungsspanne beträgt nun
$1,00 € - 0,50 € = 0,50 €$

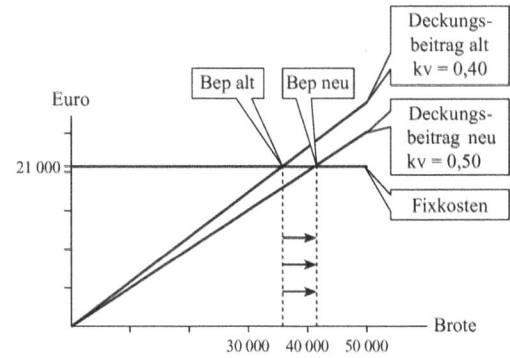

$$\text{Bep} = \frac{\text{Fixkosten}}{\text{Deckungsspanne}} = \frac{21\ 000}{0,50} = 42\ 000\ \text{Stück}$$

Ergebnis

Die Gewinnschwelle liegt nun bei 42 000 Broten, oberhalb der durchschnittlichen Absatzmenge.

Das ist der neue Break-even-point.

Die Bäckerei wird keinen Gewinn mehr erzielen.

➡ Zum Merken

Erhöhen sich die variablen Stückkosten, verringert sich die Deckungsspanne. Die Gewinnschwelle verlagert sich nach rechts, die notwendige Menge, um Gewinn zu erzielen, steigt.

6. Auswirkungen von Preisveränderungen auf den Break-even-point

Das Problem

Die Kosten der Bäckerei „Neumann" haben sich erhöht. Das bringt sie aus der Gewinnzone, wenn der augenblickliche Preis von 1,00 € pro Brot beibehalten wird.

Die Bäckerei muss daher den Preis für ein Brot erhöhen. Der neue Preis soll so hoch sein, dass bei den betrieblichen Kosten von

Fixkosten = 21 000 €
Variable Kosten pro Brot = 0,50 €

wie bisher ab einer Absatzmenge von 30 000 Broten Gewinn erzielt wird.

Die Lösung

Die Gewinnschwelle errechnet sich nach der Formel

$$(1) \quad \text{Bep} = \frac{\text{Fixkosten}}{\text{Deckungsspanne}}$$

Die Bäckerei kann nun errechnen, wie groß der Deckungsbeitrag ist, wenn die Gewinnschwelle (Bep) 30 000 Stück beträgt.

Durch Umformen der Formel (1) erhält man

$$(2) \quad \text{Bep} \times \text{Deckungsspanne} = \text{Fixkosten}$$

$$(3) \quad \text{Deckungsspanne} = \frac{\text{Fixkosten}}{\text{Bep}}$$

Ergebnis

Die Bäckerei kann nun aus (3) errechnen, dass die Fixkosten von 21 000 € bei einer Absatzmenge von 30 000 Broten gedeckt sind, wenn die Deckungsspanne 0,70 € beträgt:

21 000 : 3 000 = 0,70

Daraus lässt sich nun der neue Verkaufspreis aus (1) in Höhe von 1,20 € ermitteln

Variable Kosten	0,50 €
+ Deckungsspanne	+ 0,70 €
= Verkaufspreis	= 1,20 €

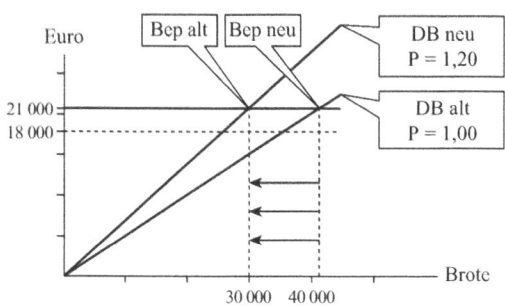

➡️ **Zum Merken**

Preiserhöhungen führen zu einer niedrigeren Gewinnschwelle.

Aufgaben

1. Ein Hersteller fertigt Kühlschränke. An variablen Kosten fallen pro Stück 280 € an. Der Verkaufspreis beträgt 420 €.

   a) Wie viele Kühlschränke müssen mindestens pro Monat abgesetzt werden, wenn bei monatlichen Fixkosten in Höhe von 120 000 € ein Gewinn erzielt werden soll?

   b) Der Absatz beträgt 800 Stück pro Monat. Wie hoch dürfen die Fixkosten höchstens sein, um noch einen Gewinn zu erzielen?

2. In einem Unternehmen betragen

   – die Fixkosten 250 000 €,
   – die variablen Stückkosten 8,50 €.
   – Der Absatz beträgt 50 000 Stück.
   – Wie hoch muss der Verkaufspreis sein, um keinen Verlust zu erzielen?

3. Die Deckungsspanne eines Produktes beträgt 2,50 €, die variablen Stückkosten 5,50 €.

   a) Wie hoch ist der Verkaufspreis?

   b) Der Absatz beträgt 3 000 Stück. Wie hoch ist der Gewinn, wenn die Fixkosten 20 000 € betragen?

4. Ein Unternehmen stellt nur ein Produkt her. Es wird ein Gewinn von 100 000 € erzielt. Die Fixkosten betragen 150 000 €, die variablen Kosten betragen insgesamt 160 000 €.

   – Die Deckungsspanne des Produktes beträgt 2,50 €.
   – Wie hoch ist der Absatz?

5. Ein Gaswerk bietet seinen Kunden 2 Tarife an:

   Tarif 1: Jährliche Grundgebühr: 150 €, Preis pro m³: 0,60 €
   Tarif 2: Jährliche Grundgebühr: 350 €, Preis pro m³: 0,40 €

   a) Ermitteln Sie die „kritische Menge", bei der beide Tarife zu gleichen Belastungen für den Kunden führen!

   b) Der Kunde A hat einen monatlichen Verbrauch von durchschnittlich 120 m³, der Kunde B verbrauchte pro Jahr 850 m³.
   Welcher Tarif sollte bei den Kunden jeweils Anwendung finden?

   c) Stellen Sie den Sachverhalt graphisch dar!

6. Der Deckungsbeitrag beträgt 165 000 €, die Umsatzerlöse betragen 415 000 €, der Absatz beträgt 200 000 Stück.

   Wie viel € betragen die variablen Kosten pro Stück?

Entscheidungsaufgaben

1. **Die Geschäftsidee.**
   Peter Hansen hat eine Geschäftsidee. Er will auf Wochenmärkten kleine Flaschen mit besonderen Likören verkaufen. Dazu hat er einige Rechnungen durchzuführen.

   Herr Hansen rechnet mit einem Absatz von etwa 2 500 Flaschen pro Monat.

   Der Einkaufspreis einer kleinen Flasche beträgt 4 €.
   Der Verkaufspreis soll 9 € betragen.
   An fixen Kosten entstehen ihm monatlich 6.000 € z. B. für Standgebühren, Benzin, Kosten für den Verkaufswagen, Personal.

   Herr Peter Hansen möchte den Break-even-point wissen. Das ist die Menge, die er an kleinen Flaschen verkaufen muss, bis er einen Gewinn erzielen kann.

   Begründen Sie, ob Herr Hansen seine Geschäftsidee umsetzen sollte.

2. **Soll der Betrieb schließen?**
   Ein Softwareunternehmen hat sich mit einem neuen 3D-Simulationsspiel auf dem Markt etabliert und macht nach einem Jahr die folgende Bestandsaufnahme.

   Für die Programmierung waren 4 Mannjahre notwendig (alle Programmierstunden zusammengezählt hätten einen Programmierer 4 Jahre arbeiten lassen müssen), 1 Mannjahr kostet 150.000 €.
   Für weitere Löhne, die Raumkosten und die Verwaltung fielen weitere 200.000 € im Jahr an.

   Die Herstellung einer Spiel-CD setzte sich aus den folgenden Kosten zusammen:
   Rohling: 0,25 €
   Hülle: 0,50 €
   Anleitungsheft, Herstellung, und Verpackung : 1,25 €
   Der Verkaufspreis dieses Spiels beträgt 40 €, davon erhält der Verkäufer 18 €.

   a)   Ermitteln Sie den Break-even-point. (Menge)

   b)   Tatsächlich wurden nur 30.000 Stück verkauft. Errechnen Sie den Verlust.

   c)   Begründen Sie Ihre Entscheidung, ob der Betrieb im nächsten Jahr schließen sollte, wenn der Absatz gleich bleibt?

Aufgabe zum Break-even-point

Ein Flugzeughersteller ent-
wickelte ein neuartiges Groß-
raumflugzeug, Der Absatz in
den nächsten 30 Jahren wurde
auf 800 Stück geschätzt. Die
Entwicklungskosten von ca.
10 Milliarden US-$ sollten
bei einem Absatz von 250
Stück gedeckt sein. Ab dann
würde das Flugzeug einen
Gewinn einfliegen. (Break-
even-point) Der Sachverhalt
ist in der Grafik dargestellt.

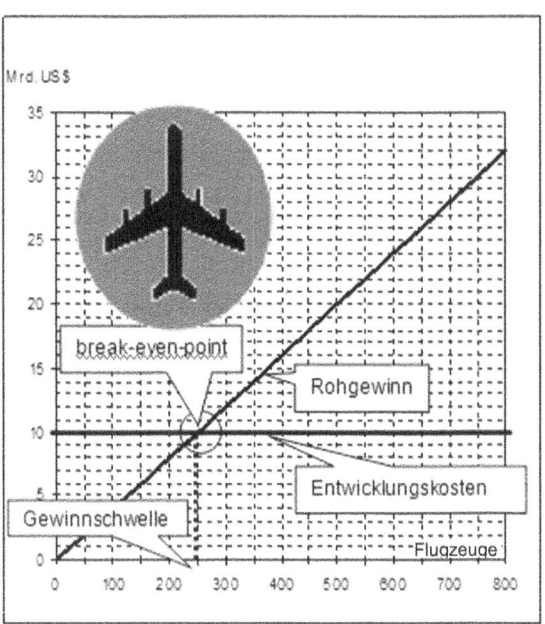

a) Errechnen Sie den geplanten Deckungsbeitrag des
   Flugzeugs zur Deckung
   der Entwicklungskosten.
   (Rohgewinn pro Stück)

Durch Konstruktionspannen erhöhten sich die Entwicklungskosten auf 12 Milliarden US $.

b) Stellen Sie den Sachverhalt in einer Grafik dar. Welchen Einfluss hatte das auf den
   Break-even-point (Bep)? Errechnen Sie den neuen Bep.

Um den schleppenden Absatz zu verbessern, reduzierte man den Verkaufspreis. So
kalkulierte nun mit einem reduzierten Stückgewinn von geschätzten 30.000.000 US-$.

c) Stellen Sie den Sachverhalt in einer Grafik dar. Welchen Einfluss hatte das auf den
   Bep? Errechnen Sie den neuen Bep.

10 Jahre nach dem Erstflug wurden das 317 Flugzeuge bestellt. Im 10 Jahr gab es
keine Bestellung. Gleichzeitig mahnten Großkunden eine Weiterentwicklung des Flug-
zeuges an, es benötige neuere stärkere und vor allem energiesparendere Triebwerke.
Eine solche Entwicklung würde mehrere Milliarden US-$ kosten.

d) Begründen Sie die Forderung des Finanzvorstandes des Flugzeugbauers, die
   weitere Produktion des Super Flugzeugs einzustellen.

e) Benennen Sie Gründe, weshalb der Gesamtvorstand des Flugzeugbauers dem
   Vorschlag des Finanzvorstandes nicht nachgekommen ist und das Flugzeug
   weitergebaut wird.

7. Die Planung des optimalen Produktionsprogrammes

Das Problem

Die Bäckerei „Neumann" erweitert ihr Produktionsprogramm, um damit ihren Absatz zu erhöhen. Statt wie bisher nur Weizenbrote zu fertigen, werden nun 3 weitere Brotarten mit unterschiedlichen Deckungsspannen angeboten:

Artikel	Deckungsspanne	Absatz pro Monat
Weizenbrot	0,60	25 000
Roggenbrot	0,80	10 000
Rosinenbrot	0,40	15 000
Baguettebrot	0,50	10 000

Es lassen sich aber nicht alle 60 000 Brote im Monat herstellen, die verkauft werden könnten. Die maximale Produktionsmenge (Kapazitätsgrenze) wird auf 45 000 Stück geschätzt.

Welche Brote sollen in welchen Mengen hergestellt werden?

Wie hoch ist der Gewinn, wenn monatliche Fixkosten in Höhe von 18 000 € anfallen?

Die Lösung

Die Artikel werden entsprechend der Deckungsspanne geordnet. Der Artikel mit der höchsten Deckungsspanne wird zuerst produziert, weil er am meisten zur Deckung der Fixkosten beiträgt. Der Artikel mit der geringsten Deckungsspanne entsprechend zuletzt. Diese Rangfolge ergibt das Produktionsprogramm mit dem höchsten Gesamt-Deckungsbeitrag.

Rangfolge	Artikel	Deckungsspanne	Produktionsmenge in €	Deckungsbeitrag in €
1	Roggenbrot	0,80	10 000	8 000
2	Weizenbrot	0,60	25 000	15 000
3	Baguettebrot	0,50	10 000	5 000
4	Rosinenbrot	0,40	0	0
Zusammen:			45 000	28 000
Monatliche Fixkosten:				18 000
Gewinn:				10 000

Die Produktionsmenge multipliziert mit der jeweiligen Deckungsspanne ergibt den Deckungsbeitrag des einzelnen Artikels. Die Summe der Deckungsbeiträge aller Artikel ergibt 28 000 €. Nach Abzug der Fixkosten in Höhe von 18 000 € erhält man den Gewinn der Bäckerei in Höhe von 10 000 €.

Ergebnis

Es lohnt sich nicht, Rosinenbrot herzustellen, da die Produktionskapazität bei der Herstellung der anderen Brote, die eine höhere Deckungsspanne besitzen, bereits voll ausgeschöpft ist.

➡ Zum Merken

Das optimale Produktionsprogramm wird anhand der Deckungsspanne bestimmt. Das Erzeugnis mit der höchsten Deckungsspanne wird zuerst produziert, dann absteigend die nachfolgenden, bis die Kapazitätsgrenze erreicht ist.

8. Die Planung des optimalen Produktionsprogrammes bei einem Engpass (relative Deckungsspanne)

Das Problem

Die Bäckerei Neumann hat die Ursache der Kapazitätsgrenze festgestellt. Die Kapazität des Backofens ist begrenzt. Pro Monat stehen nur 1 000 000 Backminuten bezogen auf 1 Brot zur Verfügung. Der Backofen stellt somit für die Fertigstellung einen Engpass dar.

Weiterhin wurde festgestellt, dass die Brote trotz gleicher Größe bei verschiedenen Zutaten unterschiedliche Backzeiten haben.

Artikel	Back- zeit in	Deckungs- spanne	Ab- satz pro
	Minuten		Monat
Weizen- brot	20	0,60	25 000
Roggen- brot	25	0,80	10 000
Rosinen- brot	8	0,40	15 000
Baguette- brot	25	0,50	10 000

Welche Brote sollen in welchen Mengen nun hergestellt werden?

Wie hoch ist der Gewinn, wenn monatliche Fixkosten in Höhe von 18 000 € anfallen?

Die Lösung

Die Kapazität des Ofens ist begrenzt. Daher werden die Brote vorrangig gebacken, die den höchsten Ertrag bringen. Den Ertrag allerdings nur am Deckungsbeitrag messen zu wollen, wäre in diesem Fall nicht richtig, da die verschiedenen Brotsorten unterschiedliche Backzeiten haben.

Um die Ertragswirksamkeit der verschiedenen Brotsorten vergleichbar zu machen, wird die Deckungsspanne der einzelnen Brote mit der Backzeit in ein Verhältnis gesetzt. Daraus ergibt sich die relative Deckungsspanne, bezogen auf eine Minute Backzeit.

$$\text{relative Deckungsspanne} = \frac{\text{Deckungsspanne}}{\text{benötigte Fertigungszeit in Minuten}}$$

Die Artikel werden entsprechend der relativen Deckungsspanne geordnet. Der Artikel mit der höchsten relativen Deckungsspanne (Rosinenbrot) wird zuerst produziert, weil er pro Minute am meisten dazu beiträgt, die Fixkosten zu decken. Der Artikel mit der geringsten relativen Deckungsspanne (Baguettebrot) wird entsprechend zuletzt produziert. Dafür stehen nur noch 130 000 Backminuten zur Verfügung. Das entspricht bei einer Backzeit von 25 Minuten pro Brot einer Produktionsmenge von 5 200 Broten.

Die Produktionsmenge multipliziert mit der jeweiligen Deckungsspanne ergibt den Deckungsbeitrag des einzelnen Artikels. Die Summe der Deckungsbeiträge aller Artikel ergibt 31 600 €. Nach Abzug der Fixkosten in Höhe von 18 000 € erhält man den Gewinn der Bäckerei in Höhe von 13 600 €.

Rang-folge	Artikel	benötigte Deckungs-spanne in €	(relative) Back-zeit (Min.)	Deckungs-spanne pro Min.	Benötigte Produk-tions-menge	Gesamt-backzeit (Minuten)	Deckungs-beitrag in €
1	Rosinen-brot	0,40	8	0,050	15 000	120 000	6 000
2	Roggen-brot	0,80	25	0,032	10 000	250 000	8 000
3	Weizen-brot	0,60	20	0,030	25 000	500 000	15 000
4	Baguette-brot	0,05	25	0,020	5 200	130 000	2 600
Zusammen:					55 200	1 000 000	31 600
monatliche Fixkosten:							18 000
Gewinn:							13 600

Ergebnis

Dadurch, dass statt der Deckungsspanne nun die relative Deckungsspanne als Grundlage für die Produktionsplanung herangezogen wird, hat sich der Gewinn von 10 000 € auf 13 000 € verbessert und die Zahl der gebackenen Brote von 45 000 Stück auf 55 200 Stück erhöht.

➡ **Zum Merken**

Bei unterschiedlichen Fertigungszeiten der einzelnen Erzeugnisse und einer nicht ausreichenden Fertigungskapazität bestimmt der relative Deckungsbeitrag das optimale Produktionsprogramm.

Aufgabe

Gesucht ist das optimale Produktionsprogramm und der Gewinn für die Bäckerei, wenn mit folgenden Daten zu rechnen ist: Kapazitätsgrenze 1 200 000 Backminuten, Fixkosten: 20 000 €

Artikel	Variable Stückkosten	Verkaufs-preis	Backzeit	mögliche Absatzmenge
Weizenbrot	0,85 €	1,20 €	15 Minuten	13 000 Stück
Roggenbrot	0,95 €	1,50 €	20 Minuten	18 000 Stück
Sauerteigbrot	1,30 €	2,00 €	25 Minuten	14 000 Stück
Schwarzbrot	1,15 €	1,80 €	30 Minuten	17 000 Stück

Informationen

Wie können Kosten aus der G+V-Rechnung in variable und fixe aufgeteilt werden?

Variable Kosten sind im Handelsbetrieb die Wareneinstandswerte des Umsatzes. Hinzuzählen kann man noch anteilige Kapitalbindungskosten sowie spezielle Lager- und Vertriebskosten. Fixkosten sind die verbleibenden Kosten, die in der Vollkostenrechnung als Handlungskosten im HKZ berücksichtigt werden. Haben Kosten sowohl einen variablen als auch einen festen Anteil, müssen diese aufgeteilt werden. Grundlage der Entscheidung ist es, ob die Kosten in der Verursachung dem einzelnen Artikel direkt zurechenbar sind oder nicht.

Wie hoch sind die variablen Kosten bei einem Umsatz von 0 € aufgrund von Betriebsferien?

Ebenfalls 0 €, Artikel, die nicht produziert worden sind, können auch nicht verkauft werden und auch keine variablen Kosten verursachen.

Wie verändern sich die Fixkosten, wenn der Umsatz sich halbiert?

Gar nicht. Die Fixkosten fallen immer in gleicher Höhe an, unabhängig vom Verkaufserfolg.

Was ist der Break-even-point (Bep)?

Bei einer Ein-Produkt-Betrachtung gibt der Bep die Menge an, bei der der Deckungsbeitrag groß genug ist, die Fixkosten vollständig zu decken. Ab dieser Menge erzielt der Betrieb dann einen Gewinn (Gewinnschwelle).

Welche Auswirkungen hat ein Ansteigen der Fixkosten auf den Bep?

Der Bep steigt, da entsprechend mehr Artikel verkauft werden müssen, um die Fixkosten zu decken.

Welche Auswirkungen hat ein Sinken der variablen Kosten auf den Bep?

Der Bep sinkt, da pro Artikel eine höhere Deckungsspanne erzielt wird, die dazu beiträgt, die Fixkosten zu decken.

Welche Auswirkungen hat eine Preissenkung auf den Bep?

Der Bep steigt, da pro Artikel eine geringere Deckungsspanne erzielt wird.

Wann ist die Deckungsbeitragsrechnung der Vollkostenrechnung überlegen?

Die Deckungsbeitragsrechnung ist in Zeiten des aggressiven Wettbewerbs mit Preiskämpfen der Vollkostenrechnung überlegen, da sie Preissenkungen solange verantworten kann, solange die variablen Kosten gedeckt sind. Die Vollkostenrechnung würde bereits einen Artikel aus dem Sortiment nehmen, wenn der Selbstkostenpreis unterschritten wird, da dann die anteiligen Fixkosten nicht gedeckt sind. Bei der Deckungsbeitragsrechnung bleiben die Fixkosten bei der Entscheidungsfindung unberücksichtigt.

9. Die kurzfristige Preisuntergrenze

Das Problem

Der Elektro-Markt will eine aggressive Preispolitik bei ausgewählten werbewirksamen Artikeln betreiben. Er möchte einen tragbaren MP3-Player, der normalerweise einen Barverkaufspreis von 378,– € hat, neu in sein Sortiment aufnehmen und diesen so preiswert wie möglich anbieten.

Der Barverkaufspreis wird wie folgt kalkuliert:

Bezugspreis	225,00 €
+ 40 % HKZ	90,00 €
Selbstkostenpreis	315,00 €
+ 20 % Gewinn-zuschlag	63,00 €
Barverkaufspreis	378,00 €

Die Lösung

Nach der Vollkostenrechnung könnte der Elektro-Markt den MP3-Player günstigstenfalls zum Selbstkostenpreis von 315 € anbieten. Sonst, so die Theorie der Vollkostenrechnung, würden die anteiligen Handlungskosten nicht gedeckt werden und der Artikel würde einen Verlust erwirtschaften.

Die Deckungsbeitragsrechnung kennt keine anteiligen Handlungskosten. Die Handlungskosten sind Fixkosten, der Bezugspreis stellt die variablen Kosten dar, die nur dann anfallen, wenn der Artikel verkauft wird. Solange ein Artikel einen positiven Deckungsbeitrag erzielt, ist sein Verbleiben im Sortiment gerechtfertigt, da er dazu beiträgt, die Fixkosten zu decken. Der Preis des MP3-Players kann bis maximal auf den Bezugspreis von 225 € gesenkt werden, ohne dass dem Elektromarkt durch den preisgünstigen Artikel ein Verlust entsteht. Allerdings trägt er dann auch nicht zum Gewinn bei. Diese Preisuntergrenze ist auf Dauer nur sinnvoll, wenn dadurch die anderen Artikel des Elektro-Marktes einen entsprechend höheren Deckungsbeitrag erzielen. Die Deckungsbeitragsrechnung ermöglicht somit eine **aggressivere Preispolitik** als die Vollkostenrechnung.

Bei einem Verkauf unter dem Bezugspreis, z. B. zu 190 €, würde der Elektro-Markt pro MP3-Player einen Verlust von z. B. 35 € erzielen. Wird der Preis unterhalb des Bezugspreises festgelegt, handelt es sich um einen **ruinösen Wettbewerb**, da der Verlust dieses Artikels mit dem Verkaufserfolg steigt. Ein ruinöser Wettbewerb ist nur dann zu überstehen, wenn die Verluste dieses Preiskampfes durch Gewinne anderer Artikel ausgeglichen werden können.

➡ **Zum Merken**

Die kurzfristige Preisuntergrenze eines Produktes ist die, bei der seine variablen Kosten gedeckt sind. Im Handel entspricht dies i. d. R. dem Bezugspreis. Die langfristige Preisuntergrenze ist der Preis, bei dem das Unternehmen die Gewinnschwelle erreicht.

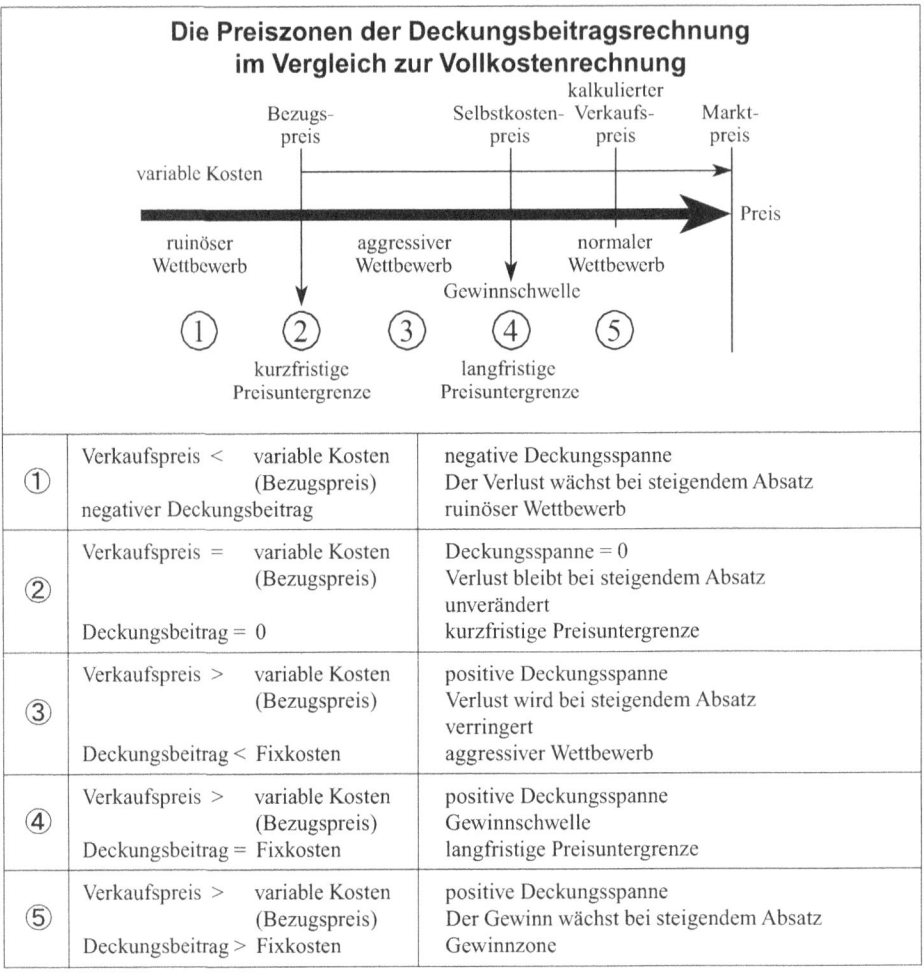

①	Verkaufspreis < variable Kosten (Bezugspreis) negativer Deckungsbeitrag	negative Deckungsspanne Der Verlust wächst bei steigendem Absatz ruinöser Wettbewerb
②	Verkaufspreis = variable Kosten (Bezugspreis) Deckungsbeitrag = 0	Deckungsspanne = 0 Verlust bleibt bei steigendem Absatz unverändert kurzfristige Preisuntergrenze
③	Verkaufspreis > variable Kosten (Bezugspreis) Deckungsbeitrag < Fixkosten	positive Deckungsspanne Verlust wird bei steigendem Absatz verringert aggressiver Wettbewerb
④	Verkaufspreis > variable Kosten (Bezugspreis) Deckungsbeitrag = Fixkosten	positive Deckungsspanne Gewinnschwelle langfristige Preisuntergrenze
⑤	Verkaufspreis > variable Kosten (Bezugspreis) Deckungsbeitrag > Fixkosten	positive Deckungsspanne Der Gewinn wächst bei steigendem Absatz Gewinnzone

⑤ Im normalen Wettbewerb wird ein Gewinn erzielt.

④ In der Vollkostenrechnung ist die Preisuntergrenze der Selbstkostenpreis. Sinkt der Marktpreis unterhalb des Selbstkostenpreises, wird ein Verlust erzielt und der Artikel nicht weiter angeboten.

③ Die Deckungsbeitragsrechnung gibt den sachlichen Hintergrund dafür, im aggressiven Wettbewerb nicht aus dem Markt auszuscheiden: Solange noch ein positiver Deckungsbeitrag erzielt wird, werden die fixen Kosten zumindest teilweise abgedeckt.

② Damit kann kurzfristig der Preis bis auf die Höhe der variablen Kosten (im Handel ist das i. d. R. der Bezugspreis) gesenkt werden, ohne dass dem Betrieb kurzfristig ein größerer Schaden als beim Ausscheiden aus dem Markt entsteht.

① Wenn aber der Marktpreis unter die Höhe der variablen Kosten fällt, vergrößert sich mit steigenden Verkaufszahlen der Verlust. Ein solcher Preiskampf führt langfristig zum Ruin des Unternehmens, sofern die Verluste nicht anderweitig ausgeglichen werden können.

Das Problem:

3 Produkte sind im Sortiment eines Handelsunternehmens:
So sieht die Kalkulation des Verkaufspreises aus (Vollkostenrechnung)

	Handstaubsauger mit Batteriebetrieb	Tisch - Frisch- luftventilator	Gesichts- bräunungsgerät
Bezugspreis	28,00 €	45,00 €	22,00 €
HKZ 50 %	14,00 €	22,50 €	11,00 €
Selbstkostenpreis	42,00 €	67,50 €	33,00 €
Gewinnzuschlag 30 %	12,60 €	20,25 €	9,90 €
Barverkaufspreis	54,60 €	87,75 €	42,90 €
Skonto 3 %	1,69 €	2,71 €	11,33 €
Zielverkaufspreis	56,29 €	90,46 €	44,23 €
Rabatt 10 %	6,25 €	10,12 €	14,91 €
Listenverkaufspreis	62,54 €	100,58 €	49,14 €

Die Marktsituation aufgrund des verstärkten Wettbewerbes sieht so aus, dass die so ermittelten Verkaufspreise nicht zu erzielen sind.

Es lassen sich nur folgende Barverkaufspreise ab Lager erzielen, andernfalls kaufen die Kunden bei der Konkurrenz:

	Handstaubsauger mit Batteriebetrieb	Tisch-Frisch- luftventilator	Gesichts- bräunungsgerät
Barverkaufspreis ab Lager	48,00 €	55,00 €	20,00 €

Begründen Sie jeweils, ob es sinnvoll ist, den Artikel weiterhin im Sortiment zu belassen, oder ob man ihn aus dem Sortiment streichen sollte.

Die Lösung:

	Handstaubsauger mit Batteriebetrieb	Tisch-Frisch-luftventilator	Gesichts-bräunungsgerät
Bezugspreis	28,00 €	45,00 €	22,00 €
HKZ 50 %	14,00 €	22,50 €	11,00 €
Selbstkostenpreis	42,00 €	67,50 €	33,00 €
Gewinnzuschlag 30 %	12,60 €	20,25 €	9,90 €
Barverkaufspreis	54,60 €	87,75 €	42,90 €
Skonto 3 %	1,69 €	2,71 €	11,33 €
Zielverkaufspreis	56,29 €	90,46 €	44,23 €
Rabatt 10 %	6,25 €	10,12 €	14,91 €
Listenverkaufspreis	62,54 €	100,58 €	49,14 €

48,00 €
Barverkaufspreis

Der Preis liegt
noch über dem
Selbstkostenpreis.

Der Artikel kann
im Sortiment
verbleiben.

55,00 €
Barverkaufspreis

Der Preis liegt unter dem
Selbstkostenpreis, nach der
Vollkostenrechnung müsste
er aus dem Sortiment
entfernt werden.
Die Handlungskosten
entstehen aber unabhängig
von dieser Entscheidung.
Sieht man diese als
Fixkosten an, ist ein Ver-
bleib im Sortiment deshalb
nach der **Deckungsbeitragsrechnung** sinnvoll, da pro
Stück noch ein positiver Deckungsbeitrag von 10,00 €
erzielt wird.

Der Artikel kann im
Sortiment verbleiben.

20,00 €
Barverkaufspreis

Der Preis liegt noch
unter dem Bezugs-
preis, Der Artikel
hat einen negativen
Deckungsbeitrag.
Der Verlust wächst
mit jedem verkauf-
ten Artikel.

Der Artikel muss
aus dem Sortiment
entfernt werden.

Vollkostenrechnung und Teilkostenrechnung führen zum gleichen Ergebnis	Vollkostenrechnung und Teilkostenrechnung führen zu unterschiedlichen Ergebnissen	Vollkostenrechnung und Teilkostenrechnung führen zum gleichen Ergebnis

10. Die kurzfristige Erfolgsrechnung (KER)

Das Problem

Der Elektro-Markt möchte den Erfolg der Werbemaßnahme feststellen, einen CD-Player als „Lockvogel" zusätzlich zum Bezugspreis anzubieten.

Die Kosten der begleitenden Anzeigen betragen 40 000 €.

Der Elektro-Markt rechnet mit steigenden Verkaufszahlen der anderen Artikel durch neue Kunden, die, durch das Sonderangebot angelockt, auch weitere Artikel kaufen. Für das hochpreisige Radio mit integrierter CD allerdings wird ein Absatzrückgang erwartet.

Die Lösung

Es wird untersucht, wie sich die erwarteten Absatzänderungen auf den Deckungsbeitrag auswirken:

Die Deckungsspanne jedes einzelnen Artikels wird mit der erwarteten Absatzänderung aufgrund der Werbemaßnahme multipliziert. Das ergibt den werbeaktionsabhängigen Deckungsbeitrag des einzelnen Artikels.

Für das Radio mit integriertem CD-Player, das in direktem Wettbewerb mit dem Sonderangebot CD-Player steht, ergibt sich eine negative Deckungsbeitragsänderung, für die anderen Artikel eine positive.

Alle Deckungsbeitragsänderungen zusammen müssen die Kosten tragen, die durch die Werbemaßnahme entstehen. Der verbleibende Restbetrag ist der kurzfristige Erfolg der Werbemaßnahme.

Die Auswirkungen der Werbemaßnahme auf die einzelnen Artikel bezogen auf den Werbemonat ergeben sich wie folgt:

Artikelname	Bezugspreis (variable Kosten)	Verkaufs- preis	Deckungs- spanne	erwartete zusätzliche Absatz- menge	erwarteter zusätzlicher Deckungs- beitrag
TV-Standgerät	550	600	50	10	500
Tragbarer TV	280	400	120	25	3 000
CD-Player	225	225	0	300	0
Walkman	40	58	18	50	900
Discman	90	120	30	200	6 000
Auto-Radio	130	280	150	30	4 500
CD-Radio	300	420	120	− 50	− 6 000
Lautsprecher-Satz	70	80	10	50	500
Verstärker	120	250	130	100	13 000

Gesamter erwarteter Deckungsbeitrag	22 400
Fixkosten der Werbeaktion	40 000
Verlust durch die Werbeaktion	17 600

Ergebnis

Die Werbeaktion führt kurzfristig für die Dauer des Werbemonats nicht zu einer Verbesserung der Gewinnsituation, da die Mehrerlöse nicht die Kosten der Werbeaktion decken. Es wird ein Verlust erzielt und deshalb ist die Werbeaktion abzulehnen. Ob diese Werbeaktion allerdings erst längerfristig zu einem Erfolg führt, ist dieser kurzfristigen Erfolgsrechnung nicht zu entnehmen.

Aufgabe

Ab welchem Verkaufspreis des CD-Players als Sonderangebot würde die Werbeaktion für den Elektro-Markt kurzfristig einen Gewinn bringen, gleiche Absatzsteigerungen wie oben vorausgesetzt?

11. Die Überprüfung des Sortiments

Das Problem

Der Elektro-Markt möchte den monatlichen Gewinn feststellen und dabei überprüfen, ob es sinnvoll ist, alle Artikel im Sortiment zu belassen.

Die Lösung

Die Deckungsspanne wird für jeden einzelnen Artikel ermittelt und mit der Absatzmenge multipliziert. Das ergibt den Deckungsbeitrag des einzelnen Artikels. Alle Deckungsbeiträge zusammen decken die Fixkosten ab, so dass noch ein Gewinn verbleibt.

Artikelname	Bezugspreis (variable Kosten)	Verkaufs-preis	Deckungs-spanne	Absatz-menge	Deckungs-beitrag
TV-Standgerät	550	600	50	50	2 500
Tragbares TV	280	400	120	250	30 000
CD-Player	225	225	0	90	0
Walkman	80	68	–12	200	–2 400
Discman	90	440	350	0	0
Auto-Radio	130	280	150	100	15 000
Stereo-Anlage	300	420	120	80	9 600
Auto-Telefon	620	780	160	20	3 200
CD-Wechsler	280	350	70	100	7 000
Mikrowellenherd	180	230	50	300	15 000
Lautsprecher-Satz	70	80	10	200	2 000
Verstärker	120	250	130	70	9 100

Gesamter Deckungsbeitrag	91 000
Fixkosten	75 000
Gewinn	16 000

Die Beurteilung des Sortiments:

Der Walkman hat eine negative Deckungsspanne und sollte aus dem Sortiment genommen werden. Pro Gerät setzt der Elektro-Markt 12 € zu. Bei einem Absatz von 200 Stück führt dies zu einem neuen negativen Deckungsbeitrag von 2 400 €. Dieses ist ein Verlust, der durch die Herausnahme des Artikels vermieden werden kann.

Der CD-Player hat eine Deckungsspanne von 0 € und sollte ebenfalls aus dem Sortiment genommen werden, da er nicht zum Unternehmenserfolg beiträgt.

Der Disc-Man hat die höchste Deckungsspanne, der Verkaufspreis wird allerdings nicht von den Kunden akzeptiert, der Absatz ist 0, der Deckungsbeitrag ebenfalls 0. Der Disc-Man sollte ebenfalls aus dem Sortiment genommen werden, da er zum Unternehmenserfolg nichts beiträgt.

Alle weiteren Artikel erzielen einen positiven Deckungsbeitrag und können im Sortiment verbleiben, da sie über die Abdeckung der Fixkosten dazu beitragen, den Gewinn zu erhöhen.

➡ **Zum Merken**

Ein positiver Deckungsbeitrag gibt an, dass der Artikel im Sortiment verbleiben kann.

12. Die ABC-Analyse

Das Problem

Der Elektro-Markt möchte wissen, welche Artikel für den Unternehmenserfolg besonders wichtig sind und sowohl bei der Beschaffung als auch bei der Präsentation besondere Aufmerksamkeit erfahren sollten. Diese Mehrarbeit soll durch eine geringere Berücksichtigung anderer Artikel ermöglicht werden. Welche Artikel sind dies jeweils?

Die Lösung

Das Sortiment wird entsprechend dem Deckungsbeitrag der Größe nach sortiert. Die Deckungsbeiträge der Artikel werden absteigend aufsummiert (kumuliert) und als Prozentzahl vom Gesamt-Deckungsbeitrag erfasst.

Die Artikel, die 75 % des Gesamt-Deckungsbeitrages erzielen, sind die A-Artikel. Sie verdienen bei Beschaffung und Absatz besondere Aufmerksamkeit, da sie wesentlich zum Unternehmenserfolg beitragen.

Die Artikel, die die letzten 5 % zum Unternehmenserfolg beisteuern, hier ab 95 %, werden C-Artikel benannt und können vernachlässigt werden.

Die Artikel dazwischen werden B-Artikel genannt und sind normal zu behandeln bzw. der Kategorie A oder C zuzuordnen.

Artikel Nr.	Artikelname	Deckungs- beitrag	Kumulierter Deckungs- beitrag	... in % des Gesamt- Deckungs- beitrages	ABC Artikel
1	Tragbares TV	30 000	30 000	32 %	A
2	Auto-Radio	15 000	45 000	48 %	A
3	Mikrowellenherd	15 000	60 000	64 %	A
4	Stereo-Anlage	9 600	69 600	75 %	A
5	Verstärker	9 100	78 700	84 %	B
6	CD-Wechsler	7 000	85 700	92 %	B
7	Auto-Telefon	3 200	88 900	95 %	B
8	TV-Standgerät	2 500	91 400	98 %	C
9	Lautsprecher-Satz	2 000	93 400	100 %	C

Wichtige Artikel

Unwichtige Artikel

Ergebnis der Auswertung:

Die Artikel 1–4 erzielen 75 % des Unternehmenserfolges. Sie bedürfen besonders sorgfältiger und intensiver Beachtung in Hinsicht auf:

– Marktanalyse
– Prüfung von Preisen und Konditionen
– genauer Bestandsüberwachung
– Präsentation der Ware

Die Artikel 8 + 9 erzielen nur 5 % des Unternehmenserfolges. Hierbei ist es nicht so entscheidend, ob diese Artikel optimal betreut werden. Die zu Verfügung stehende Zeit in Verkauf, Lager und Verwaltung sollte so eingesetzt werden, dass die A-Artikel zuerst und am sorgfältigsten betreut werden und sei dieses zu Lasten der C-Artikel.

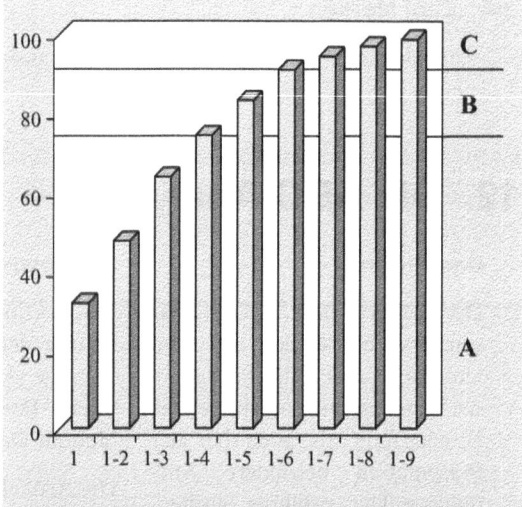

Grafische Darstellung der ABC-Analyse. Für die Festlegung der Grenzen gibt es keine festen Werte, sie werden vom Betrieb selbst bestimmt.

➡ Zum Merken

Die ABC-Analyse zeigt an, welche Artikel am stärksten zum Unternehmenserfolg beitragen und daher besondere Aufmerksamkeit verdienen.

Informationen

Welche Aufgabe hat die ABC-Analyse?

Die ABC-Analyse hat die Aufgabe, die wichtigen von den unwichtigen Artikeln zu trennen, um die betrieblichen Aktivitäten auf die für das Unternehmen wichtigen Artikel zu konzentrieren.

Nach welchen Kriterien können die Artikel in der ABC-Analyse geordnet werden?

Das Kriterium für die ABC-Analyse richtet sich nach Aufgabenstellung. Es kann u. a. genommen werden:

– der Deckungsbeitrag
– der Umsatz
– der Absatz.

Wie werden die Wertgrenzen für die A-, B- und C-Artikel in der ABC-Analyse festgelegt?

Der Betrieb muss die Wertgrenzen selbst bestimmen. Untersuchungen haben für verschiedene Branchen charakteristische Verteilungen der Wertanteile der einzelnen Artikel ermittelt: Je näher das Unternehmen am Verbraucher ist, desto geringer unterscheiden sich die einzelnen Artikel im Wertanteil und um so weiter sind die Grenzen für A- und C-Artikel zu ziehen.

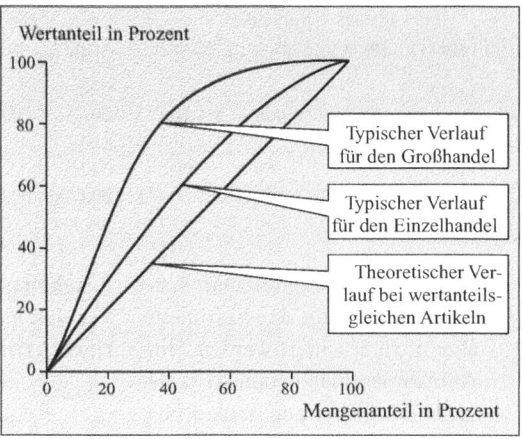

Sind betriebliche Entscheidungen allein mit Hilfe der Deckungsbeitragsrechnung durchführbar und damit automatisierbar?

Als Wertgrenzen ergeben sich danach:

– für A-Artikel   60–85 %
– für B-Artikel   10–35 %
– für C-Artikel   5–15 %

Alle mit Hilfe der Deckungsbeitragsrechnung getroffenen Entscheidungen reduzieren das kaufmännische Problem nur auf die Betrachtung der Kostenseite. Kaufmännisches Handeln bedeutet auch, die Reaktionen der Handelspartner mit einzubeziehen. Dieses kann nur der Kaufmann mit seiner langjährigen Marktkenntnis. Die Deckungsbeitragsrechnung ist somit nur ein wichtiges Hilfsmittel zur Vorbereitung betrieblicher Entscheidungen. Einen Automatismus aus den Kennziffern abzuleiten ist nur bei bestimmten Routinefällen möglich.

13. Die Verbesserung des Sortiments

Das Problem

Der Elektro-Markt hat im letzten Monat probeweise neue Artikel in sein Sortiment aufgenommen. Die Verkaufspreise orientieren sich an den Preisen der Konkurrenz und erzielten im Testmonat den folgenden Absatz:

Artikel	Bezugs- preis	Verkaufs- preis	Absatz
Video- kamera	880	990	10
Reise- Radio	48	69	100
Radio- wecker	25	36	300

Aufgrund der begrenzten Verkaufsfläche kann das Sortiment aber nicht erweitert werden. Bei Aufnahme eines neuen Artikels muss ein bisheriger Artikel aus dem Sortiment gestrichen werden:

Wie sollte das Sortiment verändert werden?

Die Lösung

1. Schritt:
Ermittlung des Deckungsbeitrags der neuen Artikel

Für die neuen Artikel wird zuerst die Deckungsspanne ermittelt (Verkaufspreis – Bezugspreis) und diese sodann mit der Absatzmenge multipliziert. So werden die Deckungsbeiträge der einzelnen neuen Artikel ermittelt.

Artikel	Bezugs- preis	Verkaufs- preis	Deckungs- spanne	Absatz	Deckungs- beitrag
Video- kamera	880	990	110	10	1 100
Reise- Radio	48	69	21	100	2 100
Radio- Wecker	25	36	11	300	3 300

2. Schritt:
Vergleich mit dem Deckungsbeitrag der bisherigen Artikel

Artikel Nr.	Artikelname	Deckungsbeitrag
1	Tragbares TV	30 000
2	Auto-Radio	15 000
3	Mikrowellenherd	15 000
4	Stereo-Anlage	9 600
5	Verstärker	9 100
6	CD-Wechsler	7 000
7	Auto-Telefon	3 200
8	TV-Standgerät	2 500
9	Lautsprecher-Satz	2 000

Die Deckungsbeiträge der neuen Artikel werden den Deckungsbeiträgen der bisherigen Artikel des Sortiments gegenübergestellt. Damit ist eine Entscheidung über einen Ersatz einzelner Artikel unter dem Gesichtspunkt der Erfolgswirksamkeit möglich.

Ergebnis

Der Radiowecker verdrängt das Auto-Telefon von dem bisherigen 7. Platz. Entsprechend fällt der Artikel mit dem niedrigsten Deckungsbeitrag, der Lautsprecher-Satz, auf den 10. Platz und scheidet für den Radio-Wecker aus dem Sortiment aus. Die Videokamera und das Reise-Radio werden nicht ins Sortiment aufgenommen, da ihr Deckungsbeitrag niedriger ist als der des nun schlechtesten Artikels, des TV-Standgeräts.

➡ Zum Merken

Der Deckungsbeitrag ermöglicht eine Entscheidung, welcher Artikel im Sortiment verbleiben soll. Die Artikel mit den niedrigsten Deckungsbeiträgen werden durch neue Artikel ersetzt, wenn diese höhere Deckungsbeiträge aufweisen.

Informationen

Wann muss in der Deckungsbeitragsrechnung ein Artikel aus dem Sortiment genommen werden?

Ein Artikel kann grundsätzlich im Sortiment bleiben, solange sein Deckungsbeitrag positiv ist. Ein positiver Deckungsbeitrag trägt dazu bei, die Fixkosten zu decken.

Wie kann das Sortiment mit Hilfe der Deckungsbetragsrechnung optimiert werden?

Der Handel ist bestrebt, möglichst erfolgswirksame Artikel im Sortiment zu haben. Es findet daher eine Auswahl der Artikel statt. Die Entscheidungsgröße ist hierbei der Deckungsbeitrag. Artikel, die einen bestimmten Deckungsbeitrag nicht erzielen, werden durch andere Artikel ersetzt.

Weshalb ist im Handel das Entscheidungskriterium der Deckungsbeitrag und nicht die Deckungsspanne?

Der Deckungsbeitrag ist die Deckungsspanne multipliziert mit der Absatzmenge. Während die Deckungsspanne nur von betrieblichen Entscheidungsdaten abhängig ist, nämlich vom Einkaufs- und Verkaufspreis, sind in dem Deckungsbeitrag die Entscheidungen des Marktes mit berücksichtigt. Mondpreise sorgen für eine hohe Deckungsspanne, Mondpreisartikel lassen sich aber nicht verkaufen. Ein Deckungsbeitrag würde dann trotz hoher Deckungsspanne nicht erzielt und der Artikel wäre aus dem Sortiment zu entfernen.

Weshalb wird in der Warenproduktion das Produktionsprogramm anhand der Deckungsspanne optimiert?

In der Warenproduktion wird i. d. R. nicht auf Verdacht, sondern auf Bestellung produziert. Die Absatzdaten stehen somit fest. Bei der Programmplanung kommt es darauf an, die vorhandenen Produktionsanlagen optimal zu nutzen, so dass ein höchstmöglicher Gewinn erzielt wird. Deshalb werden die Produkte, die die höchste Deckungsspanne aufweisen, zuerst produziert.

Wozu benötigt man die relative Deckungsspanne?

Können nicht alle Produkte innerhalb der vorgegebenen Zeit mit den bestehenden Kapazitäten fertiggestellt werden, liegt ein Engpass vor. In einer Fertigungsstufe sind dann die benötigten Fertigungskapazitäten größer als die vorhandenen Fertigungskapazitäten. Haben zudem die einzelnen Produkte unterschiedliche Fertigungszeiten im Engpassbereich, müssen die Deckungsspannen auf die unterschiedlichen Fertigungszeiten bezogen werden. Der Deckungsbeitrag wird dann bezogen auf eine Zeiteinheit, z. B. Minute, errechnet. Das Erzeugnis mit der höchsten relativen Deckungsspanne ist am erfolgreichsten, weil es pro Zeiteinheit am meisten zur Deckung der Fixkosten beiträgt. Die Höhe der relativen Deckungsbeiträge bestimmt dann die Rangfolge im Fertigungsprogramm.

Wie können Engpasssituationen im Handel berücksichtigt werden?

Im Handel ist die Verkaufsfläche der Engpass. Großvolumige Artikel verbrauchen kostbare Regalfläche und verdrängen andere Artikel. Um groß- und kleinvolumige Artikel vergleichbar zu machen, ermittelt man den **relativen Deckungsbeitrag** pro Regalplatzeinheit. Der Artikel mit dem geringsten relativen Deckungsbeitrag wird dann zuerst ersetzt.

Aufgabe

Ein Unternehmen fertigt auf Bestellung Plastik-Produkte. Es werden 5 verschiedene Produkte gefertigt, die bei unterschiedlichen variablen Kosten zu unterschiedlichen Preisen verkauft werden.

Produkt	Verkaufspreis	variable Stückkosten	mögliche Absatzmenge
1	4,60	3,20	40 000
2	8,40	6,25	60 000
3	2,20	2,10	80 000
4	3,25	3,40	100 000
5	5,20	4,60	90 000

Die Fixkosten betragen 40 000 €.
Die Produktionskapazität liegt bei maximal 200 000.

a) Bestimmen Sie das Produktions- und Absatzprogramm des Unternehmens, und ermitteln Sie den Gewinn!

b) Ermitteln Sie das Produktionsprogramm und den Gewinn, wenn die Produkte unterschiedliche Fertigungszeiten haben und insgesamt 800 000 Fertigungsminuten zur Verfügung stehen:

Produkt	Fertigungszeit pro Stück
1	4 Minuten
2	2 Minuten
3	3 Minuten
4	5 Minuten
5	1 Minute

14. Die Berücksichtigung von gruppenfixen und bereichsfixen Kosten

Das Problem

Für die Filiale einer Super-marktkette fallen die folgenden Fixkosten monatlich an:

Lohnkosten für

Filialleitung	9 000 €
Kassenpersonal	8 000 €
Fleischer	6 000 €
Käseverkauf	4 000 €

Energiekosten:

Kühltruhen	600 €
andere	400 €

Mietkosten:

Kundenparkplatz	1 000 €
Verkaufsgebäude	10 000 €
Warenregale	400 €
Kühltruhen	500 €
Fleischtresen	600 €
Käsetresen	500 €

Sonstige Kosten: 600 €

Das Sortiment ist in 4 Waren-gruppen gegliedert, die ins-gesamt einen bestimmten De-ckungsbeitrag erzielen.

1. Tiefkühlkost	8 700 €
2. Käseartikel	4 900 €
3. Frischfleisch	5 200 €
4. sonstige Waren	30 600 €

Es ist zu prüfen,

– welchen Gewinn die Filiale erzielt,
– ob es unter Kostenaspekten sinnvoll ist, alle 4 Abteilun-gen weiterhin zu führen, oder ob bestimmte Abteilungen geschlossen werden sollten.

Die Lösung

1. Schritt:
Aufteilung der Fixkosten in gruppenfixe und bereichsfixe Kosten.

Die Fixkosten, die speziell den einzelnen Abtei-lungen zuzurechnen sind, werden für diese geson-dert als **gruppenfixe** Kosten erfasst.

Der Lohn des Fleischers ist der Abteilung Frisch-fleisch zuzurechnen, da er innerhalb des Super-marktes in der Abteilung Frischmarkt beschäftigt ist. Entfällt diese Abteilung, dann würde auch die Tätigkeit des Fleischers für den Supermarkt nicht mehr notwendig sein.

Ist eine Zuordnung auf eine spezielle Abteilung nicht möglich, werden diese als **bereichsfixe** Kos-ten der Filiale erfasst.

Die Mietkosten des Kundenparkplatzes können keiner der Abteilungen zugeordnet werden, da die Kunden in allen Abteilungen einkaufen können. Sie sind daher der Filiale insgesamt als bereichsfi-xe Kosten zuzuordnen.

Gruppenfixe Kosten:

Abteilung Tiefkühlkost		Abteilung Käseartikel	
Miete für		Miete für	
Kühltruhen	500	Käsetheke	500
Strom für die		Lohn der	
Truhen	600	Verkäuferin	4 000
Summe	1 100	Summe	4 500

Abteilung Frischfleisch		Abteilung sonst. Waren	
Miete für		Miete für	
Fleischtresen	600	Verkaufsregale	400
Lohn des			
Fleischers	6 000		
Summe	6 600	Summe	400

Bereichsfixe Kosten:

Filiale

Miete für das Gebäude	10 000
Miete für den Parkplatz	1 000
Lohn für den Filialleiter	9 000
Lohn für das Kassenpersonal	8 000
Energiekosten	400
sonstige Kosten	600
Summe	29 000

2. Schritt:
Ermittlung der gruppenbezogenen Deckungsbeiträge und des Filialgewinns

Die Deckungsbeiträge der Artikel der Abteilungen werden um die fixen Kosten der Abteilung (gruppenfixe Kosten) vermindert. So wird der Deckungsbeitrag ermittelt, den die jeweilige Abteilung erwirtschaftet. Dieser Deckungsbeitrag ist der gruppenbezogene Deckungsbeitrag der jeweiligen Abteilung.

Die Abteilung Frischfleisch kann nicht die gruppenfixen Kosten decken.

Die Summe aller gruppenbezogenen Deckungsbeiträge wird den bereichsbezogenen Fixkosten, die nicht einer einzelnen Abteilung zuzuordnen sind, gegenübergestellt und abgezogen. Das ergibt den Gewinn der Filiale.

Abteilungen	Tiefkühlkost	sonstige Artikel	Käsetresen	Frischfleisch
Deckungsbeitrag aller Artikel	8 700	30 600	4 900	5 200
gruppenfixe Kosten	1 100	400	4 500	6 500
gruppenbezogener Deckungsbeitrag	7 600	29 200	300	–1 400
Summe aller gruppenbezogenen Deckungsbeiträge		35 700		
bereichsfixe Kosten		29 000		
Gewinn der Filiale (bereichsbezogener Deckungsbeitrag)		7 700		

Die Abteilung Frischfleisch erwirtschaftet einen Verlust.

 **Ergebnis**

Die Abteilung Frischfleisch wird geschlossen.

Die Deckungsbeiträge aller Frischfleisch-Artikel reichen nicht aus, die gruppenfixen Kosten für die Abteilung Frischfleisch zu decken. Damit erwirtschaftet die Abteilung Frischfleisch einen negativen Deckungsbeitrag.

Der Gewinn der Filiale wäre um 1400 € höher, würde die Abteilung Frischfleisch geschlossen.

➡ **Zum Merken**

Die Aufteilung der Fixkosten in gruppenfixe und bereichsfixe Kosten ermöglicht es, den Deckungsbeitrag gruppenbezogen und bereichsbezogen zu ermitteln.

Damit lässt sich die Erfolgswirksamkeit einzelner Abteilungen feststellen.

15. Grenzen der Deckungsbeitragsrechnung

Das Problem

Die Filiale einer Supermarktkette hat die verlustträchtige Abteilung Frischfleisch geschlossen. Sie hoffte, damit den Gewinn um 1 400 € zu erhöhen.

Statt dessen fällt der Gewinn der Filiale von vormals 7 700 € auf 2 570 €.

Wie lässt sich diese Verschlechterung erklären, und welche Maßnahmen können getroffen werden?

Die Lösung

Für viele Kunden war die Frischfleisch-Abteilung der Grund, diese Filiale zu besuchen. Diese bleiben nun fern.

Die Umsätze und damit die Deckungsbeiträge der verbleibenden Abteilungen sinken um 15 %

Abteilungen	Tiefkühl-kost	sonstige Artikel	Käse-tresen
Deckungsbeitrag aller Artikel	7 395	30 600	4 165
gruppenfixe Kosten	1 100	400	4 500
gruppenbezogener Deckungsbeitrag	6 295	25 610	– 335

Summe aller gruppenbezogenen Deckungsbeiträge	31 570
bereichsfixe Kosten	29 000
Gewinn der Filiale	2 570

Durch das Schließen der Frischfleischabteilung erwirtschaftet der Käsetresen ebenfalls einen Verlust.

Die Deckungsbeiträge aller Käse-Artikel reichen nicht aus, die gruppenfixen Kosten für die Abteilung Käsetresen zu decken. Die Abteilung Käsetresen sollte aufgegeben werden.

Die Aufgabe der Käseabteilung verschlechtert zusätzlich die Attraktivität der Filiale.

Noch mehr Kunden bleiben der Filiale fern. Der Umsatz der verbleibenden Abteilungen sinkt um weitere 10 %.

Abteilungen	Tiefkühl-kost	sonstige Artikel
Deckungsbeitrag aller Artikel	6 322	23 409
gruppenfixe Kosten	1 100	400
gruppenbezogener Deckungsbeitrag	5 222	23 009

Die Filiale kann nicht mehr ihre bereichsfixen Kosten decken und muss schließen.

Summe aller gruppenbezogenen Deckungsbeiträge	28 231
bereichsfixe Kosten	29 000
Gewinn der Filiale	– 769

Die Filiale hat sich selbst aus dem Markt geworfen.

Die Filiale erwirtschaftet einen Verlust und muss nun aufgegeben werden, weil die Reaktion der Kunden nicht berücksichtigt wurde.

➡ Zum Merken

Die Deckungsbeitragsrechnung führt dann zu falschen Entscheidungen, wenn die Reaktion des Marktes auf die getroffene Entscheidung nicht mit berücksichtigt wird.

An der Fähigkeit, die Reaktion des Marktes richtig einzuschätzen, erkennt man die Erfahrung und Marktkenntnis des erfolgreichen Kaufmanns.

 **Aufgaben**

1. Ein Handelsunternehmen hat 6 Artikel im Sortiment:

Artikel	Bezugspreis	Verkaufspreis	bisherige Absatzmenge
1	23,69	29,99	210
2	12,45	16,49	358
3	8,36	9,99	810
4	7,49	8,25	515
5	3,58	3,99	1 850
6	7,25	8,99	455

Es soll geprüft werden, welche dieser Artikel durch neue Artikel ersetzt werden sollen:

neue Artikel	Bezugspreis	Verkaufspreis	voraussichtliche Absatzmenge
7	45,78	99,90	50
8	4,67	7,89	460
9	3,67	6,38	150

Ermitteln Sie das neue Sortiment, und zeigen Sie, wie der Gewinn dadurch steigen wird! Die Fixkosten betragen 25 000 €.

2. Ergänzen Sie die fehlenden Felder:

	Erzeugnisse					
	1	2	3	4	5	6
Deckungsbeitrag (DB)	8 000		7 000	6 000		3 000
Erzeugnisfixe Kosten		2 100	3 000		3 500	1 200
Rest DB I	6 200	3 500		4 500	6 200	
Gruppenfixe Kosten			500			
Rest DB II	4 200				4 200	
Bereichsfixe Kosten		4 000			0	
Rest DB III						
Unternehmensfixe Kosten			3 000			
Gewinn						

3. Ermitteln Sie den Gewinn, und stellen Sie das optimale Produktionsprogramm!

Produkt	Deckungs-beitrag	Erzeugnis-fixe Kosten	Gruppenfixe Kosten	Bereichsfixe Kosten
A	1 000	3 000	3 000	3 000
B	5 000	6 000		
C	3 000	2 000	9 000	
D	8 000	1 000		
E	11 000	11 500	3 000	4 000
F	19 000	10 500		
G	7 900	6 100	1 000	
H	2 100	200		

Unternehmensfixe Kosten: 2 000 €

X. Statistik

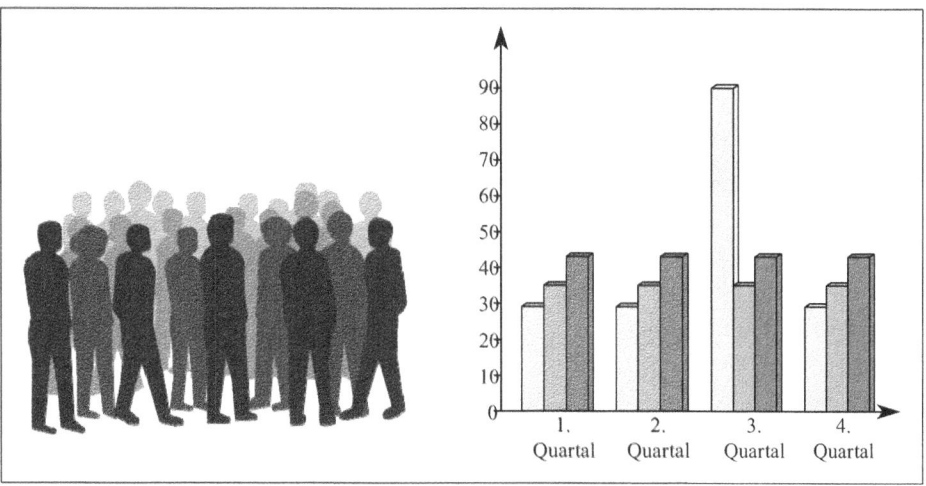

1. Die Aufgabe der Statistik

Die Statistik befasst sich mit der zahlenmäßigen Erfassung, Aufbereitung und Analyse von Massenerscheinungen. Bei der Betriebsstatistik, einem Bestandteil des betrieblichen Rechnungswesens, werden betriebswirtschaftliche Sachverhalte untersucht mit dem Ziel, der Unternehmensleitung Informationen zu liefern, um richtige Entscheidungen zu treffen und das betriebliche Handeln zu kontrollieren.

2. Statistische Quellen

Das Zahlenmaterial kann aus verschiedenen Quellen gewonnen werden.

Informationen

Welche Quellen liefern statistisches Zahlenmaterial?

– Buchhaltung und Kostenrechnung liefern Informationen über z. B. Preisentwicklung auf den Beschaffungs- und Absatzmärkten, Produktionsauslastung, Lagerbestandsentwicklung, Umsatz- und Absatzzahlen.

– Andere Betriebsabteilungen (z. B. Personalabteilung) liefern Zahlen über Personalentwicklung, Fehlzeiten.

© Springer Fachmedien Wiesbaden GmbH, ein Teil von Springer Nature 2018
J. Hischer et al., *Kaufmännisches Rechnen*,
https://doi.org/10.1007/978-3-658-23454-6_10

Bei welchen Trägern kann man Zahlen der amtlichen Statistik bekommen?	– beim Statistischen Bundesamt und den statistischen Landesämtern – bei den Ministerien des Bundes und der Länder – bei der Bundesagentur für Arbeit – bei der Deutschen Bundesbank
Welches sind Träger der nichtamtlichen Statistik?	– Arbeitgeber- und Arbeitnehmerorganisationen – wirtschaftswissenschaftliche Institute – Markt- und Meinungsforschungsinstitute
Was versteht man unter einer sekundärstatistischen Erhebung?	Es wird auf bereits vorliegende Zahlen zurückgegriffen, z. B. auf Informationen der amtlichen Statistik.
Was versteht man unter einer primärstatistischen Erhebung?	Die Daten werden eigens für eine spezielle Untersuchung erhoben.
Welches sind Methoden der Primärstatistik?	– die mündliche und schriftliche Befragung mittels eines **Fragebogens** – die **Beobachtung**, z. B. bei Verkehrszählungen – die **automatische Erfassung** mittels Messgeräten, z. B. von Verbrauchszahlen
Was versteht man unter einer Vollerhebung?	Hierbei werden alle Daten einer **statistischen Masse** erfasst.
Was versteht man unter einer Teilerhebung?	Hierbei wird nur eine **Stichprobe** von Daten untersucht.

3. Statistische Grundbegriffe

Statistische Einheit	Gegenstand der Untersuchung, z. B. die *Arbeitstage*
Statistisches Merkmal	Eigenschaft einer statistischen Einheit, die untersucht werden soll, wie z. B. die *Anzahl der an einem Tag fehlenden Arbeitnehmer*
Merkmalsausprägung	Informationen über eine statistische Einheit: – **qualitativer Art**, wenn die Eigenschaften nicht gemessen werden können, wie z. B. beim Merkmal „Geschlecht" männlich/weiblich – **quantitativer Art**, wenn zahlenmäßig Eigenschaften erfasst werden, wie z. B. *die Anzahl der fehlenden Arbeitnehmer*

Statistische Masse	Gesamtheit aller statistischen Einheiten, die erfasst wird, wie z. B. die *Anzahl der fehlenden Arbeitnehmer an 20 Arbeitstagen*
Statistische Erhebung	Methode der Gewinnung statistischer Daten, wie z. B. durch *Auszählen*
	Eine statistische Erhebung erfordert eine richtige und eindeutige Abgrenzung der statistischen Masse.
Sachliche Abgrenzung	Sollen auch Auszubildende und Teilzeitkräfte in die Untersuchung einbezogen werden?
Zeitliche Abgrenzung	Soll auch das Wachpersonal an arbeitsfreien Wochenenden mitgezählt werden?
Räumliche Abgrenzung	Sollen auch die Arbeitnehmer einer Tochterfirma erfasst werden?

4. Häufigkeitsverteilung

Das Problem

Ein Unternehmen will die Fehlzeiten der Arbeitnehmerinnen und Arbeitnehmer (AN) untersuchen. An jedem der 20 Arbeitstage eines bestimmten Monats wird die Anzahl der fehlenden AN erfasst.

Die statistische Erfassung der Fehlzeiten ergab die folgende Tabelle:

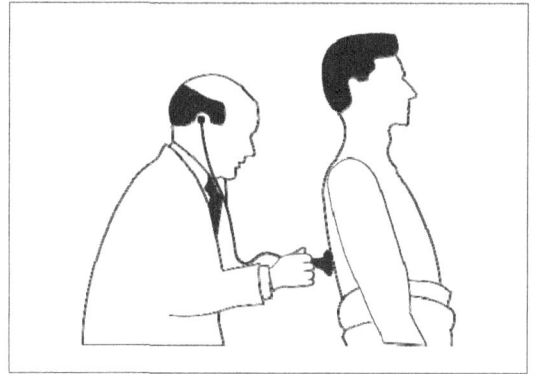

Lfd. Nr. d. Tages	1	2	3	4	5	6	7	8	9	10	11	12	13	14	15	16	17	18	19	20
Anzahl der fehlenden AN	1	5	7	3	10	1	1	5	7	2	2	1	0	1	0	2	2	7	3	7

Welche Informationen kann man daraus gewinnen?

Die Lösung

1. An wie viel Tagen hat 1 AN gefehlt?

Die Rohtabelle (Urliste) wird mittels einer Strichliste zu einer Häufigkeitsverteilung verdichtet. Durch Auszählen erhält man die absoluten Häufigkeiten (f).

Anzahl d. fehlend. AN	Anzahl d. Tage		Anteil d. Fehltage	Prozent- anteil	Summen- häufigkeit
0	||	2	0,10	10 %	2
1	|||||	5	0,25	25 %	7
2	||||	4	0,20	20 %	11
3	||	2	0,10	10 %	13
5	||	2	0,10	10 %	15
7	||||	4	0,20	20 %	19
10			1	0,05	5 %	20
		20	1,0	100 %	

Die Merkmalswerte „Anzahl der fehlenden AN" bezeichnet man als **x**:

$x_1 = 0, \ x_2 = 1 \ ... \ x_7 = 10$

$$\sum f = 2 + 5 + ... + 1 = 20$$

$h_1 = \dfrac{2}{20} = 0,1 \quad h_2 = \dfrac{5}{20} = 0,25$

usw.

$h_1\% = 10 \ \% \qquad h_2\% = 25 \ \%$

$H_1 = 2$
$H_2 = 2 + 5 = 7$
$H_7 = 2 + 5 + 4 + 2 + 2 + 4 + 1 = 20$

Ergebnis 1:

An 5 Tagen hat 1 AN gefehlt.

2. Wie hoch ist der Anteil der Tage, an denen 5 AN gefehlt haben?

Teilt man die Summe der absoluten Häufigkeiten durch die jeweilige Häufigkeit, so erhält man die relativen Häufigkeiten (h), die den Anteil der Fehltage an denen eines Monats ergeben. Multipliziert man die relative Häufigkeit mit 100, so erhält man den Prozentwert.

Ergebnis 2:

An 10 % der Tage haben 5 AN gefehlt.

3. Wie hoch ist die Anzahl bzw. der Anteil der Tage, an denen bis zu 5 AN gefehlt haben?

Durch fortlaufende Summierung der Häufigkeiten erhält man die Summenhäufigkeiten (H). Sie sagen aus, *an wie viel Tagen bis zu x AN gefehlt haben.*

Ergebnis 3:

An 15 Tagen = 75 % haben bis zu 5 AN gefehlt.

4. An wie viel Tagen haben 2 bis 3 AN gefehlt?

Die Häufigkeitsverteilung lässt sich noch weiter verdichten, indem man mehrere Tage zu einer Klasse zusammenfasst:

---

* $\sum$ ist das Zeichen für Summe.

	Anzahl der fehlenden AN	Klassen-mitte	Anzahl der Arbeitstage	Prozent-anteil
	0- unter 2	1	7	35 %
	2- unter 4	3	6	30 %
	4- unter 6	5	2	10 %
	6- unter 8	7	4	20 %
	8- unter 10	9	1	5 %
			20	100 %

Man nimmt an, dass sich die Merkmalswerte (x) in der Klassenmitte (x_M) konzentrieren und ordnet dieser die jeweilige Häufigkeit zu.

Klassenmitte (x_M) =

$$\frac{\text{untere Grenze + obere Grenze}}{2}$$

Beachte: nicht „2-4", sondern „2- unter 4", da sonst Zuordnungsprobleme auftreten.

Ergebnis 4:

An 6 Tagen haben 2 bis 3 AN gefehlt.

Diese Verdichtung hat jedoch einen Informationsverlust zur Folge. So lässt sich in diesem Beispiel in der Klasse „2- unter 4" nicht mehr erkennen, dass die größte Häufigkeit von 4 Tagen bei 2 AN liegt.

Die Klasseneinteilung richtet sich nach dem Umfang der statistischen Masse. Je größer die Klassenbreite, um so mehr Informationen gehen verloren.

Rechenweg

1. Durch Auszählen erhält man die absoluten Häufigkeiten.

2. Relative Häufigkeit (Anteilswert) = $\dfrac{\text{Einzelhäufigkeit}}{\text{Summe der absoluten Häufigkeiten}}$

3. Prozentanteil = relative Häufigkeit × 100

4. Summenhäufigkeit durch fortlaufende Addition der Häufigkeiten

➡ **Zum Merken**

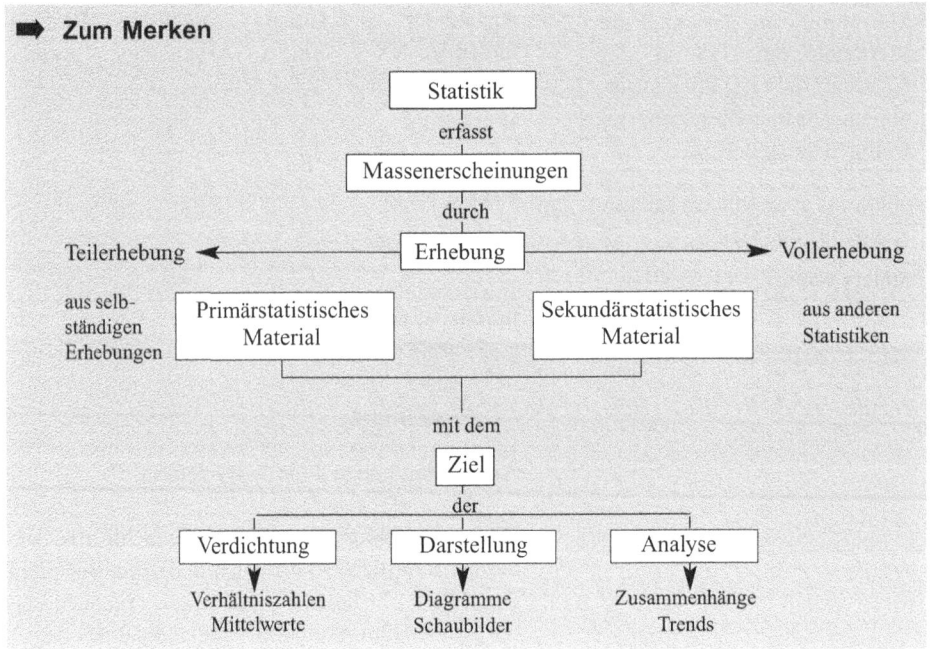

<img _1>X **Aufgaben**

Die Leistungen von 20 Prüfungsteilnehmern werden mit Punkten von 0–100 bewertet:

Leistung in Punkten	12	25	36	45	50	63	75	85	93	100
Anzahl der Prüflinge	2	4	5	7	12	20	11	6	2	1

1. Wie heißt das statistische Merkmal?

2. Berechnen Sie die Prozentanteile!

3. Wie hoch ist der Anteil der Prüflinge, die eine ausreichende Leistung von 50–67 Punkten erzielt haben?

4. Wie viele Prüflinge haben eine nicht ausreichende Leistung unter 50 Punkten erreicht?

5. Wie viel Prozent der Prüflinge haben zwischen 50 und 80 Punkten erreicht?

6. Fassen Sie die Ergebnisse in einer neuen Tabelle zu fünf gleich breiten Klassen zusammen!

7. Wie viele Prüflinge haben bis zu 75 Punkten erzielt?

8. Erstellen Sie eine klassifizierte Häufigkeitsverteilung, bei der Sie die Punkte zu einer Klasse zusammenfassen, die einer Notenstufe entsprechen:

Punkte:	0 – unter 20	20 – u. 50	50 – u. 67	67 – u. 81	81 – u. 92	92–100
Note:	VI	V	IV	III	II	I

5. Statistische Zahlen

Statistische Ergebnisse werden in absoluten Zahlen gemessen, z. B. der Kurs einer Aktie mit 245 €.

Durch Verhältniszahlen werden statistische Massen gegliedert, zueinander in Beziehung gesetzt, statistische Entwicklungen veranschaulicht. Dabei werden zwei absolute Zahlen in Bruchform ins Verhältnis gesetzt, um z. B. betriebliche Situationen, wie Rentabilität, Produktivität oder Liquidität, zu erkennen, zu prüfen und daraus Entscheidungen abzuleiten. In der Regel wird die Verhältniszahl mit 100 multipliziert, um eine Prozentzahl zu erhalten.

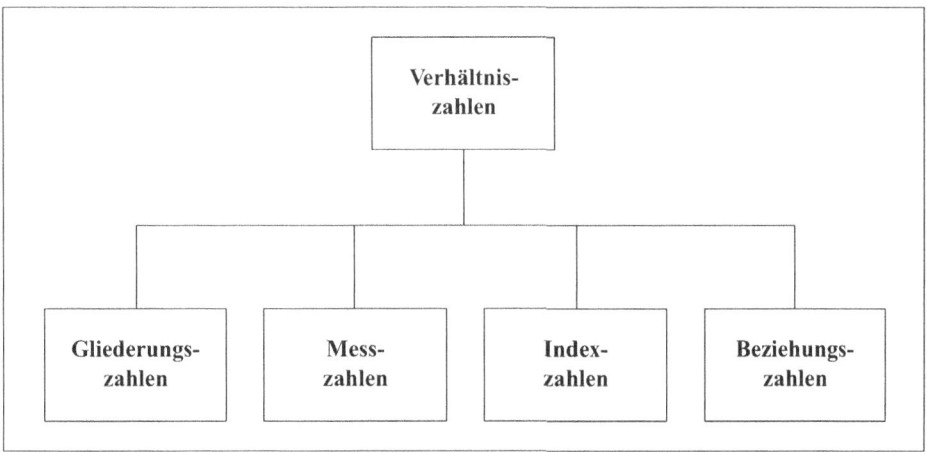

| Gliederungszahlen |

Sie entstehen, wenn man eine Teilmasse zu ihrer gleichartigen Gesamtmasse ins Verhältnis setzt. Sie geben an, wie sich die Teilmasse prozentual zur Gesamtmasse (100 %) verhält:

52 % aller Jugendlichen einer Klasse sind weiblich; 15 % des Umsatzes entfielen auf Holzartikel.

Das Problem

Ein Unternehmen weist die folgende Kapitalstruktur auf:

Eigenkapital   120 000 €
Fremdkapital   40 000 €
Gesamtkapital   160 000 €

Wie hoch ist die Eigenkapitalquote?

Die Lösung

$$\text{Eigenkapitalquote} = \frac{120\,000 \times 100}{160\,000} = 75\,\%$$

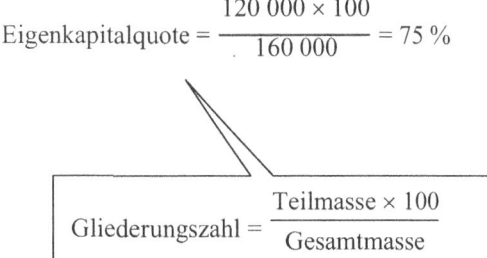

$$\text{Gliederungszahl} = \frac{\text{Teilmasse} \times 100}{\text{Gesamtmasse}}$$

Messzahlen

Sie entstehen, wenn gleichartige Größen mit verschiedenen Merkmalswerten ins Verhältnis gesetzt werden oder der Merkmalswert eines Zeitpunkts im Verhältnis zu einem Basiswert:

Der Anteil des Fremdkapitals (Merkmalswert A) am Eigenkapital (Merkmalswert B) beträgt 45 %, der Absatz im Januar ist gegenüber dem Vormonat um 10 % gestiegen.

Das Problem

In einem Unternehmen arbeiten zur Zeit 420 Arbeitnehmer und Arbeitnehmerinnen; im Vorjahr waren es noch 480 AN.

Wie hoch ist die Personalveränderung gegenüber dem Vorjahr?

Die Lösung

$$\text{Personalveränderung} = \frac{420 \times 100}{480} = 87,5\,\%$$

$$\text{Messzahl} = \frac{\text{Wert zum Zeitpunkt} \times 100}{\text{Wert zum Basiszeitpunkt}}$$

Der Personalbestand ist also um 12,5 % gesunken.

Indexzahlen

Sie entstehen, wenn ein Wert aus einer Zeitreihe als Basiswert = 100 gewählt wird und alle übrigen Werte dazu ins Verhältnis gesetzt werden:

Der Preisindex der letzten 3 Jahre hat sich wie folgt entwickelt:

2013 = 100 %
2014 = 112 %
2015 = 110 %

Das Problem

Die Preise für einen Rohstoff zeigten in den letzten 5 Jahren die folgende Entwicklung:

Jahr	2012	2013	2014	2015	2016
Preis	121,–	143,–	160,–	152,–	155,–

Berechnen Sie die Indexzahlen auf der Basis von 2014!

Die Lösung

$$\text{Indexzahl 2012} = \frac{121 \times 100}{160} = 75,6\,\%$$

$$\text{Indexzahl 2015} = \frac{152 \times 100}{160} = 95\,\%$$

$$\text{Indexzahl} = \frac{\text{Wert aktuell. Jahr} \times 100}{\text{Wert Basisjahr}}$$

Jahr	2012	2013	2014	2015	2016
Preisindex	75,6 %	89,3 %	100 %	95 %	96,9 %

Beziehungszahlen

Beziehungszahl =

$$\frac{\text{Wert einer Masse A}}{\text{Wert einer Masse B}}$$

✓ Ergebnis

Der Rohstoffpreis ist 2016 um 3,1 % gegenüber 2014 gefallen; die Veränderung gegenüber dem Vorjahr 2015 beträgt 1,9 Prozentpunkte.

Sie entstehen, wenn verschiedenartige statistische Maßzahlen zueinander ins Verhältnis gesetzt werden, die in einem gewissen Zusammenhang stehen:

Die Rentabilität des Eigenkapitals beträgt 6,2 %; die Zahl der Kinder pro Familie beträgt 1,8; die Zahl der Arbeitsunfälle in einem Betrieb beträgt 1,2 je AN.

1. Beispiel

Das Problem

Ein Unternehmen weist in der Bilanz und Erfolgsrechnung die folgenden Zahlen aus:

Eigenkapital ...... 150 000 €
Fremdkapital .... 80 000 €
Gesamtkapital ..... 230 000 €
Gewinn .... 12 000 €
Zinsaufwand .... 6 000 €
Gesamtkosten ..... 350 000 €
Umsatz .... 362 000 €

Berechnen Sie die **Rentabilität** des Eigen- und Gesamtkapitals, des Umsatzes sowie der Kosten!

Die **Rentabilität** sagt etwas aus über die effektive (tatsächliche) Verzinsung des eingesetzten Kapitals.

$$r_U = \frac{\text{Gewinn} \times 100}{\text{Umsatz}}$$

$$r_K = \frac{\text{Gewinn} \times 100}{\text{Gesamtkosten}}$$

Die Lösung

$$\text{Eigenkapital-rentabilität } (r_{EK}) = \frac{12\,000 \times 100}{150\,000} = 8\,\%$$

$$r_{EK} = \frac{\text{Gewinn} \times 100}{\text{Eigenkapital}}$$

100 € Kapital erzielen 8 € Zinsen.

$$\text{Gesamt-kapitalren-tabilität } (r_{GK}) = \frac{(12\,000 + 6\,000) \times 100}{230\,000} = 7,8\,\%$$

$$r_{GK} = \frac{(\text{Gewinn} + \text{Zins}) \times 100}{\text{Gesamtkapital}}$$

100 € Gesamtkapital erbringen 7,8 € Zinsen.

$$\text{Umsatz-rentabilität } (r_U) = \frac{12\,000 \times 100}{362\,000} = 3,3\,\%$$

100 € Umsatz erzielen 3,3 € Gewinn.

$$\text{Kosten-rentabilität } (r_K) = \frac{12\,000 \times 100}{350\,000} = 3,4\,\%$$

Auf 100 € Kosten entfallen 3,4 € Gewinn.

2. Beispiel

Das Problem

In einer Möbelfabrik werden in 8 Stunden 400 Tische hergestellt. Die Herstellkosten betragen 82 € pro Stück, der Preis 112 €.

Berechnen Sie die Produktivität und die Wirtschaftlichkeit!

Produktivität ist das Verhältnis von Produktionsmenge zur Einsatzmenge (Zahl der AN, Arbeitsstunden).

Wirtschaftlichkeit ist das Verhältnis von Ertrag zu Aufwand oder Leistung zu Kosten.

Die Lösung

$$\text{Produktivität (P)} = \frac{400}{8} = 50 \text{ Tische pro Stunde}$$

$$P = \frac{\text{Ausbringungsmenge}}{\text{Einsatzmenge}}$$

$$\text{Wirtschaftlichkeit (W)} = \frac{112}{82} = 1{,}4$$

$$W = \frac{\text{Ertrag}}{\text{Aufwand}}$$

3. Beispiel

Das Problem

Ein Unternehmen hat Zahlungsmittel in Höhe von 175 000 €, denen Verbindlichkeiten (z. B. Warenlieferungen, Lohnzahlungen) von 150 000 € gegenüberstehen.

Berechnen Sie den Liquiditätsgrad!

Die **Liquidität** sagt etwas aus über die Möglichkeiten eines Unternehmens, seine fälligen Verpflichtungen fristgerecht zu erfüllen.

Die Lösung

$$\text{Liquiditätsgrad (L)} = \frac{175\,000 \times 100}{150\,000} = 117\,\%$$

$$L = \frac{\text{Zahlungsmittel} \times 100}{\text{Verbindlichkeiten}}$$

Das Unternehmen weist eine geringe Überliquidität auf.

Andere **betriebliche Beziehungszahlen** sind:

Beispiele

a) Jahresumsatz je Verkäuferin bei einem Jahresumsatz von 850 000 € und 10 Verkäuferinnen

Lösungen

$$a) \ \frac{850\,000}{10} = 85\,000 \text{ € Umsatz pro Verkäuferin}$$

b) Investitionskosten je Arbeitnehmer bei einem Anlagevermögen von 6,6 Mio. € und 52 AN

b) $\dfrac{6\ 600\ 000}{52} = 126\ 923\ €$ Investitionen pro AN

c) Der Kapitalumschlag bei einem Eigenkapital von 85 000 € und einem Jahresumsatz von 1,2 Mio. €.

a) $\dfrac{1\ 200\ 000}{85\ 000} = 14{,}1\ €$ Umsatz auf 1 € Kapital

Aufgaben

1. Der Inlandsabsatz an Mineralöl zeigte in den dargestellten beiden Jahren die folgenden Werte:

	2005	2013	
Benzin	23,4	18,4	Mio. t
Diesel	28,5	34,8	Mio. t
Gesamt	51,9	53,2	Mio. t
Gesamtabsatz an Mineralölprodukten	111,0	105,1	Mio. t

Berechnen Sie für die beiden Jahre:

a) den Anteil von Benzin am Gesamtverbrauch Benzin + Diesel

b) den Anteil von Diesel am gesamten Inlandsabsatz

c) die Menge Benzin, die auf 1 Liter Diesel entfällt

d) den Absatz an Benzin pro Tankstellen bei 15 070 Tankstellen (2005) und 14 328 (2013)

e) die Änderung des Gesamtabsatzes 2013 gegenüber 2005!

2. Die Kostenrechnung eines Industriebetriebes zeigt das folgende Bild:

Materialkosten . . . . 600 000 €
Fertigungskosten . . . . 350 000 €
Verwaltungskosten . . . . 120 000 €
Vertriebskosten . . . . 260 000 €

Berechnen Sie:

a) die prozentualen Kostenanteile an den Gesamtkosten

b) die Kostenrentabilität bei einem Gewinn von 70 000 €

c) die Wirtschaftlichkeit bei einem Umsatz von 1,4 Mio. €!

3. Ein Einzelhandelsgeschäft zeigt die folgende Bilanz:

Aktiv		Passiv	
Sachanlagen	64 000	Kapital	27 000
Vorräte	126 000	Verbindlichkeiten	241 000
liquide Mittel	12 000		
Forderungen	66 000		
	268 000		268 000

Berechnen Sie:

a) den prozentualen Anteil der einzelnen Bilanzpositionen an der Bilanzsumme
b) die Liquiditätskennziffer
c) die Eigen- und die Gesamtkapitalrentabilität bei einem Gewinn von 8 500 € und Zinsaufwendungen von 12 000 €!

4. Die durchschnittlichen Brutto- und Nettolöhne der Arbeitnehmer in Deutschland, monatlich je Arbeitnehmer, entwickelten sich wie folgt:

	Bruttolohn	Nettolohn
2005	2 212 €	1 502 €
2006	2 229 €	1 498 €
2007	2 261 €	1 513 €
2008	2 314 €	1 540 €
2009	2 314 €	1 542 €
2010	2 372 €	1 603 €
2011	2 451 €	1 642 €
2012	2 519 €	1 684 €
2013	2 572 €	1 715 €
2014	2 642 €	1 758 €

(Quelle: Statistisches Bundesamt)

Berechnen Sie für die Brutto- und Nettolöhne:

a) die Indexzahlen auf der Basis von 2005
b) die prozentuale Veränderung gegenüber dem Vorjahr!

6. Mittelwerte

Mittelwerte sind Kennzahlen, die eine zentrale Ausrichtung einer statistischen Masse wiedergeben. In der Umgangssprache versteht man unter dem Begriff Durchschnitt das arithmetische Mittel. Daneben gibt es noch andere Mittelwerte wie Median und Modus:

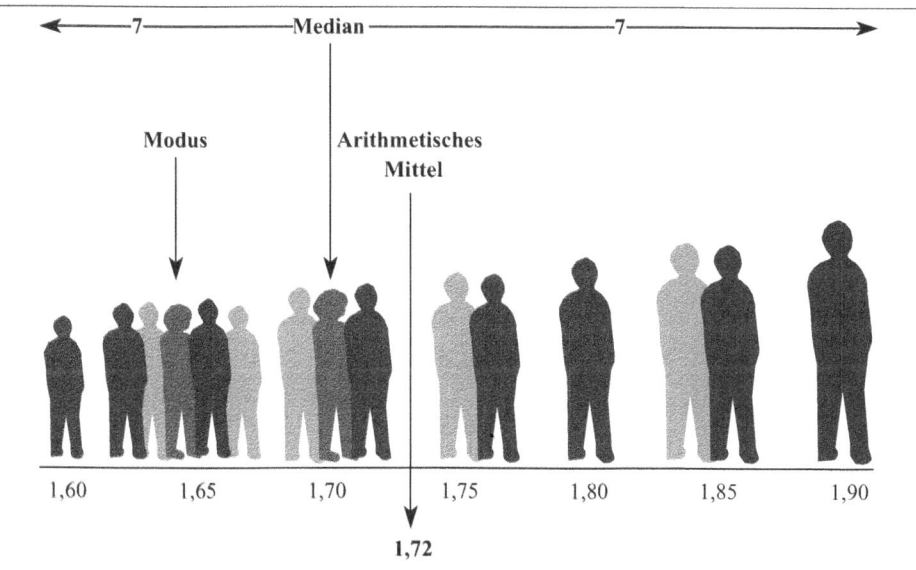

Drei Durchschnitte, drei verschiedene Werte. Der „häufigste Wert" (*Modus*) ist 1,65, denn mehr Personen haben diese Größe als irgendeine andere. Der „mittelste Wert" (*Median*) ist durch jenen Mann repräsentiert, der auf der einen Seite 7 größere, auf der anderen 7 kleinere neben sich hat. Das „*Arithmetische Mittel*", der praktisch wichtigste Mittelwert, ist nur eine rechnerische Größe, entstanden aus der Addition aller Körpergrößen und der Division durch 15. Es beträgt 1,723 Meter. (Die Größenmaßstäbe sind der Deutlichkeit wegen stark verzerrt.)

aus: Swoboda „Knaurs Buch der modernen Statistik", Seite 40

Arithmetisches Mittel

Das arithmetische Mittel (AM oder $\overline{x}$) ist eine rechnerische Größe, bei der die Summe aller Werte durch die Anzahl der Werte geteilt wird:

Das arithmetische Mittel der Zahlen 2, 3, 7, 8 ist

$$AM = (2 + 3 + 7 + 8) : 4 = 20 : 4 = 5;$$

das Durchschnittsgewicht einer Person aus einer Gruppe von 10 Menschen ist 74,3 kg;

bei einem Preisvergleich für einen Artikel in fünf Geschäften wird ein Durchschnittspreis von 17,72 € ermittelt.

1. Beispiel

Das Problem

Die Absatzzahlen für ein Produkt in den letzten 5 Jahren lauten:

Jahr	Absatz (Stück)
2010	12 430
2011	15 810
2012	16 015
2013	13 225
2014	9 840

Wie hoch ist der durchschnittliche Absatz?

Die Lösung

$$AM = \frac{12\,430 + 15\,810 + 16\,015 + 13\,225 + 9\,840}{5}$$

$$= 13\,464$$

$$AM = \frac{\text{Summe aller Werte (x)}}{\text{Anzahl (n) aller Werte}} = \frac{\sum x}{n}$$

2. Beispiel

Das Problem

Die Verteilung der Fahrzeiten zum Betrieb ergab in einer Abteilung das folgende Bild:

5 Personen brauchen 20 Minuten, 7 Personen 1 Stunde und 8 Personen 2 Stunden.

Wie hoch ist die durchschnittliche Fahrzeit?

Bei einer **Häufigkeitsverteilung** muss die jeweilige Fahrzeit (x) mit der zugehörigen Häufigkeit (f) multipliziert werden. Man spricht dann von einem **gewogenen arithmetischen Mittel.**

Die Lösung

Fahrzeit (x)	Anzahl (f)	x × f
20 Min.	5	100
60 Min.	7	420
120 Min.	8	960
	20	1 480

$$AM = \frac{1480}{20} = 74 \text{ Min. durchschn. Fahrzeit}$$

$$AM = \frac{\sum x \times f}{\sum f}$$

3. Beispiel

Das Problem

Bei einer Befragung über die wöchentlichen Verbrauchsausgaben einer dreiköpfigen Familie erhielt man die folgenden Zahlen:

Die Lösung

Ausgaben (x)	Klassen-mitte (x_M)	Familien (f)	$x_M \times f$
100 – unter 200	150	10	1 500
200 – unter 300	250	6	1 500
300 – unter 400	350	9	3 150
		25	6 150

10 Familien geben 100 – unter 200 € aus, 6 Familien 200 – unter 300 € und 9 Familien 300 – unter 400 €.

Wie hoch sind die durchschnittlichen Verbrauchsausgaben pro Familie?

$$AM = \frac{6\,150}{25} = 246\ € \text{ durchschn. Ausgaben}$$

$$AM = \frac{\sum x_M \times f}{\sum f}$$

Bei einer **klassierten Häufigkeitsverteilung** geht man von der Annahme aus, dass sich die zur gleichen Klasse gehörenden Werte in der Klassenmitte häufen:

Der Median oder Zentralwert (Z) liegt in der Mitte einer der Größe nach geordneten Reihe von Zahlen:

Der Zentralwert einer *ungeraden Anzahl* von Zahlen 1, 2, 6, 7, 9 ist Z = 6.

| Median |

Bei einer *geraden Anzahl* von Zahlen nimmt man den Durchschnitt der mittleren Werte:

Beim Zentralwert liegen gleich viele Zahlen links und rechts davon.

der Median der Zahlen 1, 2, 6, 9 ist

$$Z = \frac{2 + 6}{2} = 4$$

1. Beispiel

Das Problem

Der Börsenkurs einer Aktie betrug an den fünf Tagen einer Woche:

130, 132, 140, 135, 142

Welches ist der mittlere Börsenkurs?

Die Lösung

Geordnete Reihen: 130, 132, 135, 140, 142

Bei n = 5 Zahlen erhält man die Reihenfolgenummer des Zentralwertes aus

$$\frac{n+1}{2} = \text{ an 3. Stelle liegt Z = 135 als mittlerer Börsenkurs.}$$

2. Beispiel

Das Problem

An einem Wochentag haben sich in einer Klasse 2 Schüler 5 Minuten verspätet, 2 Schüler 10 Minuten und 1 Schüler 45 Minuten.

Wie hoch war die mittlere Verspätungszeit?

Die Lösung

Verspätung	Häufigkeit
5 Min.	2
10 Min.	2
45 Min.	1
	5

Aus den Häufigkeiten erhält man die Reihenfolge-nummer des Zentralwertes

$$\frac{n+1}{2} = \frac{5+1}{2} = \text{an 3. Stelle steht ein Schüler mit}$$

Z = 10 Minuten Verspätung.

Modus

Es gibt keinen aussagefähigen Modus, wenn jede Zahl genau einmal vorkommt oder mehrere Zahlen gleich häufig auftreten.

Der Modus oder häufigste Wert (M) ist die Zahl, die am häufigsten vorkommt:

Der häufigste Wert der Zahlenreihe

1, 2, 2, 8 ist M = 2

Das Problem

Bei einer Qualitätskontrolle wurden folgende Gewichte (in g) gemessen:

198, 200, 201, 199, 199, 200, 205, 199

Welches ist das am häufigsten auftretende Gewicht?

Die Lösung

Gewicht (g)	Häufigkeit
198	1
199	3
200	2
201	1
205	1

Der Modus berücksichtigt keine Extremwerte in der Zahlenreihe.

✓ Ergebnis

Häufigster Wert M = 199 g.

➡ **Zum Merken**

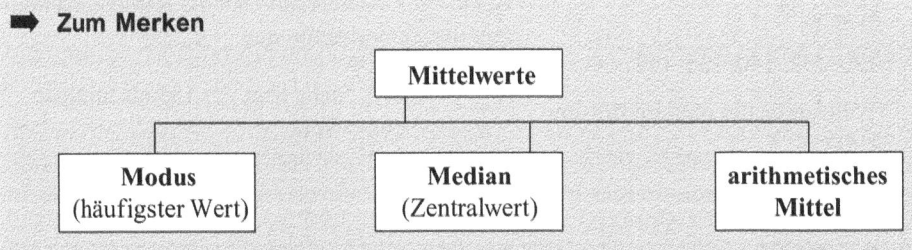

Für die **Mittelwerte** sollen folgende **Ziele** gelten:

– Sie sollen eine statistische Masse möglichst gut repräsentieren, z. B. das Durch-schnittsalter zur Charakterisierung der Altersstruktur einer Gruppe.
– Sie sollen es ermöglichen, verschiedene statistische Massen miteinander zu ver-gleichen, z. B. welcher Betrieb erzielt die höheren Umsätze.
– Sie sollen die Beurteilung von Einzelwerten ermöglichen, z. B. gehört das Pro-dukt A zum oberen oder unteren Preisbereich.

Aufgaben

1. Bei einer Klassenarbeit wurden folgende Noten geschrieben:

   1, 4, 6, 2, 2, 3, 5, 5, 5, 2, 3, 3, 4, 4, 4, 2, 5, 4, 2

   a) Fassen Sie die Noten zu einer Häufigkeitsverteilung zusammen!
   b) Ermitteln Sie das arithmetische Mittel, den Median und den Modus!
   c) Wie ändern sich jeweils die drei Mittelwerte, wenn eine Note von 2 auf 1 geändert wird?
   d) Wie viel % der Schülerinnen und Schüler haben eine 3 geschrieben?
   e) Wie viele Schülerinnen und Schüler haben schlechter als 4 geschrieben?
   f) Wie viel % haben nicht mitgeschrieben bei einer Klassenstärke von 23?

2. Die monatlichen Personalkosten verteilen sich in einem Betrieb wie folgt:

Personalkosten (€)	Anzahl
0 – unter 1 000	4
1 000 – unter 2 000	2
2 000 – unter 3 000	6
3 000 – unter 4 000	8
4 000 – unter 5 000	2
5 000 – 10 000	1

   Berechnen Sie das arithmetische Mittel und den häufigsten Wert!

3. Nach der Berechnung des Durchschnittgewichts von 70 kg wurde versehentlich eine Zahl gelöscht.

   a) Berechnen Sie aus den restlichen Werten 60, 66, 70, ?, 82 und dem arithmetischen Mittel diese fehlende Zahl!
   b) Wäre diese Rückrechnung auch mit dem Zentralwert möglich?

7. Streuung

Die Mittelwerte reichen häufig nicht aus, um die Verteilung der Einzelwerte zu beschreiben. So können die Einzelwerte sich dicht um den Mittelwert scharen oder weit verstreut um den Mittelwert liegen, vielleicht sogar noch Extremwerte aufweisen.

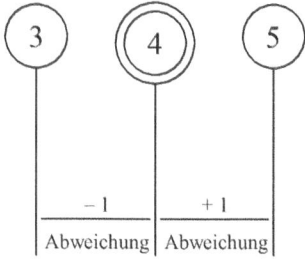
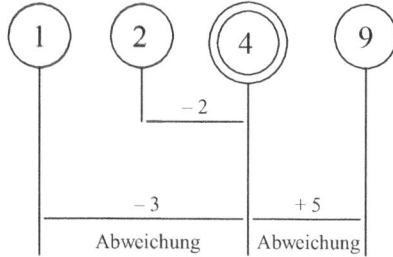

Das arithmetische Mittel, das bei beiden Zahlenreihen 4 beträgt, sagt über die Streuung dieser beiden Reihen nichts aus.

Wir finden diese Streuung auch beim Kegeln oder beim Sportschießen: Bei einem guten Schützen werden die Treffer auf der Schießscheibe dicht um den Mittelpunkt liegen, während bei einem schlechten Schützen die Treffer über die ganze Scheibe verstreut sein werden.

| **Spannweite** |

Die Spannweite gibt an, wie weit der kleinste und der größte Wert der Zahlenreihe voneinander entfernt sind:

| $Sp = x_{max} - x_{min}$ |

Die Altersreihe 15, 20, 25, 35, 75 Jahre hat die Spannweite **Sp = 75 – 15 = 60 Jahre.**

Dieser Wert sagt jedoch nichts über die Verteilung der Einzelwerte aus.

| **Lineare Abweichung** |

Für die Berechnung der linearen Abweichung bildet man zunächst die Differenz zwischen jeder Zahl und dem Mittelwert, wobei man ein negatives Vorzeichen weglässt; das arithmetische Mittel dieser Abweichungen ergibt die durchschnittliche lineare Abweichung (d).

1. Beispiel

Das Problem

Die Altersreihe 15, 20, 25, 35, 75 Jahre hat den Median (Zentralwert) Z = 25.

Wie hoch ist die lineare Abweichung von diesem Mittelwert?

| $d = \dfrac{\sum |x - M| \, *}{n}$ |

Die Lösung

Alter (x)	Abweichung d = x – Z		
15	15 – 25	= (–)	10
20	20 – 25	= (–)	5
25	25 – 25	=	0
35	35 – 25	=	10
75	75 – 25	=	50
		75 : 5 =	15 Jahre

Das Streuungsmaß zeigt eine recht große Streuung um den Mittelwert; diese wird durch den Extremwert „75 Jahre" verursacht.

---

* Die senkrechten Striche nennt man Betragsstriche; sie bewirken das Streichen des Minuszeichens.

2. Beispiel

| **Das Problem** | **Die Lösung** |

Bei einer Kontrolle der Gewichte einer 10 g-Packung erhielt man folgende Werte:

9,5 – 9,8 – 10 – 10,1 – 9,8 – 10 – 10,1 – 10 – 9,8 g

Um wie viel Gramm streuen die Gewichte um das arithmetische Mittel?

Bei einer Häufigkeitsverteilung müssen die Abweichungen noch mit den zugehörigen Häufigkeiten multipliziert werden, bevor man den Durchschnitt ermittelt.

Gewicht (x)	Anzahl (f)	x · f	Abweichung (d)	d · f
9,5	1	9,5	9,5 – 9,9 = (–) 0,4	0,4·1 = 0,4
9,8	3	29,4	9,8 – 9,9 = (–) 0,1	0,1·3 = 0,3
10	3	30	10 – 9,9 = 0,1	0,1·3 = 0,3
10,1	2	20,2	10,1 – 9,9 = 0,2	0,2·2 = 0,4
	9	89,1		1,4

$$AM = \frac{89,1}{9} = \mathbf{9,9\ g} \qquad d = \frac{1,4}{9} = \mathbf{0,16\ kg}$$

$$d = \frac{\sum |x - AM| \cdot f}{\sum f}$$

Die Abweichung von 0,16 g lässt erkennen, dass die Gewichte eng um den Mittelwert von 9,9 g streuen.

| **Variationskoeffizient** |

Die Aussagekraft der linearen Abweichung lässt sich dadurch verbessern, dass man das Streuungsmaß an Prozenten vom Mittelwert ausdrückt. Man erhält den Variationskoeffizienten (V).

Beispiele:

Zu 1: Im Falle der Altersreihe beträgt der Variationskoeffizient:

$$V = \frac{d \times 100}{Z}$$

$$V = \frac{15 \times 100}{25} = \mathbf{60\ \%}$$

Dieser Wert deutet auf eine starke Streuung hin.

Zu 2: Bei der Gewichtsreihe beträgt der Variationskoeffizient:

$$V = \frac{d \times 100}{AM}$$

$$V = \frac{0,16 \times 100}{9,9} = \mathbf{1,6\ \%}$$

Dieses Ergebnis lässt eine relativ geringe Streuung erkennen.

| **Standardabweichung** |

Bei der linearen Abweichung haben wir bei den Differenzen zwischen dem Mittelwert und den

Einzelwerten das negative Vorzeichen weggelassen. Jetzt machen wir die negative Abweichung dadurch *positiv*, indem wir sie quadrieren. Dadurch erreichen wir auch, dass die entfernter liegenden Extremwerte deutlicher zur Geltung kommen.

Betrachten wir noch einmal die beiden Zahlenreichen der Ausgangssituation:

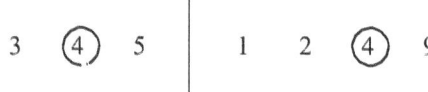

Das arithmetische Mittel, das bei beiden Reihen 4 beträgt, sagt über die Streuung dieser beiden Reihen nichts aus.

Wir berechnen jetzt die Quadrate der Abweichungen:

x	Abweichung $d = x - AM$	Quadrat der Abweichung
3	$3 - 4 = -1$	1
4	$4 - 4 = 0$	0
5	$5 - 4 = 1$	1
		2

x	Abweichung $d = x - AM$	Quadrat der Abweichung
1	$1 - 4 = -3$	9
2	$2 - 4 = -2$	4
4	$4 - 4 = 0$	0
9	$9 - 4 = 5$	25
		38

Die Standardabweichung ist die Wurzel aus dem arithmetischen Mittel der quadratischen Abweichungen.

$$\sigma = \sqrt{\frac{\sum (x - \overline{x})^2}{n}}$$

Wenn wir jetzt die Summe der Quadrate durch die Anzahl der Einzelwerte teilen, erhalten wir die durchschnittliche quadratische Abweichung. Das Quadrieren heben wir wieder auf, indem wir die Quadratwurzel ziehen (auf dem Taschenrechner die Taste $\sqrt{\ }$). Diesen Wert bezeichnen wir als Standardabweichung σ (sigma).

$$\sigma_1 = \sqrt{\frac{2}{3}} = 0{,}82 \qquad \sigma_2 = \sqrt{\frac{38}{4}} = 3{,}08$$

Die linke Zahlenreihe zeigt eine geringe Streuung, während die rechte Zahlenreihe eine starke Streuung aufweist.

Deutlicher wird die Streuung durch den Variationskoeffizienten:

Bei einer Häufigkeitsverteilung sind die Quadrate der Abweichungen mit der Häufigkeit f zu multiplizieren.

$$V_1 = \frac{0,82 \times 100}{4} = 21\,\%$$

$$V_2 = \frac{3,08 \times 100}{4} = 77\,\%$$

$$\sigma = \sqrt{\frac{\sum (x - \overline{x})^2 \cdot f}{\sum f}}$$

Zum Vergleich dazu die lineare Abweichung:

$d_1 = 0,67,\quad V_1 = 16,8\,\%$
$d_2 = 2,5,\quad\; V_2 = 62,5\,\%$

Das Problem

Nach dem Schießen werden 2 Scheiben ausgewertet: Wer ist der „bessere Schütze"?

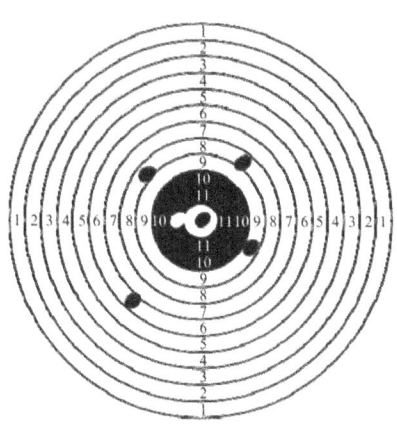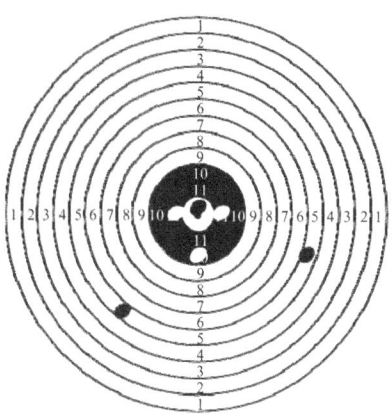

Die Lösung

Beide haben bei 6 Schüssen die gleiche Anzahl von 54 Treffern.

Arithmetisches Mittel

Zuerst berechnen wir das arithmetische Mittel:

$$\overline{x}_1 = \frac{54}{6} = 9 \text{ Treffer}$$

$$\overline{x}_2 = \frac{54}{6} = 9 \text{ Treffer}$$

Streuungsmaß ──▷ Als Nächstes berechnen wir das Streuungsmaß:

Treffer	Abwei-chung	Quadrat	Treffer	Abwei-chung	Quadrat
12	3	9	12	3	9
11	2	4	11	2	4
9	0	0	11	2	4
8	−1	1	10	1	1
8	−1	1	5	−4	16
6	−3	9	5	−4	16
54		24	54		50

Standardabweichung ──▷ Der Standardabweichung zeigt unterschiedliche Werte:

$$\sigma_1 = \sqrt{\frac{24}{6}} = 2,0 \ \ \text{Treffer}$$

$$\sigma_2 = \sqrt{\frac{50}{6}} = 2,89 \ \text{Treffer}$$

Die Variationskoeffizient zeigt den Unterschied in der Streuung deutlich:

$$V_1 = \frac{2 \times 100}{9} = 22\,\%$$

$$V_1 = \frac{2,89 \times 100}{9} = 32\,\%$$

Der 1. Schütze hat im Durchschnitt gleichmäßiger geschossen als der 2. Schütze.

 Aufgaben

1. Ein Lottospieler bestimmt die Häufigkeit der richtig angekreuzten Zahlen je Spiel:

Anzahl der richtigen Zahlen	0	1	2	3	4	5	6
Häufigkeit in einem Jahr	220	147	37	11	1	0	0

a) Bestimmen Sie die relative Häufigkeit (1 Kommastelle) für:
– „3 oder 4 richtige Zahlen",
– „mehr als 3 richtige Zahlen",
– „mindestens 3 Richtige"!
b) Bestimmen Sie das arithmetische Mittel (1 Kommastelle)!

c) Berechnen Sie die Standardabweichung (1 Kommastelle)!

d) Berechnen Sie den Variationskoeffizienten, und beurteilen Sie die Aussagekraft des arithmetischen Mittels!

2. Die Qualität eines Produktes wird mit Punkten von 1 bis 10 bewertet:

Punktwerte	1	2	3	4	5	6	7	8	9	10
Häufigkeit	1	0	3	5	5	9	7	6	9	5

a) Berechnen Sie das arithmetische Mittel der Qualitätspunkte!

b) Berechnen Sie die Standardabweichung und den Variationskoeffizienten!

3. Die Monatsumsätze eines Jahres zeigten in einem Unternehmen den folgenden Verlauf:

Monat	1	2	3	4	5	6	7	8	9	10	11	12
Umsatz	2,5	1,1	4,3	8,7	2,9	5,3	12,5	16,9	12,5	9,3	14,7	20,1

a) Errechnen Sie den durchschnittlichen Monatsumsatz mit Hilfe des arithmetischen Mittels!

b) Stellen Sie mit der Standardabweichung fest, um wie viel € (auf volle € gerundet) die einzelnen Monatsumsätze vom arithmetischen Mittel abweichen!

c) Prüfen Sie anhand des Variationskoeffizienten die Aussagekraft des arithmetischen Mittels!

8. Graphische Darstellungen

Statistische Zahlen können durch verschiedene Diagramme dargestellt werden, um die Anschaulichkeit des Zahlenmaterials zu erhöhen. Reine Zahlenangaben prägen sich nicht so stark ein wie Bilder. Diagramme erlauben eine schnelle Information über statistische Zusammenhänge und Aussagen.

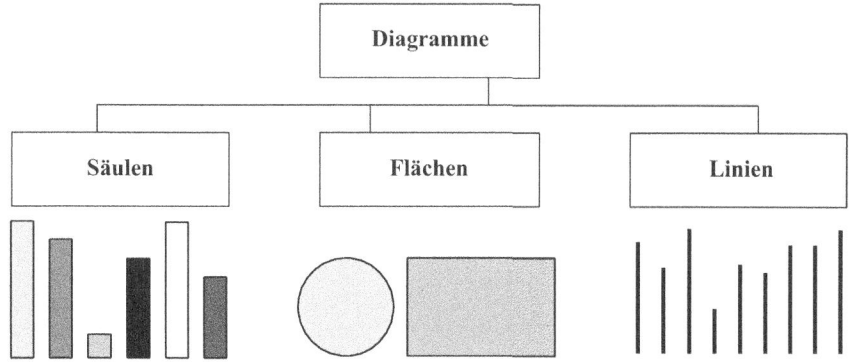

Bei der Darstellung der Zahlen in einem recht-
winkligen Koordinatenkreuz werden die Merkmale auf der waagerechten x-Achse, die Zahlenwerte
auf der senkrechten y-Achse eingetragen.

Säulendiagramm

Die statistischen Zahlen werden in einem Koordinatenkreuz durch die Höhe der Rechtecke veranschaulicht.

Das Problem

Die Umsätze der Möbelzeile
verteilten sich im Monat Mai
auf die verschiedenen Produkt-
bereiche wie folgt:

Produktgruppe	Umsatz
Wohnzimmer	1 280 000
Küchen	540 000
Schlafzimmer	810 000
Kinderzimmer	350 000
Bad	440 000

Veranschaulichen Sie die Umsätze in einem Säulenendia-
gramm!

Die Lösung

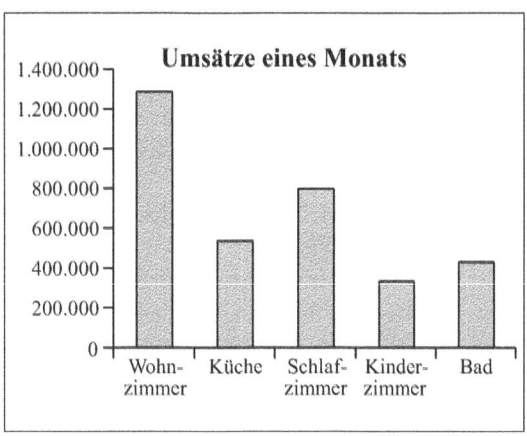

Das Problem

Die Lagerbestände der letzten
5 Jahre belaufen sich auf:

Jahr	Lagerbestand
2011	620 Stück
2012	1 430 Stück
2013	4 010 Stück
2014	2 150 Stück
2015	1 080 Stück

Stellen Sie die Entwicklung
mittels eines Flächendia-
gramms dar!

Die Lösung

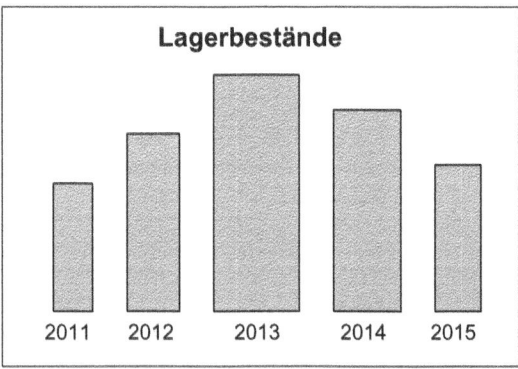

| Flächendiagramm | Im Gegensatz zum Säulendiagramm ist hier nicht die Höhe, sondern der Flächeninhalt eines Kreises oder Rechtecks entscheidend. |

| Kreisdiagramm | Das Kreisdiagramm dient zur Darstellung von Gliederungszahlen, um den Anteil von Teilmassen an der Gesamtmasse zu veranschaulichen. |

Den Teilmassen entsprechen einzelne Sektoren des Kreises. Um diese zu zeichnen, berechnet man deren Winkelgrade, wobei die Kreisfläche (= 360°) der Gesamtmasse (= 100 %) entspricht.

Das Problem

Eine Marktanalyse ergab für ein Unternehmen die folgende Nachfragestruktur:

Zielgruppe	Anteil
Jugendliche	10 %
Single-Haushalte	25 %
2-Personen-Haushalte	65 %

Veranschaulichen Sie die Verteilung in einem Kreisdiagramm!

Die Lösung

Teilmassen	Winkelgrade
Jugendliche	10 % von 360 = 36°
Single-Haushalte	25 % von 360 = 90°
2-Personen-Haushalte	65 % von 360 = 234°

Winkelgrad = % Teilmasse × 360

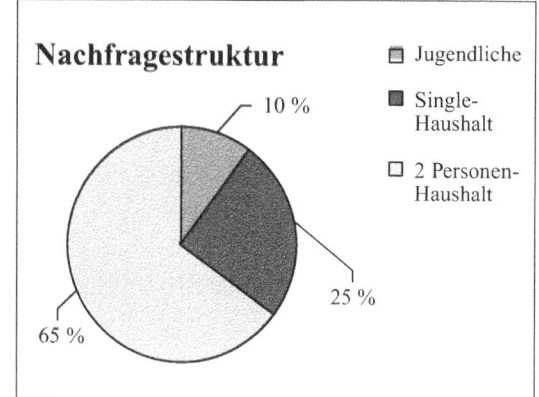

Nachfragestruktur

- ▨ Jugendliche
- ▧ Single-Haushalt
- ☐ 2 Personen-Haushalt

10 %

25 %

65 %

Das Problem

Für eine Werbeaktion wurden folgende Werbeetats veranschlagt:

Rundfunk .... 0,7 Mio. €
Fernsehen .... 1,5 Mio. €
Plakate .... 0,3 Mio. €
Zeitungen .... 0,4 Mio. €
Prospekte .... 0,1 Mio. €

Berechnen Sie die Winkelgrade für die Darstellung in einem Kreisdiagramm!

Die Lösung

Gesamtmasse = 3 Mio. €

Teilmassen	Winkelgrade
Rundfunk	84 Grad
Fernsehen	180 Grad
Plakate	36 Grad
Zeitungen	48 Grad
Prospekte	12 Grad
	360 Grad

$$\text{Winkelgrad} = \frac{360 \times \text{Teilmasse}}{\text{Gesamtmasse}}$$

Histogramm

Das Histogramm eignet sich besonders für Häufigkeitsverteilungen, deren Merkmale zu Größenklassen zusammengefasst sind. Der Fläche des jeweiligen Rechtecks entspricht die Häufigkeit des Merkmalswertes.

Bei konstanter Klassenbreite ist die Höhe der Rechtecke gleich den Häufigkeiten. Bei ungleicher Klassenbreite sind die Häufigkeiten durch die Klassenbreite zu teilen, um die Fläche zu erhalten.

Das Problem

Die Gehaltsstruktur eines Unternehmens weist das folgende Bild auf:

Gehaltsgruppe	Anzahl AN
500 – unter 2 000	6
2 000 – unter 3 500	20
3 500 – unter 5 000	13
5 000 – unter 6 500	5
6 500 – unter 8 000	3
8 000 – unter 9 500	2
9 500 – unter 11 000	1

Veranschaulichen Sie die Gehaltsstruktur in einem Histogramm!

Die Lösung

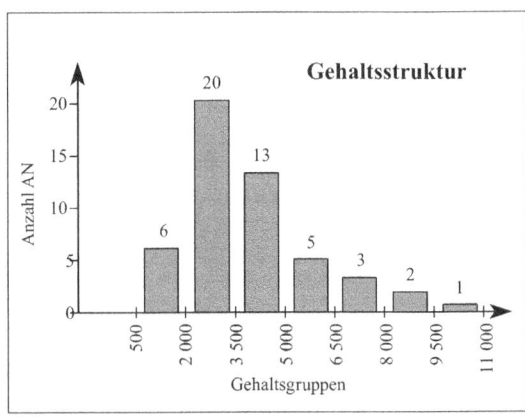

Liniendiagramm

Das Liniendiagramm veranschaulicht die Entwicklung von statistischen Werten im Zeitablauf. Dazu werden die Zahlenwerte der Zeiten als Punkte eingezeichnet und dann durch eine Linie verbunden.

Wichtig für die Aussage eines Liniendiagramms sind die Maßstäbe der x- und y-Achse. Eine Verkleinerung auf der y-Achse würde die Kurve abflachen, eine Vergrößerung steiler verlaufen lassen. Auf der x-Achse würde eine Verkürzung des Maßstabes die Kurve steiler, eine Verlängerung flacher erscheinen lassen.

Das Problem

Die Preise für einen Rohstoff entwickelten sich in den letzten 10 Jahren wie folgt:

Jahr	Preis
2006	8,03
2007	9,35
2008	12,22
2009	10,46
2010	9,25
2011	9,64
2012	9,15
2013	9,64
2014	11,32
2015	8,66

Stellen Sie die Preisentwicklung in einem Liniendiagramm dar!

Die Lösung

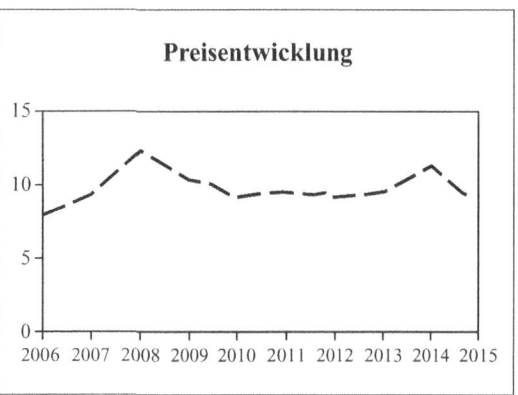

Aufgaben

1. Die Absatzentwicklung an Gartenmöbeln zeigte im letzten Jahr die folgende Verteilung auf Produktgruppen:

   Kunststoff . . . . 360 Einheiten
   Holz . . . . 810 Einheiten
   Naturholz . . . . 90 Einheiten
   Metall . . . . 180 Einheiten

Zeichnen Sie die Absatzentwicklung
a) als Säulendiagramm,
b) als Kreisdiagramm,
c) als Liniendiagramm!

Welches Diagramm ist am aussagekräftigsten?

2. Die Kursentwicklung einer Aktie zeigte in den letzten 12 Monaten den folgenden Verlauf:

Monat	Kurs	Monat	Kurs
Jan.	638	Juli	600
Feb.	700	Aug.	610
März	710	Sept.	550
April	690	Okt.	580
Mai	600	Nov.	600
Juni	580	Dez.	620

Stellen Sie die Kursentwicklung in einem Liniendiagramm dar!

3. Die statistische Erfassung der Fehlzeiten eines Monats ergab folgende Tabelle:

Anzahl der fehlenden AN	Anzahl der Arbeitstage
0 – unter 2	7
2 – unter 4	6
4 – unter 6	2
6 – unter 8	4
8 – unter 10	1

Veranschaulichen Sie die Fehlzeiten in einem Histogramm!

9. Zeitreihenanalyse

Eine Zeitreihe ist eine Folge von statistischen Werten, die über einen längeren Zeitraum erfasst werden, z. B. *Umsatz, Kosten, Gewinne, Personalbestand u. a.*

Stellt man diese Zahlen graphisch dar, so lassen sich drei Entwicklungen erkennen:
– die Grundentwicklung über eine langzeitige Beobachtung, die man als Trend bezeichnet
– saisonale Entwicklungen aus dem jahreszeitlichen Schwanken während eines Geschäftsjahres
– konjunkturelle Entwicklungen aus den langfristigen Veränderungen der Wirtschaft (Hochkonjunktur, Depression).

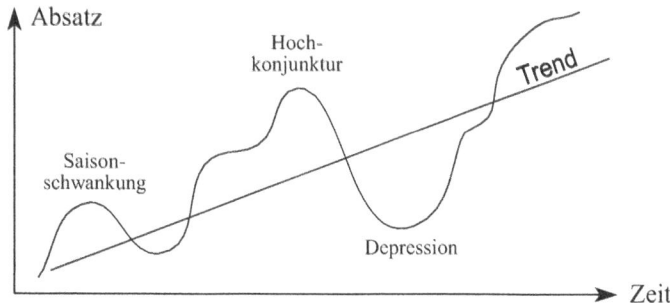

Informationen

Trend

Der Trend lässt auf längere Sicht eine stetige Entwicklung der Zeitwerte erkennen; dieser kann steigend, fallend oder gleich bleibend sein.

Um den Trend zu erkennen, zeichnet man frei Hand durch die Kurve der Zeitwerte eine gerade Linie so, dass die Flächen über der Trendgeraden ungefähr gleich den Flächen unterhalb dieser sind.

Verlängert man die Trendgerade über den letzten Zeitwert hinaus, so lassen sich Prognosen für die zukünftige Entwicklung machen. Dabei kann es jedoch zu starken Abweichungen kommen.

Rechnerisch lässt sich der Trend durch gleitende Durchschnitte ermitteln.

Ziel der Trenderkennung ist es, der Unternehmensführung Daten der Zukunft an die Hand zu geben, mit denen sie gezielt und einigermaßen abgesichert planen kann.

Das Problem

Ein Unternehmen zeigt die folgende Umsatzentwicklung:

Jahr	Umsatz
2009	480 Mio. €
2010	560 Mio. €
2011	500 Mio. €
2012	610 Mio. €
2013	750 Mio. €
2014	700 Mio. €
2015	650 Mio. €

– Stellen Sie die Umsätze als Liniendiagramm dar!
– Zeichnen Sie nach Augenmaß die Trendgerade ein!
– Verlängern Sie die Trendgerade um 1 Jahr!
– Lesen Sie den Umsatz für 2016 ab!
– Überprüfen Sie diese Prognose anhand der Kurvenverläufe!

Die Lösung

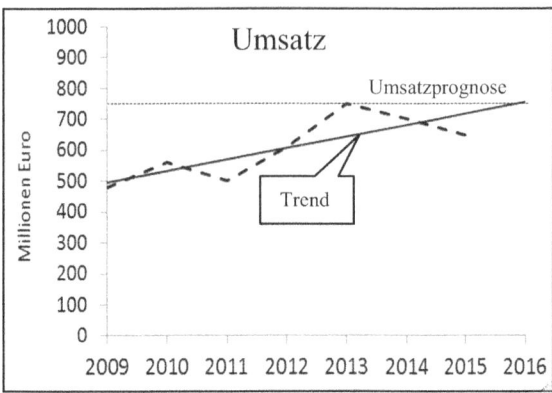

Die Umsatzprognose für 2016 beträgt ca. 750 Mio. €, je nachdem wie Sie die Gerade mit der Hand gezeichnet haben.
Excel erstellt die Trendgerade per Mausklick, wenn die Datenlinie angewählt ist.
Diese Voraussage ist wenig wahrscheinlich, da die Umsätze in den letzten beiden Jahren gefallen sind, der Trend aber noch aufwärts zeigt.

Das Problem

Die Preise für einen Rohstoff zeigen folgende Entwicklung:

Jahr	Preis
2008	10,7
2009	11,3
2010	8,7
2011	8,1
2012	8,2
2013	7,2
2014	7,1
2015	7,0
2016	6,8

– Zeichnen Sie die Preisentwicklung als Liniendiagramm!
– Berechnen Sie nacheinander den Durchschnitt von jeweils drei aufeinander folgenden Preisen, und tragen Sie

Die Lösung

Jahr	Preis	gleitender Durchschnitt
2008	10,7	
2009	11,3	10,2
2010	8,7	9,4
2011	8,1	8,3
2012	8,2	7,8
2013	7,2	7,5
2014	7,1	7,1
2015	7,0	7,0
2016	6,8	

$$f_1 = \frac{10,7 + 11,3 + 8,7}{3} = 10,2$$

Gleitender Dreierdurchschnitt

den Durchschnitt bei dem mittleren der drei Preise als Näherungswert für den Trend ein!

– Zeichnen Sie die Linie der Trendwerte in das Liniendiagramm ein!

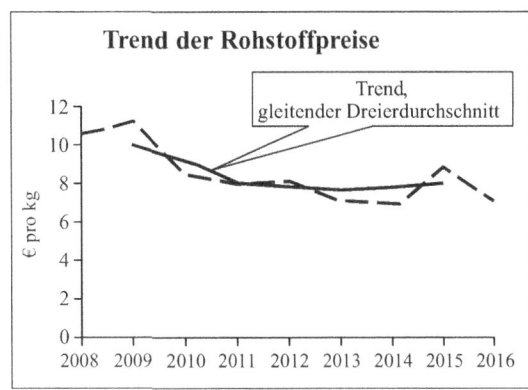

Das Beispiel zeigt einen fallenden Trend.

Saisonentwicklung

Die saisonalen Bewegungen ergeben sich aus dem branchen- und artikeltypischen Auf und Ab des Absatzes in einem Geschäftsjahr, wie z. B. bei Bademoden, bei Getränken, im Baugewerbe u. a.

Diese Entwicklung lässt sich aus dem Verlauf eines Liniendiagrammes erkennen.

Das Problem

Die Absatzzahlen für Limonade zeigen für ein Geschäftsjahr das folgende Bild (in Tausend Flaschen):

Monat	Absatz
Januar	5
Februar	5
März	8
April	10
Mai	12
Juni	14
Juli	16
August	24
September	14
Oktober	7
November	6
Dezember	2

Die Lösung

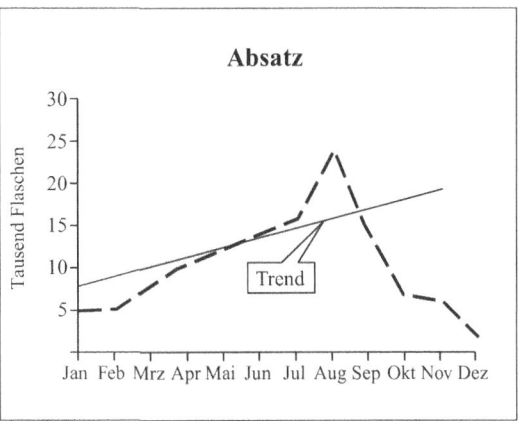

Der Absatz ist am höchsten in den Sommermonaten und sinkt besonders im Dezember stark ab.

– Veranschaulichen Sie den
  Absatzverlauf in einem Li-
  niendiagramm!
– Beschreiben Sie den Absatz-
  verlauf!
– Zeichnen Sie den Trend nach
  Augenmaß als gerade Linie
  ein!

Aufgaben

1. Die Umsätze (in Mio. €) einer Textilfabrik zeigen in den letzten 8 Jahren das folgende Bild:

Jahr	2008	2009	2010	2011	2012	2013	2014
Umsatz	8,8	7,2	6,6	5,9	4,6	4,4	4,3

a) Stellen Sie die Umsatzentwicklung in einem Liniendiagramm dar!
b) Zeichnen Sie nach Augenmaß die Trendgerade ein!
c) Geben Sie eine Umsatzprognose für 2015!
d) Beurteilen Sie die Zuverlässigkeit dieser Prognose!

2. Die Kurse einer Aktie entwickelten sich in den letzten 12 Monaten wie folgt:

Monat	J	F	M	A	M	J	J	A	S	O	N	D
Kurs (€)	130	140	143	151	135	126	131	141	163	170	165	161

a) Zeichnen Sie die Kursentwicklung als Liniendiagramm!
b) Berechnen Sie die gleitenden Dreierdurchschnitte!
c) Zeichnen Sie die Linie der Näherungswerte für den Trend in das Diagramm ein!
d) Prüfen Sie, ob sich saisonale Schwankungen erkennen lassen!

10. Statistische Messung von Zusammenhängen

In der Wirtschaft oder im täglichen Leben werden oft Beziehungen zwischen zwei Merkmalen untersucht. So könnte ein Unternehmer daran interessiert sein, inwieweit der Umsatz eines Produktes von der Werbung abhängt, oder die Nachfrage eines Gutes von dem Haushaltseinkommen beeinflusst wird. Einen Lehrer interessiert, ob ein Zusammenhang zwischen den Noten in Deutsch und Englisch besteht.

10.1 Korrelation

Die Korrelation beschreibt den Zusammenhang zwischen zwei oder mehr Merkmalen **quantitativer Art**.

Das Problem:

Der Lehrer vergleicht die durchschnittlichen Jahresergebnisse in Deutsch (x) und Englisch (y):

Er möchte wissen:
Besteht ein Zusammenhang zwischen guten Deutsch- und Englischnoten?

Schüler	Deutsch (x)	Englisch (y)
1	2,2	2,3
2	4,1	3,7
3	1,5	2,5
4	3,3	4,0
5	4,2	3,8
6	1,5	1,3
7	2,8	4,5
8	4,1	3,5
9	4,0	2,3
10	3,3	5,1

Die Lösung:

Stellen Sie die Zahlen in einem Punktediagramm dar.

Ziehen Sie nach Augenmaß eine Trendgerade durch die Punktewolke.

Excel ermöglicht dieses auf einfache Weise.

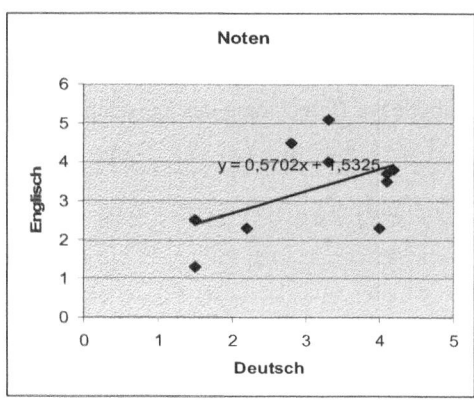

Es scheint ein Zusammenhang zu bestehen, die Punkte gruppieren sich um eine aufwärtsweisende Gerade: Wer gut in Deutsch ist, scheint auch gut in Englisch zu sein. Oder auch: Wer schlecht in Deutsch ist, scheint auch schlecht in Englisch zu sein.

Aus dem Streudiagramm sieht man, dass sich die Punkte um eine Gerade gruppieren, die von links unten nach rechts oben verläuft.

Die optimale Trendgerade wird so gezogen, dass die senkrechten Abstände zwischen Punkt und Geraden möglichst klein sind (mathematisch ausgedrückt soll die Summe der Quadrate der Abweichungen ein Minimum sein).

Tabellenkalkulationsprogramme wie Excel gehören heute zum normalen Handwerkszeug jedes Kaufmanns. *(Spalten markieren, Einfügen Punktdiagramm, Punkt anklicken: Linear und Formel im Diagramm anzeigen)*

Die Ergebnissse der einzelnen Schüler (Punkte) weichen aber z. T. erheblich von der Trendgeraden ab, entsprechen also nicht dem Trend. Je kleiner die Abweichungen sind, desto mehr bestätigt sich der Trend, desto sicherer ist die Aussage, es bestehe ein Zusammenhang zwischen den Deusch und Englischnoten.

> **Die Stärke und die Richtung des Zusammenhangs ermittelt man mit dem Korrelationskoeffizienten „r".**

Für die Berechnung des Korrelationskoeffizienten ermittelt man die Abweichungen der x-Werte vom arithmetischen Mittel $\bar{x}$ bzw. der y-Werte vom arithmetischen Mittel $\bar{y}$ und setzt diese Werte in die folgende Formel ein:

$$r = \frac{\sum (x - \bar{x}) \cdot (y - \bar{y})}{\sqrt{\sum (x - \bar{x})^2 \cdot (y - \bar{y})^2}} = \frac{5,77}{\sqrt{10,12 \cdot 12,26}} = \frac{5,77}{\sqrt{124,0712}} = 0,518$$

Tabelle zur Berechnung des Korrelationskoeffizienten:

x	y	$(x - \bar{x})$	$(y - \bar{y})$	$(x - \bar{x}) \cdot (y - \bar{y})$	$(x - \bar{x})^2$	$(y - \bar{y})^2$
2,2	2,3	-0,9	-1	0,9	0,81	1
4,1	3,7	1	0,4	0,4	1	0,16
1,5	2,5	-1,6	-0,8	1,28	2,56	0,64
3,3	4	0,2	0,7	0,14	0,04	0,49
4,2	3,8	1,1	0,5	0,55	1,21	0,25
1,5	1,3	-1,6	-2	3,2	2,56	4
2,8	4,5	-0,3	1,2	-0,36	0,09	1,44
4,1	3,5	1	0,2	0,2	1	0,04
4	2,3	0,9	-1	-0,9	0,81	1
3,3	5,1	0,2	1,8	0,36	0,04	3,24
31	33	0	0	5,77	10,12	12,26

Excel erledigt das mit wenigen Mausklicks.
- *Die beiden Spalten x und y markieren*
- *Formeln*
- *Mehr Funktionen*
- *Statistisch*
- *Korrel*

$$\bar{x} = \frac{31,0}{10} = 3,1$$

$$\bar{y} = \frac{33,0}{10} = 3,3$$

Summen

Der **Korrelationskoeffizient** bewegt sich zwischen +1 und −1.

+1	die Punkte liegen genau auf der steigenden Trendgeraden	Die Richtung des Zusammenhanges lässt sich am Vorzeichen ablesen:
zwischen 0 und +1	Aufwärtstrend	Plus (+) bedeutet **eine positive Korrelation:** Je mehr ... desto mehr. Beispiel: mehr Kalorien, mehr Gewicht.
0	horizontaler Trend, d.h. keine Korrelation	
zwischen 0 und −1	Abwärtstrend	Minus (−) bedeutet **eine negative Korrelation:** Je mehr ... desto weniger. Beispiel: mehr Bewegung, weniger Gewicht.
−1	die Punkte liegen genau auf der fallenden Trendgeraden	

Je dichter **r** an ±1 liegt, umso geringer streuen die Punkte um die Trendgerade.

Der Korrelationskoeffizient r = 0,518 im Beispiel lässt nur einen mittelstarken Zusammenhang zwischen den Leistungen in Deutsch und Englisch vermuten.

Korrelationskoeffizient r	Stärke des Zusammenhangs
r < 0,2	sehr schwach
0,2 ≤ r < 0,4	schwach
0,4 ≤ r < 0,7	mittelstark
0,7 ≤ r < 0,9	stark
0,9 < r	sehr stark

Achtung:
Wenn eine Korrelation rechnerisch vorhanden ist, bedeutet dies jedoch nicht, dass es auch eine Ursache-Wirkungs-Beziehung gibt.

Beispiele: Eine Korrelation zwischen Geburtenzahl und Zahl der nistenden Störche bedeutet keinen kausalen Zusammenhang. Es liegt eine **Scheinkorrelation** vor. Andere Scheinkorrelation: Je weniger Haare der Mann auf dem Kopf hat, desto mehr Geld hat er.

Eine Korrelation zwischen Sonnenbrand und Sonnentage hat einen Kausalzusammenhang, nicht dagegen eine Korrelation zwischen Sonnenbrand und Eisumsatz.

Die Trendgerade soll so durch die Punkte einer Punktewolke verlaufen, dass sie so nahe wie möglich an den Punkten vorbei läuft. Die allgemeine Geradengleichung lautet **y = ax + b**.

Die Variablen a und b berechnen wir mit der Tabelle des Korrelationskoeffizienten.

$$a = \frac{\sum (x - \bar{x}) \cdot (y - \bar{y})}{\sum (x - \bar{x})^2} = \frac{5{,}77}{10{,}12} = 0{,}57 \quad \text{und} \quad b = \bar{y} - a \cdot \bar{x} = 3{,}3 - 0{,}57 \cdot 3{,}1 = 1{,}533$$

Daraus folgt die Gleichung der Trendgeraden
y = 0,57x + 1,533 (siehe auch Excel-Schaubild)

Excel erledigt das mit wenigen Mausklicken.
- Einen Punkt des Punktediagramms anklicken
- Trendlinie formatieren
- Formel im Diagramm anzeigen

Mit Hilfe der Gleichung der Trendgeraden kann man einen zukünftigen Wert extrapolieren.

Beispiel:
Bei einer starken Korrelation zwischen Produktionsmenge und Gesamtkosten stellt die Trendgerade eine gute Näherung des Kostenverlaufs dar. Anhand der Gleichung der Trendgeraden kann man ermitteln, mit welchen Gesamtkosten das Unternehmen rechnen muss, wenn die Produktionsmenge erhöht werden soll.

Das Problem:

Der Lehrer möchte wissen, welche Englischnote der Schüler hat, der als Deutschnote eine 2 hat.

Die Lösung:

Die Gleichung der Trendgerade lautet
y = 0,57x + 1,533
x = die Deutschnote, y = die Englischnote

Also ergibt sich
Englischnote = 0,57× 2 + 1,533 = 2,7

Damit kann er allerdings nichts anfangen, da bei der geringen Korrelation von 0,518 nicht davon auszugehen ist, dass sich der Schüler trendgerecht verhält, und eine 2,7 im Fach Englisch hat. Der Lehrer wird bei dem mittelstarken Zusammenhang sagen, dass der Schüher wahrscheinlich keine schlechte Englischnote haben wird.

Gibt es einen Zusammenhang zwischen den Benzinpreisen und der Entfernung von der Raffinerie?

Korrelation r = 0 gar nicht	Korrelation r = 0,2 schwach

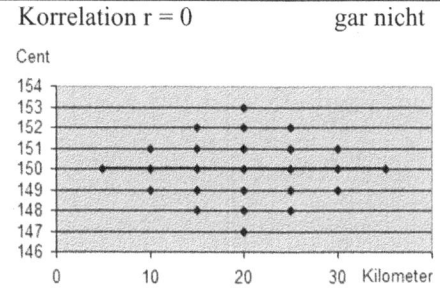

Trendlinie: Preis steigt nicht bei wachsender Entfernung.

$r = 0$ ➜ Der Zusammenhang ist nicht gegeben.

Trendlinie: Preis steigt bei steigender Entfernung.

$r = 0,2$ ➜ Der Zusammenhang ist schwach gegeben.

Korrelation r = 0,7 stark	Korrelation r = 0,9 sehr stark

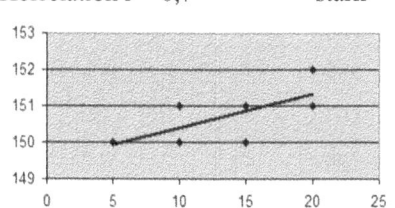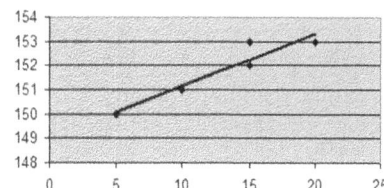

Trendlinie: Preis steigt bei steigender Entfernung.

$r = 0,7$ ➜ Der Zusammenhang ist stark gegeben.

Trendlinie: Preis steigt bei steigender Entfernung.

$r = 0,9$ ➜ Der Zusammenhang ist sehr stark gegeben.

Korrelation r = 1 vollständig	Korrelation r = 1 vollständig

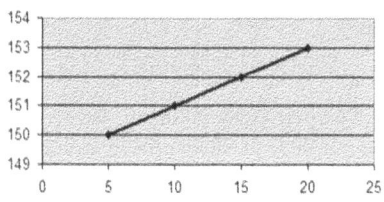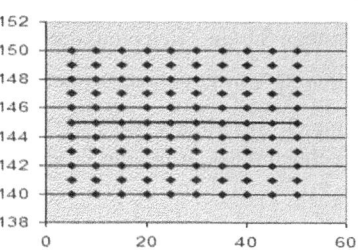

Trendlinie: Preis steigt bei steigender Entfernung.

$r = 1$ ➜ Der Zusammenhang ist vollständig gegeben. Alle Punkte liegen auf der Trendgeraden.

Trendlinie: Preis steigt nicht bei wachsender Entfernung.

$r = 1$ ➜ Der Zusammenhang ist vollständig gegeben.

Aufgaben

1. In einem Unternehmen wurden für n = 10 Beobachtungszeiträume folgende Gesamtkosten in Abhängigkeit von der Produktionsmenge erfasst:

Zeitraum	Produktionsmenge (in 1000 Stück)	Gesamtkosten (in 1000 €)
	x	y
1	20	105
2	15	75
3	30	155
4	25	120
5	30	160
6	20	110
7	25	125
8	35	185
9	30	165
10	20	100
Summe	250	1300

$$\bar{x} = 25 \qquad \bar{y} = 130$$

a) Zeichnen Sie ein Streudiagramm.

b) Tragen Sie die Trendgerade ein.

c) Bestimmen Sie den Korrelationskoeffizienten und interpretieren Sie das Ergebnis r.

d) Bestimmen Sie die Gleichung der Trendgeraden.

e) Erstellen Sie mit Excel ein Schaubild.

f) Bestimmen Sie mittels der Trendgeraden, mit welchen Gesamtkosten das Unternehmen rechnen muss, wenn die Produktionsmenge auf 40 000 Stück erhöht werden soll.

2. Ein Filialunternehmen will den Zusammenhang zwischen Verkaufsfläche und Jahresumsatz prüfen.

Es werden 10 Filialen stichprobenartig ausgewählt.

Filiale	Verkaufsfläche (in 1000 m²)	Jahresumsatz (in Mio. €)
1	5,3	18,1
2	3,2	10,1
3	1,8	5,8
4	2,3	7,8
5	4,5	14,2
6	2,5	8,5
7	3,6	10,8
8	4,1	13,5
9	3,0	10,2
10	4,7	16,0
Summe	35,0	115,0

Erstellen Sie mit Excel ein Schaubild, berechnen Sie den Korrelationskoeffizienten und interpretieren Sie die Korrelation.

10. 2 Kontingenz

Im Gegensatz zur Korrelation wird bei der Kontingenz die Kombination bestimmter Merkmalsausprägungen **qualitativer Art** auf Abhängigkeit untersucht.

Beispiele:
- Hotelbewertung: gut/schlecht, Produktkontrolle: genau/ungenau.
- Stimmt die Vermutung, dass Sport das Leben verlängert?
- Besteht zwischen dem Absatz verschiedener Eissorten und den Jahreszeiten ein Zusammenhang?

In einer **Kontingenztabelle** werden die Häufigkeiten von zwei Merkmalen erfasst. Man spricht von einem zweidimensionalen Datensatz.

Beispiel:

Es werden 1000 Personen (Frauen, Männer) befragt, ob sie Smartphone I oder Smartphone II bevorzugen:

Produkt (x) / Geschlecht (y)	weiblich absolute Häufigkeiten	männlich absolute Häufigkeiten	Summe Randhäufigkeiten
Smartphone I	118	252	370
Smartphone II	442	188	630
Summe	560	440	1000

Aus den Randhäufigkeiten kann man nicht erkennen, ob ein Zusammenhang besteht. Dazu dividiert man die einzelnen absoluten Häufigkeiten durch die Summe der Randhäufigkeiten, so erhält man die relativen Häufigkeiten (in Prozent · 100):

Produkt (x) / Geschlecht (y)	weiblich relative Häufigkeiten	männlich relative Häufigkeiten	Summe
Smartphone I	31,9 %	68,1 %	100 %
Smartphone II	70,2 %	29,8 %	100 %
Summe	102,1 %	97,9 %	200 %

Aus der Tabelle folgt, dass die Mehrzahl der männlichen Befragten das Smartphone I bevorzugen (68,1 %), während die Frauen Smartphone II wählen (70,2 %).

Für die graphische Darstellung eignet sich das Balkendiagramm: Es lässt sich einfach z. B. mit Excel erstellen.

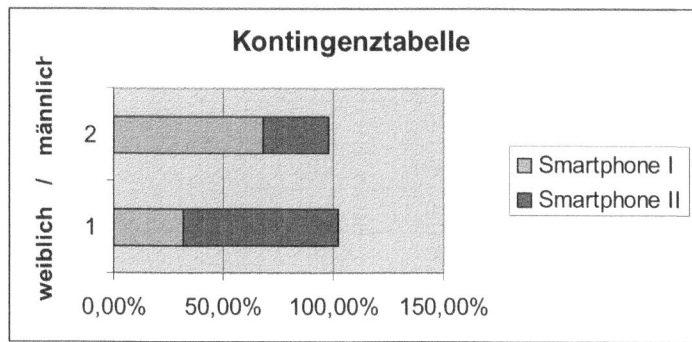

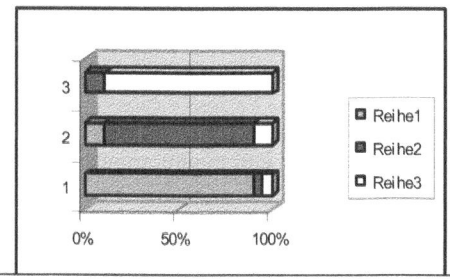

Dieses Bild zeigt einen Zusammenhang.

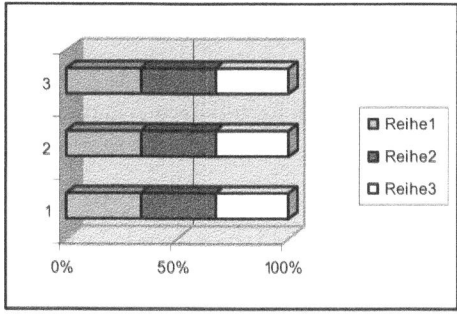

Dieses Bild zeigt keinen Zusammenhang.

Aufgaben

1. Ein Reiseveranstalter führt bei zufällig ausgewählten Touristen eine Hotelbewertung durch. 400 Touristen werden befragt, wo sie im letzten Jahr Urlaub gemacht haben, und wie es ihnen gefallen hat.

Ferienländer/Bewertung	gut	mittel	wenig
Italien	30	30	20
Spanien	10	40	20
Mallorca	20	10	30
Kanarische Inseln	30	30	40
Türkei	30	10	50

a) Berechnen Sie die Randhäufigkeiten, und die relativen Häufigkeiten.
b) Erstellen Sie eine Kontingenztabelle und zeichnen Sie ein Balkendiagramm.
c) Welches Ferienland hat die beste Bewertung?

2. Ein Eiscafé will wissen, ob ein Zusammenhang zwischen den Sommermonaten und dem Absatz seiner wichtigsten Eissorten besteht.

Monat/Eissorte	Erdbeer	Schokolade	Vanille
Mai/Juni	30	60	10
Juli/August	150	30	20
September/Oktober	20	30	50

a) Berechnen Sie die Randhäufigkeiten, und die relativen Häufigkeiten.
b) Erstellen Sie eine Kontingenztabelle und zeichnen Sie ein Balkendiagramm.
c) Welches Eis verkauft sich wann am besten?

11. Grenzen der Statistik

Immer wieder werden statistische Werte und Folgerungen angezweifelt. Dieses ist verständlich, denn bei der Erstellung und der Deutung von Statistiken gibt es eine Reihe von Fehlerquellen und Täuschungsmöglichkeiten:

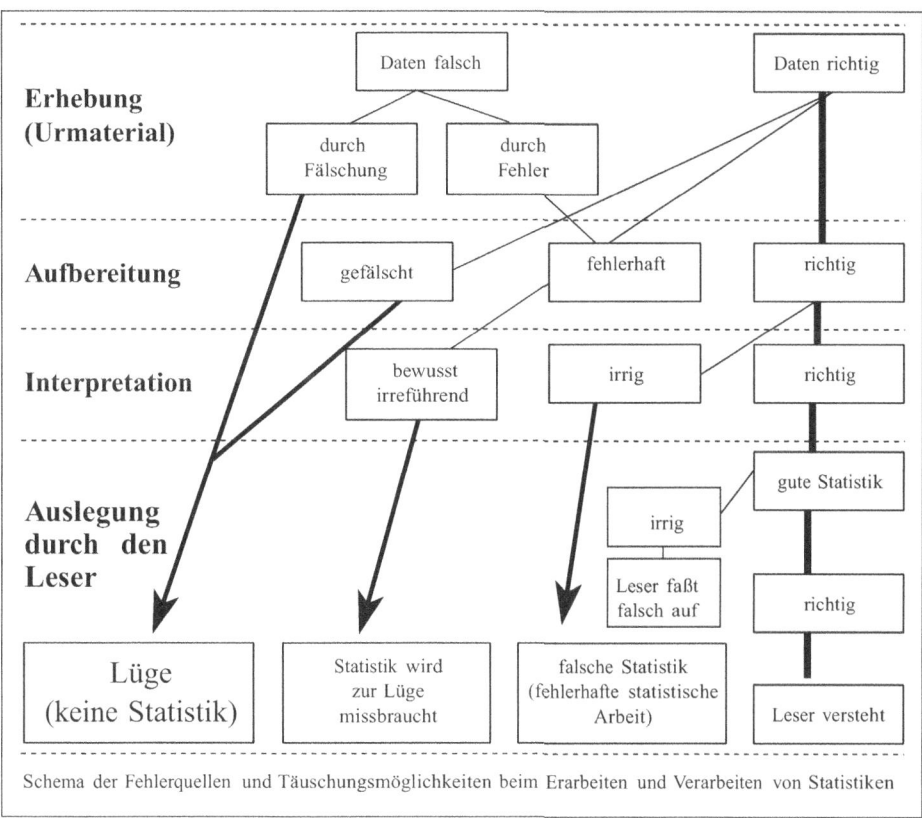

Schema der Fehlerquellen und Täuschungsmöglichkeiten beim Erarbeiten und Verarbeiten von Statistiken

aus: Swoboda „Knaurs Buch der modernen Statistik", Seite 214

Erhebungsfehler

Schon bei der Festlegung der Untersuchungsmerkmale, der Fragestellung und der Größe der Stichprobe können Abweichungen auftreten.

Als Beispiele seien genannt:

– Es soll eine Liste der Großbetriebe aufgestellt werden. Wenn keine Definition gegeben wird, kann die Aufzählung ein missverständliches Bild geben. Soll man die Zahl der Beschäftigten, den Umsatz, das Grundkapital oder den Marktanteil zugrunde legen?
– „Die Produktivität ist um 18 % gestiegen". Bezogen auf die Arbeitszeit, die Zahl der Arbeitnehmer oder die Maschinenstunden?

– Bei einer Marktuntersuchung für Schokolade fragt die Interviewerin (suggestiv): „Würden Sie das Produkt als qualitativ hochwertig bezeichnen?"
– Eine Absatzprognose aus einem repräsentativen Querschnitt von 100 Konsumenten oder von 1000 wird ein anderes Ergebnis erbringen.

Fehler bei der Aufbereitung

Bei der Zusammenfassung des statistischen Zahlenmaterials zu Tabellen kann durch eine ungünstige Klasseneinteilung die Aussage verfälscht werden.

Ein Beispiel dafür ist eine Verbrauchsstatistik:
„unter 2 000 €, 2 000 bis unter 3 000, 3 000 bis unter 4 000, 4 000 bis unter 5 000" usw.; hier ist die erste Klasse offensichtlich zu groß.

Durch die Wahl des „geeigneten" Mittelwertes kann die Aussage über den Durchschnitt eines statistischen Zahlenmaterials verändert werden.

Um zum Beispiel den Durchschnittswert aus der Reihe fehlerhafte Stücke aus einzelnen Stichproben: 1 1 3 14 21 zu bestimmen, kann man den Zentralwert $Z = 3$ oder das arithmetische Mittel $AM = 8$ wählen. Bei einem Wert von 3 Stück wird die Maschine nicht angehalten, da dieser Wert innerhalb des Toleranzbereiches liegt; bei 8 Stück muss die Maschine gestoppt werden.

Verfälschungen bei der Darstellung

Durch Veränderung des Maßstabes einer graphischen Darstellung kann eine Linie steil oder flacher verlaufen.

Umsatzstatistik (€):	2011	2012	2013	2014	2015	2016
	121	125	130	136	140	142

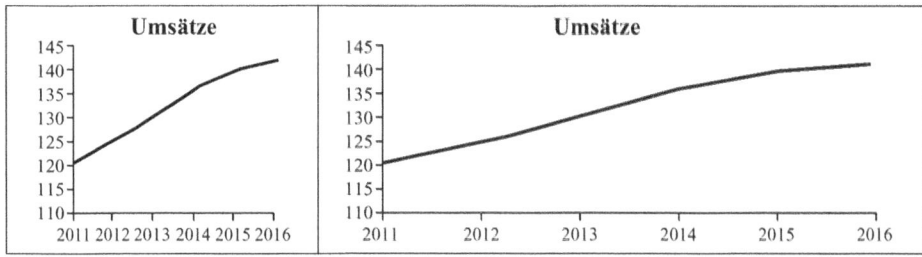

Fehler bei der Interpretation

Durch ungenaue Begriffe oder durch Weglassen von Zahlen kann dem Leser oder der Leserin ein verfälschtes Bild gegeben werden.

Bei der Lehrstellenstatistik wird behauptet „42 % der Schulabgänger haben keinen Ausbildungsplatz". Es fehlt die Angabe Haupt-, Realschule, Gymnasium. Wie viele Abiturienten dürfen nicht mitgezählt werden, da sie studieren wollen? Wie viele Jugendliche besuchen weiterführende Schulen?

Fehler bei der Auslegung durch den Leser

Der Leser oder die Leserin einer Statistik liest nur das heraus, was ihn oder sie gerade interessiert, der Rest wird überlesen.

Bei einer Statistik der Freizeitmöglichkeiten (Sport, Reisen, Lesen, Garten, Kultur) liest vielleicht der Sportinteressierte „62 % betreiben Sport" und überliest dabei den Hinweis, dass es sich nur um eine bestimmte Altersgruppe handelt.

Die aufgeführten Beispiele zeigen Gefahren und Grenzen der Statistik. Durch statistische Aussagen können einseitige Meinungen von Interessengruppen unterstützt werden, können Konsumwünsche in der Werbung geweckt werden, können betriebliche Fehlentwicklungen verschleiert werden. Bei sachgerechter Anwendung ist die Statistik jedoch ein wertvolles Hilfsmittel bei der Analyse von großen Zahlenmengen und der Prognose für Zwecke der Planung betrieblicher Entscheidungen.

LÖSUNGEN

© Springer Fachmedien Wiesbaden GmbH, ein Teil von Springer Nature 2018
J. Hischer et al., *Kaufmännisches Rechnen*,
https://doi.org/10.1007/978-3-658-23454-6

I. Der Dreisatz

Seite 7

1. a) Linke Spalte der Reisedevisen. (Brief = Verkauf der Bank)
Kreditinstitute verlangen beim Verkauf von Devisen mehr Geld als sie beim
Einkauf (Rückkauf) bezahlen. Die Differenz ist ihr Gewinn.

1. b) Dreisatz aufstellen.
Gerades Verhältnis.

$$3,4803 \text{ ILS} \quad = \quad 1 \, €$$
$$500,00 \text{ ILS} \quad = \quad x \, €$$

$$x \quad = \quad \frac{500 \times 1}{3,4803}$$

$$x \quad = \quad \mathbf{143,67 \, €}$$

Seite 8

2. Für die Berechnungen ist der Ausgabewert anzusetzen, denn das ist der Betrag,
den ein Käufer der Investitionspapiere bezahlen muss.

Seite 11/12

Die gesamten fixen Kosten bei der Herstellung von 120 Stück betragen 720,00 €.
Ungerader Dreisatz.

$$6,00 \, € \quad = \quad 120 \text{ Stück}$$
$$5,00 \, € \quad = \quad x \text{ Stück}$$

$$x \quad = \quad \frac{6 \times 120}{5}$$

$$x \quad = \quad \mathbf{144 \text{ Stück}}$$

Definition Kosten

Als Kosten wird ein Verbrauch angesehen, der
für die Herstellung (Leistungserstellung) und
für den Verkauf (Leistungsverwertung) normalerweise anfällt (Normalkosten). So werden
z. B. Wasser, Energie, Arbeitskraft verbraucht.
Dieser Verbrauch wird mit Geldeinheiten bewertet und Kosten genannt. Wissenschaftlich
gesehen wird bei Kosten von einem betriebs-
notwendigen Aufwand gesprochen.

Seite 19/20

1. Ungerades Verhältnis.

$$0{,}75\ m\quad =\quad 25\ Rollen$$
$$0{,}50\ m\quad =\quad x\ Stück$$

$$x\ =\ \frac{0{,}75\times 25}{0{,}50}$$

x = 37,5 Rollen

2. a) Die Verarbeitung der schmaleren Rollen nimmt 90 Minuten Mehrarbeit in Anspruch. Dafür werden 45 € berechnet.
Gerades Verhältnis.

$$1{,}5\ Stunden\quad =\quad 45\ €$$
$$6\quad Stunden\quad =\quad x\ €$$

$$x\ =\ \frac{6\times 45}{1{,}5}$$

x = 180,00 €

2. b) Die breiten Rollen kosten 5 € das Stück.
Demnach werden 125 € für 25 breite Rollen benötigt, ungerades Verhältnis.

$$37{,}5\ schmale\ Rollen\quad =\quad 125\ €$$
$$1\ schmale\ Rolle\quad =\quad x\ €$$

$$x\ =\ \frac{1\times 125}{37{,}5}$$

x = 3,33 €

3. Ungerades Verhältnis.

$$0,75 \text{ l} \quad = \quad 96 \text{ Flaschen}$$
$$0,8 \text{ l} \quad = \quad \text{x Flaschen}$$

$$x \quad = \quad \frac{0,75 \times 96}{0,8}$$

x = 90 Flaschen

4. Gerades Verhältnis.

57,3 % Direktentgelte =   20 Mio. € Bruttolöhne
23,2 % Lohnnebenkosten   = x Mio. € Lohnnebenkosten

$$x \quad = \quad \frac{23,2 \times 20}{57,3}$$

x = 8,0978 €

Bei 20 Mio. (Direktentgelte = Bruttolöhne)
fallen 8,0978 Mio. Lohnnebenkosten an

Seite 21

5. Die Aufgabe ist in zwei Schritten zu lösen.
In beiden Fällen ist ein Dreisatz mit geradem Verhältnis zu bilden.

1 000 Gramm   =   9 €
1 125 Gramm   =   x €

$$x \quad = \quad \frac{1\,125 \times 9}{1\,125}$$

x = 10,13 €

1 500 Gramm   =   10,13 €
1 000 Gramm   =   x €

$$x \quad = \quad \frac{1\,000 \times 10,13}{1\,500}$$

Der Preis für die Mischung beläuft sich auf 6,753 €.

6.   a) Gerader Dreisatz

   1 393 Stunden = 1 Arbeitskraft
   7 892 Stunden = x Arbeitskräfte

$$x \; = \; \frac{7\,892 \times 1}{1392}$$

   x = **5,7 deutsche Arbeitskräfte* (= 6 Arbeitskräfte)**

6.   b) Gerader Dreisatz

   1 982 Stunden = 1 Arbeitskraft
   7 892 Stunden = x Arbeitskräfte

$$x \; = \; \frac{7\,892 \times 1}{1\,982}$$

   x = **4 russische Arbeitskräfte**

Ob allerdings der Bau des Gebäudekomplexes so organisiert werden kann, dass so wenig Arbeitskräften eingesetzt werden können, ist mit der Dreisatzrechnung nicht zu beantworten.

6.   c) Gerader Dreisatz

   1 Arbeitsstunde = 5,10 x 4 = 20,40 €
   7 892 Arbeitsstunden =   x €

$$x \; = \; \frac{20,40 \times 7892}{1}$$

   x = **160 966,80 Euro Arbeitskosten für 4 russische Arbeitskräfte**

Die Kosten pro Stunde für 5,7 deutsche Arbeitskräfte belaufen sich auf 5,7 × 35,66 € = 203,26 €. Multipliziert mit der Jahresstundenzahl von 7 892 Stunden ergibt das Arbeitskosten in Höhe von 1 604 127,92 €.

Mit deutschen Arbeitskräften betragen die Arbeitskosten circa das Zehnfache der Kosten mit russischen Arbeitskräften.

---

* Zahlen von Westdeutschland

7.   1 Euro entspricht dem Lohn von 5 Minuten Arbeit. Genauso viel kosten 250 Gramm Butter. Für ein Pfund Butter muss ein Kunde demnach 2 € hinblättern. Das entspräche einem Arbeitslohn von zehn Minuten Arbeit. In Sri Lanka muss 8-mal so lange gearbeitet werden.

Dreisatz mit geradem Verhältnis.

$$
\begin{aligned}
5 \text{ Min.} &= 1 \text{ €} \\
80 \text{ Min.} &= x \text{ €}
\end{aligned}
$$

$$
x = \frac{80 \times 1}{5}
$$

$$
x = 16 \text{ €}
$$

Das besagt, dass ein deutscher Arbeitnehmer, bekäme er einen 5-Minuten-Lohn von 1 €, für ein Pfund Butter 16 € ausgeben müsste. Dann wäre er demjenigen in Sri Lanka gleichgestellt.

8.   Zusammengesetzter Dreisatz

$$
\begin{aligned}
2\,500 \text{ cbm} &= 40 \text{ PS} = 8 \text{ Stdn.} = 12 \text{ Tage} \\
8\,000 \text{ cbm} &= 72 \text{ PS} = 6 \text{ Stdn.} = x \text{ Tage}
\end{aligned}
$$

Der einfachste Weg ist die Aufteilung in drei Dreisätze.

Zunächst werden die äußeren Glieder in Beziehung gesetzt, dann die inneren und äußeren mit den gefragten Tagen. Der erste Dreisatz ist gerade, die übrigen haben ein ungerades Verhältnis.

$$
x = \frac{8\,000 \times 12 \times 40 \times 8}{2\,500 \times 72 \times 6}
$$

$$
x = 28,4 \text{ Tage}
$$

Werden die 0,4 Tage in Stunden (bezogen auf 6 Stunden je Tag) umgerechnet, dann wird der Müllberg in 28 Tagen (zu 6 Stunden) und 2 Stunden und 24 Minuten weggeräumt sein.

Es ist allerdings fraglich, ob ein proportionalen Zusammenhang zwischen der PS-Zahl und der Arbeitsleistung eines Baggers besteht. Ist dies nicht der Fall, führt die Rechnung zu einem falschen Ergebnis.

II. Rechnen mit englischen Gewichten und Maßen

Seite 27

1. Dreisatz, gerades Verhältnis.

16 Unzen = 453,6 g

12 Unzen = x g

$$x = \frac{12 \times 453,6}{12}$$

x = 340,20 Gramm

2. Lösung mit Kettensatz.

Bitte vor der Lösung mit der Rechenart Kettensatz auf S. 31 beschäftigen.

	? lbs	sind	8,5 Zentner	
wenn	1 Zentner	=	50 kg	sind
wenn	1 kg	=	1000 g	sind
wenn	435,6 g	=	1 lb	ist

$$x = \frac{8,5 \times 50 \times 1\,000 \times 1}{1 \times 1 \times 453,6}$$

x = 937 lbs (aufgerundet)

Umrechnung in quarters

937 : 27 = **34 Rest 19** = 34 qts, 19 lbs

Umrechnung der quarters in ctws

34 : 4 = **8 Rest 2** = 8 ctws, 2 qts

8,5 Zentner entsprechen 8.2.19 ctws.

Seite 28

a) $16 \times 1\,760 = 28\,160$ yards

b)   Kettensatz

? km	=	28 160 yards
12 yards	=	11 m
1 000 m	=	1 km

$$km \quad = \quad \frac{28\,160 \times 11}{12 \times 1\,000}$$

km   =   25,813

c)   30 Minuten = 25,813 km

60 Minuten = 2 x 25,813 km

km/h = 52 km (aufgerundet)

III. Der Kettensatz

1. a)

	(x) Anteile sind	=	56 € Zinsen	
wenn	2,00 € Zinsen	=	25 €	
wenn	25 €	=	1 Anteil	ist

$$x = \frac{56 \times 25 \times 1}{2 \times 25}$$

x = 28 Anteile

1. b)

	(x) Anteile sind	=	56 € Zinsen	
wenn	2,00 DM Zinsen	=	1 Anteil	ist

$$x = \frac{56 \times 1}{2}$$

x = 28 Anteile

2. a) Wie viele Meter müssen in 20 Minuten geschafft werden, wenn in 60 Minuten 9 000 m zurückgelegt werden?

	(x) m sind	=	20 Mi	
wenn	60 Mi	=	9 000 m	ist

$$x = \frac{20 \times 9\,000}{60}$$

3 000 m sind zurückzulegen.

2. b) **Hier ist der Kettensatz nicht anwendbar!**

Es liegt ein ungerades Verhältnis vor:
Je geringer die benötigte Zeit, desto höher die Geschwindigkeit.
Lösung daher nur im Dreisatz:

Dreisatz:
20 Min.   =   9 km/h
15 Min.   =   x km/h

$$x \;=\; \frac{20 \times 9}{15}$$

x = 12 km/h

Seite 40

1. a)

			Benziner	Diesel	
	(x) €	sind	820 km	820 km	
wenn	100 km		12 l	8 l	benötigen
wenn	1 l		1,42 €	1,24 €	kostet

$$x \;=\; \frac{820 \times 12 \times 1,42}{100 \times 1} \qquad\qquad \frac{820 \times 8 \times 1,24}{100 \times 1}$$

x = 146,62 € Benziner   **x = 81,34 € Diesel**

1. b)

	Preis	Lebensdauer
Benziner	36 000	120 000
Diesel	47 000	150 000

Gefahrene km 820. Die Kosten des Verschleißes sind wie folgt zu ermitteln:

Kettensatz/Benziner

	(x) €		820 km	
wenn	120 000 km	=	19 000 €	kosten

$$x = \frac{820 \times 19\,000}{120\,000}$$

$$x = \textbf{129,83 € (Verschleiß)}$$

Kettensatz/Diesel

	(x) €	kosten	820 km	
wenn	150 000 km	=	25 000 €	kosten

$$x = \frac{820 \times 25\,000}{150\,000}$$

$$x = \textbf{136,33 € (Verschleiß)}$$

Benzin	**146,62 €**	**Diesel**	**81,34 €**
Nutzung	**129,83 €**	**Nutzung**	**136,33 €**
Benziner insg.	**276,45 €**	**Diesel insg.**	**217,67 €**

Die Differenz beträgt nunmehr nur noch 58,78 €.

c) Ja, bei Kostenvergleichen für Kraftfahrzeuge werden auch die Reparaturkosten, Steuern und Versicherungen in Anrechnung gebracht, wodurch sich ein objektiverer Vergleich ergibt.

2.

	(x) €	kosten	1 000 kg	
wenn	50,8 kg	=	1 cwt	ist
wenn	1 cwt	=	112 libs	sind
wenn	60 libs	=	1 bushel	ist
wenn	1 bushel	=	98 cents	kosten
wenn	100 cents	=	1 $	sind
wenn	1,122 $	=	1 €	ist

$$x = \frac{1\,000 \times 1 \times 112 \times 1 \times 98 \times 1 \times 1}{50,8 \times 1 \times 60 \times 1 \times 10 \times 1,1220}$$

$$x = \textbf{32,09 €}$$

IV. Verteilungsrechnung

Seite 44

Objekte	Raumgrößen	Mietanteile	Verwaltung	Gesamtanteile
	qm	€	€	€
Großraum	300,00	4 500,00	750,00	5 250,00
Leitungsetage	150,00	2 250,00	750,00	3 000,00
Kantine	150,00	2 250,00	750,00	3 000,00
Verwaltung	150,00	2 250,00		
Ausstellung	250,00	3 750,00		3 750,00
insgesamt	**1 000,00**	**15 000,00**	**2 250,00**	**15 000,00**

Die Miete für die Verwaltung mit 150 qm ist auf die ersten drei Räume aufzuteilen.
Die Gesamtanteile nach Aufteilung der Verwaltung sind der letzten Spalte zu entnehmen.

Seite 46/47

Die Verteilung sieht wie folgt aus:

Namen		Anteile aller Eigentümer		Anteile in Prozent	Anteile
Vollhafter	Teilhafter				
Birga Diering		} 70 %	1/2 v. 70 %	35	7
Axel Voss			1/2 v. 70 %	35	7
	Sonja Möllgard		3/6 v. 30 %	15	3
	Ines Framm	} 30 %	2/6 v. 30 %	10	2
	Wolfgang Wallenda		1/6 v. 30 %	5	1
Summe		**100 %**		**100**	**20**

Der Gesamtgewinn ergibt sich aus X und 8 800,00 €, die vorab zu verteilen sind.

X ist der Gewinn, der nach diesem Plan zu verteilen ist. Dann sieht die weitere Rechnung so aus:

$$\text{Ein Anteil (T)} = \frac{X}{20} \quad \text{z. B. 7 Anteile} = \frac{X}{20} \times 7$$

Seite 48

1. 1. Rechenschritt:

Jahreskosten für das Warenlager	12 360,00 €
abzüglich Reparatur Panzerschrank	1 200,00 €
Lagerkosten auf Räume	**11 160,00 €**

1. 2. Rechenschritt:

Räume	qm (a)	Kosten
Schüttgutlager	600	?
Ersatzteillager	250	?
Tresorraum	50	?
insgesamt	**900**	**11 160,00 €**

Addition der Quadratmeter und Division der Gesamtkosten durch Quadratmeter

$$\text{DM pro qm:} \qquad x = \frac{11\ 160}{900}$$

$$x = \mathbf{12,40\ €}$$

1. 3. Rechenschritt:

Multiplikation der Kosten pro Quadratmeter mit den Raumquadratmetern und Übertragung in die oben stehende Tabelle.

Räume	qm	Anteilkosten
Schüttgutlager	600 × 12,40	7 440,00 €
Ersatzteillager	250 × 12,40	3 100,00 €
Tresorraum	50 × 12,40	620,00 €
insgesamt	**900**	**11 160,00 €**

2. a)

Kostenarten	Schlüssel	Schlüssel mit gleichem Nenner	verteilte Kosten
Personalkosten	1/3	10/30	18 110,00
Miete	1/5	6/30	10 866,00
Abschreibungen	1/6	5/30	9 055,00
Rest*	Rest	9/30	16 299,00
Summen		**30/30**	**54 330,00**

$$\text{Schlüssel (x)} \;=\; \frac{54\,330}{30}$$

x = 1 811,00 € je 1/30

2. b) Bei gleich bleibendem Schlüssel erhöhen sich die Personalkosten analog zu den Gesamtkosten:

42 160 €   =   100 %
54 330 €   =   x %

$$x \;=\; \frac{42\,160 \times 100}{54\,330}$$

x = 129 %

Steigerung der Kosten um 29 %

---

* Rest zu ermitteln, indem Anteile auf 30/30stel ergänzt werden.

3.

Name	Vorabzug	Zinsen	Teile	Anteile	Gesamt-betrag
R.B.	8 000,00	4 000,00	3/8	67 125,00	79 125,00
J.M.	8 000,00	4 000,00	3/8	67 125,00	79 125,00
C.H.	4 000,00	2 000,00	2/8	45 750,00[1]	51 750,00
insges.	**20 000,00**	**10 000,00**	**8/8**	**180 000,00**	**210 000,00**

179 000 : 8 = 22 375 für 1 Teil.

Seite 49/50

4.

Freunde	Anteile	Betrag
A	1	5,55[2]
B	2	11,12
C	6	33,36
alle	9	50,00

9 Anteile   =   50 €
1 Anteil   =   x €

$$x = \frac{1 \times 50}{9}$$

x = 5,555 €

5. Errechnung der Konkursquote

$$1 \text{ Teil} = \frac{40\ 800}{240\ 400}$$

1 Teil   =   0,1697171 (Konkursquote)

---

[1] 1 000 € sind eingeschlossen.

[2] Auf- bzw. abgerundet.

Dieses Ergebnis darf nicht aufgerundet werden, es ergibt sich sonst eine nicht realisierbare Verteilung.

Gläubiger	Forderungen in €	Betrag in €[3]
Konserven AG	160 000,00	27 154,74
Dosen – Büsch	32 320,00	5 485,26
R. Boysen	48 080,00	8 160,00
insgesamt	**240 400,00**	**40 800,00**

6. Verteilung des Liquidationserlöses

Name	Beteiligungen/€	Anteile	Rückzahlungsbetrag/€
J.P.	250 000,00	50	375 000,00
K.W.	80 000,00	16	120 000,00
E.B.	40 000,00	8	60 000,00
W.K.	30 000,00	6	45 000,00
insgesamt	**400 000,00**	**80**	**600 000,00**

Rückzahlungsbetrag ist zu ermitteln, indem die Liquidationssumme von 600 000 € durch 80 geteilt und mit den Anteilen multipliziert wird.

Ein Anteil = 7 500 €.

7.

Kanäle	Zuschauer/Mio.	Anteile[4]	Mittelverteilung Mio. €
Kanal 1	8	8	4,0
Kanal 2	7	7	3,5
Kanal 3	5	5	2,5
Kanal 4	4	4	2,0
Kanal 5	3	3	1,5
Kanal 6	2	2	1,0
zusammen	**29**	**29**	**14,5**

---

3 Ergibt sich, indem die Forderungsbeträge mit der Konkursquote multipliziert werden.

4 Anteile entsprechen den Zuschauerzahlen.

$$1 \text{ Anteil} \quad = \quad \frac{14,5 \text{ Mio.}}{29}$$

1 Anteil = 500 000

8. **Kosten je Schlüsseleinheit** $= \dfrac{8\,911}{39} = 228,49 \text{ € (gerundet)}$

Kostenstellen	Schlüssel	Kosten/€ (gerundet)
Einkauf	8	1 828,00
Herstellung	4	914,00
Vertrieb	3	685,00
Verwaltung	24	5 484,00
insgesamt	**39**	**8 911,00**

9.   Ausgaben   2000 €   100 Anteile (Prozent)

   Euro je Anteil (Prozent) $= \dfrac{2\,000}{100} = 20 \text{ €}$

9. a)

Produktgruppen	Anteile (Prozent)	Ausgaben
Bekleidung	5,5	110 €
Nahrungsmittel	10,3	206 €

(Ausgangsgehalt = 2000 €)

9. b)

Einkommen	Jahr	Index	Anteil	Augaben
2 000 €	2010	100	4,4 %	88,00 €
	2014	106	⟶	93,28 €

Bei 2 000 € Nettogehalt hat er nach dem Verbraucherpreisindex im Jahre 2014 93,28 € für Gesundheitspflege ausgeben müssen?

V. Verschiedene Rechenarten

1. Proportionsrechnung

Seite 54

Ja, der Warenkorb muss sich ändern, weil im Laufe von Jahren alte Gewohnheiten u. a. abgelegt werden und neue hinzukommen. Galt früher Butter als ein guter Frühstücksaufstrich, wird heute gerne Halbfettmargarine gegessen. Außerdem haben sich Preise und Einkommen für Menschen verändert.

Seite 57/58

1. a) **Materialkosten** (eine Proportion als Beispiel dargestellt)

	Umsatz in Mio. €	Materialkosten in Mio. €
2014	10,2	1
2015	14,6	x

$$x = \frac{14,6 \times 1}{10,2} = 1,4314 \text{ Mio. } €$$

Nach den Proportionen von 2014 dürfte im Jahr 2015 nur ein Betrag für **Rohstoffe** von **1,4314 Mio. €** ausgegeben sein. In Wirklichkeit (2015) betrug dieser aber 2,2 Mio. €.

Rahmen dürften einen Betrag von **3,578 Mio. €** in Anspruch nehmen, tatsächlich (2015) aber betrug der Wert nur 3,5 Mio. €.

Sonstiges beliefe sich auf **0,71 Mio. €**, im Jahre 2015 fielen hierfür nur 0,65 Mio. € an.

1. Preiserhöhungen der eingekauften Stoffe 2. Qualitätsverbesserungen 3. Produktveränderungen bei anderen Zubehörteilen 4. Erhöhter Abfall/Ausschuss durch neue Produktionsverfahren u. a.	**Gründe für die Erhöhungen:**
1. Preissenkungen der eingekauften Stoffe 2. Verringerung des Abfalls 3. Bessere Materialausnutzung bei „Sonstiges"	**Gründe für die Senkungen:**

1. b) Personalkosten/Gehälter dürften nach der Proportion von 2014 für 2015 **2,750 Mio. €** betragen, was dem Plan entspricht. In Wirklichkeit fallen 2015 nur 2,5 Mio. € an.

Gesetzlich soziale Aufwendungen: Die Vorgabe (Soll) entspricht den Zahlen aus der Proportionsermittlung nach 2014, nämlich **0,55 Mio. €**. In der Realität haben sie sich gegenüber 2014 nicht geändert.

Die freiwilligen sozialen Aufwendungen sind höher geplant als die Proportion aus dem Jahre 2014 ergibt. Nach der Proportionsrechnung dürften **0,22 Mio. €** als freiwillige soziale Aufwendungen anfallen. Die Planung ist bereits von 0,55 Mio. € ausgegangen, die tatsächlich angefallenen Kosten betragen 2015 0,8 Mio. €.

1. c) Die **Personalkosten** insgesamt belaufen sich im Jahre 2015 auf 3,8 Mio. €. Genau das war auch geplant. Geht man aber vom Jahr 2014 aus und wendet die Proportionsrechnung an, dann hätten die Personalkosten einen weit höheren Betrag erreichen können, nämlich (x).

	Umsatz in Mio. €	Personalkosten in Mio. €
2014	10,2	3,2
2015	14,6	x

$$x = \frac{14,6 \times 3,2}{10,2} = 4,580 \text{ Mio. € (abgerundet)}$$

Die **Istpersonalkosten** sind sogar unter die Planungsgröße gefallen, was vielleicht darauf zurückzuführen ist, dass Arbeitnehmer auch freiwillig die Firma verlassen haben.

> Die Personalkosten sind insgesamt so günstig, weil
> 1. Arbeitnehmer entlassen wurden,
> 2. Arbeitnehmer gehaltlich zurückgestuft wurden.

Sie werden wahrscheinlich im folgenden Jahr bei gleichem Umsatz weiter fallen, weil die freiwilligen sozialen Aufwendungen (und es könnte sich zum Teil um Abfindungen handeln) wieder auf das normale Maß zurückfallen werden, wenn die Rationalisierungsmaßnahmen, von denen hier auszugehen ist, abgeschlossen sein werden und keine Abfindungen mehr gezahlt zu werden brauchen.

Der Anstieg der freiwilligen sozialen Aufwendungen kann daran gelegen haben, dass Arbeitnehmer in den Vorruhestand gegangen sind und dafür Abfindungen erhielten.

2.   Preisindex

2.   a)

2012

$$\frac{2,40}{x} = \frac{100}{105}$$

2005

$$\frac{2,40}{x} = \frac{100}{93,4}$$

$$x = \frac{2,40 \times 105}{100} = 2,52 \text{ €}$$

$$x = \frac{2,40 \times 93,4}{100} = 2,24 \text{ €}$$

Das Brot würde 2012 2,52 € und 2005 2,24 € gekostet haben.

2.   b) $\dfrac{8,69}{10,24} = \dfrac{10,79}{x}$

$$x = \frac{10,24 \times 10,79}{8,69} = 12,71 \text{ €}$$

Die Miete beträgt hiernach 12,71 € pro qm, Das Ungleichgewicht zwischen Angebot und Nachfrage führt zu den Differenzen.

2.   c) $\dfrac{527,8}{x} = \dfrac{100}{106,7}$

$$x = \frac{106,7 \times 527,8}{100} = 563,16 \text{ €}$$

Die Miete beträgt unter Verwendung des Verbraucherpreisindexes für eine 70 qm Wohnung 2014 563,16 €.

2.   d) Die Verbrauchsartikel dieser Haushalte + -gewohnheiten unterscheiden sich.

2. Durchschnittsrechnung

Seite 63

a)   8 972 kWh

b)   Die Spanne zwischen Höchstverbraucher (Norwegen) und Niedrigstverbraucher (Portugal) ist zu groß. Beide verzerren den Durchschnittsverbrauch. Meist werden deshalb Extremwerte bei der Durchschnittsermittlung außen vorgelassen.

Es sind nur wenige europäische Länder berücksichtigt. Es fehlen z. B. Groß-britannien, Schweiz, Österreich, Schweden, Dänemark, Benelux, Polen usf.

Unterschiedliche klimatische Bedingungen bedingen unterschiedliche Ver-brauchsnotwendigkeiten. Deshalb ist ein Durchschnittswert nur von einge-schränkter Aussagekraft.

c)   Vergleich mit Frankreich, denn beides sind auch Industrie-Staaten und liegen in einer ähnlichen Klimazone.

Seite 68/69

1.   (Wochenumsatzermittlung)

Der Gesamtumsatz beläuft sich auf 22 468,93 €.

1.   a) **Tagesumsatz: 3 744,82 €** (Gesamtumsatz: 6)

1.   b) **Tagesumsatz ist verfälscht, weil er einen Sonnabendumsatz enthält, der nur auf 5 Stunden Verkauf beruht.**

1.   c) Insgesamt wurden in der Woche 50 Stunden gearbeitet.
Stundenumsatz: 449,38 €

1.   d) **Tagesumsatz** auf Grundlage des Stundenumsatzes montags bis freitags:
4 043,70 € (Stundenumsatz × 9).

Seite 69/70/71

2.   (Mischpreis)

kg	Produkt	Gesamtpreis
40	Haferflocken	72,00 €
8	Weizenkleie	8,40 €
5	Rosinen	51,25 €
4	Nüsse	38,40 €
5	Mischobst	35,00 €
62		**205,55 €**

1 kg der Mischung kostet demnach 3,32 € (205,55 : 62),
500 Gramm kosten 1,66 €

3. (Personenauswahl)

Merkmale	Rangfolge-punkte	Istpunkte		Gesamtpunkte	
		Dame	Herr	Dame	Herr
Dame	1,2	10		12	
Herr	1,0		10		10
Umgangsformen	1,5	10	8	15	12
Kontaktfreudigkeit	1,4	5	10	7	14
Freundlichkeit	1,3	6	10	7,8	13
Sprachen	1,3	10	7	13	9,1
Mode	1,3	6	8	7,8	10,4
Durchsetzungsfähigkeit	1,5	8	10	12	15
Kooperationsfähigkeit	1,4	10	6	14	8,4
Fachkenntnisse	1,3	10	10	13	13
Kreativität	1,5	10	6	15	9
Gesamt	**14,7**	**85**	**85**	**116,6**	**113,9**

3. a) Die Beurteilung der Istpunkte wird von Person zu Person, die beurteilt, verschieden sein. Diese Punktzahl dient als Vorschlag. Hier einige ausgewählte Erläuterungen:

Umgangsformen: Wenn diese nicht zu beanstanden sind, dann sind sie auch nicht herausragend. Daher sind für den Bewerber nur 8 Punkte angezeigt.

Mode: In der Branche muss man ein modisches „outfit" haben. Das fehlt beiden. Der Bewerber ist durch die Solidität etwas höher einzuschätzen, wohingegen die Bewerberin etwas zu bieder erscheint.

Kreativität: Beide Ideen der Bewerberin sind hervorragend. Sie entlasten Eltern und bringen zusätzlich Geld ein (Caféteria). Eine Galerie im Hotel ist sicher für den Künstler interessant. Ob auch für viele Gäste? Wer weiß. Daher sind für den Bewerber nur 6 Punkte angezeigt.

3. b) Die **gewogenen Punktzahlen** laufen aufgerundet auf: **Bewerberin 117, Bewerber 114**.

3. c) Die gewogene Punktzahl für ein Merkmal lautet bei der Bewerberin auf 11,7 und bei dem Bewerber auf 11,4.

3. d) Teilt man die gewogene Punktzahl durch die Rangfolgen, dann ergeben sich durchschnittlich für die **Bewerberin 7,9 und für den Bewerber 7,75 Punkte**. In beiden Fällen würden, wenn hiernach ausgewählt wird, die Personen nicht den Anforderungen genügen. Ansonsten sprechen alle Anzeichen dafür, dass die Frau eingestellt wird.

Seite 71

4.   (Warengruppenumsatz)

**4.   a) Die Tagesumsätze belaufen sich durchschnittlich auf
3 999,57 €.**

4.   b)

Waren-gruppen	Umsatz (mo–fr)	Faktoren	Gewogene Wagengruppen
1	13 112,00	1	**13 112,00**
2	4 235,72	2	**8 471,44**
3	5 121,21	3	**15 363,63**

Die Bedeutungsfaktoren geben die Wertschätzung wieder, die die Waren-
gruppen im Gesamtsortiment erfahren. Die Unternehmensleitung wird dabei feststellen, dass die 3. Warengruppe trotz des weit geringeren Umsatzes
als die 1. Warengruppe einen höheren gewogenen Wert hat. Er übersteigt
den der Warengruppe 1. Das besagt, dass sich die Leitung sehr um diese
Warengruppe kümmern sollte. Sie bringt zwar nicht mehr als circa
5 100,00 € Einnahmen ein, aber offensichtlich bedeutet die hohe
Wertschätzung, dass Kunden hierfür zugleich auch gute Kunden für den
Umsatz der 1. Warengruppe sind. Pflegt man diese Kunden besonders,
könnte der Umsatz für die 1. Warengruppe vielleicht steigen. Auch kann
die hohe Wertschätzung heißen, dass diese Warengruppe die höchsten
Gewinne ausweist, womit dann ausgedrückt werden soll, dass der 3fache
Wert der Warengruppe (15 363,63) circa soviel Gewinn bringt, wie in
dem Umsatz der ersten Warengruppe (13 112,00) ungefähr enthalten ist.
Die zweite Warengruppe steht zwischen beiden. Zwar sollte der Umsatz
nicht vernachlässigt werden, und die Kunden sollten auch besonders gut
betreut werden, weil die Warengruppe 2 immer noch mehr Gewinn bringt
als die 1. Warengruppe, aber ihre Stellung im Unternehmen läuft hinter
der der Warengruppe 3 hinterher.

VI. Prozentrechnung

Seite 75

Aufstellung eines Kettensatzes

	? € Lohnerhöhung	bekommt man bei	1 500 € Lohn,
wenn man	bei 100 € Lohn		3,10 € erhielte.

$$x = \frac{1\,500 \times 3,10}{100}$$

$$x = \mathbf{46,50\ €}$$

Seite 78

1. a)

Hilfen in Mrd. $	2013	2014	Erhöhung	in %	Beispiel USA	
USA	31	33	2	6,45	31	100 %
GB	18	19	1	5,55	2	x
D	14	16	2	14,29		

1. b)

Als Proportion

$$\frac{33}{31} : \frac{x}{14}$$

$$x = \frac{2 \times 100}{31} = 6,45$$

$$x = \frac{33 \times 14}{31} = 14,9 \text{ Mrd. \$ statt tasächlich ausgegebenen 16 Mrd. \$}$$

$$\text{Prozentwert} = x \, \frac{27 \times 4}{100} = 1,08 \text{ Mrd. €}$$

2.

Beitragsbemessungsgrenze 2016		= 6 200,00 €	
Erhöhung von 2015 auf 2016	(Prozentwert)	150,00 €	x %
Beitragsbemessungsgrenze 2015	(Grundwert)	= 6 050,00 €	100 %

$$\text{Prozentwert} = x = \frac{150 \times 100}{5\,950} = 2,9 \%^{*}$$

---

* gerundet

Seite 81

Der Dreisatz lautet:

102 %   =   155 Mrd. €

100 %   =   x Mrd. €

$$100\,\% \text{ Grundwert (GW)} = \frac{155 \times 100}{102}$$

GW = 152 Mrd. €

Seite 82

1. a) Dreisatz

Gesetzlich Krankenversicherte

100 %   =   82 Mio.

86 %   =   ? (x)

$$x = \frac{86 \times 82}{100} = 70{,}5 \text{ Mio.}$$

Privat Krankenversicherte

100 %   =   82 Mio.

13 %   =   ? (x)

$$x = \frac{13 \times 82}{100} = 10{,}66 \text{ Mio.}$$

1. b)

AOK Krankenversicherte

70,5 Mio.   =   100 %

23,5 Mio.   =   x %

$$x = \frac{23{,}5 \times 100}{70{,}5} = 33{,}33\,\%$$

1. c) Privat Krankenversicherte $$x = \frac{100 \times 2{,}2}{102{,}3} = 2{,}1506 \text{ Mio.}$$

2. a) Zuwachs: 67,525 Mio. – 65,638 Mio. = 1,887 Mio.

65,638   =   100 %

1,887   =   x %

$$x = \frac{1{,}887 \times 100}{65{,}638} = 2{,}87\,\% \text{ Zuwachs}$$

2. b) Deutscher Anteil

67,525   =   100 %

5,6   =   x %

$$x = \frac{5{,}6 \times 100}{67{,}525} = 8{,}29\,\%$$

2. c)   PKW-Produktion 2015

67,525	=	100 %
	=	7,2 5 %
x	=	107,2 %

$$x = \frac{67,525 \times 107.2}{100} = 72,3868$$

Seite 90

1. a)

2004	210 000 Jugendliche	=	100 %
2014	380 000 Jugendliche		
Zuwachs	170 000 Jugendliche	=	x %

$$x = \frac{170\,000 \times 100}{210\,000} = 80,95 \ \%$$

Das entspricht einem durchschnittlichen jährlichen Zuwachs von $\dfrac{170\,000}{12} = 14\,167$

1. b)

alle Jugendliche	380 000	=	100 %
männliche Jugendliche		=	64 %
weibliche Jugendliche	x	=	36 %

$$x = \frac{36 \times 380\,000}{100} = 136\,800 \ \text{ weibliche Jugendliche}$$

1. c)

Ohne Migrationshintergrund	erfolgreich 44	=	100 %
türkischer Migrationshintergrund	erfolgreich 25	=	x %

$$x = \frac{25 \times 100}{44} = 57 \ \% \ \text{(aufgerundet)}$$

Gemessen an den Jugendlichen ohne Migrationshintergrund waren die Jugendlichen mit türkischen Migrationshintergrund nur zu 57 % erfolgreich.

Seite 91

1. (Grundwert)

Grundwert 2010 = 32 060 Insolvenzen

2. Abschlag: 32 060 – 23 800 = 8 260 Insolvenzen weniger

$$
\begin{array}{rcl}
32\ 060 & = & 100\ \% \\
8\ 260 & = & x
\end{array}
$$

$$
x = \frac{8260 \times 100}{32\ 060} = 25\ \% \quad \text{(gerundet)}
$$

3. (Verminderter Grundwert gesucht)

Grundwert 2010	= 32 600 Insolvenzen	=	100 %
prozentualer Abschlag bis 2014		=	25 %
verminderter Grundwert 2014		=	**75 %**

Seite 93

1. (Selbständige)

1. a) Prozentwert gesucht: Zahnärzte/Ärzte usf. = **221 132 Personen**

1. b) Prozentwert gesucht

Selbständige	3 000 000
Freiberufler	552 830
korrigierte Selbständige	**2 447 170**

Einpersonenunternehmen (EPU) und Personengesellschaften,
davon 25 %
2 447 170 : 4 (Teiler von 25 %) **= 611 792**
(EPU + Personengesellschaften)

2.   (Lebensmittelumsatz)

 a) Grundwert gesucht: Europäischer Lebensmittelumsatz
  = 934 Mrd. €

 b) Prozentwert gesucht: Edeka-Umsatz = 50,2 Mrd. €
 c) Prozentwert gesucht: Aldiumsatz = 25,1 Mrd. €

3.   (China)

 a) Vermehrter Grundwert gesucht: Im Jahre 2025 wird die Bevölkerungszahl
  in China 1,46 Mrd. Menschen betragen.

$$\frac{1,4 \text{ Mrd.} \times 104,5}{100} = 1,46$$

 b) Durchschnittliche Zuwachsrate pro Jahr = 4,5 % : 9 Jahre = 0,5 %

4.   a)
  Kaufkraft Deutschland 100 % = 1,00 €
  Kaufkraft Polen (x)179 % = 1,79 €

 Die Kaufkraft eines Euros in Polen ist 79 % höher als in Deutschland.

4.   b) Kettensatz wählen!
  Kaufkraft Deutschland ? (x) KK/S = 500 €
  Kaufkraft Schweiz   1 € = 0,57 KK

$$x = \frac{500 \times 0,57}{1} = 285 \text{ €}$$

4.   c) Dreisatz wählen!
  Kaufkraft Deutschland 1,00 € = 2 400 €
  Kaufkraft Schweden 0,85 € = ? (x) €

Je höher die Kaufkraft, desto weniger muss man bezahlen : Umgekehrtes Verhältnis.

$$x = \frac{2\,400 \times 1}{0,85} = 2\,823 \text{ €}$$

Dieselben Waren würden in Schweden 2 823 € kosten

Seite 94

5. a)

2004		100 %	=	731 Mrd. €
2003 (− 3,5 %)		96,5 %	=	
2000 (4 × 3,5 % = −14 %)		86 %		x

$$x = \frac{86 \times 731}{100} = 132{,}41 \text{ Mrd. € theoretischer Ausfuhrwert 2000.}$$

b)

2004		100 %	=	731 Mrd. €
2009 (5 × 3,5 % = 17,5 %)		117,5 %	=	x

$$x = \frac{117{,}5 \times 731}{100} = 858{,}925 \text{ Mrd. € theoretischer Ausfuhrwert 2009.}$$

Der niedrigere tatsächliche Exportwert erklärt sich durch die Finanzkrise 2008.

c)

2013 Handelsüberschuss	100 %	=	195 Mrd. €
2014	x %	=	217 Mrd. €

$$x = \frac{217 \times 100}{195} = 111{,}28 \% \quad \text{Der Zuwachs betrug 2014 abgerundet 11 %.}$$

d)

2014 Einfuhr	100 %	=	916 Mrd. €
Zuwachs 2014	x %	=	18,3 Mrd. €

$$x = \frac{18{,}3 \times 100}{916} = 20 \% \quad \text{Der Import lag 2013 20 % unter dem von 2014.}$$

Seite 95

6. a)

2015 Bundeshaushalt	100 %	=	299,1 Mrd. €
2019		=	331,5 Mrd. €
Differenz	x %		3,24 Mrd. €

$$x = \frac{3{,}24 \times 100}{299{,}1} = 1.08 \%, \text{ nur geringes Wachstum des Bundeshaushaltes bis 2019}$$

b)

2014 Bundeshaushalt	100 %	=	x Mrd. €
2015	102,4 %	=	299,1Mrd. €

$$x = \frac{299,1 \times 100}{102,4} = 292,09 \text{ Mrd. € Bundeshaushalt 2014}$$

2015 Bundeshaushalt	100 %	=	299,1Mrd. €
2016	103,3 %	=	x Mrd. €

$$x = \frac{103,3 \times 299,1}{100} = 308,97 \text{ Mrd. € Bundeshaushalt 2016}$$

c)

2015 Verteidigung	100 %	=	33 Mrd. €
2016	x %	=	34,2 Mrd. €

$$x = \frac{34,2 \times 100}{33} = 103,6 \text{ % Der Verteidigungshaushalt wird 2016 um 3,6 steigen.}$$

d)

2015 Verteidigung	100 %	=	33 Mrd. €
2014	x %	=	32,4 Mrd. €

$$x = \frac{32,4 \times 100}{33} = 98,2 \text{ %} \qquad 100 \text{ %} - 98,2 \text{ %} = 1,8 \text{ %}$$

Der Verteidigungshaushalt lag 2014 1,8 % unter dem des Jahres 2015.

Seite 96

7. a)

Baugewerbe Ost	19,99 €	=	100 %
Baugewerbe West	26,47 €	=	x %
Differenz	6,84 €		x % – 100 %

$$x = \frac{26,47 \times 100}{19,99} = 132,41$$

Die Arbeitskosten in Westdeutschland liegen im Baugewerbe (abgerundet) 32 % über den Arbeitskosten in Ostdeutschland.

7. b)

Dienstleistungen West	39,62 €	=	100 %
Dienstleistungen Ost	25,86 €	=	x %
Differenz	13,76 €		100 % – x %

$$100 \% - x = \frac{13,76 \times 100}{39,62} = 34,73$$

Die Arbeitskosten in Ostdeutschland liegen im Dienstleistungsbereich (aufgerundet) 35 % unter den Arbeitskosten in Westdeutschland.

   b) Die Annahme, die Schere bei den Arbeitskosten zwischen Ostdeutschland und Westdeutschland in den Bereichen Bergbau und Gesundheit/Erziehung sei gleich groß, ist falsch, da von unterschiedlichen Bezugsgrößen ausgegangen worden ist. Würde man in beiden Fällen das Ostdeutsche Niveau als Bezuggröße 100% ansehen, ergäbe sich bei dem Bereich Gesundheit und Erziehung ein Differenzbetrag von knapp 17 % statt der hier als Vergleichswert genannten 14 %.

Seite 97

8. a)

	Gesamtsteuern	Lohnsteuer	Einkommensteuer
2014	644 Mrd. €	168 Mrd. €	46 Mrd. €
	100 %	x %	y %

$$x = \frac{168 \times 100}{644} = 26 \% \text{ Lohnsteuer} \qquad y = \frac{46 \times 100}{644} = 7 \% \text{ Einkommensteuer}$$

8. b) $x = \dfrac{644 \times 71}{100} = 457$ Mrd. € gemeinsame Steuern

8. c)

Lohn-, Einkommen- und Körperschaftssteuer	233 640 Mio. €	=	100 %
Solidaritätszuschlag	15 047 Mio. €	=	x %

$$x = \frac{15047 \times 100}{233640} = 6,44 \% \qquad \text{das ist mehr als } 5,5 \%$$

Der Solidaritätszuschlag ist höher als gesetzlich vorgegeben.

8. d) Die *Steuerspirale* zeigt alle Steuern an, die in Deutschland erhoben werden. Die Steuereinnahmen werden auf Bund, Länder und Gemeinden verteilt. Das *Hauptbuch der Nation* zeigt lediglich die Steuereinnahmen, die dem Bundeshaushalt zu Gute kommen. Die in der *Steuerspirale* aufgeführten Grundsteuer, Gewerbesteuer und Zweitwohnungssteuer sind reine Gemeindesteuern, die deshalb im *Hauptbuch der Nation*, dem Bundeshaushalt, nicht auftauchen können.

VII. Zinsrechnung

Seite 105

1. **Errechnung der Zinsen**

1. a) $4\,560 \times \dfrac{3,5}{100} = 159,60\ \text{€}$

1. b) $2\,125 \times \dfrac{5,5}{100} \times 4 = 467,50\ \text{€}$

1. c) $5\,365 \times \dfrac{6}{100} \times \dfrac{6}{12} = 160,95\ \text{€}$

1. d) $1\,125 \times \dfrac{8}{100} \times \dfrac{7}{12} = 52,50\ \text{€}$

1. e) $235,60 \times \dfrac{12}{100} \times \dfrac{2}{12} = 4,71\ \text{€}$

1. f) $125,46 \times \dfrac{5}{100} \times \dfrac{72}{360} = 1,25\ \text{€}$

1. g) $34,50 \times \dfrac{5,2}{100} \times \dfrac{252}{360} = 1,26\ \text{€}$

1. h) $347,45 \times \dfrac{7}{100} \times \dfrac{35}{360} = 2,36\ \text{€}$

Seite 106

2. **Errechnung der Zinstage**

2. a)

		31.10.	30.10.
−		08.10.	08.10.
=			**22.00** = **22 Tage**

2. b)   28.08.

     –   12.02.

     =   16.06.

     +   180 6×30

         196   = 196 Tage

2. c)   12.09. | 42.08.

     –   24.05. | 24.05.

     = | 18.03.

          + | 90 3×30

              | 108   = 108 Tage

2. d)   05.07. | 35.06.

     –   28.02. | 28.02.

     = | 07.04.

          + | 120 4×30

              | 127   = 127 Tage

2. e)   31.01.04   31.12.03   30.12.03

     –   21.12.03   21.12.03   21.12.03

     =   09.01.00

             +   30 1×30

                 39   = 39 Tage

2. f)   01.05.04   01.17.03   31.16.03

     –   15.11.03   15.11.03   15.11.03

     =   16.05.00

             +   150 5×30

                166   = 166 Tage

2. g)

	29.02.04	
–	28.02.03	
=	01.00.01	
+	360	1 × 360
	361	= 361 Tage

2. h)

	28.02.06	28.14.05	58.13.05
–	31.05.03	30.05.03	30.05.03
=			28.08.02
+			240	8 × 30
+			720	2 × 360
			988	= 988 Tage

3. **(Rückzahlungsbetrag einschließlich Zinsen)**

3. a) **Zeit:**

	26.05.	
–	03.03.	
=	23.02.	
+	60	2 × 30
	83	= 83 Tage

Zinsen: $1\,120 \times \dfrac{4}{100} \times \dfrac{83}{360} = 10,33\ €$

Rückzahlungsbetrag: 1 120,00 € + 10,33 € = 1 130,33 €

3. b) **Zeit:**

	08.08.	38.07.	
–	31.07.	30.07.	
=		08.00	= 8 Tage

Zinsen: $2\,365 \times \dfrac{5}{100} \times \dfrac{8}{360} = 2,63\ €$

Rückzahlungsbetrag: 2 365,00 € + 2,63 € = 2 367,63 €

3.   c) **Zeit:**   31.12. │ 30.12.

           −   23.08. │ 23.08.
         ――――――――――――――――――――
           =   07.04.

                        +   120   4 × 30
                           ――――――
                        =   127   = 127 Tage

Zinsen: $3\,540 \times \dfrac{7}{100} \times \dfrac{127}{360} = 87{,}42$ €

Rückzahlungsbetrag: 3 540,00 € + 87,42 € = 3 627,42 €

3.   d) **Zeit:**   02.03.

           −   01.02.
              ――――――
           =   01.01.

                        +   30   1 × 30
                           ――――――
                        =   31   = 31 Tage

Zinsen: $9\,856 \times \dfrac{12}{100} \times \dfrac{31}{360} = 101{,}55$ €

Rückzahlungsbetrag: 9 856 € + 101,55 € = 9 957,85 €

3.   e) **Zeit:**   28.02.96 │ 28.14.95

           −   12.05.95 │ 12.05.95
         ――――――――――――――――――――――
           =   16.05.00

                        +   150   5 × 30
                           ――――――
                        =   166   = 166 Tage

Zinsen: $265{,}40 \times \dfrac{8{,}8}{100} \times \dfrac{166}{360} = 10{,}77$ €

Rückzahlungsbetrag: 265,40 € + 10,77 € = 276,17 €

3. **f)** **Zeit:**

02.06.04	02.18.03	32.17.03
− 25.08.03	25.08.03	25.08.03

= 07.09.00

+ 270   9 × 30

= 277   = 277 Tage

Zinsen: $295,70 \times \dfrac{2,5}{100} \times \dfrac{277}{360} = 5,69 \,€$

Rückzahlungsbetrag: 295,70 € + 5,69 € = 301,39 €

3. **g)** **Zeit:**

31.01.04	30.01.96	30.13.03
− 12.12.03	12.12.03	12.12.03

= 28.01.00

+ 30   1 × 30

= 48   = 48 Tage

Zinsen: $45,80 \times \dfrac{4,3}{100} \times \dfrac{48}{360} = 0,26 \,€$

Rückzahlungsbetrag: 45,80 € + 0,26 € = 46,06 €

3. **h)** **Zeit:**

28.02.04	28.14.04	58.13.04
− 31.08.03	30.08.03	38.08.03

= 28.05.00

+ 150   5 × 30

= 178   = 178 Tage

Zinsen: $345,70 \times \dfrac{6,2}{100} \times \dfrac{178}{360} = 10,59 \,€$

Rückzahlungsbetrag: 345,70 € + 10,59 € = 356,29 €

4. **a)** Verzugszinsen für 56 Tage   =   169,24 €
Rückzahlungsbetrag am 21.08.   =   12 969,24 €

4. b) Rechnungsbetrag: 12 800,00 €

      Zinsen bis 16.09. (81 Tage)   +   158,40 €

      Zusammen: 12 958,40 €

      Abschlag   – 6 000,00 €

      Restbetrag   69 528,40 €

      Zinsen 16.09. – 15.11. (59 Tage)   +   626,72 €

      Überweisungsbetrag am 15.11.   70 155,12 €

5. Zinsen für 4 Monate = 252 € – 240 € = 12 €
bei einem Kreditbetrag von 240 €

5. a) **Lösungsmöglichkeit mit dem Dreisatz:**

    4 Monate   =   12 € Zinsen
    12 Monate =   ? € Zinsen

    ? = 12 × 12 : 4 = 144 : 4 = **36 € Zinsen im Jahr**
    240 €   =   100 %
     36 €   =   ? %
    ? = 36 × 100 : 240 = **15 % Jahreszinsen**

5. b) **Lösung durch Umstellung der Zinsformel:**

    Prozentsatz   =   Zinsen × 100 × 360 : (Kapital × Tage)
                    12 × 100 × 360 : (240 × 120) = 15

6.

30.06.2016	Einzahlung	10 000 €
31.12.2016	Zinsen	300 €
	neuer Saldo	10 300 €
30.06.2017	Zinsen	309 €
	neuer Saldo	10 609 €
31.12.2017	Zinsen	318,27 €
	neuer Saldo	10 927,27 €
30.06.2018	Zinsen	327,82 €
	neuer Saldo	11 255,09 €
31.12.2018	Zinsen	337,65 €
	neuer Saldo	11 592,74 €

Übertrag	neuer Saldo	11 592,74 €
30.06.2019	Zinsen	347,78 €
	neuer Saldo	11 940,52 €
31.12.2019	Zinsen	358,22 €
	Saldo	12 298,74 €

7. Vergleichszeitraum 1 Jahr, da dann der Eingang der letztmöglichen Rate zu erwarten ist.

7. a) **Alternative a)**

Anlagebetrag 300 000 €, Verzinsung 8 % auf 1 Jahr
= 24 000 €, **Endwert 324 000 €**

7. b) **Alternative b)**

Anlagebetrag	200 000 € Verzinsung 8 %	auf 1 Jahr	=	16 000 €
	105 000 € Verzinsung 8 %	auf 8 Monate	=	5 600 €
	Zinsen	insgesamt	=	21 600 €
	eingezahltes	Kapital	=	305 000 €
		Endwert	=	**326 600 €**

7. c) **Alternative c)**

Anlagebetrag	100 000 € Verzinsung 8 %	auf 1 Jahr	=	8 000 €
	110 000 € Verzinsung 8 %	auf 6 Monate	=	4 400 €
	Zinsen	insgesamt	=	12 400 €
	eingezahltes	Kapital	=	310 000 €
		Endwert	=	**322 400 €**

Ergebnis: Alternative b) ist am günstigsten.

8. a_1. Lösung mit dem Dreisatz

30 000 €	=	3 %
? €	=	100 %

? = 100 × 30 000 : 3 = 1 000 000 €

8. a_2. Lösung durch Umformung der Zinsformel:
Kapital = Zinsen × 100 : Zinssatz = 1 000 000 €

8. b)   Zinsen pro Jahr   = 500 000 € × 5 : 100   = 25 000,00 €
          steuerfrei   801,00 €

kapitalertragsteuerpflichtig	24 199,00 €	
30 % Zinsabschlagsteuer	7 259,70 €	
5,5 % Solidaritätszuschlag	399,28 €	7 658,98 €

Netto-Zinsertrag   17 341,02 €

Seite 113

1.

	Zinszahl	Zinsteiler	Zinsen
a)	1 860	90	20,67 €
b)	2 350	48	48,96 €
c)	10 000	100	100,00 €
d)	5 285	12	440,42 €
e)	4 815	75	64,20 €
f)	380	20	19,00 €
g)	216	108	2,00 €
h)	219	54	4,06 €
i)	121	54	2,24 €
k)	2	15	0,13 €
l)	132	75	1,76 €
m)	270	270	1,00 €

Seite 114

2.

Kapital	Tage	Zinszahl
445,50	103	459
3 653,56	65	2 375
4 358,42	53	2 310
458,42	35	160
8 452,00	35	2 958
345,50	2	7
17 713,40		8 269

	Zinsteiler	Zinsen	Überweisungsbetrag
a)	75	110,25 €	17 823,65 €
b)	72	114,85 €	17 828,25 €
c)	60	137,82 €	17 851,22 €
d)	48	172,27 €	17 885,67 €
e)	36	229,69 €	17 943,09 €
f)	80	103,36 €	17 816,76 €

Seite 119

1.

Saldo	Tage	Zinszahl
1 250,30 €	84	1 050
1 570,30 €	54	848
1 370,30 €	47	644
1 820,30 €	69	1 256
1 940,30 €	87	1 688
2 340,30 €	8	187
2 990,30 €	8	239
2 890,30 €	2	58

Summe der Zinszahlen: 5 970
Zinsteiler = 360 : 3,5 = 102,86
Zinsgutschrift = 58,04 €

2. a) Diskontteiler = 360 : 9 = 40
Mindestdiskontzahl = Mindestdiskont × Diskontteiler =
15 × 40 = 600

Wechselbetrag	Tage	Diskontzahl
3 460 €	98	3 391
12 456 €	73	9 093
640 €	56	600 (358)
25 000 €	53	13 250
18 150 €	42	7 623
1 130 €	23	600 (260)
60 836,00 €		34 557 : 40 = 863,93 €

−863,93 € Zinsen

59 972,07 € Barwert (Auszahlungsbetrag)

2. b) Diskontteiler 1 für Wechsel unter 10 000 € = 360 : 9 = 40
Diskontteiler 2 für Wechsel über 10 000 € = 360 : 8,5 = 42,35

Mindestdiskontzahl 1 = Mindestdiskont × Diskontteiler = 15 × 40 = 600
Mindestdiskontzahl 2 = Mindestdiskont × Diskontteiler = 15 × 42,35 = 635

Wechselbetrag	Tage	Diskontzahl 1	Diskontzahl 2
3 460,00 €	98	3 391	
12 456,00 €	73		9 093
640,00 €	56	600 (358)	
25 000,00 €	53		13 250
18 150,00 €	42		7 623
1 130,00 €	23	600 (260)	
60 836,00 €		4 591 : 40 = 114,78 €	29 966 : 42,35 = 707,58 €

+	114,78 €	Zinsen
−	707,58 €	Zinsen
	60 243,20 €	Barwert (Auszahlungsbetrag)

3. Sollzinsteiler = 360 : 3 = 123   Habenzinsteiler = 360 : 12 = 30

Datum	Text	S/H	Saldo	Tage	Soll-zinszahl	Haben-zinszahl
01.04.	Anfangsbestand	H	4 130,50 €	5		207
06.04.	Lastschrift	S	35 000,00 €			
	Saldo	S	30 869,50 €	34	10 496	
10.05.	Gutschrift	H	230,00 €			
	Saldo	S	30 639,50 €	20	6 128	
31.05.	Barauszahlung	S	15 000,00 €			
	Saldo	S	45 639,50 €	22	10 041	
22.06.	Gutschrift	H	23 428,52 €			
	Saldo	S	22 210,98 €	4	888	
26.06.	Gutschrift	H	26 358,54 €			
	Saldo	S	4 147,56 €	4		166
01.07.	Saldo	S	4 147,56 €		27 256 : 123 = 223,79 €	373 : 30 = 12,43 €

Sollzinsen	S	223,79 €
Habenzinsen	H	12,43 €
Saldo am 01.07.	S	3 936,20 €

Seite 122

a) Laut Tabelle entspricht das einer Verzinsung von ungefähr 9 %.
   Ergebnis nach Faustregel 70 : 8 = 8,75 %

b) Gleich hoch, die Höhe des Betrages hat keinen Einfluss auf die Verzinsung.

c) Laut Tabelle müsste Herr Behrend ca. 14 Jahre auf eine Verdopplung warten.
   Ergebnis nach Faustregel 70 : 5 = 14 Jahre.

Seite 126

Lösungen mit Zinseszinstabelle

1. a) 8 000 × 1,4282 = 11 425,60 €

1. b) Jahre 1 – 6: 8 000 € × 1,1262 = 9 009,60 €
   Jahre 7 – 18: 9 009,60 € × 1,6010 = **14 424,37 €**

2. Jahre 1 – 6: 4 500 € × 1,2401 = 5 580,45 €
   7 Monate: 5 580,45 € × 5 × 7 : (100 × 12) = 162,76 €
   = 5 743,21 €

3. Formel: Anfangskapital × Zinseszinsfaktor = Endkapital
   Zinseszinsfaktor = Endkapital : Anfangskapital
   Zinseszinsfaktor = 4 615,80 € : 3 000 € = 1,5386
   1,5386 ist in der Tabelle bei 5 Jahren und **9 %** zu finden.

4. Formel: Endkapital : Zinseszinsfaktor = Anfangskapital
   150 000 € : 1,3159 = 113 990,42 €

   Herr Arnold muss 113 990,42 € anlegen.

5. Unternehmen A:

   1. Dreisatz (Jahreszins):

   2,5 % für 15 Tage
   ? % für 360 Tage   ? = 360 × 2,5 / 15 = 60 %

2. Dreisatz, effektiver Jahreszins (ungerades Verhältnis)

Nettobetrag = 620 – 15,50 = 604,50 €

620,00 € entspricht 60 %
604,50 € entspricht   ? %

? = 620 × 60 / 604,50 = 61,54 %

Unternehmen B:

1. Dreisatz (Jahreszins):

2 %   für   20 Tage
? %   für   360 Tage

? = 360 × 2 / 20 = 36 %

2. Dreisatz, effektiver Jahreszins (ungerades Verhältnis)

Nettobetrag = 620 – 12,40 = 607,60 €

620,00 € entspricht 36 %
607,60 € entspricht   ? %

? = 620 × 36 / 607,60 = 36,73 %

Der Skonto sollte ausgenutzt werden, der effektive Jahreszins liegt in beiden Fällen über dem Bankzins.

Das Unternehmen A bietet die höhere Effektivverzinsung, daher ist sein Angebot günstiger.

6.		Kreditlauf-zeit	Effektiver Jahreszins	< oder >	Kreditzins	Skonto ausnutzen?
	1.	30 Tage	37,11 %	>	12 %	ja
	2.	10 Tage	73,47 %	>	15 %	ja
	3.	7 Tage	159 %	>	14 %	ja
	4.	60 Tage	18,56 %	>	16 %	ja

VIII. Die Kalkulation im Warenhandelsbetrieb

Seite 133

1.

Bestellmenge:	154 Stück
– Freiexemplare:	7 Stück
berechnete Exemplare	147 Stück

Bezugspreis	147 × 12,50 €	1 837,50 €
– Rabatt 20 %		367,50 €
Zieleinkaufspreis		1 470,00 €
– Skonto 2 %		29,40 €
Bareinkaufspreis		1 440,60 €
+ Bezugskosten		24,00 €
Bezugspreis		1 464,60 €

Bezugspreis pro Stück: 1 464,60 : 154 = 9,51 €

2.

		Lieferant A		Lieferant B		Lieferant C		Lieferant D
Listeneinkaufspreis		45,60 €		55,00 €		48,00 €		40,00 €
– Rabatt	20 %	9,12 €	30 %	16,50 €	25 %	12,00 €	10 %	4,00 €
Zieleinkaufspreis		36,48 €		38,50 €		36,00 €		36,00 €
– Skonto	3 %	1,09 €	2 %	0,77 €	3 %	1,08 €	1,50 %	0,54 €
Bareinkaufspreis		35,39 €		37,73 €		34,92 €		35,46 €
+ Bezugskosten		3,73 €		1,17 €		7,08 €		9,54 €
Bezugspreis		39,12 €		38,90 €		42,00 €		45,00 €
Rangfolge:		2		1		3		4

3. Bezugspreis   1 000 × 1,50 €   1 500,00 €

    – Rabatt 25 %   375,00 €

    Zieleinkaufspreis   1 125,00 €

    – Skonto 2,5 %   28,13 €

    Bareinkaufspreis   1 096,87 €

    + Verpackung   20 × 4 €   80,00 €

    Transportkosten   10 × 12 €   120,00 €

    Bezugspreis für 1 000 kg   1 296,87 €

    Bezugspreis für 1 kg   1,30 €

4. Bestellmenge: 20 Stück

    – Freiexemplare: 5 Stück

    berechnete Exemplare: 15 Stück

    Bezugspreis   15 × 180 €   2 700,00 €

    – Rabatt 0 %   0,00 €

    Zieleinkaufspreis   2 700,00 €

    – Skonto 0 %   0,00 €

    Bareinkaufspreis   2 700,00 €

    + Bezugskosten   44,00 €

    Bezugspreis   2 744,00 €

    Bezugspreis pro Stück 2 744,00 : 20 = 137,20 €

Seite 146

1. Ermittlung der Handlungskosten:

    Personalkosten   32 000 €

    Raumkosten   10 000 €

    Steuern und Abgaben   5 500 €

    Werbekosten   12 500 €

    Allg. Verw. Kosten   12 000 €

    Abschreibungen   8 000 €

    Handlungskosten   80 000 €

    Ermittlung des Handlungskostenzuschlagssatzes
    (Dreisatz)

Wareneinsatz   400 000 €   =   100 %
Handlungskosten   80 000 €   =   ? %

$$\text{neuer Handlungskostenzuschlag} = \frac{80\,000 \times 100}{400\,000} = 20\,\%$$

2.   Errechnung des Handlungskostenzuschlags in Prozent der Einstandpreise der verkauften Ware

2.   a) 650 000   =   100 %
       52 000   =   x %

$$x = \frac{52\,000 \times 100}{650\,000} = 8\,\%$$

2.   b) 1 075 000   =   100 %
       172 000   =   x %

$$x = \frac{172\,000 \times 100}{1\,075\,000} = 16\,\%$$

2.   c) 776 000   =   100 %
       48 500   =   x %

$$x = \frac{48\,500 \times 100}{776\,000} = 6,25\,\%$$

2.   d) 498 600   =   100 %
       124 650   =   x %

$$x = \frac{124\,650 \times 100}{498\,600} = 25\,\%$$

2.   e) 2 727 500   =   100 %
       543 500   =   x %

$$x = \frac{543\,500 \times 100}{2\,727\,500} = 19,93\,\%$$

2.   f) 689 000   =   100 %
             34 450   =   x %

$$x = \frac{34\ 450 \times 100}{689\ 000} = 5\ \%$$

3.   Errechnung des Gewinnzuschlags

3.   a) Gewinn der Vorperiode   120 000 € (größer)

         Unternehmerlohn   76 000 €

         Verzinsung   22 500 €

         Risiko   13 500 €

         kalk. Gewinn   112 000 €

         Gewinnzuschlag
         120 000 € in % der Selbstkosten (600 000 €) = 20 %

3.   b) Gewinn der Vorperiode   70 000 €

         Unternehmerlohn   50 000 €

         Verzinsung   16 000 €

         Risiko   9 600 €

         kalk. Gewinn   75 600 € (größer)

         Gewinnzuschlag
         75 600 € in % der Selbstkosten (756 000 €) = 10 %

3.   c) Gewinn der Vorperiode   130 000 €

         Unternehmerlohn   82 000 €

         Verzinsung   37 500 €

         Risiko   22 500 €

         kalk. Gewinn   142 000 € (größer)

         Gewinnzuschlag
         142 000 € in % der Selbstkosten (1 136 000 €) = 12,5 %

3. d) Gewinn der Vorperiode 250 000 € (größer)

Unternehmerlohn 110 000 €

Verzinsung 62 500 €

Risiko <u>37 500 €</u>

kalk. Gewinn 210 000 €

Gewinnzuschlag
210 000 € in % der Selbstkosten (3 750 000 €) = 5,6 %

Seite 147

4. Errechnung des Barverkaufspreises

	Aufgabe a		Aufgabe b		Aufgabe c		Aufgabe d	
Bezugspreis		301,50 €		269,60 €		9 875,00 €		12,50 €
Handlungskosten	15 %	45,23 €	12 %	32,35 €	8 %	790,00 €	30 %	3,75 €
Selbstkostenpreis		346,73 €		301,95 €		10 665,00 €		16,25 €
Gewinnzuschlag	20 %	69,35 €	25 %	75,49 €	12 %	1 279,80 €	16 %	2,60 €
Barverkaufspreis		416,08 €		377,44 €		11 944,80 €		18,85 €

5. Errechnung des Listenverkaufspreises

	Aufgabe a		Aufgabe b		Aufgabe c		Aufgabe d	
Barverkaufspreis		92,15 €		918,75 €		46 465,65 €		95,94 €
Händlerskonto	3 %	2,85 €	2 %	18,75 €	1 %	469,35 €	2,5 %	2,46 €
Zielverkaufspreis		95,00 €		937,50 €		46 935,00 €		98,40 €
Händlerrabatt	5 %	5,00 €	25 %	312,50 €	30 %	20 115,00 €	18 %	21,60 €
Listenverkaufspreis		100,00 €		1 250,00 €		67 050,00 €		120,00 €

Seite 148

So rechnet der Altwarenhändler verkehrt: 10 % – 9 % = 1 %.

So rechnet er tatsächlich bei der Preisfindung
(in Prozent vom Einkaufspreis):

Aufschlag 10 %	10 %
Angebotspreis	110 %
Abschlag 9 %	9,9 %
Verkaufspreis	100,1 %

Er erhält also nur 1 Promille statt des angestrebten einen Prozentes.

Der Denkfehler liegt darin, dass man nicht Prozentsätze addieren und subtrahieren
kann, wenn sie sich auf unterschiedliche Grundwerte beziehen.

Seite 159/160

1.	Listenverkaufspreis		220,00 €
	– Kundenrabatt	18 %	39,60 €
	Zielverkaufspreis		180,40 €
	– Kundenskonto	2,50 %	4,51 €
	Barverkaufspreis		175,89 €
	– Gewinn	23 %	32,89 €
	Selbstkosten		143,00 €
	– Handlungskosten	10 %	13,00 €
	Bezugspreis		130,00 €
	– Bezugskosten		19,75 €
	Bareinkaufspreis		110,25 €
	+ Skonto	2 %	2,25 €
	Zieleinkaufspreis		112,50 €
	+ Rabatt	25 %	37,50 €
	Listeneinkaufspreis		150,00 €

Der Großhändler kann höchstens einen Einkaufspreis von 150 € beim Hersteller akzeptieren.

2. a)

Rückwärtskalkulation

Listenverkaufspreis		1 120,50 €
Kundenrabatt	25 %	280,13 €
Zielverkaufspreis		840,37 €
Kundenskonto	2 %	16,81 €
Barverkaufspreis		823,56 €

Vorwärtskalkulation

Listeneinkaufspreis		1 120,50 €
Lieferrabatt	45 %	504,23 €
Zieleinkaufspreis		616,27 €
Lieferskonto	2 %	12,33 €
Bareinkaufspreis		603,94 €
Bezugskosten		16,05 €
Bezugspreis		619,99 €
Handlungskosten	12 %	74,40 €
Selbstkosten		694,39 €

Gewinn in €:

Barverkaufspreis:	823,56 €
– Selbstkosten:	694,39 €
Gewinn	129,17 €

Gewinn in Prozent der Selbstkosten (Dreisatz)

Selbstkosten	=	694,39 €	=	100 %
Gewinn	=	129,17 €	=	? %

$$? = \frac{129,17 \times 100}{694,39} = 18,6\,\%$$

2. b) Errechnung des notwendigen Liefererrabattes bei einem Gewinnzuschlag von 20 %

Listenverkaufspreis		1 120,50 €
Kundenrabatt	25 %	280,13 €
Zielverkaufspreis		840,37 €
Kundenskonto	2 %	16,81 €
Barverkaufspreis		823,56 €
Gewinn	20 %	137,26 €

Selbstkosten		686,30 €
Handlungskosten	12 %	73,53 €
Bezugspreis		612,77 €
Bezugskosten		16,05 €
Bareinkaufspreis		596,72 €
Skonto	2 %	12,18 €
Zieleinkaufspreis		608,90 €

Listeneinkaufspreis: 1 120,50 €
Differenz = Liefererrabatt   511,60 €

Liefererrabatt in Prozent vom Listeneinkaufspreis (Dreisatz)

Listeneinkaufspreis   =   1 120,50 €   =   100 %
Liefererrabatt   =   511,60 €   =   ? %

$$? = \frac{511,60 \times 100}{1\ 120,50} = 45,66\ \%$$

Seite 160

3.

Listenverkaufspreis		879,00 €
Kundenrabatt	30 %	263,70 €
Zielverkaufspreis		615,30 €
Kundenskonto	2 %	12,31 €
Barverkaufspreis		602,99 €
Gewinn	20 %	100,50 €
Selbstkosten		502,49 €
Handlungskosten	25 %	100,50 €
Bezugspreis		401,99 €
Bezugskosten		54,08 €
Bareinkaufspreis		347,91 €
Skonto	0 %	0,00 €
Zieleinkaufspreis		347,91 €
Rabatt		531,09 €
Listeneinkaufspreis		879,00 €

Liefererrabatt in Prozent vom Listeneinkaufspreis (Dreisatz)

Listeneinkaufspreis	=	879,00 €	=	100 %
Liefererrabatt	=	531,09 €	=	? %

$$? = \frac{531,09 \times 100}{879,00} = 60,42\ \%$$

4.   a)

Listeneinkaufspreis		12 650,00 €
Liefererrabatt	30 %	3 795,00 €
Zieleinkaufspreis		8 855,00 €
Liefererskonto	2 %	177,10 €
Bareinkaufspreis		8 677,90 €
Bezugskosten		22,10 €
Bezugspreis		8 700,00 €
Handlungskosten	25 %	2 175,00 €
Selbstkostenpreis		10 875,00 €
Gewinn	8 %	870,00 €
Barverkaufspreis	97 %	11 745,00 €
Kundenskonto	3 %	363,25 €
Zielverkaufspreis	70 %	12 108,25 €
Kundenrabatt	30 %	5 189,25 €
Listenverkaufspreis		**17 297,50 €**

4.   b)

Listenverkaufspreis		1 870,00 €
Kundenrabatt	15 %	280,50 €
Zielverkaufspreis		1 589,50 €
Kundenskonto	2 %	31,79 €
Barverkaufspreis	119 %	1 557,71 €
Gewinn	19 %	248,71 €
Selbstkosten	133 $\frac{1}{3}$ %	1 309,00 €
Handlungskosten	33 $\frac{1}{3}$ %	327,25 €

Bezugspreis		981,75 €
Bezugskosten		88,28 €
Bareinkaufspreis	97 %	893,47 €
Skonto	3 %	27,63 €
Zieleinkaufspreis	74 %	921,10 €
Rabatt	26 %	323,63 €
Listeneinkaufspreis		**1 244,73 €**

4. c) Rückwärtskalkulation   Vorwärtskalkulation

Listenverkaufspreis		4 500,00 €
Kundenrabatt	20 %	900,00 €
Zielverkaufspreis		3 600,00 €
Kundenskonto	2 %	72,00 €
Barverkaufspreis		3 528,00 €

Listeneinkaufspreis		4 500,00 €
Liefererrabatt	45 %	2 025,00 €
Zieleinkaufspreis		2 475,00 €
Liefererskonto	2 %	49,50 €
Bareinkaufspreis		2 425,50 €
Bezugskosten		57,50 €
Bezugspreis		2 483,00 €
Handlungskosten	25 %	620,75 €
Selbstkosten		3 103,75 €

Gewinn in €:

Barverkaufspreis: 3 528,00 €
– Selbstkosten: 3 103,75 €

Gewinn   424,25 €

Ermittlung des Gewinnzuschlags
Selbstkosten   =   3 103,75 €   =   100 %
Gewinn   =   424,25 €   =   x %

$$\text{Gewinnzuschlag} = \frac{424,25 \times 100}{3\ 103,75} = 13,67\ \%$$

4. d)

Listenverkaufspreis		2 550,00 €
Kundenrabatt	12,5 %	381,75 €
Zielverkaufspreis		2 231,25 €
Kundenskonto	2 %	44,63 €
Barverkaufspreis	125 %	2 186,62 €
Gewinn	25 %	437,32 €
Selbstkosten	116 $^2/_3$ %	1 749,30 €
Handlungskosten	16 $^2/_3$ %	249,90 €
Bezugspreis		1 499,40 €
Bezugskosten		124,95 €
Bareinkaufspreis	98 %	1 374,45 €
Skonto	2 %	28,05 €
Zieleinkaufspreis		**1 402,50 €**

Listeneinkaufspreis		**2 550,00 €**

Rabatt in €:

Listeneinkaufspreis	2 550,00 €
– Zieleinkaufspreis	1 402,50 €
Rabatt	1 147,50 €

Ermittlung des Rabattsatzes

Listeneinkaufspreis	2 550,00 €	=	100 %
Rabatt	1 147,50 €	=	x %

$$\text{Rabattsatz} = \frac{1\ 147,50 \times 100}{2\ 550} = 45\ \%$$

5.

	Bezugs-preis	Verkaufs-preis	Kalkulations-zuschlag	Kalkulations-faktor	Handels-spanne
a)	225 €	375 €	$\dfrac{(375-225)\times 100}{225}$ $=$ $66{,}64\,\%$	$\dfrac{375}{225}$ $=$ $1{,}67$	$\dfrac{(375-225)\times 100}{375}$ $=$ $40\,\%$
b)	125 €	375 €	$\dfrac{(375-125)\times 100}{125}$ $=$ $200\,\%$	$\dfrac{375}{125}$ $=$ 3	$\dfrac{(375-125)\times 100}{375}$ $=$ $66{,}67\,\%$
c)	1 250 €	1 875 €	$\dfrac{(1\,875-1\,250)\times 100}{1\,250}$ $=$ $50\,\%$	$\dfrac{1\,875}{1\,250}$ $=$ $1{,}5$	$\dfrac{(1\,875-1\,250)\times 100}{1\,250}$ $=$ $33{,}33\,\%$

6. a)

Bezugspreis		**100,00 €**
Handlungskosten	20 %	20,00 €
Selbstkosten		120,00 €
Gewinn	33,33 %	40,00 €
Barverkaufspreis		160,00 €
Kundenskonto	2 %	3,27 €
Zielverkaufspreis		163,27 €
Kundenrabatt	25 %	54,42 €
Listenverkaufspreis		**217,69 €**

Kalkulationszuschlag $\quad \dfrac{(217{,}69-100)\times 100}{100} \quad = 117{,}69\,\%$

Kalkulationsfaktor $\quad \dfrac{217{,}69}{100} \quad = 2{,}177$

Handelsspanne $\quad \dfrac{(217{,}69-100)\times 100}{217{,}69} \quad = 54{,}06\,\%$

6. b)

Bezugspreis		100,00 €
Handlungskosten	18 %	18,00 €
Selbstkosten		118,00 €
Gewinn	25 %	29,50 €
Barverkaufspreis		147,50 €
Kundenskonto	3 %	4,56 €
Zielverkaufspreis		152,06 €
Kundenrabatt	30 %	65,17 €
Listenverkaufspreis		**217,23 €**

$$\text{Kalkulationszuschlag} \quad \frac{(217{,}23 - 100) \times 100}{100} \quad = 117{,}23 \text{ %}$$

$$\text{Kalkulationsfaktor} \quad \frac{217{,}23}{100} \quad = 2{,}172$$

$$\text{Handelsspanne} \quad \frac{(217{,}23 - 100) \times 100}{217{,}23} \quad = 53{,}97 \text{ %}$$

6. c)

Bezugspreis		100,00 €
Handlungskosten	32 %	32,00 €
Selbstkosten		132,00 €
Gewinn	26,00 %	34,32 €
Barverkaufspreis	97 %	166,32 €
Kundenskonto	3 %	5,14 €
Zielverkaufspreis	54 %	171,46 €
Kundenrabatt	46 %	146,06 €
Listenverkaufspreis		**317,52 €**

$$\text{Kalkulationszuschlag} \quad \frac{(317{,}52 - 100) \times 100}{100} \quad = 217{,}52 \text{ %}$$

$$\text{Kalkulationsfaktor} \quad \frac{317{,}52}{100} \quad = 3{,}18$$

$$\text{Handelsspanne} \quad \frac{(317{,}52 - 100) \times 100}{317{,}52} \quad = 68{,}51 \text{ %}$$

6. d)

Bezugspreis		**100,00 €**
Handlungskosten	16 %	16,00 €
Selbstkosten		116,00 €
Gewinn	24 %	27,84 €
Barverkaufspreis	99 %	143,84 €
Kundenskonto	1 %	1,45 €
Zielverkaufspreis	66,67 %	145,29 €
Kundenrabatt	33,33 %	72,64 €
Listenverkaufspreis		**217,93 €**

$$\text{Kalkulationszuschlag} \quad \frac{(117,93 - 100) \times 100}{100} = 117,93\ \%$$

$$\text{Kalkulationsfaktor} \quad \frac{\frac{117,93}{100}}{} = 2,179$$

$$\text{Handelsspanne} \quad \frac{(117,93 - 100) \times 100}{117,93} = 54,11\ \%$$

7. a)

Listeneinkaufspreis		145,00 €
Liefererrabatt	12 %	17,40 €
Zieleinkaufspreis		127,50 €
Liefererskonto	2,5 %	3,19 €
Bareinkaufspreis		124,41 €
Bezugskosten		33,54 €
Bezugspreis		157,95 €
Handlungskosten	12 %	18,95 €
Selbstkostenpreis		176,90 €
Gewinn		35,38 €
Barverkaufspreis	96 %	212,28 €
Händlerskonto	3 %	6,63 €
Vertreterprovision	1 %	2,21 €
Zielverkaufspreis	80 %	221,12 €
Händlerrabatt	20 %	55,28 €
Listenverkaufspreis		**276,40 €**

7. b)

Listeneinkaufspreis		13 540,00 €
Lieferrabatt	20 %	2 708,00 €
Zieleinkaufspreis		10 832,00 €
Lieferskonto	3 %	324,96 €
Bareinkaufspreis		10 507,04 €
Bezugskosten		64,56 €
Bezugspreis		10 571,60 €
Handlungskosten	18 %	1 902,89 €
Selbstkostenpreis		12 474,49 €
Gewinn	25 %	3 118,62 €
Barverkaufspreis	96 %	15 593,11 €
Händlerskonto	2,5 %	406,07 €
Vertreterprovision	1,5 %	243,64 €
Zielverkaufspreis	70 %	16 242,82 €
Händlerrabatt	30 %	6 961,21 €
Listenverkaufspreis		**23 204,03 €**

7. c)

Listeneinkaufspreis		345 680,00 €
Lieferrabatt	35 %	120 988,00 €
Zieleinkaufspreis		224 692,00 €
Lieferskonto	2 %	4 493,84 €
Bareinkaufspreis		220 198,16 €
Bezugskosten		498,64 €
Bezugspreis		220 696,80 €
Handlungskosten	25 %	55 174,20 €
Selbstkostenpreis		275 871,00 €
Gewinn	28 %	77 243,88 €
Barverkaufspreis	97,4 %	353 114,88 €
Händlerskonto	2 %	7 250,81 €
Vertreterprovision	0,6 %	2 175,25 €
Zielverkaufspreis	66 $^2/_3$ %	362 540,94 €
Kundenrabatt	33 $^1/_3$ %	181 270,46 €
Listenverkaufspreis		**543 811,40 €**

Seite 164

Listenpreis ab Werk	2 300,00 €		
Anlieferung Verladestation	150,00 €		
FRL- Preis	2 450,00 €		
Frachtkosten LCL	480,00 €		
CFR Preis	2 930,00 €		96,2 %
Versicherung 2 % (i. H.)		2,0 %	
(imaginärer Gewinn 15 %)		15 % von 2 % = 0,3 %	3,8 %
Bank 1,7 % (i. H.)		1,5 %	
CIF Preis in EUR	3 045,74 €		100 %
CIF Preis in NKR			
3 045,74 € × 8,50		25 888,79 NKR	
Imaginärer Gewinn (v. H.)	456,86 €		15 %
Versicherungssumme	3 502,60 €		115 %

IX. Die Deckungsbeitragsrechnung

Seite 175

Menge	Fixkosten	Variable Kosten	Erlöse	Deckungs-beitrag	Gewinn
0	20 000	0	0	0	−20 000
10 000	20 000	20 000	30 000	10 000	−10 000
20 000	20 000	40 000	60 000	20 000	0
30 000	20 000	60 000	90 000	30 000	+10 000

Seite 177

1.

Fall 1:   Deckungsspanne: 2 €, Gewinnschwelle: 50 000.

Entscheidung b), da Deckungsspanne positiv und Absatzmenge < Gewinnschwelle.

Fall 2:   Deckungsspanne: −1 € (negativ), Gewinnschwelle wird nie erreicht.

Entscheidung a., da Deckungsspanne negativ. Bei steigendem Absatz wächst der Verlust.

Fall 3:   Deckungsspanne: 1 €, Gewinnschwelle: 30 000.

Entscheidung c), da Deckungsspanne positiv und Absatzmenge > Gewinnschwelle.

Seite 178

2.   a) Audi: Fixkosten: 1 200 €.
Variable Kosten je Fahrgastkilometer: 0,80 €

BMW: Fixkosten: 600 €.
Variable Kosten je Fahrgastkilometer: 1,00 €

2.   b) Audi: Deckungsspanne: 1,30 € – 0,80 € = 0,50 €
         BMW: Deckungsspanne: 1,30 € – 1,00 € = 0,30 €

2.   c) Audi: Gewinnschwelle =   1 200 € : 0,50 € = 2 400 km
         BMW: Gewinnschwelle =   600 € : 0,30 € = 2 000 km

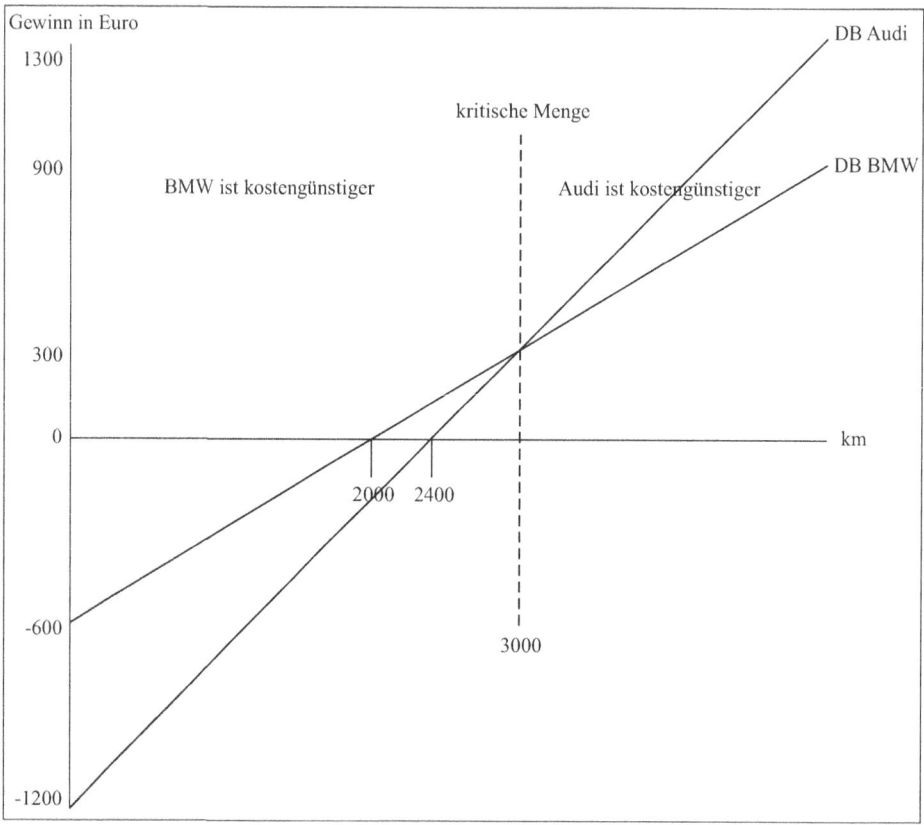

2.   d) Audi: Gewinn bei 2 500 km =   50 €
         BMW: Gewinn bei 2 500 km = 150 €
         Entscheidung: BMW

2.   e) Audi: Gewinn bei 5 000 km = 1 300 €
         BMW: Gewinn bei 5 000 km =   900 €
         Entscheidung: Audi

2. f) „kritische Menge": Gewinn Audi = Gewinn BMW

$1\,200 - 0,5\,x$	$=$	$600 - 0,3\,x$
600	$=$	$0,2\,x$
$3\,000$	$=$	x

Bei 3 000 Fahrgastkilometern haben beide Fahrzeuge den gleichen Gewinn.

2. g) Der BMW ist kostengünstiger, wenn die kritische Menge von 3 000 Fahrgastkilometern pro Monat nicht erreicht wird, sonst ist der Audi kostengünstiger.

Seite 182

1. a) Deckungsspanne: 420 € – 280 € = 140 €,
Gewinnschwelle = 120 000 : 140 = 857,14.

Es müssen mindestens 858 Kühlschränke pro Monat abgesetzt werden, um einen Gewinn zu erzielen.

1. b) Durch Umstellung der Formel für die Gewinnschwelle ergibt sich:

Menge	×	Deckungsspanne	=	Fixkosten
800	×	140	=	112 000

Die Fixkosten dürfen bei einer Absatzmenge von 800 Stück höchstens 112 000 € betragen.

2. Durch Umstellung der Formel für die Gewinnschwelle ergibt sich:

Menge × (Preis – variable Kosten) = Fixkosten
Preis – variable Kosten = Fixkosten / Menge
Preis = (Fixkosten / Menge) + variable Kosten
Preis = (250 000 € / 50 000) + 8,50 €
Preis = 5 + 8,50

Der Verkaufspreis muss mindestens 13,50 € betragen, um keinen Verlust zu erzielen.

3. a) Der Verkaufspreis beträgt:
Deckungsspanne + variable Stückkosten = 8,00 €

3. b) Gewinn = Fixkosten – Deckungsbeitrag
Gewinn = 20 000 € – (2,50 € × 3 000) = – 12 500 €

Bei einem Absatz von 3 000 Stück wird ein Verlust von 12 500 € erzielt.

4.   Errechnung des Deckungsbeitrages:

Gewinn = Erlöse – Fixkosten – variable Kosten
Gewinn + Fixkosten + variable Kosten = Erlöse
100 000 € + 150 000 € + 160 000 € = 410 000 €

Erlöse – variable Kosten = Deckungsbeitrag
410 000 € – 160 000 € = 250 000 €

Deckungsbeitrag = Deckungsspanne × Menge

Deckungsbeitrag : Deckungsspanne = Menge
250 000 : 2,50 = 100 000

5.   a) kritische Menge: Kosten Tarif 1 = Kosten Tarif 2
150 + 0,60 x = 350 + 0,40 x
0,20 x = 200
x = 1 000

Die „kritische Menge" beträgt 1 000 m³

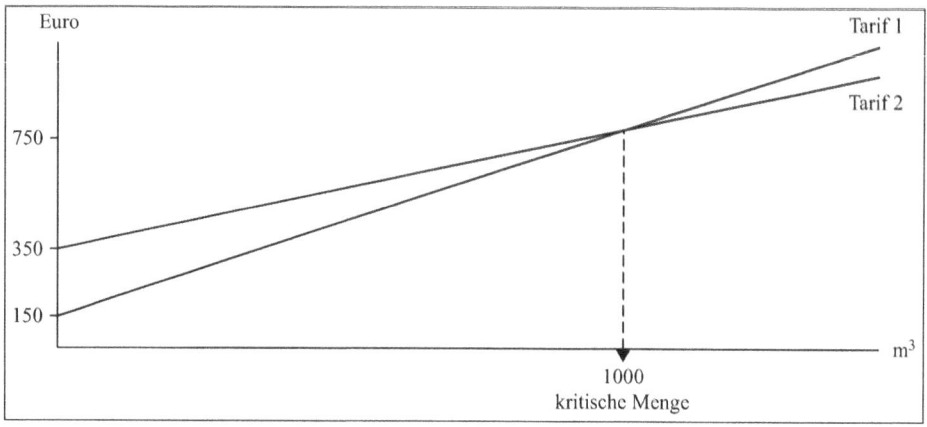

5.   b) In beiden Fällen ist Tarif 1 günstiger, da beide Verbrauchswerte unterhalb
der „kritischen Menge" liegen.

6.   Deckungsspanne = $\dfrac{\text{Deckungsbeitrag}}{\text{Menge}} = \dfrac{165\,000}{200\,000} = 0{,}825$

Preis = $\dfrac{\text{Erlöse}}{\text{Menge}} = \dfrac{415\,000}{200\,000} = 2{,}075\,€$

Variable Kosten pro Stück = Preis – Deckungsspanne = 1,25 €

Seite 183

1.

Verkaufspreis	9 €		Fixkosten	6.000 €
– Einkaufspreis	4 €		Deckungsbeitrag	5 €
= Deckungsbeitrag	5 €		Break-even-point =	1 200 Flaschen

Ab einem Absatz von 1 200 Flaschen erwirtschaftat Herr Hansen einen Gewinn.

Gewinn bei einem Absatz von 2 500 Flaschen:

Absatz der Gewinnzone = 2 500 – 1 200 = 1 300 Flaschen
Gewinn: 1 300 × 5 € = 6 500 €

Herr Hansen kann die Geschäftsidee umsetzen, sofern er den erhofften Absatz erzielt und mindestens 1 200 Flaschen im Monat verkauft.

2.

Entwicklungskosten	4 × 150 000 €	= 600 000 €
Weitere Fixkosten		= 300 000 €
Summe Fixkosten		= 900 000 €

CD-Kosten	2 €		Fixkosten	900.000 €
+ Händlerprovision	18 €		Deckungsbeitrag	25 €
Variable Kosten	20 €			
			Break-even-point =	36.000 Spiele
Verkaufspreis	45 €		Absatz 1. Jahr =	30.000 Spiele
Deckungsbeitrag	25 €		Fehlender Absatz =	6.000 Spiele

Verlust im 1 Jahr : 6 000 Spiele × 25 € Deckungsbeitrag = 150 000 €

Da die Entwicklungskosten einmalig waren und im zweiten Jahr nicht anfallen ergibt sich für das zweite Jahr eine andere Rechnung:

Fixkosten 2. Jahr	300 000 €		Break-even-point	12 000 Spiele
Deckungsbeitrag	25 €		Absatz 2. Jahr	30 000 Spiele
Break-even-point	= 12 000 Spiele		Absatz in der Gewinnzone	18 000 Spiele

Gewinn im 2 Jahr : 18 000 Spiele × 25 € Deckungsbeitrag = 450 000 €

Der Betrieb sollte nicht schließen.

Seite 184

a) $\dfrac{10\,000\,000\,000}{250} = 40\,000\,000$

Der Flugzeughersteller rechnet mit einem Stückgewinn von 40 Millionen US$.

b) $\dfrac{12\,000\,000\,000}{40\,000\,000} = 300$ (Bep 1)

Die Gewinnschwelle hat sich auf 300 Stück verschoben.

c) $\dfrac{12\,000\,000\,000}{25\,000\,000} = 480$ (Bep 2)

Die Gewinnschwelle hat sich auf 480 Stück verschoben.

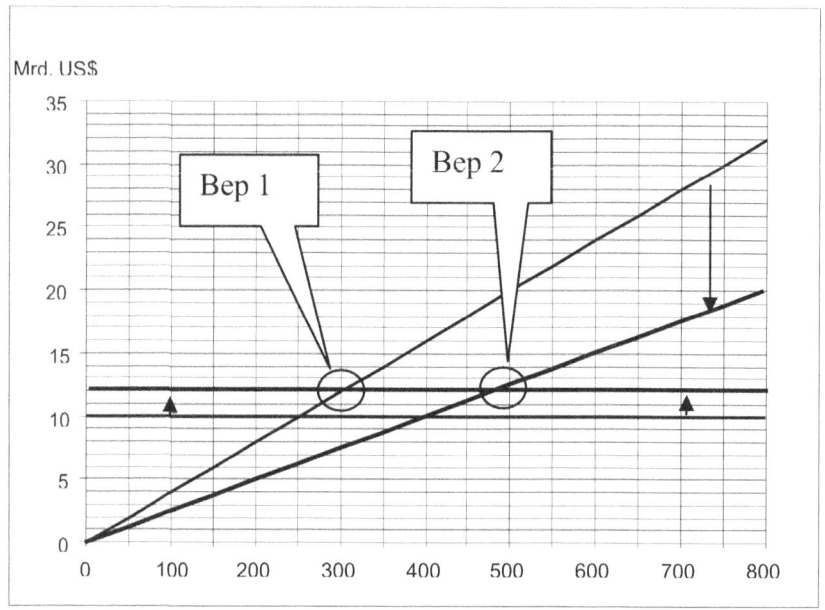

d)   Bislang wurde der Bep nicht erreicht. Die Gewinnschwelle wir sich weiter nach rechts verschieben, wenn zusätzliche Entwicklungskosten anfallen. Deshalb lehnt der Finanzvorstand das Projekt ab.

e)   Der Gesamtvorstand sieht in dem Projekt die Demonstration überlegener Flugzeugtechnik und hofft zudem auf einen Zuwachs des Luftverkehrs, und eine zukünftige Nachfragesteigerung nach Großflugzeugen.

Seite 187

Artikel	variable Stück-kosten	Ver-kaufs-preis	Deckungs-spanne	Backzeit	relative Deckungs-spanne pro Minute	Absatz-menge in Stück	Gesamt-backzeit in Min.	Deckungs-beitrag in DM
Sauerteig-brot	1,30 €	2,00 €	0,70 €	25 Min.	0,0280	14 000	350 000	9 800,00
Roggen-brot	0,95 €	1,50 €	0,55 €	20 Min.	0,0275	18 000	360 000	9 900,00
Weizen-brot	0,85 €	1,20 €	0,35 €	15 Min.	0,023	13 000	195 000	4 550,00
Schwarz-brot	1,15 €	1,80 €	0,65 €	30 Min.	0,0216	9 833	294 990	6 391,45
					Zusammen		1 199 990	30 641,45
					Fixkosten			20 000,00
					Gewinn			10 641,45

Nebenrechnung zur Ermittlung der Absatzmenge Schwarzbrot:

Gesamtbackzeit der anderen Brotarten mit einer höheren relativen Deckungsspanne:

Sauerteig	350 000 Min.
Roggenbrot	360 000 Min.
Weizenbrot	195 000 Min.
Zusammen	905 000 Min.

Restbackzeit für Schwarzbrot: Gesamtbackzeit – Gesamtbackzeit der 3 obigen Brotarten

1 200 000 Min. – 905 000 Min. = 295 000 Min.

Restkapazität für Schwarzbrot = Restbackzeit : Backzeit für ein Schwarzbrot:

295 000 Min. : 30 Min. = 9 833 Stück

Bei der Errechnung des Deckungsbeitrages sollte man Absatzmenge mal Deckungsspanne rechnen statt relative Deckungsspanne pro Minute mal Gesamtbackzeit in Minuten, um Rundungsfehler auszuschalten.

Seite 194

Verlust der Werbeaktion: 17 600 €
Absatz des Lockvogels CD-Player: 300 Stück

Notwendiger Preisaufschlag auf den Lockvogel als Träger der Werbeaktion:
17 600 € : 300 = 58,67 €

Neuer Preis: 225,00 € + 58,67 € = 283,67 €

Ab einem Preis von 283,67 € für den CD-Player würde die Werbeaktion einen Gewinn bringen, gleiche Absatzentwicklungen vorausgesetzt.

Seite 201

a)   Das Produkt 4 hat eine negative Deckungsspanne und scheidet von vornherein
     aus dem Produktions- und Absatzprogramm aus. Produktions- und Absatzpro-
     gramm sind identisch, da es sich um eine Fertigung auf Bestellung handelt, al-
     so keine Produktion auf Vorrat durchgeführt wird.

Produkt	Verkaufs-preis	Variable Stückkosten	Deckungs-spanne	Absatz in Stück	Deckungs-beitrag
2	8,40 €	6,25 €	2,15 €	60 000	129 000 €
1	4,60 €	3,20 €	1,40 €	40 000	56 000 €
5	5,20 €	4,60 €	0,60 €	90 000	54 000 €
3	2,20 €	2,10 €	0,10 €	10 000	1 000 €
			Summe	200 000	240 000 €
			Fixkosten		40 000 €
			Gewinn		200 000 €

Hinweis zur Ermittlung der Absatzmenge Produkt 3:

Die Absatzmengen der Produkte 2, 1 und 5, mit einer höheren Deckungsspanne als das Produkt 3, ergeben zusammen 190 000 Stück. Die Produktionskapazität liegt bei maximal 200 000 Stück. Somit können nur noch
10 000 Stück des Produktes 3 gefertigt werden.

b)   Die Fertigungskapazitäten des Betriebes sind nicht vollständig ausgenutzt. Es
     liegt kein Engpass vor, die Rechnung mit der relativen Deckungsspanne ist
     nicht notwendig, da alle Produkte mit einer positiven (absoluten) Deckungs-
     spanne gefertigt werden können.

Pro-dukt	Ver-kaufs-preis	Variable Stück-kosten	Dek-kungs-spanne	Ferti-gungs-zeit pro Stück	relative Deckungs-spanne (pro Min)	Absatz in Stück	Ferti-gungs-Zeit Gesamt in Min.	Deckungs-beitrag*
2	8,40 €	6,25 €	2,15 €	2 Min.	1,075 €	60 000	120 000	129 000 €
5	5,20 €	4,60 €	0,60 €	1 Min.	0,600 €	90 000	90 000	54 000 €
1	4,60 €	3,20 €	1,40 €	4 Min.	0,350 €	40 000	160 000	56 000 €
3	2,20 €	2,10 €	0,10 €	3 Min.	0,033 €	80 000	240 000	8 000 €
					Summe	270 000	610 000	247 000 €
					Fixkosten			40 000 €
					Gewinn			207 000 €

Seite 206

1. Die Artikelliste, sortiert in der Reihenfolge der höchsten Deckungsbeiträge:

Artikel	Bezugs-preis	Verkaufs-preis	Deckungs-spanne	Absatz	Deckungs-beitrag
7	45,78 €	99,90 €	54,12 €	50	2 706,00 €
8	4,67 €	7,89 €	3,22 €	460	1 481,20 €
2	12,45 €	16,49 €	4,04 €	358	1 446,32 €
1	23,69 €	29,99 €	6,30 €	210	1 323,00 €
3	8,36 €	9,99 €	1,63 €	810	1 320,30 €
6	7,25 €	8,99 €	1,74 €	455	791,70 €
5	3,58 €	3,99 €	0,41 €	1 850	758,50 €
9	3,67 €	6,38 €	2,71 €	150	406,50 €
4	7,49 €	8,25 €	0,76 €	515	391,40 €

---

*   Bei der Errechnung des Deckungsbeitrags sollte man Absatzmenge × Deckungsspanne rechnen statt relative Deckungsspanne pro Minute × Gesamt-Fertigungszeit in Minuten, um Rundungsfehler auszuschalten.

Das alte Sortiment ergab folgenden Gewinn (Verlust):

Artikel	Bezugs-preis	Verkaufs-preis	Deckungs-spanne	Absatz	Deckungs-beitrag
1	23,69 €	29,99 €	6,30 €	210	1 323,00 €
2	12,45 €	16,49 €	4,04 €	358	1 446,32 €
3	8,36 €	9,99 €	1,63 €	810	1 320,30 €
4	7,49 €	8,25 €	0,76 €	515	391,40 €
5	3,58 €	3,99 €	0,41 €	1 850	758,50 €
6	7,25 €	8,99 €	1,74 €	455	791,70 €
			Summe		6 031,22 €
			Fixkosten		25 000,00 €
			Gewinn		−18 968,78 €

Das neue Sortiment ergibt folgenden verbesserten Gewinn (Verlust):

Artikel	Bezugs-preis	Verkaufs-preis	Deckungs-spanne	Absatz	Deckungs-beitrag
7	45,78 €	99,90 €	54,12 €	50	2 706,00 €
8	4,67 €	7,89 €	3,22 €	460	1 481,20 €
2	12,45 €	16,49 €	4,04 €	358	1 446,32 €
1	23,69 €	29,99 €	6,30 €	210	1 323,00 €
3	8,36 €	9,99 €	1,63 €	810	1 320,30 €
6	7,25 €	8,99 €	1,74 €	455	791,70 €
			Summe		9 068,52 €
			Fixkosten		25 000,00 €
			Gewinn		−15 931,48 €

2.

	Erzeugnis					
	1	2	3	4	5	6
Deckungsbeitrag (DB)	8 000	5 600	7 000	6 000	9 700	3 000
Erzeugnisfixe Kosten	1 800	2 100	3 000	1 500	3 500	1 200
Rest DB I	6 200	3 500	4 000	4 500	6 200	1 800
Gruppenfixe Kosten	5 500		500		3 800	
Rest DB II	4 200		8 000		4 200	
Bereichsfixe Kosten	4 000				0	
Rest DB III	8 200				4 200	
Unternehmensfixe Kosten	3 000					
Gewinn	9 400					

Seite 207

3.

	A	B	C	D	E	F	G	H
Deckungsbeitrag (DB)	1 000	5 000	3 000	8 000	11 000	19 000	7 900	2 100
Erzeugnisfixe Kosten	3 000	6 000	2 000	1 000	11 500	10 500	6 100	200
Rest DB I	−2 000	−1 000	1 000	7 000	−500	8 500	1 800	1 900
Gruppenfixe Kosten	Erzeugnisse		9 000		3 000		1 000	
Rest DB II	scheiden aus		−1 000		5 000		2 700	
Bereichsfixe Kosten			Erzeugnisse		4 000			
Gewinn			scheiden aus		3 700			

X. Statistik

Seite 214

1. Das statistische Merkmal ist die Prüfungsleistung in Punkten.

2. $\textbf{Prozentanteil} = \dfrac{\text{Anzahl der Prüflinge} \times 100}{\sum \text{Anzahl der Prüflinge}}$

Punkte	12	25	36	45	50	63	75	85	93	100
%	2,86	5,71	7,14	10	17,14	28,57	15,71	8,57	2,86	1,43

3. 32 Prüflinge haben 50–67 Punkte erzielt, was einem Anteil von 0,457 bzw. 45,7 % entspricht.

4. 18 Prüflinge haben weniger als 50 Punkte erzielt.

5. 43 Prüflinge liegen zwischen 50–80 Punkten, das sind 61,43 %.

6.

Leistung in Punkten	Anzahl der Prüflinge
0 – unter 20	2
20 – unter 40	9
40 – unter 60	19
60 – unter 80	31
80 – 100	9
Gesamt	70

7. 61 Prüflinge haben bis zu 75 Punkte erzielt.

8.

Punkte	Anzahl
0 – unter 20	2
20 – unter 50	16
50 – unter 67	32
67 – unter 81	11
81 – unter 92	6
92 – 100	3
Gesamt	70

Seite 219

1. a) $\text{Anteil} = \dfrac{\text{Menge Benzin} \times 100}{\text{Gesamtabsatz Benzin} + \text{Diesel}}$

Der Anteil von Benzin am Gesamtverbrauch beträgt
2005   45,09 %
2013   34,59 %

1. b) $\text{Anteil} = \dfrac{\text{Menge Diesel} \times 100}{\text{Gesamtabsatz an Mineralölprodukten}}$

Der Anteil von Dieselkraftstoff am Gesamtabsatz beträgt
2005   25,68 %
2013   33,11 %

1. c) $\text{Menge Benzin}/1\ \text{Liter Diesel} = \dfrac{\text{Menge Benzin}}{\text{Menge Diesel}}$

Auf 1 Liter Diesel entfallen
2005   0,821 Liter Benzin
2013   0,529 Liter Benzin

1. d) $\text{Absatz} = \dfrac{\text{Menge Benzin}}{\text{Anzahl Tankstellen}}$

Der Absatz pro Tankstelle beträgt 2005: 1 522,75 t Benzin.
Der Absatz pro Tankstelle beträgt 2013: 1 284,20 t Benzin.

1. e) $\text{Änderung} = \dfrac{(\text{Gesamtabsatz } 2013 - \text{Gesamtabsatz } 2005) \times 100}{\text{Gesamtabsatz } 2005}$

Der Gesamtabsatz hat sich 2013 gegenüber 2005 um 5,32 % verringert.

2. a)

Kosten	€	%
Material	600 000	45,1
Fertigung	350 000	26,3
Verwaltung	120 000	9,0
Vertrieb	260 000	19,6
Summe	1 330 000	100,0

2. b) Kostenrentabilität $\quad r_K = \dfrac{70\,000 \times 100}{1\,330\,000} = 5,26\,\%$

2. c) Wirtschaftlichkeit $\quad W = \dfrac{1\,400\,000}{1\,330\,000} = 1,05$

Seite 220

3. a)

Aktiv	€	%	Passiv	€	%
Sachanlagen	64 000	23,9	Kapital	27 000	10,1
Vorräte	126 000	47,0	Verbindlichkeiten	241 000	89,9
liquide Mittel	12 000	4,5			
Forderungen	66 000	24,6			
	268 000	100		268 000	100

3. b) Liquidität $\quad L = \dfrac{12\,000 \times 100}{241\,000} = 5\,\%$

3. c) Eigenkapitalrentabilität $r_{EK} = \dfrac{8\,500 \times 100}{27\,000} = 31{,}5\,\%$

Gesamtkapitalrentabilität $r_{GK} = \dfrac{(8\,500 + 12\,000) \times 100}{(27\,000 + 241\,000)} = 7{,}6\,\%$

4.

	Bruttolohn	Nettolohn	Index 2005 Brutto	Index 2005 Netto	Veränderung Vorjahr Brutto	Veränderung Vorjahr Netto
2005	2.212 €	1.502 €	100,0	100		
2006	2.229 €	1.498 €	100,8	99,7	0,77 %	−0,27 %
2007	2.261 €	1.513 €	102,2	100,7	1,44 %	1,00 %
2008	2.314 €	1.540 €	104,6	102,5	2,34 %	1,78 %
2009	2.314 €	1.542 €	104,6	102,7	0,00 %	0,13 %
2010	2.372 €	1.603 €	107,2	106,7	2,51 %	3,96 %
2011	2.451 €	1.642 €	110,8	109,3	3,33 %	2,43 %
2012	2.519 €	1.684 €	113,9	112,1	2,77 %	2,56 %
2013	2.572 €	1.715 €	116,3	114,2	2,10 %	1,84 %
2014	2.642 €	1.758 €	119,4	117,0	2,72 %	2,51 %

Seite 225

1. a)   **1.** b)

Noten (x)	Anzahl (f)	Noten × Anzahl
1	1	1
2	5	10
3	3	9
4	5	20
5	4	20
6	1	6
Summe	19	66

1. b) Arithmetisches Mittel AM $= \dfrac{66}{19} = 3{,}47$

Reihenfolge-Nr. des Zentralwertes $= \dfrac{19 + 1}{2} = 10$

An 10. Stelle steht der Median Z = 4.

Häufigster Wert (Modus) M = keine Lösung,
da die Noten 2 und 4 jeweils 5mal auftreten.

1.   c)

Noten (x)	Anzahl (f)	Noten × Anzahl
1	2	2
2	4	8
3	3	9
4	5	20
5	4	20
6	1	6
Summe	19	65

$$AM = \frac{65}{+19} = 3{,}42 \qquad Z = 4 \qquad M = 4$$

1.   d) 15,6 % haben die Note 3 geschrieben.

1.   e) 26,3 % haben schlechter als 4 geschrieben.

1.   f) 17,4 % der Klasse haben nicht mitgeschrieben.

2.

Personalkosten	Anzahl (f)	Klassenmitte (x_M)	Anzahl × Klassenmitte
0 – unter 1 000	4	500	2 000
1 000 – unter 2 000	2	1 500	3 000
2 000 – unter 3 000	6	2 500	15 000
3 000 – unter 4 000	8	3 500	28 000
4 000 – unter 5 000	2	4 500	9 000
5 000 – 10 000	1	7 500	7 500
	23		64 500

Arithmetisches Mittel $$AM = \frac{64\,500}{23} = 2\,804\,€$$

Häufigster Wert $$M = 3\,500\,€$$

3.   a) $\dfrac{60 + 66 + 70 + x + 82}{5} = 70 \Leftrightarrow 278 + x = 350 \Leftrightarrow x = 72 \text{ kg}$

3.   b) Bei einem Zentralwert von $Z = 70$ kg kann das fehlende Gewicht <u>nicht</u> ermittelt werden, da dieser Wert ein *Mittelwert der Lage* ist.

Seite 230/231

1.

			a)	b)	c)	
Anzahl der richtigen Zahlen (x)	Häufigkeit (f)	relative Häufigkeit (h)	(x) **x** (f)	d = x – 0,6	d²	(d²) **x** (f)
0	220	52,9 %	0	–0,6	0,36	79,2
1	147	35,3 %	147	0,4	0,16	23,52
2	37	8,9 %	74	1,4	1,96	72,52
3	11	2,6 %	33	2,4	5,76	63,36
4	1	0,3 %	4	3,4	11,56	11,56
5	0	0	0	4,4	19,36	0
6	0	0	0	5,4	29,16	0
	416	100 %	258			250,16

1.   a)   „3 oder 4 richtige Zahlen" $h_1 = 2,9 \%$
      „mehr als 3 richtige Zahlen" $h_2 = 0,3 \%$
      „mindestens 3 Richtige" $h_3 = 2,9 \%$

1.   b)   Arithmetisches Mittel $AM = \dfrac{258}{416} = 0,6$ richtige Zahlen

1.   c)   Standardabweichung $\sigma = \sqrt{\dfrac{250,16}{416}} = 0,775$

1.   d)   Variationskoeffizient $V = \dfrac{0,775 \times 100}{0,6} = 129,2 \%$

Dieses Ergebnis zeigt eine starke Streuung. Das arithmetische Mittel hat wenig Aussagekraft.

Seite 231

2.

Punkte (x)	Häufigkeit (f)	(x) x (f)	d = x – 6,74	d^2	(d^2) x (f)
1	1	1	–5,74	32,9	32,9
2	0	0	–4,74	22,5	0
3	3	9	–3,74	14,0	42,0
4	5	20	–2,74	7,5	37,5
5	5	25	–1,74	3,0	15,0
6	9	54	–0,74	0,5	4,5
7	7	49	0,26	0,1	0,7
8	6	48	1,26	1,6	9,6
9	9	81	2,26	5,1	45,9
10	5	50	3,26	10,6	53,0
	50	337			241,1

2. a) Arithmetisches Mittel $\quad AM = \dfrac{337}{50} \quad = 6,74$ Qualitätspunkte

2. b) Standardabweichung $\quad \sigma = \sqrt{\dfrac{241,1}{50}} \quad = 2,20$ Qualitätspunkte

Variationskoeffizient $\quad V = \dfrac{2,2 \times 100}{6,74} \quad = 32,6\,\%$

3.

Monat	Umsatz (x)	d = x – 9,23	d^2
1	2,5	–6,73	45,3
2	1,1	–8,13	66,1
3	4,3	–4,93	24,3
4	8,7	–0,53	0,3
5	2,9	–6,33	40,1
6	5,3	–3,93	15,4
7	12,5	3,27	10,7
8	16,9	7,67	58,8
9	12,5	3,27	10,7

Monat	Umsatz (x)	d = x − 9,23	d^2
10	9,3	0,07	0
11	14,7	5,47	29,9
12	20,1	10,87	118,2
n = 12	110,8		419,8

3. a) Arithmetisches Mittel $AM = \dfrac{110,8}{12} = 9,23$ Mio. €

3. b) Standardabweichung $\sigma = \sqrt{\dfrac{419,8}{110,8}} = 5,91$ Mio. €

3. c) Variationskoeffizient $V = \dfrac{5,91 \times 100}{9,23} = 64\,\%$

Das arithmetische Mittel hat wenig Aussagekraft, da die Umsätze stark streuen.

Seite 235/236

1. a)

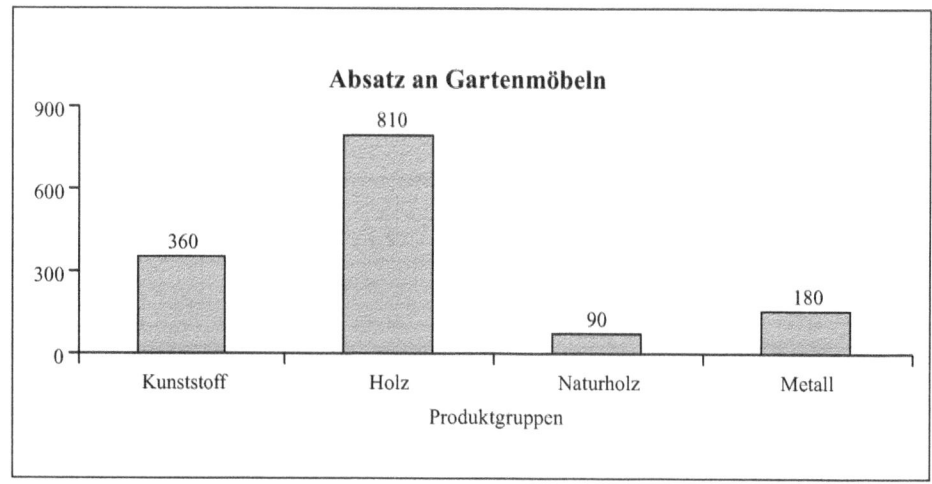

Säulendiagramm

1. b)

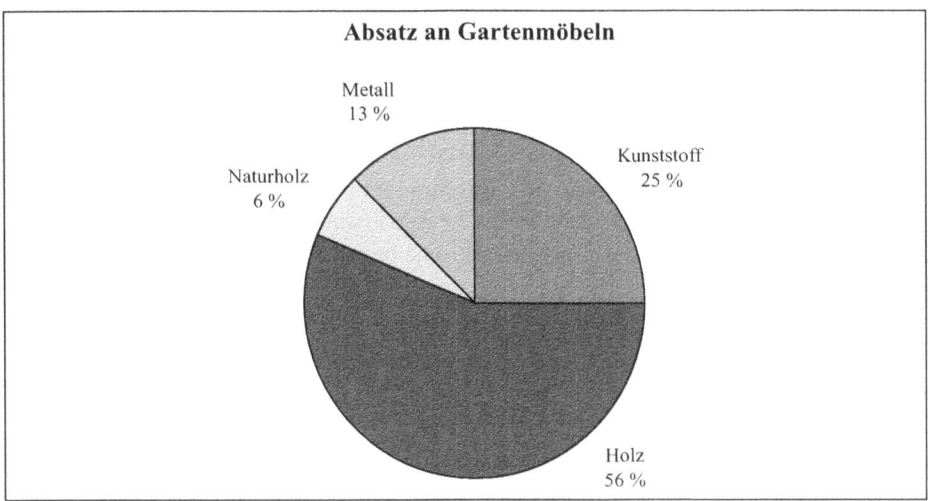

Kreisdiagramm

1. c)

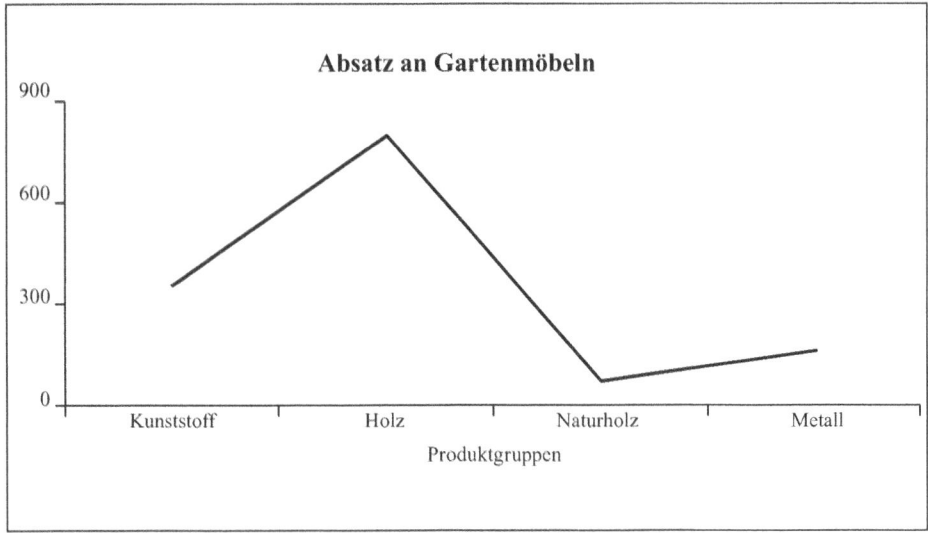

Liniendiagramm

Das **Säulendiagramm** eignet sich für diese Problemstellung, da der Absatz der verschiedenen Produktgruppen größenmäßig verglichen und durch unterschiedlich hohe Säulen dargestellt wird.

Das **Kreisdiagramm** eignet sich bei dieser Problemstellung am besten, da die 4 Produktgruppen zusammen ein Ganzes ergeben, hier den Gesamtabsatz der insgesamt 4 Produktgruppen. Im Kreisdiagramm werden die 4 Produktgruppen nicht nur flächenmäßig unterschiedlich dargestellt, wie bereits im Säulendiagramm, sondern auch als entsprechender Bruchteil des Ganzen, hier des Gesamtabsatzes an Gartenmöbeln. Es wird deutlich, dass es keine weiteren Produktgruppen als die 4 aufgeführten gibt.

Das **Liniendiagramm** eignet sich gar nicht für diese Problemstellung. Linien suggerieren einen meist zeitlichen Zusammenhang verschiedener Messpunkte. So wird dem oberflächlich lesenden Betrachter hier suggeriert, der Gesamtabsatz an Gartenmöbeln sei erst gestiegen, dann stark zurückgegangen und erhole sich gerade etwas. Linien stellen eine Entwicklung dar. Es gibt keine Entwicklung beispielsweise von Kunststoff nach Holz.

Seite 236

2.

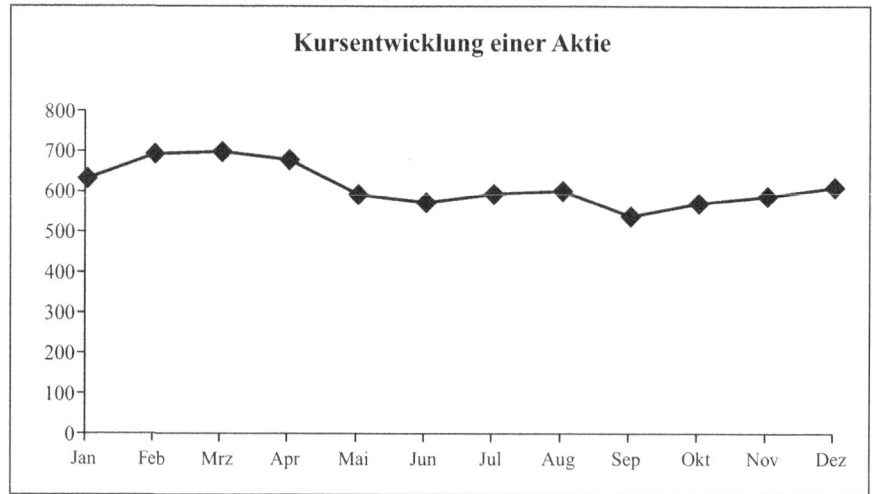

3.

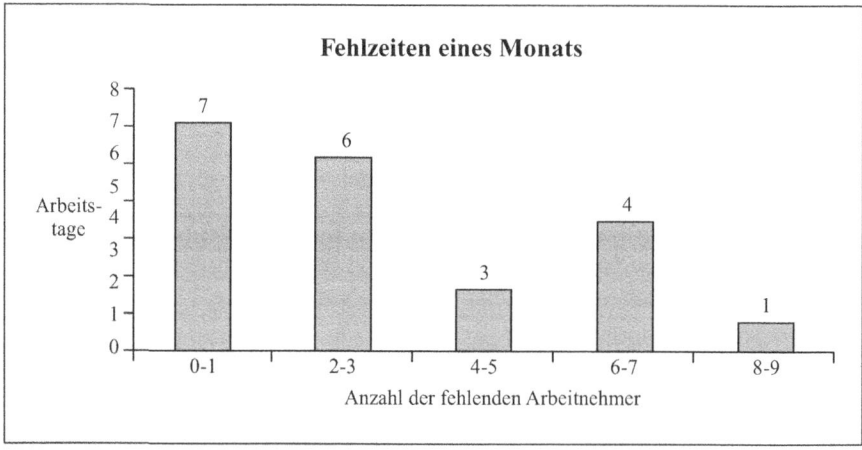

Seite 240

1.   a) + b)

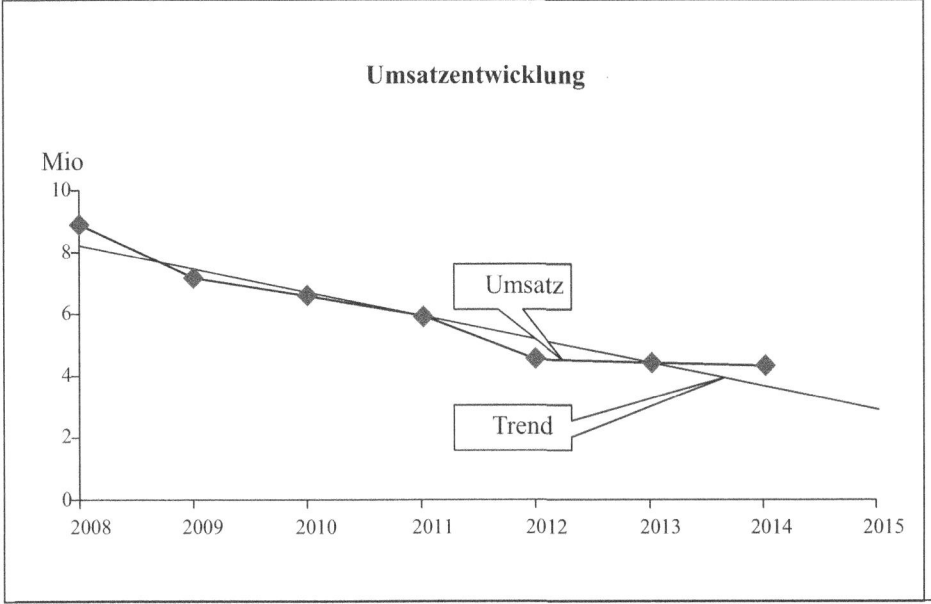

1.   c) Bei 2015 lässt sich eine Umsatzprognose von 3,2 Mio. € ablesen.

1.   d) Diese Schätzung für 2015 ist zu pessimistisch, da die Umsätze in den letzten beiden Jahren weniger stark rückläufig waren.

2.   a) + c)

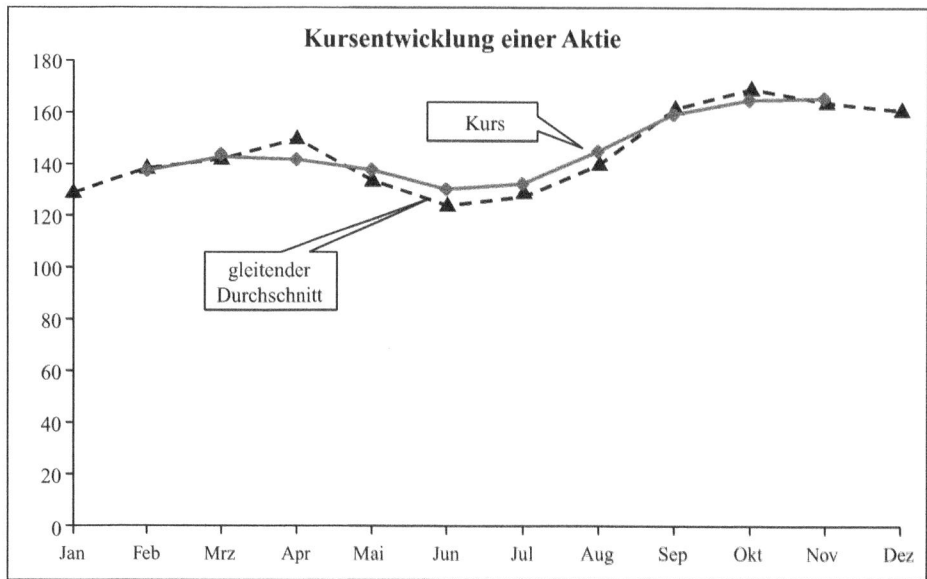

Kursentwicklung einer Aktie

2.   b)

Mon.	J	F	M	A	M	J	J	A	S	O	N	D
Kurs	130	140	143	151	135	126	131	141	163	170	165	161
gl. 3Ø	–	138	145	143	137	131	133	145	158	166	165	–

gleitender Dreierdurchschnitt im Monat Februar (gl. 3Ø):

$$\text{gl. }3Ø = \frac{130 + 140 + 143}{3} = 138$$

2.   d) Aus dem Verlauf der Kurse lässt sich ein saisonales Hoch im April und Oktober sowie ein saisonales Tief im Juni erkennen.

Seite 246

1.

Die Lösung wurde mit Excel erstellt.

1. a) und b) und e)

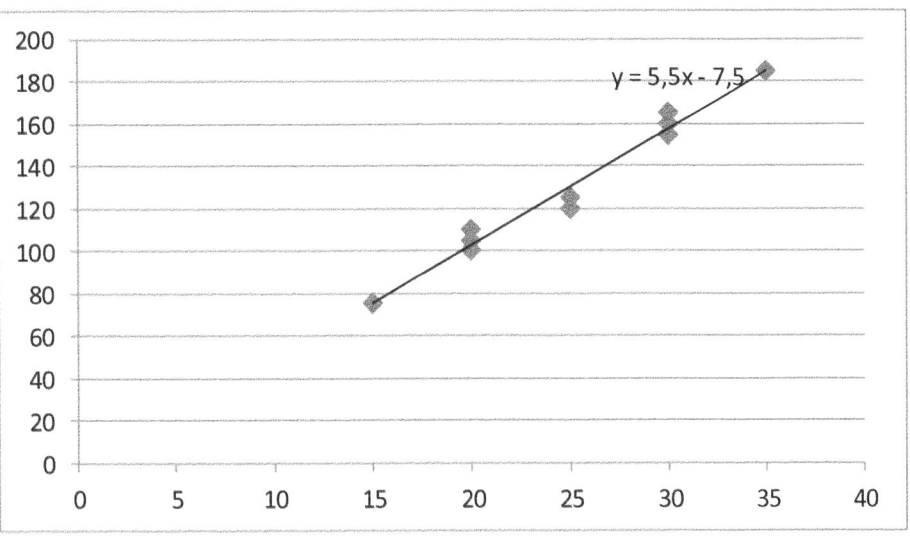

1. c) r = 0,98782916 (sehr starker Zusammenhang)

1. d) Die Trendgerade hat die Gleichung y = 5,5 x – 7,5.

1. f) x = 40 000, einsetzen

y = 5,5 × 40 000 – 7,5 ➔ 220 000 – 7,5 (die 7,5 können unberücksichtigt bleiben)

Die Gesamtkosten werden bei 40 000 Stück ca. 220 000 € betragen.

Seite 246

2.

Die Lösung wurde mit Excel erstellt.

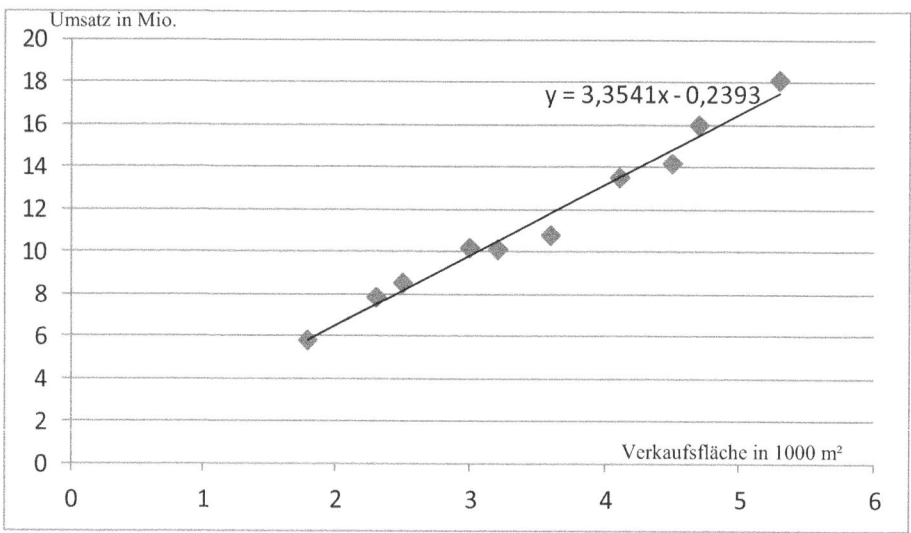

r = 0,99039238

Es besteht ein sehr hoher Zusammenhang zwischen der Verkaufsfläche und dem Jahresumsatz.

Seite 250

Die Lösung wurde mit Excel erstellt.

1.

Ferienländer/Bewertung	gut	mittel	wenig	Randhäufig-keiten
Italien	30	30	20	80
Spanien	10	40	20	70
Mallorca	20	10	30	60
Kanarische Inseln	30	30	40	100
Türkei	30	10	50	90

Kontingenztabelle   relative Häufigkeiten

Ferienländer/Bewertung	gut	mittel	wenig	Summe
Italien	38 %	38 %	25 %	100 %
Spanien	14 %	57 %	29 %	100 %
Mallorca	33 %	17 %	50 %	100 %
Kanarische Inseln	30 %	30 %	40 %	100 %
Türkei	33 %	11 %	56 %	100 %

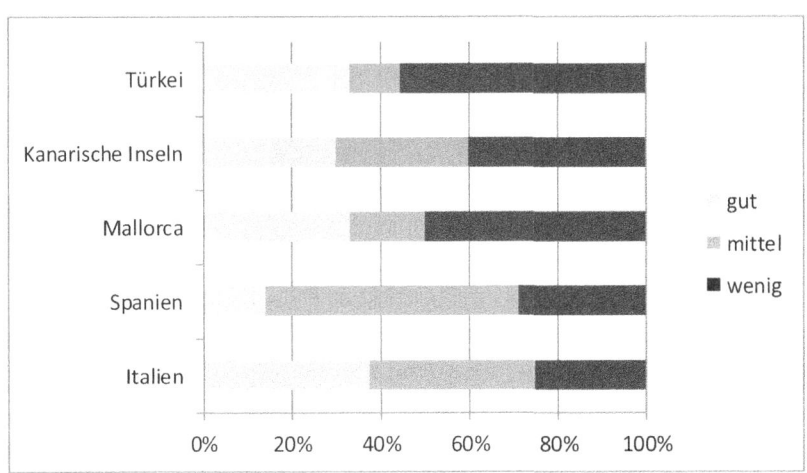

Das Ferienland Italien hat die beste Bewertung. Es hat prozentual am meisten beste und prozentual am wenigsten schlechte Bewertungen.

Seite 250

Die Lösung wurde mit Excel erstellt.

2.

Monat/Eissorte	Erdbeer	Vanille	Schokolade	Randhäufig-keiten
Mai/Juni	30	10	60	100
Juli/August	150	20	30	200
September/Oktober	20	50	30	100

Kontingenztabelle   relative Häufigkeiten

Monat/Eissorte	Erdbeer	Vanille	Schokolade	Summe
Mai/Juni	30%	10%	60%	100%
Juli/August	75%	10%	15%	100%
September/Oktober	20%	50%	30%	100%

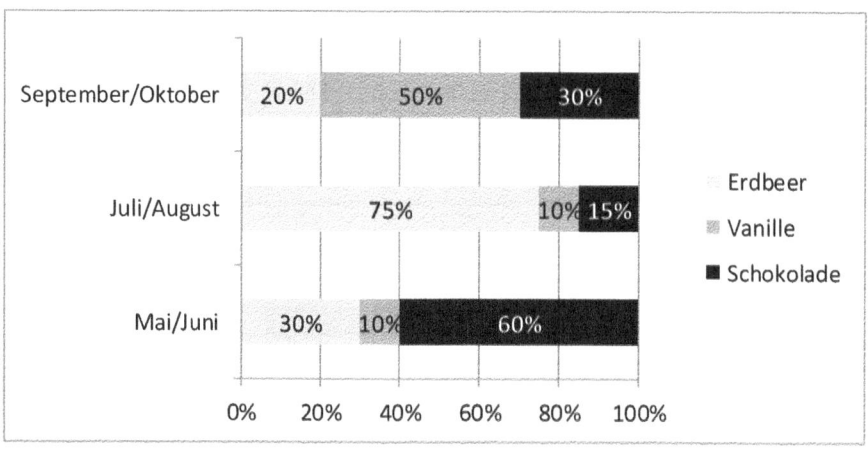

Im Mai/Juni wird vorwiegend Schokolade gegessen, im Juli/August vorwiegend Erdbeer und im September/Oktober vorwiegend Vanille.

Excel:
Erstellen Sie nur die obere Tabelle mit den Originaldaten. Erstellen Sie dann die Grafik „gestapelte Balken". Die weitere Berechnung und Beschriftung erfolgt automatisch.

Stichwortverzeichnis

The manufacturer's authorised representative in the EU is Springer
Nature Customer Service Centre GmbH, Europaplatz 3, 69115 Heidelberg,
Germany. If you have any concerns regarding our products, please
contact ProductSafety@springernature.com

Printed and bound by CPI Group (UK) Ltd, Croydon, CR0 4YY
23/04/2026
02095645-0013